全国高校就业创业特色教材课题研究成果

教育部学生服务与素质发展中心组织编写

U0719645

大学生
职业发展与就业创业指导

DAXUESHENG

ZHIYE FAZHAN YU JIUYE CHUANGYE ZHIDAO

主　编　杨德祥　杨　晶　乔　木

副主编　石　懿　周君威

编　委　罗旭炜　张晶晶

西安交通大学出版社

XI'AN JIAOTONG UNIVERSITY PRESS

图书在版编目(CIP)数据

大学生职业发展与就业创业指导 / 杨德祥，杨晶，乔木主编.— 西安：西安交通大学出版社，2023.4(2025.7 重印)

ISBN 978 - 7 - 5693 - 3124 - 0

Ⅰ.①大… Ⅱ.①杨… ②杨… ③乔… Ⅲ.①大学生—职业选择—高等学校—教材 Ⅳ.①G647.38

中国国家版本馆 CIP 数据核字(2023)第 045767 号

DAXUESHENG ZHIYE FAZHAN YU JIUYE CHUANGYE ZHIDAO

书　　名	大学生职业发展与就业创业指导	
主　　编	杨德祥　杨　晶　乔　木	
责任编辑	牛瑞鑫	
责任校对	李嫣彧	
封面设计	任加盟	

出版发行　西安交通大学出版社

（西安市兴庆南路 1 号　邮政编码 710048）

网　　址　http://www.xjtupress.com

电　　话　(029)82668357　82667874(市场营销中心)

　　　　　(029)82668315(总编办)

传　　真　(029)82668280

印　　刷　陕西思维印务有限公司

开　　本　787 mm×1092 mm　1/16　印张　18　字数　421 千字

版次印次　2023 年 4 月第 1 版　2025 年 7 月第 5 次印刷

书　　号　ISBN 978 - 7 - 5693 - 3124 - 0

定　　价　52.00 元

如发现印装质量问题，请与本社市场营销中心联系调换。

订购热线：(029)82665248　(029)82667874

投稿热线：(029)82668525

版权所有　侵权必究

前　言

　　党的二十大报告 19 次提及"就业"，系统总结了新时代十年就业工作取得的历史性成就，深刻分析了就业工作面临的形势，特别围绕"实施就业优先战略"，部署了就业工作，提出了一系列新思想、新观点、新论断、新要求，也为高校毕业生就业工作指明了方向。就业从"民生之本"到"最大的民生"再到"最基本的民生"，体现了党中央对就业工作民生属性的再深化、再强调，愈发凸显就业在增进民生福祉、提高人民生活品质中的基础性、兜底性作用。十九大提出的"更高质量和更充分就业"和二十大提出的"高质量充分就业"，彰显了党中央推进就业工作"量""质"双提升的鲜明导向。2022年习近平总书记来川视察时，到宜宾学院对高校毕业生就业等工作作出重要指示，这充分彰显了就业工作在全局中的重要地位和作用。高校毕业生是就业领域的重点群体之一和重要人力资源，促进高校毕业生的高质量充分就业有助于夯实全面建设社会主义现代化国家的人才根基。

　　以党的二十大精神为指引，深入贯彻习近平总书记关于做好高校毕业生就业工作的重要指示，把毕业生就业工作放在突出位置，科学研判分析就业形势，持续在健全优化体制机制、拓展拓宽就业渠道、强化就业育人功能、优化就业指导服务、精准帮扶重点群体等方面练真功、出实招。为落实党中央、国务院决策部署，教育部要求各地各高校把就业教育、就业引导全面纳入大学生思想政治教育体系，打造一批就业指导"名师金课"，强化就业育人功能，优化就业指导服务。高校作为就业工作责任主体，如何健全毕业生就业促进机制，有效稳妥推进高校毕业生就业工作，亟须多维施策。

　　近年来，成都理工大学结合学校实际，以"职业发展"和"创业就业指导"两门课程建设为基础，不断完善学校的职业发展和就业创业指导课程体系，提升就业创业教育和就业指导服务水平。本教材主编杨德祥教授及主要编写人员长期从事高校一线就业工作，现已建成四川省高校就业创业指导金课 3 门。编写团队负责学校相关工作期间，成都理工大学就业工作连续七次获四川省就业工作先进集体，入选"全国毕业生就业典型经验高校""全国创新创业典型经验高校"。

　　为切实保障教材质量，特别联合教育部学生服务与素质发展中心（原全国高等学校学生信息咨询与就业指导中心）、四川省高校学生信息咨询与就业指导中心共同成立教材编写指导组。本教材以教育部《大学生职业发展与就业指导课程教学要求》和教育部创业基础课程教学大纲为基础编写而成，参考了高校开设大学生职业发展和就业指导课程的具体情况，内容涵盖职业生涯规划、就业指导和创新创业三大部分。

　　首先，绪论主要介绍了生涯规划的发展和经典理论、大学生活与生涯发展的关系等。

　　第一部分生涯规划篇阐述了自我认识的内容与方法，对职业价值观、职业兴趣和职业性格的认识与探索，对职业世界的认知与探索，职业生涯决策的理论与方法，职业生涯目标管理，以及职业生涯规划的制定等。

第二部分就业指导篇分析了就业形势，介绍了国家针对大学生的就业政策，梳理了就业的路径与程序，阐述了对就业能力的探索与管理、对求职过程的指导与调适，以及对职业素养的提升和就业权益的保护等。

第三部分创新创业篇阐述了创新创业的基础理论、大学生与创新创业、创业者与创业团队、创业机会与商业模式、创业资源的获取与管理、创业计划、新企业创办与管理等。

教材是集体智慧的结晶，参加本次编写工作的有杨德祥(绪论、生涯规划篇)、杨晶(生涯规划篇、就业指导篇)、乔木(创新创业篇)、石懿(就业指导篇)、周君威(创新创业篇)、张晶晶(就业指导篇)、罗旭炜(创新创业篇)。全书由杨德祥、杨晶、乔木进行统稿。本书不仅可以作为高校职业生涯规划和就业创业指导课程的通用教材和开展生涯辅导和就业创业教育的培训用书，也适用于有自我探索、职业探索需求，期望提升职业适应性和对相关内容感兴趣的各类人士阅读参考。

本教材能够顺利出版，还要感谢西安交通大学出版社、教育部学生服务与素质发展中心的鼎力支持，特此谢忱。由于编者水平有限，本书难免有一些不足之处，敬请各位专家和读者不吝赐教，批评和指正。

编者
2022 年 12 月

目　录

第三篇　就业指导篇

第四篇　创新创业篇

第一篇

绪　论

第一章 生涯发展与规划

学习 目标

学完本章后，你能够解释以下重要问题和关键概念。

重要问题

· 生涯规划的经典理论；
· 舒伯的职业角色与生活角色。

关键概念

生涯；生涯角色；生涯彩虹图

思考与讨论

1. 你认为大学阶段的学习和高中阶段的学习有什么不同？

2. 绘制并观察你的生涯彩虹图，回顾自己的发展经历。思考生活中重要的影响，个人的态度和感受，各个阶段所扮演的角色和个人目标的差异等等。说说你会怎样积极参与解决问题，未来又有怎样的计划和安排？

第一节 生涯概述

一、生涯的产生与发展

（一）生涯的由来

"生涯"（career）源自罗马字 via carraria 及拉丁文 carrus，均指古代的战车。所以生涯一词隐含竞技、未知、冒险，克服困难之意。"生涯"作为名词时表示"向上的职业流动"，指某种行业可由基层循级而上。如"医生生涯"是指从医学生、住院医师、主治医师、副主任医师晋升至主任医师的一种职业生涯。它作为形容词时表示"职业稳定"，指某种特定的就业状态，如"职业运动员"。两种用法稍有差异，但均描述了个人前程发展跨越了时间与空间的"持续性"或"持久性"。

工业革命后期，工业大扩张和科学技术繁荣发展，职业分工越来越精细化，对职业胜任力的要求也越来越高。职业指导之父美国波士顿大学教授弗兰克·帕森斯 1908 年创办了职业指导局，旨在帮助人们梳理日渐复杂的职业选择过程，指导求职者审视自己的个性特点，调查当地的就业状况，然后选择最可能实现的就业机会。"人职匹配"的革命性想法被提出。这是生涯咨询的起点。在长期的实践中，人们发现帕森斯理论的局限性，尤其是理论中的静态观点与现代社会的职业变动规律不吻合。尽管如此，他的工作成果仍然对近百年来生涯选择的思考方式产生了重大影响。

自 20 世纪 50 年代以来，生涯理念开始深入人心。美国职业管理学家唐纳德·舒伯将生涯定义为：它是生活中各种时态的连续演进方向；它统合了人一生中依序发展的各种职业和生活的角色，因个人对工作的投入而流露出独特的自我发展形式；生涯也是人生自青春期开始直至退休之后，一连串有酬或无酬职位的综合，除了职业之外，还包括任何和工作有关的角色，如学生、受雇者、领退休金者，甚至也包括了副业、家庭、公民的角色。人们在使用帕森斯的三阶段过程理论时，开始进一步调整自己的多重生活角色，这些角色包括子女、学生、公民、工人、家长等。

(二)生涯的变化与发展

经过一百年的发展，生涯和生涯规划与诞生之始相比已经发生了很大的变化。社会发展和科技进步让人们的生活场景和工作场景都发生了翻天覆地的变化，尤其是工作方式、内容、地点和原因的变化。这些变化已经触及生涯发展过程的核心，进而影响着人们对职业生涯的规划与追求。工作基本性质的改变使个人与组织的关系从传统的"以忠诚换保障"转变为"以能力换保障"。人们进入一家公司或机构就忠于职守直到退休的日子已经一去不复返了。许多工作者终其一生将面临 2~3 次工作机构或组织的变化。工作和组织机构在范围上也日趋国际化，企业进行跨国经营的情况越来越多，工作的范围不再仅仅局限于某个地区，甚至某个国家。许多新兴的、灵活的工作方式使得生涯构建的复杂性日益增加，许多兼职的、弹性的、临时的或者应急性的工作出现，除了固定的工作场所外，甚至有远程办公或其他的工作方式。性别和工作之间的平衡也在发生变化。越来越多的女性在职场上发挥着重要的作用，这使工作组织和日常家庭生活发生了重大改变。女性在劳动力市场中引发了包括工作职责定义方式的变化和相关决策方式的变化。人们必须以更平等的眼光来看待男女两性的家庭角色。

现在，计算机系统、问卷量表、书籍、视听材料、印刷材料及专业人士和非专业的辅助人员为人们的生涯发展提供的各种资源比以往丰富很多。但对个体而言，在特定情境下确定哪种选择更加适合自己变得更难。生涯规划已经成为一项颇具挑战性的任务。

二、生涯及其相关概念

(一)生涯的概念

大到生命与生活、小到工作与职业都与生涯息息相关。生涯本身也有丰富的内涵与范围。国家生涯发展协会(National Career Development Association)将生涯界定为个人通过从事工作所创造出的一个有目的的、延续一定时间的生活模式。"延续一定时间"是指生涯不是作为一个实践活动选择的结果而发生的，而是持续一生的过程，受到个人内在和外在力量的影响。"创造出"指生涯是一系列选择连续进行的结果，是个人对收益、代价与风险的妥协与权衡的产物。"有目的"指生涯因个人的动机、抱负和目标而形成与发展，反映了个人的价值观与信念，对个人来说是有意义、有价值的，是规划、思考、制定与执行的结果。"生活模式"指生涯不仅是个人的职业或工作，而且是个人所有生活角色的交互作用及人们整合与安排这些角色的方式。"工作"是一种活动，可以为自己与他人创造价值。但工作不仅限于有偿的活动，也包括对自我或他人有价值的无偿活动、休闲活动、志愿活动等。

（二）学涯和职涯

学涯伴随着人的学习从开始到结束的历程。广义上讲，个体为了生存和适应环境而接受新事物，引起自身持久变化的历程都应该算作学涯。狭义上讲，个体进入学校，以学生为主要角色开始学校学习，学涯便正式开启。一般而言，学前教育、小学、初中、高中、大学组成了学涯的几个阶段，对学生而言学习是学涯的首要任务。职涯，或职业生涯，从字面意思理解就是生涯中与职业相关的部分。

对大学生而言，大学是学涯与职涯的衔接与过渡阶段，大学生又正处在生理发展、心理发展和社会适应发展速度、成熟度不匹配的矛盾阶段。美国精神病学家、发展心理学家埃里克森将"延缓偿付期"这一经济学概念引入发展心理学，强调培养孩子也就像提前支付款项一样，孩子在成年以后才能够偿还和报答父母。虽然青春期和成年早期的个体在生理上已表现出足够的成熟，但是在履行社会义务和责任方面可以适当予以延缓。有了这种社会和心理的合法延缓期或心理延缓偿付期，个体可通过实践、检验、树立、再检验的循环往复，决定自己的人生观、价值观及未来的职业，并最终确立自我同一性。同一性是指个体将自身动力、能力、信仰和历史进行组织，纳入一个连贯一致的自我形象中，包括各种选择和决定，特别是工作、价值观、意识形态和承诺等方面的内容。自我同一性的确立意味着个体对自身有充分的了解，能够将自我的过去、现在和将来组合成一个有机的整体，并有能力对未来作出思考。因此，大学阶段的生涯规划教育能帮助个体了解自我探索的方法与步骤，充分分析个人的兴趣、能力、价值观和性格等，并深入了解想要进入的职业领域。

▶ 第二节　生涯规划的发展及经典理论

一、生涯规划的发展历史

人们会本能地使用个人生涯理论（Personal Career Theory，PCT）来解决生涯问题、作出生涯决策。"我喜欢画画和色彩，我长大想当一名设计师""我喜欢说话，我想成为教师或者主持人"。这些关于"我是一个什么样的人"，"我适合做什么"的例子，是人们将自我认知与教育和职业的各种选择相匹配的结果。

生涯选择和发展的理论可以分为两类：结构取向理论和过程取向理论。结构取向理论把生涯问题和决策看作是在一个时间点上发生的事件，即个人生活当中某一时刻发生的事。这类理论强调选择什么，以及将个人与环境相匹配。过程取向理论把生涯问题和决策看作是各种时间和选择在一生中的发展过程，这一过程随着个人的年龄增长而变得日渐复杂。这类理论强调最初的选择，然后指向某一目标的一系列事件或任务。

在生涯发展的百年历史中，一些理论比另外一些理论更为活跃。这表明它们对生涯理论研究和实践的影响更大。每一类理论都有一些代表性的人物。经过践行，许多量表、计算机系统和用于生涯干预的材料应运而生；每一种理论都诞生于特定的时代背景，特别适合解决特定时空面临的问题；每一种理论所发展的实用工具也有其优点和使用局限。对这些理论和工具的适用场景进行讲解，能够帮助个人成为知情的生涯信息使用者，从而制定出更好的生涯规划策略。

二、生涯规划的经典理论

(一)结构取向理论

1. 帕森斯的三阶段理论

帕森斯第一次定义了什么是"好的职业"，提出"适合的才是最好的"，而知己知彼是判断适合与否的必要条件。他分别独立地聚焦于每一个职业选择或生涯选择，试图考虑个人选择和职业选择相关联的所有因素。帕森斯强调，制定生涯决策时，需要掌握有关个人及其各种选择的良好信息。如果一个人缺乏对自己和职业或工作的信息，或者推理技能不足，那么他就可能无法作出适宜的职业选择。作为特质论的代表人物之一，帕森斯出版了《选择职业》(*Choosing a Vacation*)一书，系统阐述了他的三阶段理论。

他的职业选择模型由三个同心圆组成(见图1-1)：第一步，在内环填上自我探索的结果，分析个人特质，对自身的兴趣、技能、价值观、目标、背景和资源等进行自我评估。第二步，在中环里填上各种职业对人的要求，职业的分类与内容、职业所需的特质和能力、职业报酬等，针对学校、业余培训、就业，考察所有可能选择的机会。第三步，在外环开始做人职匹配，根据个人特质和职业要求，进行职业决策，选择最适合的职业，最后得到一个四项都匹配的职业。

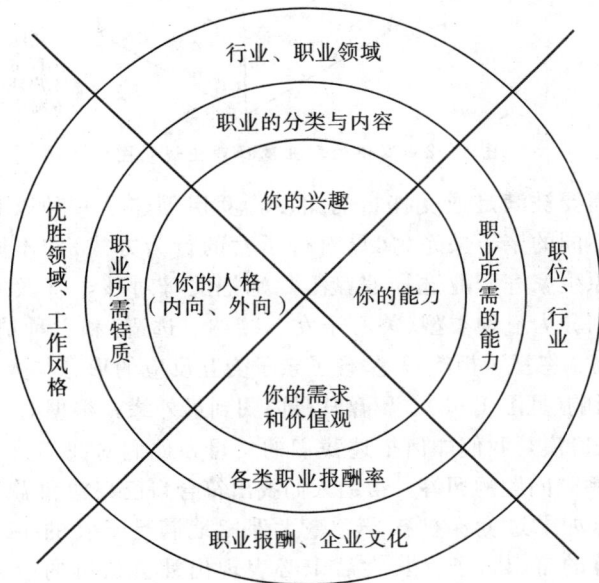

图1-1　帕森斯的职业选择模型

2. 罗伊的早期经验理论

美国著名的临床心理学家，职业辅导理论的奠基人安妮·罗伊强调早期经验对个体以后的择业行为的影响，并依据对个人兴趣和需要满足的来源及可能满足的程度来划分和分析职业。她在《职业心理学》(*The Psychology of Occupations*)一书中提出以孩子和父母之间互动的早期经验为依据，预测孩子日后的职业选择行为的理论，又被称为"早期经验理论"。该理论假设：每一个人天生就有一种扩展心理能量的倾向，这种内在的倾向配合着个体不同的儿童时期的经验，塑造出个人需求满足的不同方式，每一种方式对于生涯选择的行为都有不同的意义。这些早年经验会增强或削弱个人高层次的需求，进而影响人的生涯发展。

罗伊认为需求满足的发展与个人早期的家庭气氛及成年后的职业选择有着密切的关系。在温暖、慈爱、接纳或过度保护的家庭氛围中长大的孩子会注重别人对自己的意见和态度，以保持彼此间的关系（非防御性），成年后可能会选择服务、商业、组织、文化和艺术娱乐等跟人打交道的职业。相反，如果孩子在冷漠、忽视、拒绝或过度要求的家庭环境中长大，就会形成防御别人的心态（防御性），成年后可能会选择技术、户外、科学之类与事、物和观念打交道的职业（见图1-2）。

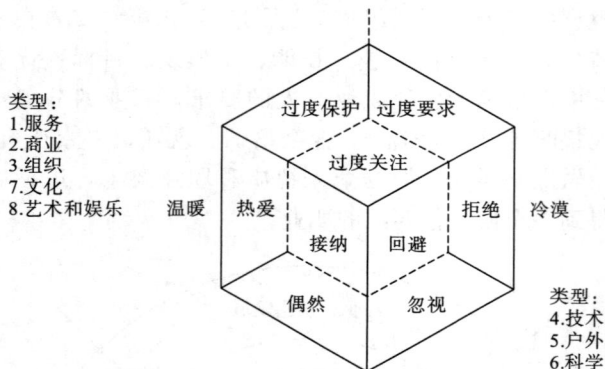

图1-2 罗伊的职业选择理论说明图

从儿童时期的需要被满足或受挫折的角度，罗伊创建了一种以心理因素为基础的职业分类系统，将不同的亲子关系（父母对待子女的行为方式）和不同的职业族群联结起来，具体反映在原生家庭职业选择罗盘上。她把父母对孩子管教的态度从"温暖"和"冷淡"两个方面，划分为三种类型（关心子女、接纳、逃避）和六种情况（过度保护、过度要求、爱、不明确、忽视、拒绝），呈现了亲子交互反应的形态与人际倾向之间的关系以及对未来职业的影响（见图1-3）。罗盘从最内圈到最外缘，根据对"儿童时期我们所生长的环境是温暖还是冷漠，我们如何描述我们的父母，他们对我们是关注还是忽略，是接纳还是回避"等一系列问题的回答，帮助人们找出符合自己兴趣和需求的职业方向。

关心子女的父母如果过度保护孩子，毫无保留地满足子女的生理需求，就很容易忽视子女对爱与自尊的需求，子女长大后未必表现出社会认可的行为，日后可能还会有较强的人际依赖倾向；如果过度要求孩子，对子女需求的满足附加顺从父母认可的成就行为等条件，孩子长大后容易变成完美主义者，在作职业选择时较为困难。逃避型的父母无论拒绝还是忽视孩子，子女的基本需求满足经验都是痛苦的、有所欠缺的，

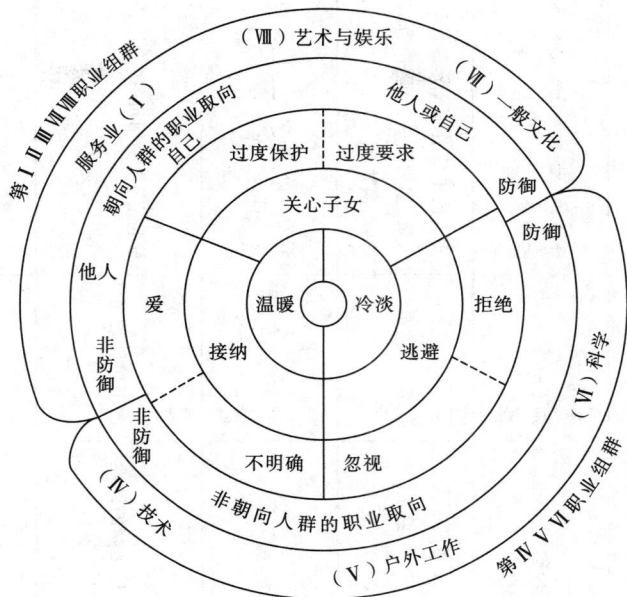

图 1-3 亲子关系与职业选择的关系

更谈不上高级层次需求的满足，长大后他们会害怕和他人相处，宁可在自己的工作岗位上，靠自己的努力得到高层次需求的满足。接纳型的父母会让孩子在温暖、民主的气氛中长大，各类层次的需求不会缺乏，长大后他们能够独立作出选择。每个家庭对于子女的养育方式都不尽相同，由于养育方式上的差异，个人各种心理需求的满足方式与程度也有不同。父母应该让孩子从小发展自己的能力倾向及职业兴趣，帮助孩子形成正确的观念，获得选择能力。

罗伊认为人们所选择的工作环境往往会反映出幼年时的家庭气氛。为此，她把职业分为服务、商业交易、行政、科技、户外活动、科学、文化和艺术娱乐八大组群，依其难易程度和责任要求的高低，将其分为高级专业及管理、一般专业及管理、半专业及管理、技术、半技术及非技术六个等级。这八大职业组群和六个专业等级组成了一个职业分类系统，如表 1-1 所示。

生涯教育和生涯咨询领域所使用的大多数工具和技术都是通过结构取向的方法产生的。除了帕森斯、罗伊和霍兰德等最具影响的人物之外，还有许多研究者为结构取向理论作出了重要贡献，如"斯特朗兴趣问卷"的最初编制者斯特朗和爱德·鲍丁。

(二)过程取向理论

过程取向，也称为发展取向，强调个人进行生涯选择的毕生模式，探索年龄、学习、成熟和人格对生涯选择的影响方式，关注个人的决策模式、风格和生活情境，强调正确理解生涯发展过程和良好的决策制定过程。

1. 舒伯的职业生涯发展阶段理论

舒伯经过长期的研究，综合布尔赫勒的生命周期观点和列文基斯特的发展阶段论，提出了以发展自我概念为中心的职业生涯发展阶段理论。舒伯注意到，个人通过职业选择来寻求自我概念的实现，这一观点将人格概念和职业概念紧紧联系起来。

表1-1 罗伊的职业分类系统

层次	I 服务	II 商业交易	III 组织机构	IV 工业技术	V 户外工作	VI 科学	VII 一般文化	VIII 艺术娱乐
专业及管理（高级）	社会科学家、心理治疗师、社会工作督导	公司业务主管	董事长、商会、企业家	发明家、高级工程师、舰艇指挥官	矿产研究员	牙医、医师、自然科学家、大学里的科学教授	法官、校长、大学教授、教师、发言人、学者	卓越的创作艺术家和表演家、指挥家、艺术教授
专业及管理（一般）	社会行政人员、职业规划师、社工人员	人事经理、营业部经理、公共关系顾问	银行家、证券商、有国家认证书的会计师	飞行员、工程师厂长	动/植物专家、地质学家、石油工程师	药剂师、兽医	新闻、编辑、教师（中学和小学）	建筑师、室内装设计师、编曲家
半专业及管理	社会福利人员、侦探、护士	推销员、批发商、经销商	会计员、物流人员、秘书	制造商、飞机修理师	农场主、森林巡视员	医务室技术员、气象员、理疗师	记者、广播员	广告艺术工作员、广告设计人员、室内装设计师、陈列设计师、摄影师
技术	理发师、技师、领班、警察	拍卖员、采购员、巡回推销员	资料编纂员、速记员、出纳、销售人员	锁匠、木匠、水电工、机械功	矿工、油井钻探工	技术助理	律师事务所办事员、一般职员	演艺人员、橱窗和室内装潢、摄影助理人员
半技术	出租车司机、家政人员、服务员、厨师、消防员	小贩、售票员	出纳、邮递员、打字员	木匠（学徒）、起重机驾驶员、卡车司机	园丁、农民、矿工助手	兽医院的助理	图书馆管理员	模特、广告绘制员、舞台工作人员
非技术	清洁工人、门卫侍者	送报员	快递员	骑手、体力劳工者、助手杂工	伐木工人、农场工人	非技术性助手	送稿件人员	舞台管理员

舒伯提出了生活/生涯彩虹理论。他认为每个人在其有生之年的不同时期都担当着一个或多个角色。对每个人来说，每一种生活角色的强度随着时间而发生变化。这些生涯角色包括孩子（儿子或女儿）、学生、休闲者、公民、工作者、退休者、配偶或伴侣、持家者、父母、祖父母。各种生涯角色的结合和强度是个人生涯的基础。一些角色是从生物学和遗传学的角度来定义的，还有一些角色可被人选择（这与罗伊的观点有相似之处）。

舒伯从个人的自我概念、年龄和生活角色的角度来强调生涯发展，帮助人们更清楚地理解生涯发展和决策制定所涉及的内容。生涯规划包括彻底分析个人自身和个人在生活中所扮演的所有角色，包含但不限于以下问题。你预期将在自己的生活/生涯中扮演哪些角色？你即将卷入这些角色的强度或力度如何，这些角色将在什么年龄或年龄段是积极主动的？你参与这些角色是如何被决定的？哪些力量是内部的，哪些力量是外部的？本章第三节将进一步介绍舒伯的相关理论。

2. 克朗伯兹的生涯社会学习理论

美国斯坦福大学教育和心理学教授约翰·克朗伯兹将班杜拉的社会学习理论应用在生涯辅导的领域里，进而讨论影响个人作出决定的一些因素，也设计出一些辅导方案，以增进个人的决策能力。

克朗伯兹提出了进行职业决策的模式，认为在进行个人职业决策时应采取八个步骤。后来，他又对此模式进行了修正，修正后的职业决策模式主要分为七个步骤。第一步，界定问题。理清自己的需求和个人限制，制定出明确的目标和实现目标的时间表。第二步，拟定行动计划。思考可能达到目标的各种行动方案，并规划达成目标的流程。第三步，澄清价值。界定个人的选择标准，作为评量各项方案的依据。第四步，找到可能的选择。搜集资料，找出可能的方法。第五步，评价各种可能的选择。依据自己的选择标准和评分标准，逐一评价各种可能的选择，找出可能的结果。第六步，系统地删除。删除不合适的方案，挑选最合适的选择。第七步，开始行动。执行行动方案，以达成选定的目标。

克朗伯兹对生涯发展提出了四个基本假设：兴趣是学习的结果（更确切地说兴趣是通过积极的学习经验培养出来的）；学习经验导致个体从事某职业，而不是兴趣与能力；偶发因素不可避免，在人生中无处不在；不能作决定是由于缺乏和生涯有关的学习经验（所以增进学习经验是推动行动的关键）。

克朗伯兹理论对社会学习理论的继承和发展主要集中在对生涯决定的研究和对偶发事件与生涯发展关系的研究两个方面。

(1)生涯决策的影响因素

克朗伯兹提出，个人社会成熟度的提升在很大程度上依赖于对他人行为的学习和模仿。遗传及特殊能力、环境及重要事件、学习经验、任务取向的技能四种因素共同作用（见表1-2），使个人形成了关于自我和职业世界的推论（信念系统、问题解决技能和试验性行动），并最终决定个人的生涯选择。自我信念的核心是对自我表现的评估和预测，职业世界信念的核心是对环境及未来事物的评估与展望。个人兴趣、价值观等都是学习的结果。个人学习经验的不足或学习方式不当，可能会形成错误的推论、单一的比较标准、夸大式的灾难情绪等，有碍于生涯的正常发展。很多个体不能作决定是因为在很大程度上是对自我和职业世界存在限制性信念。因此，他特别强调丰富而适当的学习经验的重要性。

表 1-2 克朗伯兹影响职业决策的四种因素

因素		内涵
遗传素质及特殊能力		身高、性别、外表、智力、动作协调能力等个人由于遗传获得的特质，在某种程度上决定了个人的职业表现或影响个人获得的经验
环境及重要事件		在个人控制之外，人类活动(如社会文化、政治经济、家庭教育等)，或自然力量(如自然资源、自然灾害等)对职业决策的影响
学习经验	工具式学习经验	个人为了得到好的结果，在特定的环境中采取一定的行为，去获得一些学习经验。生涯规划和职业所需的技能，可以通过工具式学习经验获得
	联结式学习经验	个人通过观察真实和虚构的模型，通过对人、事的观察和比较，学习对外部刺激作出反应。中性的刺激与使个人产生积极或消极情绪反应的刺激同时出现，这种伴随在一起的联结关系就会使中性的刺激也使人产生积极或消极的情绪反应
任务取向的技能		解决问题的能力、工作习惯、心理状态、情绪反应和认知的历程

克朗伯兹对生涯决定的研究回答了"什么让个体更可能进入一项职业"的问题，包括最近表达了对该职业的兴趣、获得了该领域学习与就业机会、学习了满足该职业要求的技能三个部分。相对应的，个人要作出三种改变：扩展自己的能力和兴趣，锻炼和管理自己的能力；培养职业的应变能力；积极采取行动。

（2）决策困难与拥抱偶然

克朗伯兹开始注意决策的个人规则及相应的困难，他认为在进行职业决策时，可能遇到的困难包括：人们可能不会辨认已有的可解决的问题；人们可能不努力作决策或解决问题；因为错误的原因，人们可能会消除一个潜在的满意的选择对象；因为错误的原因，人们可能会选择较差的选择对象；在感到没有能力达到目标时，人们可能会经受痛苦和焦虑。在进行职业决策时，要重视以上困难，积极面对可能出现的问题，通过自身的努力寻求最优的选择。

克朗伯兹认为，一直以来的生涯理论都在试图尽可能地降低生涯选择所面临的不确定，尽可能使所有事合乎情理，但忽视了不可避免的偶发事件的重要性。他提出，偶发事件无所不在，意外的发生并不意外；偶发事件可能成为学习机会，应该对不能作决定持开放态度；应该善用机缘，拥抱偶然，从中发现机会；甚至规划偶发事件；促进机会发生的五大因素分别是好奇、坚持、乐观、善于变通、敢于冒险。因此，他强调机缘规划并指出，应该协助来访者制造偶发事件，辨认偶发事件，并把偶发事件整合进个人的生涯规划中；应发展出积极的学习经验，形成对自我和职业世界的积极信念，了解工作技能提升的方法，提升行动意愿。2003年哈佛商学院出版心理学家和管理学家埃米尼亚·伊瓦拉的专著《转行：发现一个未知的自己》也极为强调个体要以先行动再调整的新模式，应对当前快速变化的环境。

▶ 第三节 职业角色与其他生活角色

一、舒伯的生涯发展阶段理论

(一)生涯发展阶段理论的产生

自我概念是舒伯理论的核心概念。舒伯早期主张，职业发展是自我概念的发展与实践的历程。随着研究的深入，舒伯逐渐认识到，自我概念的形成是个人对自我与情境的主动建构过程。

舒伯提到，特质论所主张的职业自我概念理论(Occupational Self-concept Theory)基本上是个人与职业选择的静态一次性适配。选择应该是动态发展的，一系列变化中的偏好适应着变迁中的环境，以持续导向更优的选择。所以生涯进程既可以是不断作选择和调适的以"人"为焦点的个人理论或心理学理论，也可以是基于"人"对变化中的社会/经济情境、社会机构进行评估的社会理论。基于后者，他认为凯利的个人建构假设更能说明人对环境的知觉与建构。生涯不再是一种展开的历程，而是一种建构的历程。

(二)生涯发展阶段理论的发展

舒伯以差异心理学和现象学的观点来解释职业选择的过程，并将发展心理学与自我概念链接。他以美国白人为研究对象，提出生涯是一个连续渐进、不可逆转的动态过程。它有次序且可预测，根据年龄和身心特点差异，可分为五个人生阶段(见表1-3)，每个阶段又包含几个子阶段。大学生正处在职业生涯发展的探索阶段。

随着研究的深入，舒伯加深了对发展任务的描述。他认为生涯发展中的各个阶段都要面对成长、探索、建立、维持和衰退的问题，每一阶段都有一些特定的发展任务需要完成，每一阶段需达到一定的发展水平或成就，而且前一阶段发展任务的达成与否关系到后一阶段的发展，形成"成长—探索—建立—维持—衰退"的循环式发展模式。大阶段中嵌套小阶段的模型，丰富和深化了职业发展阶段理论的内涵。

表1-3 舒伯职业生涯五阶段理论

主阶段	子阶段	主要任务	主要特点及任务
成长阶段 (0~14岁)	幻想期 (10岁以前)	在幻想中扮演自己的角色	特点：认同并建立起自我概念，对职业的好奇占主导地位，并逐步有意识地培养职业能力 任务：发展自我形象，发展对工作世界的正确态度，并了解工作的意义
	兴趣期 (11~12岁)	以兴趣为中心，理解、评价职业，开始职业选择	
	能力期 (13~14岁)	更多地考虑自己的能力和工作需要	

续表

主阶段	子阶段	主要任务	主要特点及任务
探索阶段 （15～24岁）	试验期 （15～17岁）	综合认识和考虑自己的兴趣、能力，对未来职业进行尝试性选择	特点：通过学校学习进行自我考察、角色鉴定和职业探索，完成择业和初步就业 任务：使职业偏好逐渐具体化、特定化，并实现职业偏好
	转变期 （18～21岁）	正式进入职业，或者进行专门的职业培训，明确某种职业倾向	
	尝试期 （22～24岁）	选定工作领域，开始从事某种职业，对职业发展目标的可行性进行实验	
确立阶段 （25～44岁）	稳定期 （25～30岁）	个人在所选的职业中安顿下来，重点寻求职业及生活上的稳定	特点：获取一个适合的工作领域，并谋求发展，是绝大多数人职业生涯周期中的核心部分 任务：统整、巩固并求上进
	发展期 （31～44岁）	致力于实现职业目标，是富有创造性的时期	
维持阶段 （45～64岁）	中年危机阶段 （44岁至退休前）	职业中期可能会发现自己偏离职业目标或发现新的目标，此时需要重新评价自己的需求，处于转折期	特点：开发新的技能，维护已经获得的成就和社会地位，维持家庭和工作两者间的和谐关系，寻找接替人选 任务：维持既有成就和地位
衰退阶段 （65岁以上）	……	……	特点：逐步退出职业和结束职业，开发社会角色，减少权利和责任，适应退休后的生活

二、生涯角色与生涯彩虹图

经过在英国进行的四年跨文化研究，为了综合阐述生涯发展阶段与角色彼此之间的相互影响，舒伯提出了一个更具广度和深度的发展理论，即生活广度、生活空间的生涯发展观（Life-Span，Life-Space Career Development）。在原有职业发展阶段理论的基础上，他加入了角色理论，并将生涯发展阶段与角色彼此间交互影响的状况创造性地描绘成一个多重角色职业生涯发展的综合图形。这个生活广度、生活空间的生涯发展图形，舒伯将它命名为"生涯彩虹图"（Life-Career Rainbow）。

（一）彩虹图上的生涯角色

横贯一生的彩虹：生活广度。生涯彩虹图的横向层面代表的是横跨一生的五大生活广度（大周期）。彩虹的外层显示人生主要的发展阶段和大致估算的年龄：成长期（约相当于儿童期），探索期（约相当于青春期），建立期（约相当于成人前期），维持期（约相当于中年期），以及衰退期（约相当于老年期）。在这五个主要的人生发展阶段，各个阶段还有小的阶段，舒伯特别强调，各个时期的年龄划分有相当大的弹性，应依据个体不同的情况而定。

纵贯上下的彩虹：生活空间。生涯彩虹图的纵向层面代表的是纵贯上下的生活空间，由一组职位和角色组成。舒伯认为人在一生当中必须扮演九种主要的角色（见表1-4），依序是子女、学生、休闲者、公民、工作者等。

表 1-4 生涯角色

角色名	角色内容		
	存在标准	时间	空间
子女	父母双亲在世	从出生开始，直到父母双亲去世为止	家里
学生	系统地接受教育期间	从正式进入学校接受教育开始，可能持续一生	学校、社区、家庭（远程教学或网络学习）和职场
休闲者	主动安排自己的休闲生活	在休闲活动中，投入时间和精力时	家中或社区
公民	履行社会义务和参与社会公益	对志愿服务工作投入时间和精力时	医院、学校或社区
工作者	从事有偿工作	从第一份有薪酬的兼职工作持续到退休为止	办公室、实验室、医院、学校、家庭或任何可能的工作场所
配偶	丈夫或妻子	因人而异，有的人可能从来不会扮演该角色，有的人会阶段性地扮演该角色，有的人在人生早期开始扮演，直到另一半去世	扮演该角色的所有空间场景
持家者	有再生家庭成员	始于搬出父母家中独立生活、建立家庭，并持续为维持自己的生活而承担责任，所花费的时间因人、因家庭而异	生活的空间
父母	子女在世	为养育子女并维持与子女的关系，投入时间和精力时	家庭、学校和社区
退休者	结束有偿工作	始于过去投入有偿工作的时间终止时。此时，有大量时间和精力可用在其他角色上，能更多地参与公民、休闲、家庭和社区活动	家庭和社区

（二）生涯彩虹图的绘制

同一年龄阶段，个人可能同时扮演数种角色，因此各角色会有重叠。舒伯将显著角色的概念引入生涯彩虹图。他认为角色除与年龄及社会期望有关外，与个人所涉入的时间及情绪程度也有关，因此每一阶段都有显著角色。根据个人在各角色上花费的时间和投入的程度，阴影的范围大小和长短不一，表示该年龄阶段各种角色的分量。例如，成长阶段最显著的角色是子女。生涯彩虹图，如图 1-4(1)，形象地展现了生涯发展的时空关系，更好地诠释了生涯的定义。

画生涯彩虹图是一项很重要的活动，舒伯认为人的行为方向受到三种时间因素的影响：对过去成长痕迹的审视；对目前发展状况的审视；对未来可能发展方向的展望。生涯彩虹图是一种最佳的透视工具，在图 1-4(2)上，可绘制生涯彩虹图。

环境决定因素
历史的
社会经济的
维持阶段

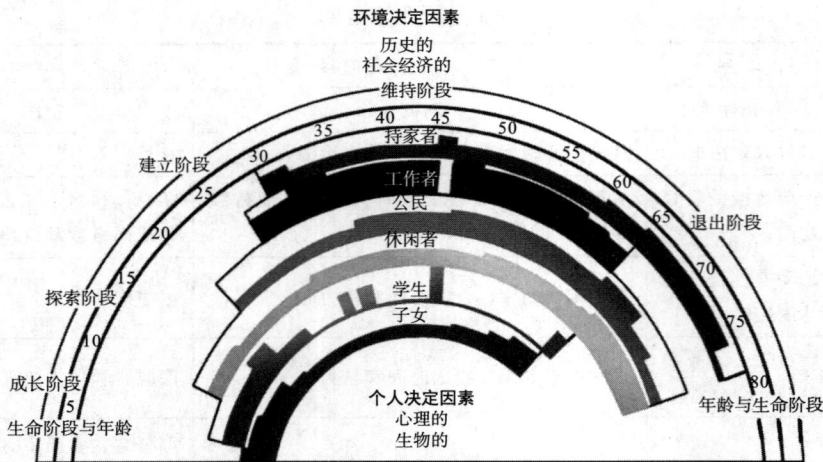

图 1-4(1)　生涯彩虹图典型示例

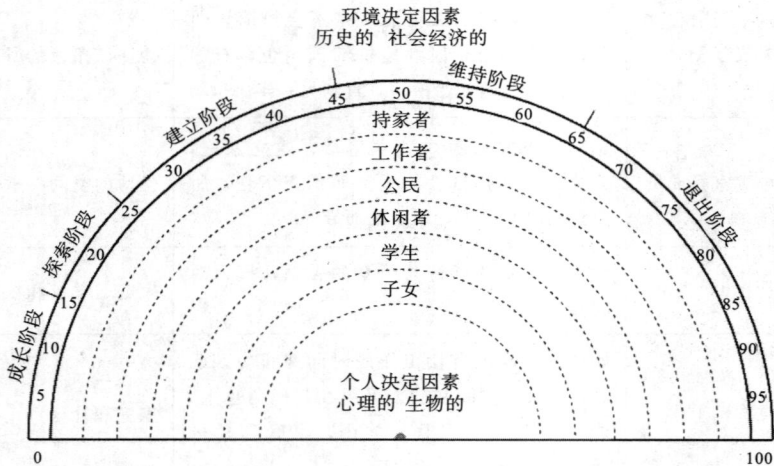

环境决定因素
历史的　社会经济的

图 1-4(2)　空白生涯彩虹图图例

1. 观察空白生涯彩虹图

生涯彩虹图以年龄的增长为横坐标，以角色的转换为纵坐标，具体的颜色和起始点均为空白，呈现出彩虹的形状。个人应思考如何对人生各阶段的各个角色及其重要性进行分配。

绘制需要建立在对自己过去的回顾、对当下的顾及及对未来的规划的基础上。三段时间相互影响和制约，不可孤立分割。

人生广度的时间节点是有弹性的，人生各角色的名称也会因人而异。个人可以用自己觉得适合的表述，对角色坐标进行修改。

2. 绘制草图

根据思考和权衡的结果，在空白生涯彩虹图上标出各个角色的起点和终点，用铅笔画出草稿。

每个人的角色在每个时期都可能是重叠的，对每个角色投入的时间和精力的比重不同，画出来的线条粗细也就不同。

付出的时间越多，投入的精力越大，角色越重要，那么绘制的颜色就越深、线条越宽。

3. 检查并修订草稿

确认无误后，根据每个角色的投入比例，用彩色画笔进行涂鸦。

4. 完成绘制

观察完成后的生涯彩虹图，写下自己的感想。

5. 保存检视

保存好绘制完成的彩虹图，在人生每一个阶段完成任务或进入某个角色时，都可以拿出来对照一下，看看是否和当初自己的规划一致，为什么有偏差，是否需要调整规划。

▶ 第四节　大学生活与生涯发展

一、学习与大学生的学习

(一)学习的基本问题

学习是个体在一定情境下由经验而产生的行为或行为潜能的比较持久的变化。与其他动物一样，学习是人类最重要的活动之一，也是个体有效适应环境的必要条件。学习贯穿于个体生命的全过程。胎儿时期，人类就已经开启了学习的历程。无论是婴儿期的咿呀学语、学龄期的课堂学习，还是看到同伴因为犯错而受到惩罚，因为表现得体而获得奖励，这些都是学习的过程。学习发生在各种场合，直接参与或榜样观察，都会以不同的方式改变个体的行为。这种改变可能是个体外在可以被观察到的行为，也可以是个体不易被观察到的心智成熟与发展。这些不易被观察的心智成分包含基本的认知能力，如感知、记忆和思维等，也包括动机、情绪和人格等内部动力和心理特征。总之，学习是行为或行为潜能的变化，这些变化形式丰富、相对持久，并且基于练习和经验过程。疾病和脑损伤引起的行为变化，如感冒引起的咳嗽、中风引起的偏瘫，虽然也是行为变化，但不是基于经验过程，因而不是学习。

(二)大学生学习的特点

大学生的学习兼具了儿童学习和成年学习的特点。儿童学习以接受学习为主，在教师的指导下，有目的、有计划、有组织、有系统地进行；通过一系列的主动建构活动来接受信息，形成经验结构或心理结构；以接受前人的间接性经验为主。学习是一个连续的过程，前后学习的内容相互关联，前者为后者奠定基础，后者在前者的基础上继续补充和发展。除了知识经验和技能目标，学习的目的还有发展智能、形成行为习惯，以及培养品质并促进人格的发展。美国成人教育学家诺尔斯首次较为系统地对比了成人学习者与儿童学习者，认为主要的差异体现在自我观念、经验、学习意愿及时间观念等方面。茨梅约夫在总结前人研究成果的基础上对成人学习者的特征进行了系统概括，并得到了大多数成人教育研究者的赞同，其总结如下：成人学习者已经拥有相当丰富的实际经验、社会经验和职业经验；成人学习者深知自己的生活目标以及通过终身学习掌握知识和技能与这些目标的相关性；对准备加强学习的领域而言，通常成人已经获得了某种程度的背景知识；成人学习者常常认为有必要尽快完成新的学习。

在大学开展职业生涯规划课程的必要性是由大学阶段的基本目标和大学生特殊的身心特点决定的。大学是学涯与职涯衔接、过渡的重要阶段，也是职业生涯规划（学业生涯）的关键环节。大学阶段，学习仍然是主要任务，但除了学习还有很多发展任务也需要在大学期间完成。良好规划的大学学涯，会使大学阶段成为一段目标清晰、行动有效、高产高能的成长时光。因此，大学生职业生涯规划的首要任务就是对个人的过去、现在和未来进行充分了解、审视和评估，对未来的职业世界进行初步的观察、认识和探索，并在此基础上勾勒出未来职业发展基本轮廓，然后有目的地为实现职业理想和人生目标而储备专业知识、提高职业技能和锻炼意志品质。

二、大学生活与学涯阶段管理

(一)适应期

大学一年级是从高中过渡到大学的适应阶段。对刚入大学的新生而言，"调节自己，适应环境"是生活和学习的主旋律。顺利度过适应期，能够为后续的学习生活打下良好的基础。需要调节和适应的主要内容包括：①在学习上，要了解学校历史，学习校纪校规，掌握上课规律和要求，尤其是要尽快适应大学的学习特点和规律，培养良好的自主学习习惯，主动了解自己所学的专业，认真学习公共基础课程，做好大学学习的初步规划；②在生活上，要熟悉校园环境和生活，开始独立安排自己的生活，重视生活自理能力的提升，从思想上重视、情绪上接受、行动上坚持，以养成良好的作息、生活、学习习惯；③在自我管理上，要开始培养自主、自立、自律的自我管理能力，给自己制定合理的学习、生活目标，制定并执行行动计划，保持良好的心态和积极的行动；④在人际适应上，熟悉老师、同学，要以开放的心态面对五湖四海的同学，学会接纳因不同的价值观、成长背景和生活习惯所引起的冲突和碰撞，学习与人相处，建立良好的人际关系。

(二)探索期

大学二年级是探索阶段。大学生只有通过不断地尝试、调整和纠错，才能逐渐清晰自我认知，加深专业了解，提升综合能力，找到大致方向。所以这也是一个明显的分化期。如果能够尽快步入正轨，按照既定的学习计划走，各方面都会越走越顺。如果适应不良，学习兴趣会下降、各方面的主动性也会降低。这个阶段面临的主要挑战包括：①在学习上，开始接触专业课，要提升专业认知和对专业的认同感，可通过辅导员、专业老师、高年级同学等来深入了解与专业和行业的相关问题，提升学校学习与未来职业发展的关联性；②在生活上，围绕学习、社团、竞赛及其他社会实践，学会抓住重点、有所取舍，合理安排时间和分配精力；③在自我管理上，要保持积极的心态，发展良好的自控能力，通过参加各种学科竞赛、科研工作、志愿服务、兼职实习和社会实践活动，不断开阔视野、理清思路，积极探索个人发展方向；④在人际关系上，应找到志同道合的伙伴，在探索的道路上结伴而行，相互支持。

(三)思考期

大学三年级是回顾前两年大学生活选择方向的阶段。了解现状、及时总结、修正、前行是大三阶段的主题。大三阶段的主要任务有以下几个。①在学习上，如果专业与未来的职业目标一致，个人需要抓住机会，增强实践，并有所聚焦。主动通过专业老师、相关领域职场人士，了解与本专业相关的职业环境、发展情况及基本要求，反思个人差距，主动查漏补缺，提前做好相关准备。如果专业与未来的职业目标不一致，则需要在确保顺利完成学业的前提下，思考未来职业与专业的相关性和结合点，千方百计地补足能够为职业目标提供支持的知识、技能和能力。②在生活上，应继续保持规律的作息和良好的学习、生活习惯，保持乐观积极的心态，遇到问题和困难，积极寻求辅导员、同学、专业老师、心理咨询老师和就业指导老师等"社会支持系统"的帮助。③在自我控制上，个人要面临继续深造和就业的路线选择，还需要面对考研、出国，就业行业、企业和职位的选择，并根据选择的结果实施行动。④在人际关系上，应通过各种实践活动和人际资源认识相关领域和行业的职场人士，研究目标组织的环境和文化，确定适合自己的职位，或者为继续深造联系导师，获得学长学姐、专业老师、辅导员及父母的支持。

(四)冲刺期

大学四年级是行动阶段，也是检验大学四年学习和实践成果的重要时刻。大四也是大学阶段的第二个适应期，对求职的同学而言需要适应由学生身份到工作者身份的转变。企业的人际关系、选人用人的评判标准和校园的人际关系、好学生的评判标准有很大不同。大四阶段的主要任务包括以下几点。①在学习上，主要是完成毕业论文(设计)，部分学校或专业会安排实习。一般9月中旬各高校就会确定保研名额，12下旬会进行研究生初试，到大四下学期三、四月份，考研和出国申请都会出结果。求职的同学要把握9~11月秋招和3~5月春招的招聘机会，认真准备个人简历，端正良好的求职就业心态，做好相关的准备工作。②在生活上，要继续保持良好的作息习惯，对升学或求职过程中可能遭遇的挫败、茫然或失落有充分的心理准备，积极争取和勇敢接受个人"社会支持系统"的帮助。③在自我控制上，应对自己有客观理性的认知，接纳自己的不完美，主动了解和适应身份转变所带来的各种规则变化，提升相应的能力，做好升学、求职等方面的协调与衔接准备。④在人际关系上，应主动将社会关系转化为信息渠道或发展机会。在升学和求职过程中，专家、校友、亲友是非常重要的社会资源渠道，他们能够提供非常具有价值的职业信息或深造建议。

第二篇

生涯规划篇

第二章 认识自我

学习目标

学完本章后，你能够解释以下重要问题和关键概念。

重要问题

- 价值观的经典理论
- 价值观澄清的步骤与方法
- 霍兰德的职业兴趣理论
- 人格和性格、气质的关系
- 人格（性格）类型理论

关键概念

自我；价值观；兴趣；性格

思考与讨论

1. 你的职业价值观是什么？对你而言，它们意味着什么，代表着什么？它们的反面情况是什么？当你拥有它们时，你将如何？当你暂时不能很好地实现它们时，又将如何？

2. 你的职业兴趣探索结果是什么？根据兴趣发展的三个阶段，你会怎样发展个人职业兴趣？

▶ 第一节　自我与自我认识

一、自我的发生与发展

（一）自我的概念

心理学的根本问题是回答"人是什么"的问题，所以自我一直是心理学研究中的一个古老而热门的话题。柏拉图认为"灵魂"既控制人的形体活动，是人的意识，又控制着灵魂自身，是人的"自我"。这意味着早期的哲学家们并没有把人的"自我"与意识活动区分开来。美国心理学家威廉·詹姆斯把自我分为"客体我（me）"和"主体我（I）"，以此将"自我"从意识活动中区分开来，并把这一概念正式引入心理学领域。至此真正心理学意义上的自我概念研究开始了。心理学对自我概念的研究曾几度兴衰。在行为主义出现之前，心理学对自我概念的研究兴趣浓厚，但随着行为主义的兴起，自我概念的研究逐渐被忽视。后来人本主义出现，特别是卡尔·罗杰斯对自我概念又进行了深入的研究。20世纪80年代后，认知学派对自我概念的研究也很重视。自我概念得到人们广泛的关注，对其的研究和应用也得到普及。

作为心灵深处的心理结构，自我至少包括两个方面的含义。①自我是人格的自我调控系统。许多心理学家强调自我与人格的密切关系，有人认为自我是人格的一部分，也有学者将自我作为与人格同等的概念，他们的人格发展理论也称为自我发展理论。更多的心理学家认为人格是自我的核心，自我是人格的自我调控系统，对人格的形成和发展起着组织、控制和推动的作用。②自我是个人意识发展的高级阶段。作为人类特有的高级心理活动形式，自我既是社会的产物，反过来又作用于社会，可以指导个体适应社会生活（包括职业生活），并对周围社会生活环境产生积极的影响。每个人都是独立的个体，每个个体的自我都存在着差异，这些差异主要表现在兴趣、能力、气质、性格和价值观上。认识自我是进行职业生涯规划的基础和关键。

（二）自我的发展类型及阶段

"认识你自己"是镌刻在德尔菲智慧神庙上的箴言。也许是受到这条古老格言的启示，古希腊哲学家苏格拉底提出了"认识你自己，照顾你的心灵"。2000多年之后，人本主义心理学家卡尔·罗杰斯在《成为一个人》（*Becoming A Human Being*）中回应："我们能够认识和接受多复杂的自己？对世界和关系的复杂有多少认知和容忍？我们能够整合多么复杂的情绪？我们对价值和人生意义的理解是否是复杂的？"这些与自我相关的问题古往今来都让人类迷惑且着迷。一个人的自我发展水平较高，意味着他在责任心、忍耐力、独立成就、自我修复力、人际间诚信等方面，都能发生更多的积极变化。自我发展的过程是连续的。本书以卢文格的发展类型说和埃里克森的人格发展八阶段为例，一览自我发生发展经历的过程与特征及其面临的挑战与无限可能。

1. 卢文格的发展类型说

美国华盛顿大学心理学教授卢文格提出的发展类型说指出，自我不是某个固定不变的事物，自我本身就是一个不断发展变化、寻求意义和目的的社会过程和结果。自我发展区别于其他发展的关键特征之一是结构及由结构派生的类型由彼此联系并形成序列的要素和成分组成。成熟和经验的累积会引起自我结构中同质要素从量变到质变，从而引发要素间关联的变化，结构也随之变化。自我结构的变化也就意味着人们的思想、价值、道德、目标等组织方式的改变，也标志个体或者退化到次一阶段，或者发展到高一阶段。卢文格的自我发展过程见表2-1，每个阶段代表着自我发展的一种水平，其中成年期自我发展主要经历后四个阶段及两个过渡阶段（即自我意识水平：从遵奉到公正阶段的过渡；个体化水平：从公正向自主阶段的过渡）。

表 2-1 卢文格的自我发展阶段

发展阶段	描述	特点
前社会阶段	刚出生的婴儿还没有自我，其首要任务是学会把自己与周围环境区分开来，形成"现实"的构念，认识到存在一个稳定的客观世界	自我与客体不分，"我向思维"
共生阶段	儿童在了解了客体稳定性之后，仍有可能认为他与他父母或生活中的一些玩具有着共生的关系	共生现象有意义地促进了自己与非自己的区分。语言起着十分重要的作用
冲动阶段	"不"和"让我来做"等冲动言行，有助于证实儿童的独立的同一性。儿童的冲动先是受到强制性制约，后来还受到直接的奖惩制约。儿童对他人的需要是强烈的，他人因其能够给儿童的东西和感受而受到注视和评价。儿童倾向于把人分为好人和坏人，但还只是价值判断，不是真正的道德判断。此阶段儿童的定向几乎都在现在，而不是过去或未来	能够理解身体上的因果关系，但缺乏心理上因果关系的观念
自我保护阶段	认识到存在规则，并学会了期待直接的短时的奖励。主要规则是"不要挨打"。一方面把规则用于自己的满足和利益，另一方面又要注意自我控制冲动，学会保护自己。自我保护的人具有责备的概念，但他们是从其他人或情形等外部因素来理解责备的	还不存在自我批评。会从"我认为"或"我估计"等方面责备自己，而不会承认是自己的责任
遵奉阶段	个体开始把自己的幸福与群体统一在一起，按规则行事。个体的行为完全服从社会规则，因为这些规则是群体采纳的。如果违背了社会规则，就会产生内疚感，表现出强烈的归属需要。只有少数成年人处于这个水平	根据规则而不是根据后果作出"对"或"错"的判断
自我意识水平：从遵奉到公正阶段的过渡	个体发现自己可以选择，异议随之而来。遵奉阶段的许多特征仍然保持，虽然对情境中复杂性的鉴别有所增强，但自我意识还没有达到与社会准则相当一致的程度。个体的内部生活通常还是一些如寂寞、窘迫、自信等含糊的感受	意识到选择和异议，为下一阶段要领的复杂性铺平了道路
公正阶段	完成规则内化，发现了"良心"，包括长期的自我评价的目标和理想、分化的自我批评、一系列责任心等道德信号，形成了自我评价标准，自我反省开始发展。遵守规则不是为了逃避惩罚和群体支持，而是为了自己的选择和评价规则。责任和义务的概念发展到正义和公正的概念，能体验到自己的内部生活，还能观察到他人的隐蔽情感	深刻理解了他人的观点，人际关系成为可能
个体化水平：从公正向自主阶段的过渡	以个体观念的增强和对情绪依赖的关心为标志。经常发生依赖和独立的问题。为了超越公正阶段，个人必须学会容忍自己和别人，增强容忍异议和矛盾的能力	能够意识到情绪的而不是纯实用主义的问题，意识到即使失去身体上或经济上的依赖，还可以作出对他人情绪上的依赖

续表

发展阶段	描述	特点
自主阶段	个人需要与社会规则并不总是一致的，该阶段的一个独特标志是具有承认和处理内部冲突的能力。自主的人有勇气承认和处理冲突	承认和处理内部冲突的能力
整合阶段	自我发展的最高阶段，个体不仅能正视内部矛盾与冲突，而且还会积极调和、解决这些冲突，并放弃那些不可能实现的目标	同一性的观念得到进一步的加强

卢文格指出大多数成年人一生的自我发展都会停留在"遵奉阶段"到"公正阶段"之间，不再迈向更高的阶段；有少数人可以超越公正阶段，前往更高的层级发展自我，并最终接纳内在、外在的冲突和混乱，理解世事的复杂。自我只有在环境不符合预期时，才有成长发展的机会。因此，在某种程度上，只有当负面的生活经历发生时，自我才有进化得更为成熟的机会和可能。卢文格自我发展阶段理论可以帮助我们觉察自我所达到的阶段，拥有的共性特征和局限，帮助我们更好地认识自我。

2. 埃里克森的人格发展八阶段理论

精神分析学派的代表人物埃里克森提出了人格发展的八阶段理论（见表2-2）。他认为，人的自我意识发展持续一生。他把自我意识的形成和发展过程划分为八个阶段，涵盖了从出生到死亡的整个生命周期中发生的变化。每个阶段都建立在前一阶段之上，并为随后的发展铺平道路。在每个阶段，人们都要聚焦解决一种冲突（社会心理危机）。

埃里克森认为，人们在每个自我发展阶段应对挑战时所作的决定和冲突的处理结果会影响其人格的成长。如果人们成功地处理了冲突，他们就会获得心理力量，这些力量将在他们的余生中为他们服务。如果不能有效地处理这些冲突，他们可能无法培养出强烈的自我意识所需的基本技能，可能会导致持续一生的社会和情感斗争。大学阶段正处在青春期到成年期早期的过渡阶段，大学生的自我发展更加丰富、成熟，需要完成自我同一性的发展任务并与他人建立良好社会关系。理想自我与现实自我、主体自我与客体自我的矛盾与冲突，会让大学生面临自我冲突与接纳、自我评价多变、自我认识不全面等问题。亲子关系、其他重要人际关系既影响自我意识，也直接影响大学生的支持性社会网络的建立。带着对问题和局限的觉察，有利于大学生进行正确的自我认知。

表2-2　埃里克森的人格发展八阶段

时期（近似年龄）	社会心理冲突	主要问题	基本美德	重要事件	恰当的解决	不恰当的解决
婴儿期（出生～18个月）	信任与不信任	我能信任我周围的人吗？	希望	喂食	基本的安全感，能够依靠外部力量	不安全、焦虑、难建立健康的关系
幼儿期（18个月～3岁）	自主与羞耻和怀疑	我可以自己做事，还是依赖别人的帮助？	意志	如厕	获得独立的感觉，能够控制自己的身体并进行某些活动	对于自我控制及外部事物的控制感到无能为力
学龄前（3～5岁）	主动性与内疚感	我是好人还是坏人？	目的	探索、玩耍	对自己主动探索感到有信心，开始学习对自己和世界施加影响力	感觉缺少自我价值，觉得自己在某种程度上是"坏的"。会因为害怕失败而学会抵制尝试新事物
学龄期（6～12岁）	能力与自卑	我要怎样才能做好？	能力	学校	掌握基本的技能和社交能力，被同龄人所接受	缺乏自信，有挫败感
青春期（12～18岁）	自我认同（同一性）与角色混乱	我是谁？	忠诚	社会关系	有强烈的自我意识，认为自己是一个独特的和被社会所接受的人，这种自我意识将持续一生	自我概念不完整，自我意识薄弱，不能确定的个人与身份与外界建立关系，对自己的能力缺乏自信
成年期早期（18～25岁）	亲密与孤立	我会被爱还是会孤独？	爱	亲密关系	能够与他人建立亲密、忠诚、充满爱的关系，创建起支持性的社交网络	建立糟糕的亲密关系，甚至不会努力发展任何关系。社会支持网络薄弱
成人期中期（25～50岁）	繁衍与停滞	我怎样才能为世界作出贡献？	关心	为人父母、工作	关心他人（家庭、后代和社会），发展与他人的关系，对他人作出承诺和贡献	自我放纵，不考虑未来
成人期晚期（50岁以后）	自我完善与绝望	我过着有意义的生活吗？	智慧	对生活的反思	有一种完整感，回顾人生感到平安与满足，获得对人生知情和超然的智慧	回顾人生感到无意义，情绪低落、绝望、悲伤、后悔，生活满意度下降

二、自我认识的内容与方法

(一)自我认识的内容

自我认识是自我意识的认知成分。它是自我意识的首要成分，也是自我调节控制的心理基础，它包括自我感觉、自我概念、自我观察、自我分析和自我评价。自我分析是在自我观察的基础上对自身状况的反思。自我评价是对自己能力、品德、行为等方面的评估，它最能代表个人的自我认识水平。自我认识的内容可以从不同的角度进行分析，常见的分析方法包括将自我的内容分为生理(物质)自我、社会自我和心理自我。

生理(物质)自我指个体对自己的躯体、性别、形体、容貌、年龄、健康状况等生理特质的意识。有时候人们也将个体对某些与身体密切联系的衣着、打扮及外部物质世界中与个体紧密联系并属于"我的"人和物(如家属和财产等)的意识和生理自我一起统称为物质自我。生理(物质)自我在情感体验上表现为自豪或自卑；在意向上表现为对身体健康、外表美的追求，物质欲望的满足，或对自己所有物的维护。

社会自我在宏观方面指个体对隶属于某一时代、国家、民族、阶级、阶层的意识，在微观方面指对自己在群体中的地位、名望，受人尊敬、接纳的程度，拥有的家庭、亲友及其经济、政治地位的意识；在情感体验上表现为自豪或自卑；在意向上表现为追求名誉地位，与人交往、与人竞争，争取得到他人的好感和认同。

心理自我指个体对自己智能、兴趣、爱好、气质、性格等诸方面心理特点的认识；在情感体验上表现为自豪、自尊或自卑、自贱；在意向上表现为追求智慧、能力的发展和追求理想、信仰，注意行为符合社会规范等。

(二)自我认识的乔哈窗口

心理学家乔瑟夫·鲁夫特和哈里·英格汉提出的乔哈窗口理论是一种关于沟通的技巧和理论(如图2-1所示)。乔哈窗口展示了自我认知、行为举止和他人对自己的认知之间在有意识或无意识的前提下形成的差异。"窗"是指人的自我就像一扇窗，包括开放我、盲目我、隐藏我、未知我四个部分。

	自己知道	自己不知道
别人知道	开放我（公开区）	盲目我（盲区）
别人不知道	隐藏我（隐藏区）	未知我（未知区）

图 2-1　乔哈窗口

开放我位于窗口的左上方，是面对公众的自我塑造范畴，也称"公众我"，属于公开活动的领域。这是自己知道别人也知道的部分，如个人的性别、外貌，以及其他可以公开的信息，包括婚否、职业、工作生活所在地、能力、爱好、特长、成就等。开放我的大小取决于自我心灵开放的程度、个性张扬的力度、人际交往的广度、他人的关注度、开放信息的利害关系等。开放我是自我最基本的信息，也是了解自我、评价自我的基本依据。

盲目我位于窗口的右上方，是公众获知但自我无意识的范畴，也称"背脊我"，属于盲目领域。这是自己不知道而别人却知道的部分，可以是一些很突出的心理特征，如热情、爽直、敏感、易变、稳重、隐忍等，也可以是不经意的一些小动作或行为习惯，比如无意识的表情、动作或口头禅（本人不觉察，除非别人告诉你）。盲目点可以是一个人的优点或缺点。盲目我的大小与自我观察、自我反省的能力有关，通常内省特质比较强的人，盲点比较少，盲目我比较小。

隐藏我位于窗口的左下角，是自我有意识在公众面前保留的范畴，也称"隐私我"，属于逃避或隐藏领域。这是自己知道而别人不知道的部分，与盲目我正好相反，就是人们常说的隐私、个人秘密，是留在心底，不愿意或不能让别人知道的事实或心理。身份、缺点、往事、疾患、痛苦、窃喜、愧疚、尴尬、欲望、意念等都可能成为隐藏我的内容。隐私让人获得自在感和安全感，适度的内敛和自我隐藏，给自我保留一个私密的心灵空间，避免外界的干扰，是正常的心理需要。相比较而言，心理承受能力强的人，隐忍的人，自闭的人，自卑的人，胆怯的人，虚荣或虚伪的人，隐藏我会更多一些。但是隐藏我太多，开放我就太少，即压抑了自我，容易阻碍人际关系的发展。勇于探索自我者，还应敢于直面隐藏我的秘密和实质。

未知我位于窗口的右下角，属于公众及自我两者无意识的范畴，也称为"潜在我"，是蕴藏潜能的领域。这是自己和别人都不知道的部分，有待挖掘和发现。未知我通常是指一些潜在能力或特性，比如一个人经过训练或学习后，可能获得的知识与技能，或者在特定的机会里展示出来的才干，也包含弗洛伊德提出的潜意识层面，仿佛隐藏在海水下的冰山，力量巨大却又容易被忽视。学着尝试一些全新的领域，挖掘潜力，探索和开发未知我，能更全面而深入地认识自我、激励自我、发展自我、超越自我。

总之，认识自己是一个漫长而复杂的过程，本书将从价值观、兴趣、性格和能力四个方面帮助大家回答"我是谁"的问题，寻找人生核心动力是什么，喜欢做什么，适合做什么，能够做什么等问题的答案，进而确定职业目标。

▶ 第二节　价值观探索

一、价值观与职业价值观

（一）价值观的概念

价值观很容易被纳入认知范畴，但它通常是充满情感和意志的。克拉克洪认为价值观是一种外显的或内隐的，有关什么是"值得的"的看法，它是个人或群体的特征，它影响人们对行为方式、手段和目的的选择。米尔顿·罗克奇指出，价值是一种抽象的目标，超越了具体的行动和环境；价值观来自对内心感受的评价，没有对错，只有真实与否，它提供内驱力和约束力，是"什么是重要的"和"这些东西之间有什么关系"的观念。他还指出价值观内在的动机成分。施瓦茨描述了价值观的动机功能，并且指出价值观连接了需要和目标。研究者认为，目标是将价值观转化为行为从而实现价值观的手段，价值观通过引出目标而指引行为。本文采用黄希庭等的定义，即价值观是人们用来区分好坏标准并指导行为的心理倾向系统。这些关于价值的观念和感悟，形成、冲突又汇聚，最后慢慢稳定下来成为个人的价值观和价值观体系，也浸透于个人整个个性之中，支配着人的行为、态度、观点、信念、理想的内心尺度，为人们自认为正当的行为提供充分的理由。

（二）职业价值观的概念

舒伯认为职业价值观是个体追求的与工作有关的目标的表述，是个体的内在需要及其从事活动时所追求的工作特质或属性，它是个体价值观在职业问题上的反映。黄希庭等认为，职业价值观是人们对于社会职业的需求所表现出来的评价，他是人生价值在职业问题上的反映。凌文轻等将职业价值观定义为在职业选择上的体现，也可称之为择业观。金盛华等认为职业价值观是个体选择和评价职业的标准，并将其分为目的性职业价值观和手段性职业价值观，在职业选择和职业评价上的体现就是职业价值观。总之，职业价值观是价值观在职业选择方面的具体表现。它不仅决定了人们的择业倾向，还决定了人们的工作态度，是个体在长期的社会变化中获得的对职业的认识和态度，对职业的经验和感受，以及对职业目标的追求和向往。职业价值观表明了个人通过工作所要追求的理想是什么（财富、地位或其他），探讨了人们在职业生活和职业选择中，在众多的职业价值取向里优先考虑的价值或价值体系。研究发现，家庭环境、教育、兴趣爱好，以及理想、信念、世界观等对个体的职业价值观都会产生较大的影响，使得个体职业价值观之间存在显著差异，而这些差异会影响人们对就业方向和具体职业岗位的选择。

二、价值观的特征

（一）主观性

价值观因人而异，带有很强的主观性。个体价值观的形成既受到先天遗传的影响，也因所处的环境和成长经历的不同而有所差异。每个人都有自己特有的价值观和价值观体系。这些关于得失、荣辱、成败、祸福、善恶等的标准和评价是根据个人内心的尺度进行衡量和评价的，虽然也体现着社会历史的共通性，但更多地体现着由个人依据自身的需求而对客观事物赋予个性化的意义，具有很强的主观色彩。

（二）选择性

价值观是个体出生后随着社会生活实践空间的不断拓展而逐渐萌发和形成的。儿童时期的价值观通过对父母等重要他人的言行模仿而形成，具有明显的感性特征，甚至是对成人价值观的照搬照抄。研究者认为儿童期尚未形成真正的价值观，称之为价值感更为恰当。青年期随着自我意识的逐渐发展和成熟，个体开始有意识地选择符合自己的评价标准，形成个人特有的价值观。

（三）稳定性

个人的价值观一旦形成便具有稳定性和持久性，并通过兴趣、愿望、目标、理想、信念和行为等表现出来。价值观在职业环境中会逐渐内化为个体的职业态度和行为准则，不易改变，但也不是完全不会变化。随着生理的成熟，学习、成长和经历等都塑造着人们的价值观，尤其在经历了重大的历史事件、重大的个人事件后，个人价值观的内容和重要性排序都可能发生变化。

(四)真实性

价值观只有真实，不分对错。判断"值不值得"，只能以个人的真实感受为准，因为价值观没有对错。罗素说，价值问题完全是在知识的范围之外，也就是说，人们断言这个或那个具有"价值"时，实际上是在表达自己的感情。价值观没有对错，但不同的价值观可能造成冲突。我们与父母、长辈、朋友、同事之间的人际冲突经常源于彼此站在了价值观地图的不同角落。解决价值观冲突的途径只有舍得、平衡与付出。要懂得知足常乐，接纳不完美的完美，寻找平衡之乐，付出最能付出的，换回最想得到的。

三、价值观的结构

(一)罗克奇的终极价值观与工具型价值观

美国社会心理学家、精神病学家米尔顿·罗克奇编制了罗克奇价值观调查表(Rokeach Values Survey)。罗克奇的价值系统理论认为，各种价值观是按一定的逻辑意义联结在一起的，它们按一定的结构层次或价值系统存在。价值系统是沿着价值观的重要性程度的连续体而形成的层次序列。罗克奇价值观调查表提出了两类价值系统(见表2-3)。①终级价值观指的是个人价值和社会价值，用以表示存在的理想化终极状态和结果，是个人希望用一生实现的目标。②工具型价值观指的是道德或能力，是达到理想化终极状态所采用的行为方式或手段。价值观调查表中包含18项终极价值和工具型价值，每种价值后都有一段简短的描述。施测时，让被试按其对自身的重要性对两类价值系统分别排列顺序，将最重要的排在第1位，次重要的排在第2位，依此类推，最不重要的排在第18位。该量表可测得不同价值在不同的人心目中所处的相对位置，或相对重要性程度。这种研究是把各种价值观放在整个系统中进行的，因而体现了价值观的系统性和整体性的作用。

表 2-3　罗克奇价值观调查表

终极价值观	工具型价值观
舒适的生活(富足的生活)	雄心勃勃(辛勤工作、奋发向上)
振奋的生活(刺激的、积极的生活)	心胸开阔(开放)
成就感(持续的贡献)	能干(有能力、有效率)
和平的世界(没有冲突和战争)	欢乐(轻松愉快)
美丽的世界(艺术和自然的美)	清洁(卫生、整洁)
平等(兄弟情谊、机会均等)	勇敢(坚持自己的信仰)
家庭安全(照顾自己所爱的人)	宽容(谅解他人)

续表

终极价值观	工具型价值观
自由(独立、自主的选择)	助人为乐(为他人的福利工作)
幸福(满足)	正直(真挚、诚实)
内在和谐(没有内心冲突)	富于想象(大胆、有创造性)
成熟的爱(性和精神上的亲密)	独立(自力更生、自给自足)
国家的安全(免遭攻击)	智慧(有知识、善思考)
快乐(快乐的、休闲的生活)	符合逻辑(理性的)
救世(救世的、永恒的生活)	博爱(温情的、温柔的)
自尊(自重)	顺从(有责任感、尊重的)
社会承认(尊重、赞赏)	礼貌(有礼的、性情好)
真挚的友谊(亲密关系)	负责(可靠的)
睿智(对生活有成熟的理解)	自我控制(自律的、约束的)

(二)施瓦茨的价值观地图

谢洛姆·施瓦茨通过对 62 个国家进行跨文化调查建立的普世价值观,描绘出一个世界范围的价值观地图,见图 2-2,并将各个文化标识在相对的位置上。这些价值观呈现一种圆形结构——越是相邻的价值观,行为就越接近,越是距离远,就越冲突。

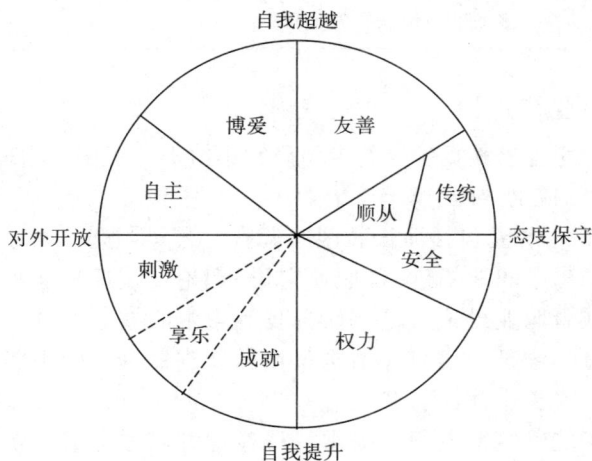

图 2-2 施瓦茨的价值观地图

施瓦茨等人编制了施瓦茨价值观量表(Schwartz Values Survey,简称 SVS),其中包括 57 项价值观，用以代表自我超越、自我提高、保守、对变化的开放性态度 4 个维度的 10 个普遍的价值观动机类型，并揭示了它们之间的结构关系（见表 2-4）。

表 2-4 施瓦茨的价值观量表

维度	动机类型	内容
自我超越	普通型	为了所有人类和自然的福祉而理解、欣赏、忍耐、保护 例如：社会公正、心胸开阔、世界和平、智慧、美好的世界、与自然和谐一体、保护环境、公平
	慈善	维护和提高那些自己熟识的人们的福利 例如：帮助、原谅、忠诚、诚实、真诚的友谊
自我提高	权力	社会地位与声望，对他人以及资源的控制和统治 例如：社会财力、财富、权威等
	成就	根据社会的标准，通过实际的竞争所获得的个人成功 例如：成功的、有抱负的、有能力的、有影响力的等
保守	传统	尊重、赞成和接受宗教或文化的习俗和理念 例如：接受生活的命运安排、奉献、尊重传统、谦卑、节制等
	遵从	对行为、喜好和伤害他人或违背社会期望的倾向加以限制 例如：服从、自律、礼貌、给父母和他人带来荣耀
	安全	安全、和谐、社会的稳定、关系的稳定和自我稳定 例如：国家安全、家庭安全、社会秩序、清洁、互利互惠
对变化的开放性态度	自我定向	思想和行为的独立：选择、创造、探索 例如：创造性、好奇、自由、独立、选择自己的目标
	刺激	生活中激动人心、新奇的和挑战性的 例如：冒险、变化的和刺激的生活
	享乐主义	个人的快乐和感官上的满足 例如：愉快、享受生活等

（三）施恩的职业锚理论

美国职业指导专家施恩教授领导的专门研究小组提出了职业锚理论（Career Anchor Theory）。斯隆管理学院的 44 名 MBA 毕业生，自愿形成一个小组接受施恩教授长达 12 年的职业生涯研究，研究包括面谈、跟踪调查、公司调查、人才测评、问卷等多种方式，最终分析总结出了职业锚（又称职业定位）理论。该理论认为，职业锚是人们长期追求的职业状态或者职业模式，是个体自我概念中的核心部分，是个体面临困难选择也不会放弃的部分。锚是使船只停泊定位用的铁制器具，代表船舶的稳定。借用这一特点，用职业锚来代表个体的自我概念中包含个人天赋、动机、价值观和态度等元素的集合。这些元素能够给个人职业提供一种稳定感和方向感，就像个体的动机因素和驱动因素。职业锚理论的相关研究目前处于起步阶段，仍在积累研究证据。施恩的职业锚包括技术职能型、管理能力型、自主型、安全型、创业型五类。20 世纪 90 年代，他又发现了挑战型、生活型、服务型职业锚，将职业锚扩充到八种类型，并推出了职业锚测试量表(见表2-5)。近年来,研究者在原有职业锚的基础上,又增加了国际型职业锚。

表2-5 八种职业生涯锚

名称	特征	有价值的奖励
技术职能型	追求在技术/职能领域的成长和技能的不断提高,以及应用这种技术/职能的机会。喜欢面对来自专业领域的挑战,不喜欢从事一般的管理工作,因为这将意味着放弃在技术/职能领域的成就	对技能的认可
管理型	追求并致力于工作晋升,倾心于全面管理,独自负责一个部分,可以跨部门整合其他人的努力成果,想去承担整个部分的责任,并将公司的成功与否看成自己的工作。具体的技术/功能工作仅仅被看作是通向更高、更全面管理层的必经之路	晋升、责任
自主型	希望随心所欲地安排自己的工作方式、工作习惯和生活方式。追求能施展个人能力的工作环境,最大限度地摆脱组织的限制和制约。宁愿放弃提升或扩展的机会,也不愿意放弃自由与独立	增加自主权
安全型	追求工作中的安全与稳定感。可以预测将来的成功从而感到放松。关心财务安全,如退休金和退休计划。稳定感包括诚信、忠诚及完成老板交付的工作。虽然有时可以达到一个高的职位,但并不关心具体的职位和工作内容	对忠诚的认可
创业型	希望使用自己的能力去创建属于自己的公司或创建完全属于自己的产品(或服务),而且愿意冒风险,并克服面临的困难。想向世界证明公司是他们靠自己的努力创建的。可能正在别人的公司工作,但同时在学习并评估将来的机会。一旦感觉时机到了,便会自己走出去创建自己的事业	收入、组织盈利能力
服务型	追求认可的核心价值,如帮助他人,改善人们的安全,通过新的产品消除疾病。一直追寻这种机会,即使这意味着变换公司,也不会接受不允许实现这种价值的工作变换或工作提升	帮助他人、组织使命感
挑战型	喜欢解决看上去无法解决的问题,战胜强硬的对手,克服无法克服的困难等。参加工作或职业的原因是能被允许去战胜各种不可能。新奇、变化和困难是终极目标。如果事情非常容易,个人马上就会非常厌烦	新颖或挑战性的工作
生活型	喜欢能平衡个人需要、家庭需要和职业需要的工作环境。希望将生活的各个主要方面整合为一个整体。需要一个能够提供足够的弹性来实现这一目标的职业环境,甚至可以牺牲职业的一些方面,如提升带来的职业转换,将成功定义得比职业成功更广泛。认为自己在如何去生活,在哪里居住,以及如何处理家庭事务,及在组织中的发展道路是与众不同的	工作灵活型(如弹性时间、假期等)

(四)舒伯的职业价值观

美国心理学家舒伯总结了 15 种最为普遍的职业价值观。WVI(Work Values Inventory)职业价值观量表(见表 2－6)包括 52 个对职业的期望。个人可以通过测试，计算出个体的职业价值观(见表 2－7)。

表 2－6　WVI 职业价值观量表

指导语：下面有 52 个对职业的期望，请为每题选择一个代表你真实想法的分数。5＝非常重要，4＝比较重要，3＝一般，2＝较不重要，1＝很不重要，请根据自己实际情况或想法选择，每题只有 1 个答案。通过测试，你可以大致了解自己的职业价值观倾向。

题目	1分	2分	3分	4分	5分
1. 工作中，你必须经常解决新的问题					
2. 你的工作能为社会福利带来看得见的效果					
3. 你的工作奖金很高					
4. 你的工作内容经常变换					
5. 你能在你的工作范围内自由发挥					
6. 工作能使你的同学、朋友非常羡慕你					
7. 工作带有艺术性					
8. 你的工作能使人感觉到你是团体中的一分子					
9. 不论你怎么干，你总能和大多数人一样晋级和涨工资					
10. 你的工作使你有可能经常变换工作地点、场所或方式					
11. 在工作中你能接触到各种不同的人					
12. 你的工作上下班时间比较随便、自由					
13. 你的工作使你不断获得成功的感觉					
14. 你的工作赋予你高于别人的权力					
15. 在工作中，你能试行一些新想法					
16. 在工作中你不会因为身体或能力等因素，被人瞧不起					
17. 你能从工作的成果中，知道自己做得不错					
18. 工作中，你经常要外出、参加各种集会和活动					
19. 只要你干上这份工作，就不再会被调到其他意想不到的单位和岗位上去					
20. 你的工作能使世界更美丽					
21. 在你的工作中，不会有人常来打扰你					
22. 只要努力，你的工资会高于其他同年龄的人					
23. 你的工作是一项对智力的挑战					
24. 你的工作要求你把一些事务管理得井井有条					
25. 你的工作单位有舒适的休息室、更衣室、浴室及其他设备					
26. 你在工作中有可能结识各行各业的知名人物					

续表

题目	1分	2分	3分	4分	5分
27. 在工作中，你能和同事建立良好的关系					
28. 在别人眼中，你的工作是很重要的					
29. 在工作中，你经常接触到新鲜的事物					
30. 你的工作使你能常常帮助别人					
31. 你在工作单位中，有可能经常变换工作内容					
32. 你的作风使你被别人尊重					
33. 同事和领导人品较好，相处比较融洽					
34. 你的工作会使许多人认识你					
35. 你的工作场所很好，明亮、安静、清洁，甚至恒温、恒湿					
36. 在工作中，你为他人服务，使他人感到满意，你自己也很高兴					
37. 你的工作需要计划和组织别人的工作					
38. 你的工作需要敏锐的思考					
39. 你的工作可以使你获得较多的额外收入，如常发实物、常购买打折扣的商品、常发商品的提货券、有机会购买进口货等					
40. 在工作中，你是不受别人差遣的					
41. 你的工作结果应该是一种艺术而不是一般的产品					
42. 你在工作中不必担心会因为所做的事情领导不满意而受到训斥或经济惩罚					
43. 你在的工作中能和领导有融洽的关系					
44. 你可以看见你努力工作的成果					
45. 在工作中你常常要提出许多新的想法					
46. 由于你的工作，经常有许多人来感谢你					
47. 你的工作成果常常能得到上级、同事或社会的肯定					
48. 在工作中，你可能做一个负责人，虽然可能只领导很少几个人					
49. 你从事的工作，经常在报刊、电视中被提到，因而你在人们的心目中很有地位					
50. 你的工作有数量可观的夜班费、加班费、保健费或营养费等					
51. 你的工作比较轻松，你在精神上也不紧张					
52. 你的工作需要和影视、戏剧、音乐、美术、文学等艺术打交道					

根据下表，计算每一项对应题号的得分总数，然后依次列出得分最高和最低的三项。

得分最高的三项是：＿＿＿＿＿＿、＿＿＿＿＿＿、＿＿＿＿＿＿；

得分最低的三项是：＿＿＿＿＿＿、＿＿＿＿＿＿、＿＿＿＿＿＿。

表 2-7　WVI 职业价值观量表得分计算指南

因素	工作的目的和价值	对应的题号
利他主义	直接为大众的幸福和利益尽一份力	2、30、36、46
美感	能不断地追求美的东西，得到美的享受	7、20、41、52
智力刺激	不断进行智力的操作，动脑思考，学习及探索新事物，解决新问题	1、23、38、45
成就感	不断创新，不断取得成就，不断得到领导与同事的赞扬或不断实现自己想要做的事	13、17、44、47
独立性	能充分发挥自己的独立性和主动性，能按自己的方式，步调或想法去做，不受他人的干扰	5、15、21、40
社会地位	所从事的工作在人们心目中有较高的社会地位，从而使自己得到他人的重视与尊重	6、28、32、49
管理	获得对他人或某事物的管理支配权，能指挥或调遣一定范围内的人或事	14、24、37、48
经济报酬	获得优厚的报酬，使自己有足够的财力去获得自己想要的东西，使生活过得较为富足	3、22、39、50
社会交际	能和各种人交往，建立比较广泛的社会联系和关系，甚至能结识知名人物	11、18、26、34
安全感	不管自己能力怎样，希望在工作中有一个安稳的局面，不会因为奖金，加工资，调动工作或领导训斥等经常提心吊胆，心烦意乱	9、16、19、42
舒适	希望能将工作作为一种消遣、休息或享受的形式，追求比较舒适、轻松、自由、优越的工作条件和环境	12、25、35、51
人际关系	希望一起工作的大多数同事和领导人品较好，相处愉快，并认为这就是很有价值的事，是一种极大的满足	8、27、33、43
变异性或追求新意	希望工作的内容经常变换，使工作和生活显得丰富多彩，不单调枯燥	4、10、29、31

　　总之，虽然研究者的视角各有不同，但都认为价值观的结构是一个复杂、多维、多层次的系统。

四、职业价值观探索

(一)价值观澄清法

　　传统价值观教育方法主要是说教、限制选择、奖励和惩罚、榜样和模仿。20世纪五六十年代在人本主义心理学思潮影响下，纽约大学教育学院教授拉思斯提出价值观澄清的概念，后来形成了价值观澄清学派。价值澄清学派提出了价值澄清的理论假设，即人们处于充满相互冲突的价值观的社会中，这些价值观深刻影响着人们的身心发展，而现实社会中根本就没有一套公认的道德原则或价值观。根据这一假设，价值观教育不应是从理论到理论的说教或灌输，而应尽可能接近学生生活，通过分析评价等方法，帮助学生形成适合本人的价值观体系。

　　价值澄清法强调的不是价值观本身而是获得价值观的一种过程。在运作过程中，强调四个关键因素：一是要以生活为中心，主要解决生活中的问题；二是要接受现实，即原原本本地接受他人，不必对他人的言行进行评价；三是要进一步思考、反省，并作出多种选择；四是培养个人深思熟虑地进行自我指导的能力。此外，还要按三大阶段和七个步骤来进行操作。

(二)价值观澄清的步骤

1. 选择

(1)自由选择

个人的价值观必须经过自由选择的历程，才有引导个人言行的效力。(提问：你是否自主地选择了它，没有任何人或任何外力强加于你吗?)

(2)从多种可能中选择

它是从众多的价值观中被挑选出来的，是选择的结果，而不是个人无从选择的选择。从多重可能的选项中选出并建立起来的个人价值观，才有真正的价值和意义。(提问：它是从众多的价值观中挑选出来的吗?)

(3)对结果深思熟虑的选择

它是在个人深思熟虑、权衡比较后作出的理智决定，这种精挑细选的结果，才能主导真正的价值，才可以作为生活的指南。(提问：它是你考虑了所有选择的结果之后才挑选出来的吗?)

2. 珍视

(1)珍惜爱护自己的选择

个人珍惜、重视自己的价值观，并为自己的价值观感到骄傲和快乐，愿意使其作为自己看重的价值和生活的准绳。(提问：你是否珍爱你的价值观或为自己的选择感到自豪?)

(2)确认自己的选择

愿意并乐意在大众面前表现自己的价值观，公开向其他人承认自己的价值观。(提问：你是否愿意向他人公开承认你的价值观?)

3. 行动阶段

(1)依据选择行动

价值观推动和左右个人行动的方向。个人会为其认定有价值的目标而不断努力。(提问：你的行动是否与你的价值观一致?)

(2)反复地行动

当个人的信念、看法、态度等达到价值观水平，成为个人价值体系的一部分时，这些价值观会一而再、再而三地表现在行为上，出现在不同的生活和空间。(提问：你是否始终如一地按照你的价值观来行动?)

个人可以运用价值观基本理论梳理出核心价值观并进行选择，也可以自己总结提炼出最重要的价值观，然后通过对每个步骤问题的回答，来完成价值观的澄清过程。如果对所有问题都能给出肯定答案，那么个人选择的价值观能代表个人的价值追求。如果对其中一些问题的回答是否定的或者不能确定，那么个人就需要重新思考自己到底更看重什么，想要得到什么。需要注意的是，所有关于价值观的词汇和描述，所代表的含义都由进行价值观澄清的主体自行定义。某个价值观对你而言意味着什么，代表着什么? 它的反面情况是什么? 当你拥有它时，你将如何? 当你暂时不能很好地实现它时，又将如何？你对这些问题的回答，就是它的真实含义，也是在价值观澄清的步骤中所使用的含义。

此外，价值观形成需要足够的时间和体验，是持续确认、自我激活、公开主张、不断践行的过程。个人完成价值观澄清后，需要在切身经历的重要事件中去确认这些价值观，并在此基础上进行自我激活，悦纳自己不同时期对价值观含义的界定和顺序的调整，直到相对稳定。当人们有了自己的生活见解，下一步就是找到公开主张自己价值观的勇气，找到志同道合的伙伴，让价值观在适合的环境中进一步形成。最后，人们还必须亲身去检验和践行自己的价值观，努力做到知行合一。

▶ 第三节　兴趣探索

一、兴趣的概念及特征

(一)兴趣的概念

兴趣是人的认识需要的心理表现，它使人优先注意某些事物，并带有选择性的态度和积极的情绪。例如，对三星堆考古工作感兴趣的人，总是会关注相关的新闻报道、书籍、刊物。他可能对三星堆的历史了如指掌，新的挖掘和发现对他有很大的吸引力，他总是以积极的情绪去探究、领会和掌握与之相关的信息。兴趣进一步发展成为从事实际活动的需要时，就变成了爱好。所以，兴趣和爱好往往是联系在一起的。

(二)兴趣的特征

人的兴趣千差万别。兴趣有四种特性。

1. 兴趣的指向性

兴趣的指向性是指兴趣指向的内容。由于生活实践的不同，以及社会历史条件的制约，人们的兴趣指向的内容是不一样的。根据社会伦理的观点，可以把兴趣分为高尚的兴趣和低级的兴趣。

2. 兴趣的广阔性

兴趣的广阔性是指兴趣的范围大小。人的兴趣广度差异很大，有的人兴趣广泛，对各方面都有所涉猎，可能拥有广博的知识面。有的人兴趣非常聚焦，对其他事物几乎不感兴趣，但对某个领域却有深入的研究。

3. 兴趣的稳定性

兴趣的稳定性是指对事物感兴趣时间的长短。人的兴趣可能经久不变，也可能变化无常。一般而言，持久的兴趣更能让兴趣深入发展，进入更高的兴趣层级。

4. 兴趣的效能性

兴趣的效能性是指兴趣在推动认识深化过程中所起的作用。兴趣的发展水平有三个层级，感官兴趣、自觉兴趣和志趣，层级越高，兴趣的效能也越高。

二、兴趣的三层级

感官兴趣是兴趣发展的第一阶段，处于低级水平。主要基于特定对象的新奇感所引发的感官刺激，持续时间短暂、体验浅显，充满不确定性，很容易随着新奇感的消失而消失。个体可以充分利用这一阶段去发现兴趣，但也要谨慎克制，脱离感官刺激的轰炸，为兴趣的进一步发展留出空间。

自觉兴趣是兴趣发展的第二阶段，处于中级水平。在有趣的基础上由于主动认知的加入，个体会为兴趣找到学习资源，兴趣会逐步趋于稳定。自觉兴趣的时间更长、体验更深刻，个体会积极参与，让兴趣基本定向并保持相对稳定。自觉兴趣对个体在某个特定人生阶段的学习、生活和工作都会产生重要的影响。

志趣是兴趣发展的第三个阶段，处于高水平。它建立在自觉兴趣的基础之上，与个体的社会责任感、人生理想、奋斗目标紧密结合，伴随着物质的或精神的价值激励。志趣有明确的方向，且非常稳定，是个体取得学业和工作业绩的内在动机，是个体职业生涯获得成功的重要保证。

三、兴趣与职业的关系

(一)职业兴趣及其作用

在职业环境中，当个人兴趣表现出力求认识、接触和掌握某个职业的心理倾向时，就产生了职业兴趣。人们更倾向于选择与个人兴趣相匹配的职业。当个体对自己的兴趣或兴趣类型有了科学的评估之后，就可以更好地预测和规划自己的职业生涯。职业兴趣有利于激发和维持个体的工作动机。虽然职业兴趣并不代表职业能力，但它仍然在职业活动中发挥着重要的作用，是职业选择的重要依据，也是获得职业成就的内在动机。职业兴趣促进个体能力更快地提升与更好地发挥，并能大幅度提高工作效率，增强适应性。一般而言，除了考虑职业报酬和福利，如果个体从事不感兴趣的职业，很难从工作中得到心理满足。工作满意度会成为职业选择和转换的决定性因素，因此职业兴趣还影响着工作满意度和职业的稳定性。

(二)职业兴趣的测量

早期的职业生涯咨询师认为，发现兴趣是个人寻求未来职业的一种方法。弗雷德里克·库德、斯特朗等心理学家于20世纪40年代开发出兴趣量表和兴趣测验，用以帮助人们弄清楚自己喜欢什么、不喜欢什么。这些心理学家发现，在不同职业领域工作的人有不同的兴趣模式。他们认为如果能够快速、有效地测量兴趣，就能简化职业生涯规划的过程。

对兴趣的探索一般有两种方式：自我报告或心理测量。在开发心理测量和量表以前，职业生涯咨询师会让人们列出自己的喜好，找出自己欣赏的人，或者在自传里描述自己喜欢什么、不喜欢什么。即使在今天，这些自我报告的方法也是辨认个人兴趣的有效途径。同时，兴趣量表发展顺利，应用十分广泛。有些心理学家用包含许多条目的常量表来测量兴趣，这种方法被称为评估式兴趣测量。斯特朗兴趣量表(Strong Interest Inventory)、库德职业兴趣量表(Kuder Career Search with Person Match)及其他类似测验直到今天仍被广泛使用。心理学家约翰·霍兰德提出，通过让人们按顺序列出他们最想从事职业的方法，可以快速、有效地测量出兴趣，他将此称为"表达式"兴趣测量。

四、职业兴趣探索

(一)霍兰德的职业兴趣理论

霍兰德将兴趣界定为描述人格特征的一条途径。人格是兴趣、价值观、需要、技能、信念、态度、学习风格等的综合体。兴趣是人格中最重要的部分,人格特质反映在职业上就是职业兴趣,并在职业选择中发挥着最为重要的作用,可以作为人与职业匹配的依据。霍兰德及其助手在 1959 年首次提出了具有广泛社会影响的职业兴趣理论。霍兰德认为,一个人之所以选择某职业领域,基本上是受到其兴趣和人格的影响。生涯选择是个人在对特定职业类型进行认同后,个人人格在工作世界中的表露或延伸。

霍兰德职业兴趣理论基于以下四个基本观点。

①人可以被分成现实型(Realistic)、研究型(Investigative)、艺术型(Artistic)、社会型(Social)、企业型(Enterprising)和常规型(Conventional)六种主要的人格类型,即霍兰德类型(RIASEC)(见表 2-8)。人的兴趣和人格会随着身心成熟而逐渐变得稳定,一般从 21 岁左右开始便不太可能变化。每个人都具有六种兴趣的独特组合,它们中的某些部分可能比其他部分大一些。

表 2-8　霍兰德职业兴趣类型

特性	兴趣类型					
	现实型 R	研究型 I	艺术型 A	社会型 S	企业型 E	传统型 C
偏好的活动	操作机器、工具及完成具体事务	探索、理解、预测、探测和控制自然及社会现象	文学、音乐或艺术活动	助人、教学、治疗、咨询,或通过人际交往服务他人	说服、操纵、指导他人	建立或保持日常秩序、按照标准行事
价值观	对有形成就的物质回报	知识的获得与发展	思想、情绪或情感的创造性表达	增进他人的福祉,社会服务	物质成就和社会地位	物质或经济成就,在社会、商业和政治领域获得权力
自我认知	实干的、保守的,具备动手能力和机械技能,缺乏人际交往技能	善于分析,聪慧,有怀疑精神,有学术能力;缺乏人际交往技能	对经验保持开放,创新,聪慧;缺少文书或办公技能	富有同情心,有耐心,有人际交往技能;缺乏机械操作能力	具有销售、说服的能力;缺乏科学能力	拥有商业或制造业的技术性技能;缺乏艺术才能
他人认知	普通的,坦率的	不善社交的,有知识的	非传统的,无序的,有创造力的	善于照顾人的,宜人的,外向的	精力充沛的,爱交际的	小心谨慎的,顺从的
涉及的活动	与人交往	说服或销售活动	例行公事,遵从现有的规则	机械操作或技术活动	科学性的,知识性的,深奥的话题	模棱两可的,非机构化的任务

②有六种环境模式与这六种人格类型相对应。具有相似职业兴趣（人格特质）的人聚集到同一职业群体内，对情境和问题的相似反应，产生了特定的职业氛围和职业环境。这些环境可能是一种职业、一种休闲活动、一个学习领域、一所大学，或者一个机构的文化氛围，它被某种特定的兴趣（人格）所主导，比如科研院所被研究型的人所主导。环境也可能是与他人的社会关系，比如友爱互助的邻里关系中，社会型的朋友能创造出一种社会型环境。霍兰德环境类型见表2-9。

③人们寻找的是能够施展他们的技能同时表现他们的态度、价值观和人格的职业，他们身在其中，其人格特点能够得到尊重、珍视，能够获得回报等。人格与环境和职业的匹配能够带来职业的稳定性和个体的成就感。比如艺术型的人都向往艺术性的环境，在那里他们的创造性、独立性和理想主义能够获得珍视。

④人们的职业行为是由其人格和环境特征的相互作用决定的，同一行业的人可能有一系列相似的特点，而相似特点的人可能对某些共同的事务和活动具有主观的倾向性和选择性。

表 2-9　霍兰德职业环境类型

特性	兴趣类型					
	现实型 R	研究型 I	艺术型 A	社会型 S	企业型 E	传统型 C
职业环境要求	动手能力、操作机械能力、与机器、工具和物体打交道	分析能力、技术能力、科学与语言能力	创新或创造能力，通过情感表达与他人互动	人际交往能力，指导、训练、治疗和教育他人的能力	说服、操纵他人的能力	文书技能，具备按照精确标准完成任务的技能
行为与表现	取得实践操作上的成果	怀疑主义，用新知识理解和解决难题	文学、绘画、音乐创作上的想象力	同情心、人道主义、和蔼可亲、友善	主动追求经济和物质成就；主导性强，自信	遵从、可靠
职业风格	实践的、生产性的实用主义价值观，坚定、大胆、喜欢冒险	通过学术研究获得知识	非传统的观念，审美性价值观	关心他人的福祉	盈利或权利导向，责任感	传统的观点，看中秩序与常规
职业活动	具体的实践活动，使用机器、工具和物质材料	以解决难题、创造和使用知识为目的的智力活动	音乐、写作、表演、雕刻上的创造性工作，或非结构性的智力探索工作	以帮助或促进的方式同他人开展工作	销售、领导和控制他人以达到个人或组织的目标	与具体事务、数字或机器打交道，以达到可预见的组织要求或特定标准
职业举例	木匠、火车司机	心理学家、微生物学家	音乐家、室内设计师	咨询师、牧师	律师、零售店经历	编辑、图书管理员

霍兰德用六边形模型来表示六种兴趣和职业类型的相互关系(如图2-3所示)。边长和对角线的长度反映了个体之间心理上的一致性程度,同时也代表着六种职业类型之间的相似与相容程度。相邻关系,在图中用"＝"表示。表示两种类型的个体之间有较多共同点。比如现实型(R)和研究型(I)的人都不擅长人际交往,两种职业环境中也都较少与人接触。相隔关系,在图中用"—"表示。分属这两种类型的个体之间共同点较相邻关系少,但仍有一定的相似性。相对关系,在图中用"---"表示。相对关系的人格类型共同点最少,一个人同时对处于相对关系的两种职业都有浓厚兴趣的情况较为少见。个体往往是多个兴趣类型的综合体,单一类型显著突出的情况并不多见。因此,评价个体的兴趣类型时,常用六大类型中位居前三的类型组合。组合时,根据分数的高低依次排列字母,构成兴趣组型,如CIR、EIS等。

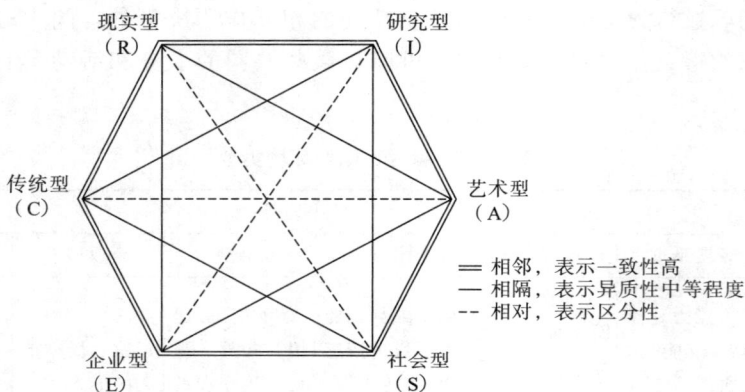

图2-3 霍兰德职业六边形

(二)ACT 工作世界地图

普里蒂奇以霍兰德理论为蓝本,发现霍兰德六边形的兴趣结构中潜藏着两个双极维度(如图2-4所示),即与人接触—与物接触维度、事务处理—心智思考维度,分别表示:①"为人提供服务、帮助他人等与人相关的工作"和"与诸如机械、生物、材料等具体事物相关的工作";②"与具体事实、数字、计算等打交道的工作"和"用理论、文字、音乐等新方式表达或运作的工作"。"任务两维"恰好解释了霍兰德理论的底层逻辑。

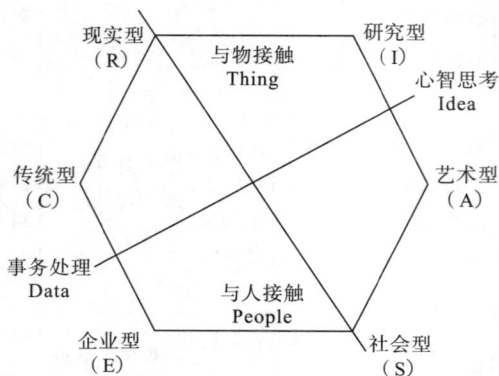

图2-4 ACT 六角形的潜在二元维度模式图

美国大学入学考试在普丽蒂奇的基础上，将职业群体的具体位置标定在坐标图中，得到了 ACT 工作世界地图（ACT World-of Work Map）（如图 2-5 所示）。

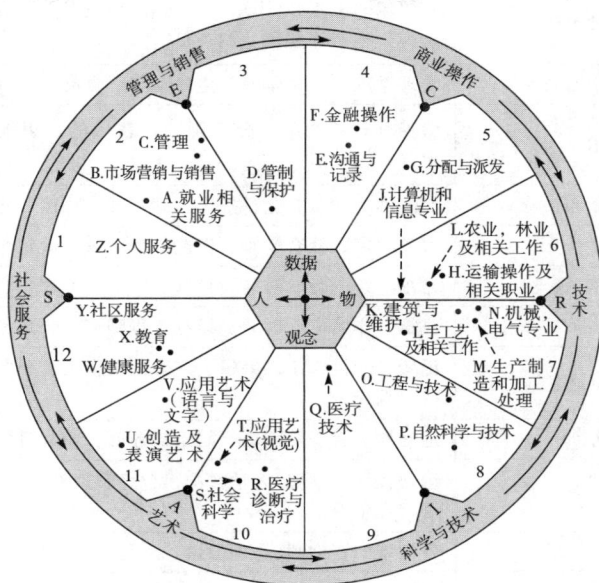

图 2-5 ACT 工作世界地图（第三版）

ACT 工作世界地图将 26 个职业领域（相似的工作群）分为 6 个工作族群，几乎涵盖了美国的所有职业（见表 2-10）。每种职业领域按照数据、人、物、观念四种工作任务族群来确定其在工作世界地图中的位置。

表 2-10 职业族群与职业领域

工作族群	工作领域	职业
管理与销售职业族群	1. 就业相关服务	员工福利经理、面试官、人力资源经理、劳工关系专员、培训/教育经理
	2. 市场营销与销售	广告经理、采购者、保险代理、房地产代理、销售/市场经理、旅游代理
	3. 管理	金融经理、外事服务官、总经理、酒店经理、财产/房地产经理
	4. 管制与保护	海关检察员、侦探（警察）、FBI、食物与药品检察院、公园管理员、警务人员
商业操作职业族群	5. 沟通与记录	摘录者、法定书记员、酒店职员、医学档案技术员
	6. 金融操作	会计师/审计师、银行出纳、财务/信用分析师、税务师、资产评估师
	7. 分配与派发	空中交通管制员，运输/收货员，仓管员，邮递员，飞行调度
技术职业族群	8. 运输操作及相关工作	飞行员、宇航员、公共汽车司机、火车司机、船长、卡车司机
	9. 农业、林业及相关工作	水产养殖者、农场经理、林务员、苗圃/温室经理、树艺师
	10. 计算机和信息专业	保险精算师，档案员，计算机程序员，计算机系统分析师，网站开发者
	11. 建筑与维护	木匠、电工、消防员、水管工
	12. 手工艺和加工处理	家具师、厨师、珠宝匠、酿酒师
	13. 生产制造和加工处理	钣金工，焊工，印刷机操作员，工具、模具制造者
	14. 机械、电气专业	锁匠、技工、各领域的技师（汽车、航空、广播等）

续表

工作族群	工作领域	职业
科学与技术职业族群	15. 工程与技术	各领域的工程师（民用、机械等）和技术员（能源、质量控制等），建筑师，生产计划员，调查员
	16. 自然科学与技术	物理学家、气象学家、生物学家、食品工艺师
	17. 医疗技术	营养师、药剂师、配镜师、各领域的放射线技师（医疗、外科手术等）
	18. 医疗诊断与治疗	麻醉师、牙医、全科护士、理疗师、兽医
	19. 社会科学	人类学家、社会学家、实验心理学家、政治学者、犯罪学家
艺术职业族群	20. 应用艺术（视觉）	动画片绘制者、时装设计师、图形艺术家（软件）、摄影师、布景师
	21. 创造及表演艺术	演员、作曲家、时装、模特、舞蹈家、音乐家、作家
	22. 应用艺术（语言与文字）	记者、专栏作家、编辑、广告词撰稿人、公共关系学家、图书管理员、翻译
社会服务职业族群	23. 健康服务	运动培训者、管理者、娱乐治疗师、精神科技师、口腔保健员
	24. 教育	运动教练、学院/大学教师、教育管理者、各领域的教师（艺术、外语、音乐）
	25. 社区服务	各领域的咨询师（心理健康、康复等）、律师、社会工作者
	26. 个人服务	理发师、飞机乘务员、发型设计师

2. 金树人的生涯兴趣活动

金树人等对普里蒂奇六种类型与两维之间的关系进行了进一步研究，结果发现霍兰德的六角形模型与其潜在结构发生了一个新的对应关系（如图 2-6 所示）。

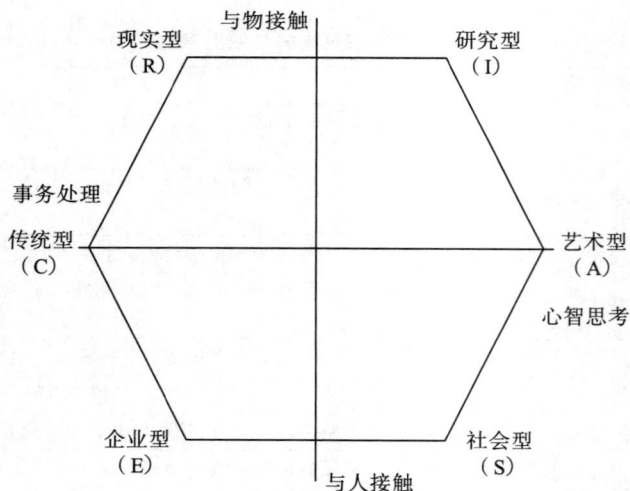

图 2-6　金树人改良式六角形的潜在二元维度模式图

由于职业分类图并没有经过本土化，所以学生在使用该图时可借鉴金树人的研究成果。这里采用林幸台、金树人等设计的贴近个体兴趣经验的三项生涯兴趣活动作为对职业兴趣的初步探索。

①生涯憧憬。请列举出三个你以前曾经非常向往，但至今仍无缘实现的职业（由远到近）。

_____

_____

_____

请回答以下几个问题：

a. 就这三个职业的性质综合来看，如果将它们放在"心智思考"与"事务处理"的维度，你会经常使用到"心智思考"活动，还是经常要进行"事务处理"？请尽可能在下面的线条中标出适当的位置。

事务处理 _____ 心智思考

5 4 3 2 1 0 1 2 3 4 5

b. 请再想想看，这三个职业较偏于"与人接触"，还是较偏于"与物接触"？

与人接触 _____ 与物接触

5 4 3 2 1 0 1 2 3 4 5

②我最愉快的经验。我们常常会有一些回想起来感到十分愉快的事情。请你尽可能地回忆，在最近一段时间曾经做过哪三件事，让你感到最愉快？（记在心里，不必写出来）

请回答以下几个问题：

a. 就这三件事的性质综合来看，如果将它放在"心智思考"与"事务处理"的维度，究竟是沉浸在"心智思考"中，还是在"事务处理"的过程中，你感到最愉快？请尽可能在下面的线条中标出恰当的位置。

事务处理 _____ 心智思考

5 4 3 2 1 0 1 2 3 4 5

b. 请再想想看，这三件事较偏于"与人接触"，还是较偏于"与物接触"？

与人接触 _____ 与物接触

5 4 3 2 1 0 1 2 3 4 5

③生涯度假计划。假设你有七天假期，打算前往马尔代夫附近一个新开发的岛屿群度假。旅行社的经理向你介绍这个旅游点："这是我们和当地合作开发的新线路，一共有六个不同风情的岛屿，各有特色。"

第一个岛的代号是 A，岛上充满了小型的美术馆与音乐馆，当地的居民保留了传统的舞蹈、音乐与绘画。许多文艺界的朋友都喜欢来这里寻找灵感。

第二个岛的代号是 S，岛上发展出一套别具特色的教育方式，小区自成一个服务的网络，互助合作。岛上的居民个性温和，十分友善，乐于助人。

第三个岛的代号是 E，岛民豪爽热情，善于岛际贸易，到处都是高级旅馆、乡村俱乐部、高尔夫球场，熙熙攘攘，十分热闹。来往者以企业家、政治家、律师居多。

第四个岛的代号是 C，十分现代化，已经有进步的都市形态，完善的户政管理、地政管理、金融管理。岛民个性冷静保守，处事有条不紊。

第五个岛的代号是 R，岛上保留有热带的原始植物林，也有相当规模的动物园、植物园、水族馆。岛上的居民自己种植蔬菜，修缮屋舍，打造器物，制造器械。

第六个岛的代号是 I，本岛与其他岛距离较远。由于地理位置的关系，在岛上可夜观星象，沉浸思考。整个岛屿布满天文馆、科博馆及图书馆。岛上的居民喜好沉思，很喜欢与来自各地的哲学家、科学家、心理学家交换心得。

了解了六个岛屿的性质后，你觉得在哪些岛上度假最自在？扣除来回飞行时间共一天，你选择在三个岛上各停留几天？

我最想去的是：_____岛_____天

其次是：_____岛_____天

最后是：_____岛_____天

以上三个活动是用简易快捷的方式，让个人在无预警、无期盼的状态下，搜集"最爱"的经验，然后对照工作世界地图，看看这些经验都集中在哪个象限。

除了上述主观体验活动，也可以完成霍兰德的量表测试。许多网站都提供了霍兰德兴趣测试的测评服务，包括基础版的免费测试和收费版的全面测试。通过测评可以得到三个得分最高的霍兰德代码，比如 EIS。在对应的职业编码库中可以查到这个代码对应的职业群。霍兰德代码提供了和个人兴趣相近、内容互有关联的一组职业。借助霍兰德代码，个体能够迅速、系统，且有依据地在一个特定职业群里进行探索。值得注意的是，重要的不是那些具体的职业，而是职业群中各种职业抽取出的共同特征。个体就业并非一定要选择与自己兴趣完全相符的职业环境，而是可以综合考虑特征相近的所有职业环境。例如，如果个体的霍兰德职业兴趣代码是 RIA，那么 IRA、IAR、ARI 这三个代码对应的职业特征也比较适合，可以作为个体参考和选择的职业范围。总之，霍兰德的类型理论提供了一个重要的生涯辅导理念，即把个人特质和适合这种特质的工作联结起来，巧妙地拉近了自我和工作世界之间的距离。

▶ 第四节　性格探索

一、人格和性格、气质

（一）性格与职业性格

性格是人们在现实生活中常用的与人格紧密相关的概念，它既有先天的气质基础，又有后天环境的刻画和影响。性格是人对现实（对人、对己、对事）的稳定的态度和习惯化的行为方式所表现出来的心理特征。性格受到生理遗传、家庭教养、文化环境、学习经验等因素的交互作用和影响，是通过认知、情绪和意志等活动在个人的反映系统中被保存和固定下来的态度体系，是个体对现实的一种心理倾向，包括对事物的评价、好恶和趋避等。态度会以一定形式反映在行为中，它构成个体习惯性的特有的行为模式。需要注意的是，并不是人对待事物的任何一种态度或行为方式都可以代表他的性格特征。作为性格的态度和行为方式，总是比较稳固的、习惯性的。性格的可塑性较大，在后天环境中逐渐形成，受人的价值观、人生观、世界观的影响，是人最核心的人格差异。它关于行为的内容，具有好、坏之分，能直接地反映一个人的道德风貌，具有道德评价的意义。性格也受到个体生物学因素的影响，有名的盖奇个案的脑损伤研究显示脑损伤或脑病变对人的性格有影响。

在职业环境中，职业性格被认为是可以调试和培养的，所以人们更关心职业性格与工作环境的相互作用，认为二者的匹配程度对个人事业发展是否成功有着较大的影响。职业性格与职业工作环境匹配，能够提升工作效率，使人成为有效的工作者。在适合的环境中，人们更有机会发挥自己的优势，更能树立自信，在工作中取得佳绩，也更能够体会到工作所带来的乐趣。相反，在不适合的环境中，人们从事不擅长的事情，会产生抵触情绪，工作也往往事倍功半。

（二）相关概念辨析

人格源于拉丁语 Persona，原意指希腊戏剧中演员戴的面具，面具随着人物角色的不同而变换，用于在戏剧中表明人物身份和性格。人格包含了两层含义：一是指个人在人生舞台上所表现出来的言行习惯，遵循社会文化习俗的要求而作出相应的反应，是人格的外显品质或公开的自我。二是个人由于某种原因不愿展示的人格成分，即面具后的真实自我，这是人格的内在特征或隐藏的自我。由于各自研究取向和研究方法的不同，心理学家对人格有不同的界定，这也反映了人格内涵的丰富性。综合来看，人格是个人的才智、情绪、愿望、价值观和习惯的有机整合，它赋予个人适应环境的独特模式。

气质是指个体心理活动的稳定特征，是个人生来就有的活动倾向，是人格的基础，具有先天性和相对稳定性。气质与生俱来，早在婴儿时期就表现出明显的差别，有的孩子爱哭，有的孩子爱笑，有的孩子喜欢热闹，有的孩子比较安静。气质是人的个性中最稳定的因素，气质类型也可能对职业生活产生更大的影响。气质是人的天性，没有好、坏之分。它是行为的动力特征，为人的言行涂上或敏感、或稳重、或孤僻、或热情的色彩。它变化较慢，可塑性较小，即使有可能改变，也不容易。

人格和气质和性格的关系十分紧密，除了进行专门的心理学研究，很少对这三个概念加以严格区分。本书对这三个概念进行一定的辨析，但具体使用时不作区分。

二、性格的类型理论

人格（性格）理论是心理学家用来解释人格的一套假设系统或参考框架，主要说明人性的本质是什么，人与人的差异表现在哪里，以及如何解释人与人之间的相同性与差异性。

（一）人格的精神分析论

1. 弗洛伊德的人格结构论

奥地利精神病医生西格蒙德·弗洛伊德把人格看作是一个由三个心理结构组成的动力系统。①本我是唯一与生俱来的人格结构，由生物本能和欲望组成。本我为人格的活动提供能量。本我的冲动都是潜意识的，人们觉察不到。②在新生儿与外部世界互动的头两年，人格结构的第二个部分自我逐渐发展。自我遵循现实原则行动，它权衡现实的条件，满足本我的冲动，把本我冲动中不被现实允许的部分保留在潜意识中。本我自由地运作在意识、前意识和潜意识之中。③5 岁左右，人格的第三个部分超我开始形成。超我代表社会要求，特别是父母的价值和标准。超我包括良心（个人的道德标准）和自我理想（童年被父母赞赏的行为）。缺乏控制力的超我可能使人成为罪犯或形成反社会人格，过度严格的超我会让人压抑或内疚。人格的三个部分处在相互抗衡的状态。健康的自我会防止被本我和超我过分操纵，它既要与现实保持联系，又要协调人格的其余部分。

2. 荣格的人格结构论

瑞士心理学家卡尔·荣格认为自我意识有一组对立的精神状态：内向性和外向性。内向的特征指向个人内在的思考与感受，外向的特征指向他人及外部世界的思考和感受。同时，人还有思维、情感、感觉和直觉四种心灵功能，它们与两种精神状态交互作用，形成了八种人格类型：思维外向型、思维内向型、情感外向型、情感内向型、感觉外向型、感觉内向型、直觉外向型、直觉内向型。自我作为人格的意识层次，包含这些态度、功能和人格类型，对描述人格有重要的意义。

3. 弗洛姆的人格类型理论

德裔美籍心理学家埃里希·弗洛姆从社会文化的角度提出了人格分类的理论。他把性格分为社会性格和个人性格两个部分。社会性格是性格结构的核心，为同一文化群体中一切成员共有，个人性格是同一文化群体中各个成员之间行为的差异。人的性格主要由社会性格决定，在此基础上表现出个人性格的差异。他将性格类型划分为两大类型：生产的倾向性（生产型）和非生产的倾向性（接纳型、剥削型、囤积型、市场型）。非生产型的倾向性是不健康的、病态的性格，以独立、自主、完整、自发、爱和创造为特征的生产型性格是人类发展的最佳状态。

（二）人格的本质论

1. 马斯洛的自我实现论

美国社会心理学家，人本主义心理学的开创者亚伯拉罕·马斯洛认为，人类的需要可分为匮乏性需要和超越需要。受匮乏性需要支配的个体表现出对与需要相关物体的关注，以及对与需要无关物体视而不见的匮乏性知觉。受超越需要支配的个体表现出对周围一切事物予以同样关注的存在知觉。个体天生有一种实现趋向，指引个体朝向自我实现。自我实现是个体与生俱来的内在潜能在成长过程中的充分展现。自我实现的概念很模糊，马斯洛尝试描述达到人类本性的最高点，以及最终可能性探索的状态，他把许多人体验到自我实现的瞬间经验称为高峰体验。自我实现常常被视为一种成长和逐渐实现自我潜力的过程。

2. 罗杰斯的人格自我论

美国人本主义心理学家罗杰斯提出了以自我或自我概念为核心概念的人格理论。自我概念包含了以"我"为特征的所有观念、知觉和价值，还包含了"我是什么"或"我能做什么"的知觉。自我概念反过来影响个人对周围环境及对自己行为的知觉。他认为人总是以自我概念来评价每一个经验，使这些经验和感受与自我概念和谐。人的一生都在维护自我与经验之间的和谐。自我不和谐有两种情况，一种是理想自我与现实自我的不和谐，一种是在有条件积极关注下所获得的评价性经验与自己的直接经验不一致。有条件积极关注是指父母都只是在孩子们满足了他们期望的时候，才表现爱与支持。罗杰斯认为，个体在成长过程中遇到的有条件的积极关注下所获得的评价性经验是造成自我不和谐的重要原因。

（三）人格的特质论

1. 奥尔波特的特质论

美国心理学家奥尔波特以个案研究具有代表性的人格特质。特质是指个人表现出来的相对稳定而持久的特性。奥尔波特把特质区分为共同特质和个体特质。共同特质是指同一文化形态下，人们所具有的一般性格特征。个体特质是个人独特的性格特征，包含首要特质（个人的人格最独特之处）、核心特质（代表个性的重要特征）和次要特质（个体在适应环境中的短暂行为，非固定特征）三个层次。奥尔波特关注三种特质的独特组合如何使一个人成为独立的个体，其中最常用来说明个体人格的是核心特质。

2. 卡特尔的特质因素分析

美国伊利诺州立大学人格及能力测验研究所的卡特尔教授认为，人格的基本结构元素是特质，他提出了人格特质的结构网络模型。模型分为个别特质和共同特质，表面特质和根源特质，体质特质和环境特质，动力特质、能力特质和气质特质。卡特尔（1949）在其人格的解释性理论构想的基础上，用因素分析的方法提出了16种相互独立的根源特质，包括乐群性、聪慧性、稳定性、恃强性、兴奋性、有恒性、敢为性、敏感性、怀疑性、幻想性、世故性、忧虑性、实验性、独立性、自律性、紧张性等。根源特质是指那些相互联系并以相同原因为基础的行为特质。他认为每个人身上都具备这些特质，人格差异表现为这些特质程度上的差异，由此可以对人格进行量化分析。

三、性格评鉴的方法

（一）卡特尔16种人格因素调查表

卡特尔受化学元素周期表的启发，编制了卡特尔16种人格因素调查表（Cattell's Sixteen Personality Factors Questionnaire，16PF）。16PF适用于16岁以上的青年和成人，现有5种版本：A、B本为全版本，各有187个项目；C、D本为缩减本，各有106个项目；E版本适用于文化水平较低的被试，有128个项目。我国现在通用的版本是美籍华人刘永和博士在卡特尔的赞助下，与伊利诺伊大学人格及能力研究所的研究员梅瑞狄斯博士合作，于1970年发表的中文修订本，其常模是通过调查两千多名港台地区的中国学生得到的。16PF是世界公认的最具权威的个性测验方法之一，在临床医学中被广泛应用于心理障碍、行为障碍、心身疾病的个性特征研究，对人才选拔和培养很有参考价值。16PF的人格因素见表2-11。

表 2-11 16PF 的人格因素

量表名称	低分者的特性	高分者的特性
乐群性(A)	缄默,孤独,冷淡	外向,热情,乐群
聪慧性(B)	思想迟钝,学识浅薄,抽象思考能力弱	聪明,富有才识,善于抽象思考
稳定性(C)	情绪激动,易烦恼	情绪稳定而成熟,能面对现实
恃强性(E)	谦逊,顺从,通融,恭顺	十分好强,固执,独立,积极
兴奋性(F)	严肃,审慎,冷静,寡言	轻松兴奋,随遇而安
有恒性(G)	苟且敷衍,缺乏奉公守法精神	有恒负责,做事尽职,有始有终
敢为性(H)	畏怯退缩,缺乏自信心	冒险敢为,少有顾忌
敏感性(I)	理智,着重现实,自恃其力	敏感,感情用事
怀疑性(L)	信赖随和,易与人相处	怀疑,刚愎,固执己见
幻想性(M)	现实,合乎成规,力求妥善合理	幻想的,狂放任性
世故性(N)	坦白,直率,天真	精明能干,非常世故
忧虑性(O)	安详,沉着,通常有自信心	忧虑抑郁,常常会感到很烦恼
实验性(Q1)	保守,尊重传统观念与行为标准	激进,自由,很少拘泥于现实
独立性(Q2)	依赖,随群附众	独立自强,当机立断
自律性(Q3)	矛盾冲突,不顾大体	知己知彼,自律严谨
紧张性(Q4)	心平气和,安逸宁静	紧张困扰,激动挣扎

(二)大五人格因素测定量表

研究者们通过词汇学的方法对卡特尔的特质变量进行了再分析,发现大约有五种特质可以涵盖人格描述的所有方面。戈德保称之为人格心理学中的一场革命。大五人格因素测定量表(NEO-PI-R)的五个因素包括:开放性(Openness)、严谨性(Conscientiousness)、外倾性(Extraversion)、宜人性(Agreeableness)、神经质性(Neuroticism)。这五个因素的首字母构成"OCEAN"一词,故也被称之为人格的海洋,强调了这五种因素中的每一个因素涉及的内容都极其广泛。麦克雷和科斯塔将人格的五因素各细分为六个切面,编制了"大五人格因素测定量表"(NEO-PI-R)(见表2-12)。这些切面可帮助测验者明确描述受测者情绪、人际、经验、态度和动机。

表 2 - 12　NEO - PI - R 的人格因素

特质	描述	切面
Openness（O）开放性	描述一个人的认知风格。对经验的开放性被定义为：为了自身的缘故对经验的前摄寻求理解，以及对陌生情境的容忍和探索。该维度将那些好奇的、新颖的、非传统的及有创造性的个体与那些传统的、无艺术兴趣的、无分析能力的个体进行比较	O1 幻想（Fantasy） O2 美学（Aesthetics） O3 感受（Feelings） O4 行动（Actions） O5 理念（Ideas） O6 价值观（Values）
Conscientiousness（C）严谨性	指人们控制、管理和调节自身冲动的方式，评估个体在目标导向行为上的组织、坚持和动机。它把可信赖的、讲究的个体和懒散的、马虎的个体进行比较，同时反映个体自我控制的程度及推迟需求满足的能力	C1 能力（Competence） C2 条理（Order） C3 尽责（Dutifulness） C4 力求成就（Achievement Striving） C5 自律（Self-Discipline） C6 谨慎（Deliberation）
Extraversion（E）外倾性	评估个体喜欢与他人一同出现的程度，表示人际互动的数量和密度、对刺激的需要及获得愉悦的能力。该维度将社会性的、主动的、个人定向的个体和沉默的、严肃的、腼腆的、安静的人进行对比	E1 热络（Warmth） E2 群集性（Gregariousness） E3 果断性（Assertiveness） E4 活动性（Activity） E5 寻找刺激（Excitement-Seeking） E6 正向情绪（Positive Emotions）
Agreeableness（A）宜人性	代表了"爱"，对合作和人际和谐是否看重，主要考察个体对其他人所持的态度。这些态度一方面包括亲近人的、有同情心的、信任他人的、宽大的、心软的，另一方面包括敌对的、愤世嫉俗的、爱摆布人的、复仇心重的、无情的	A1 信赖（Trust） A2 坦率（Straightforwardness） A3 利他主义（Altruism） A4 顺从（Compliance） A5 谦逊（Modesty） A6 软心肠（Tender-Mindedness）
Neuroticism（N）神经质性	反映个体情感调节过程，反映个体体验消极情绪的倾向和情绪不稳定性。高神经质个体倾向于有心理压力和不现实的想法，有过多的要求和冲动，更容易体验消极情绪，对外界刺激反应较强烈，情绪调节、应对能力比较差，常处于不良情绪状态，思维、决策和有效应对外部压力的能力较差。神经质维度得分低的人较少烦恼，较少情绪化，比较平静	N1 焦虑（Anxiety） N2 愤怒的敌意（Angry Hostility） N3 抑郁（Depression） N4 自我意识（Self-Consciousness） N5 冲动（Impulsiveness） N6 易受伤害（Vulnerability）

　　大五人格因素模型在临床心理学、健康心理学、发展心理学、职业、管理和工业心理等方面都显示了广泛的应用价值。外倾性和开放性是职业心理的两个重要相关因

素；责任心与认识选拔有密切关系。如今，大五人格已经成为"人格心理学里通用的货币"，是目前对人的基本特质最理想的描述。

（三）明尼苏达多相人格测评

明尼苏达多相人格量表（Minnesota Multiphasic Personality Inventory，MMPI）初版是一种探测人格病理倾向的测量工具，通过将被试的反应与一直患有某种精神疾病的人的反应相比较来积分。MMPI修订版（MMPI-2）（1989）是应用最广泛的量表之一，由10个分量表（见表2-13）567个题目组成，可以测量诸如性别角色、抑郁症、癔症、妄想症、疑病症和精神分裂症等人格特质。被试可以在"对""不对""无法回答"等三种反应中选择其一。可以将测量结果绘制成曲线，看出变态和常态之间的差别，并确定各种人格障碍的问题性质。

表 2-13　MMPI-2 的 10 个分量表

分量表	基本症状
1. 疑病量表	对自己的身体健康过度担忧
2. 抑郁症量表	极度悲伤，感觉自己没有价值、没有希望
3. 癔症量表	出现身体不适，但找不到任何生理原因
4. 心理病态偏离量表	严重者感情淡漠，无视社会规范和道德准则
5. 男性化—女性化量表	传统意义上的高男性化为攻击性强，高女性化为敏感性强
6. 妄想症量表	疑心极强，有被害妄想
7. 精神衰弱量表	有无法摆脱的忧虑、恐怖症和强迫性行为
8. 精神分裂症量表	情绪失控，想法及行为古怪、不正常
9. 躁狂症量表	情绪亢奋，处于躁狂心境中，行为异常，活动过量
10. 社会性内向量表	有严重的社会性退缩倾向

在一个分量表中得分超过66分可能存在人格障碍、超过76分可能成为严重患者，得分低于40分也可能存在人格障碍或其他问题。MMPI-2除了鉴别人格障碍外，还可以提供职业辅导和个人咨询。MMPI-2题目较多，很容易让答题者失去动机和兴趣，题目也涉及个人非常私密的特质，有些答题者会有被侵犯隐私的感觉，但MMPI-2在鉴别神经症与精神病、情绪健康者与情绪障碍患者方面是很有价值的诊断工具。

（四）迈尔斯-布里格斯类型测验

荣格以有关直觉、判断和人格态度的观点为基础，先后提出了个性的内倾、外倾两个态度类型，和理性功能（思维、情感）、非理性功能（感觉、直觉）两对相互对立的类型。在此基础上，美国作家布莱格斯和迈尔斯母女又增加了判断和知觉，并从能量倾向、获取信息、作出决策、行动方式等四个维度，用偏好两分法衡量和描述人们在生活中的心理活动规律和性格类型，共同研发了自我报告的人格测评工具迈尔斯-布里格斯类型测验（Myers-Briggs Type Indicator，MBTI）。

四个维度如同四把标尺，每个人的性格都会落在标尺的某个点上，这个点靠近哪个端点，就意味着个体有哪方面的偏好。例如，在第一维度上，个体的性格靠近外倾这一端，就偏外倾，而且越接近端点，偏好就越强。需要强调的是，MBTI是一种迫选性的评估工具，在每一个维度中，要求测试者只能选择其中一种偏好。但实际情况是，人们选择了一个偏好并不意味着完全不能有另一种偏好的任何特征，只是测评设定的情境要求通过这种"二选一"的方式，强迫人们衡量出自己在不受外界环境干扰的情况下，本能地会以哪种偏好为主。MBTI类型指标介绍见表2-14。

表2-14 MBTI类型指标介绍

维度	类型	类型
注意力方向（精力来源）	外倾 E(Extrovert)	内倾 I(Introvert)
认知方式（如何搜集信息）	感觉 S(Sensing)	直觉 N(Intuition)
判断方式（如何作出决定）	理智 T(Thinking)	情感 F(Feeling)
生活方式（如何应对外部世界）	判断 J(Judgment)	理解 P(Perceiving)

四、MBTI 性格解析

（一）MBTI 性格类型测试问卷

第一步，完成测试。该测验包含四个维度，分别是外倾(E)—内倾(I)、感觉(S)—直觉(N)、思维(T)—情感(F)、判断(J)—知觉(P)。每个维度的测量均采用一个表格表示，表格中的每一行都有两个对立的行为特征。请在表2-15(1)至表2-15(4)的各个维度的两个特征中选择较适合自己的一项，并在表格中用"√"表示；每一表格选择完毕后，计算每列的"√"数目。哪一列的"√"数目多，就在底栏勾选哪一项。

表2-15(1) 外倾(E)—内倾(I)(精力来源)

外倾（E）		内倾（I）	
表现	评价	表现	评价
喜欢用谈话的形式进行沟通		更愿意用书面的方式进行沟通	
希望成为注意的焦点		避免成为注意的焦点	
先行动，后思考		先思考，后行动	
在与他人谈话时形成自己的意见		通过思考形成自己的意见	
易于被了解，愿与他人共享个人信息		注重隐私，只与少数人共享个人信息	
说的比听的多		听的比说的多	
在工作和人际关系中都很积极主动		只有当遇到的事或情境对自己有重要意义时，才会采取主动	
反应迅速，喜欢快节奏		思考之后再反应，喜欢慢节奏	
兴趣广泛		兴趣专注	

"√"数目更多的是：　　　　外倾(E)□　　　内倾(I)□

表 2 - 15(2)　感觉(S)—直觉(N)(如何搜集信息)

感觉(S)		直觉(N)	
表现	评价	表现	评价
相信自己的生活经验		相信自己的灵感	
强调通过实际运用来理解抽象的理论		个人在运用理论之前要先对此理论进行澄清	
为人崇尚现实		为人富有想象力和创造性	
喜欢运用和琢磨已有的技能		喜欢学习新技能,但掌握后又厌倦	
留心特殊的和具体的事务,喜欢给出细节		留心普遍的和有象征性的事物,使用隐喻	
在下结论时,已经过仔细周密的推理		在下结论时,靠自己的知觉	
着眼于当前的实际情况		着眼于未来	

"√"数目更多的是:　　　感觉(S)□　　　直觉(N)□

表 2 - 15(3)　思维(T)—情感(F)(如何作出决定)

思维(T)		情感(F)	
表现	评价	表现	评价
注重客观地分析问题		体贴他人,能够感同身受	
行动时,寻找一个合乎真理的客观标准		关心行动给他人带来的影响	
崇尚逻辑、公平和公正		注重情感与和睦,受自己价值观的引导	
爱讲道理		富有同情心	
自然地发现缺点,有吹毛求疵的倾向		自然地想让别人快乐,易于理解别人	
可能显得无情、麻木、漠不关心		可能会显得感情化、无逻辑、脆弱	
认为公平意味着每个人都能得到公平的待遇		认为公平意味着每个人都被作为独特的个体对待	
认为诚实比机敏更重要		认为诚实与机敏同样重要	
受成就和欲望的驱使		受情感和渴望被人理解的驱使	

"√"数目更多的是:　　　思维(T)□　　　情感(F)□

表 2 - 15(4)　判断(J)—知觉(P)(如何应对外部世界)

判断(J)		知觉(P)	
表现	评价	表现	评价
作出决定后感到快乐		因保留选择的余地而快乐	
总是有计划的		随意、自发的	
具有工作原则,先工作后玩		具有玩的原则,先玩再工作	
确定目标并按时完成任务		不喜欢把事情确定下来,当有新的情况时,便改变目标	
喜欢管理自己的生活		灵活,喜欢适应新情况	
注重结果		注重过程	
通过完成任务获得满足		通过着手新事物而获得满足	
把时间看成有限的资源		把时间看成无限的资源	
重视提前准备,避免最后一分钟作决定的压力		最后一分钟作决定的压力会使我感到精力充沛	

"√"数目更多的是:　　　判断(J)□　　　知觉(P)□

第二步，整理测试结果。将每个维度"√"数目更多的项，整理到下表中。

E 或 I	S 或 N	T 或 F	J 或 P

第三步，查找自己的性格类型。上一步得到的四个字母的组合（如 ISTP）就是你的性格类型（见表 2-16）。

表 2-16 MBTI 的 16 种性格类型

代码	名称	代码	名称	代码	名称	代码	名称
ISTJ 内向 感觉 思维 判断	物流师型 人格	ISFJ 内向 感觉 情感 判断	守卫者型 人格	INFJ 内向 直觉 情感 判断	提倡者型 人格	INTJ 内向 直觉 思维 判断	建筑师型 人格
ISTP 内向 感觉 思维 知觉	鉴赏家型 人格	ISFP 内向 感觉 情感 知觉	探险家型 人格	INFP 内向 直觉 情感 知觉	调停者型 人格	INTP 内向 直觉 思维 知觉	逻辑学家型 人格
ESTP 外向 感觉 思维 知觉	企业家型 人格	ESFP 外向 感觉 情感 知觉	表演者型 人格	ENFP 外向 直觉 情感 知觉	竞选者型 人格	ENTP 外向 直觉 思维 知觉	辩论家型 人格
ESTJ 外向 感觉 思维 判断	总经理型 人格	ESFJ 外向 感觉 情感 判断	执政官型 人格	ENFJ 外向 知觉 情感 判断	主人公型 人格	ENTJ 外向 直觉 思维 判断	指挥官型 人格

（二）MBTI 代码类型解读

深入了解自己的 MBTI 类型（见表 2-17）能够帮助个人更好地进行职业生涯规划。

表 2-17 MBTI 的 16 种人格类型

基本性格类型	代码类型	代码名称	人格类型特征描述
SJ：护卫者 井然有序的规范化世界	ISTJ	物流师型人格（强硬的监督者和执行者）	安静、严肃，通过全面性和可靠性获得成功；实际，有责任感，有逻辑性，并一步步地朝着目标前进，不易分心；喜欢将工作、家庭和生活都安排得井井有条。重视传统和忠诚
	ESTJ	总经理型人格（监督执行职责的管理者）	实际、现实主义、果断，一旦下决心就会马上行动；善于将项目和人组织起来将事情完成，并尽可能用最有效率的方法得到结果；注重日常的细节；有一套非常清晰的逻辑标准，有系统性地遵循，并希望他人也同样遵循；在实施计划时强而有力

基本性格类型	代码类型	代码名称	人格类型特征描述
SJ：护卫者 井然有序的规范化世界	ISFJ	守卫者型人格	安静、友好、有责任感和良知；坚定地致力于完成他们的义务；全面、勤勉、精确，忠诚、体贴，留心和记得他们重视的小细节，关心他人的感受；努力把工作和家庭环境营造得有序而温馨
	ESFJ	执政官型人格	热心肠、有责任心、合作；希望周边的环境温馨而和谐，并为此果断地执行；喜欢和他人一起精确并及时地完成任务；事无巨细都会保持忠诚；能体察到他人在日常生活中的所需，并竭尽全力帮助；希望自己和自己的所为能受到他人的认可和赏识
SP 艺术创造者 留有追求余地轻松自由的生活方式	ISTP	鉴赏家型人格（冲动的操作者和执行者）	灵活、忍耐力强，是个安静的观察者，有问题发生，就会马上行动，找到实用的解决方法；分析事物运作的原理，能从大量的信息中很快找到关键信息；对原因和结果感兴趣，用逻辑的方式处理问题，重视效率
	ESTP	企业家型人格	灵活、忍耐力强、实际、注重结果；觉得理论和抽象的解释非常无趣；喜欢积极地采取行动解决问题；注重当前，自然不做作，享受和他人在一起的时刻；喜欢物质享受和时尚；学习新事物最有效的方式是通过亲身感受和练习
	ISFP	探险家型人格富有爱心的艺术工作者	安静、友好、敏感、和善；享受当前，喜欢有自己的空间，喜欢能按照自己的时间表工作；对于自己的价值观和自己觉得重要的人非常忠诚，有责任心；不喜欢争论和冲突，不会将自己的观念和价值观强加到别人身上
	ESFP	表演者型人格	外向、友好、接受力强；热爱生活和物质上的享受；喜欢和别人一起将事情做成；能使工作显得有趣；灵活、自然不做作，对于新的任何事物能很快地适应；学习新事物最有效的方式是和他人一起尝试
NT 理性者 喜欢用客观分析来做判断	INTJ	建筑师型人格技术问题的解决者	有创新的想法和非凡的动力；能很快洞察到外界事物间的规律并形成长期的远景计划；一旦决定做一件事就会开始规划并直到完成为止；多疑、独立，对于自己和他人的能力和表现都要求非常高
	ENTJ	指挥官型人格	坦诚、果断，有天生的领导能力；能很快看到公司/组织程序和政策中的不合理性和低效能性，并实施有效和全面的措施来解决问题；善于进行长期的计划和目标的设定；通常见多识广、博览群书，喜欢拓广自己的知识面并将此分享给他人；在陈述自己的想法时，非常强而有力
	INTP	逻辑学家型人格	对于自己感兴趣的任何事物都寻求找到合理的解释；喜欢理论性的和抽象的事物，热衷于思考而非社交活动；安静、内向、灵活、适应力强；对于自己感兴趣的领域，有超凡的精力和深度解决问题的能力；多疑，有时会有点挑剔，喜欢分析
	ENTP	辩论家型人格	反应快、睿智，有激励别人的能力，警觉性强、直言不讳；在解决新的、具有挑战性的问题时机智而有策略；善于找出理论上的可能性，然后再用战略的眼光分析；善于理解别人；不喜欢例行公事，很少会用相同的方法做相同的事情，倾向于一个接一个地发展新的爱好

基本性格类型	代码类型	代码名称	人格类型特征描述
	INFJ	提倡者型人格善于发现问题的咨询师和指导者	寻求思想、关系、物质等之间的意义和联系；希望了解什么能够激励人，对人有很强的洞察力；有责任心，坚持自己的价值观；对于怎样更好地服务大众有清晰的远景；在目标的实现过程中有计划而且果断坚定
	ENFJ	主人公型人格	热情、为他人着想、易感应、有责任心；非常注重他人的感情、需求和动机；善于发现他人的潜能，并希望能帮助他们实现；能成为个人或群体成长和进步的催化剂；忠诚，对于赞扬和批评都会积极地回应；友善、好社交；在团体中能很好地帮助他人，并有鼓舞他人的领导能力
NF 理想主义者 更在意主观感受且力求和谐	INFP	调停者型人格富有激励精神的创新者	理想主义，对于自己的价值观和自己觉得重要的人非常忠诚；希望外部的生活和自己内心的价值观是统一的；好奇心重，很快能看到事情的可能性；能够理解别人并帮助他们实现潜能；适应力强，灵活，善于接受新事物，除非其有悖于自己的价值观
	ENFP	竞选者型人格	热情洋溢、富有想象力，认为人生有很多的可能性；能很快地将事情和信息联系起来，然后自信地根据自己的判断解决问题；总是需要得到别人的认可，也总是准备着给予他人赏识和帮助；灵活、自然不做作，有很强的即兴发挥能力，言语流畅

第三章 职业社会认知

学习目标

学完本章后，你能够解释以下重要问题和关键概念。

重要问题
- 国内外职业分类方法
- 行业与行业的分类（国民经济行业分类）
- 职业定位公式的使用方法
- 行业的发展阶段[萌芽期（曙光行业）、成长期（朝阳行业）、成熟期（成熟行业）、衰退期（夕阳行业）]

关键概念
职业；行业；企业；职能；生涯人物访谈

思考与讨论

1. 请结合职业发展定位公式，分析并细化你对未来职业的期待。
2. 完成一次生涯人物访谈，访谈人数为 2～3 人，并对访谈结果进行整理。

第一节　职业的基市认识

一、职业及其相关概念

（一）职业及其特征

职业是指人们在社会生活中所从事的，以获得物质报酬为主要生活来源并能满足精神需求的，在社会分工中具有专门技能的社会工作类别。职业中的"职"是指职务或职位，代表着社会组织中的分工和地位，是一种社会符号。"业"是指事业、事情，代表着个人所从事工作的内容和方式，是一种个人符号。职业是个人与社会互动的结合点，指个人在社会上特定位置从事特定工作。职业能够反映出人们的思想情操、经济状况、生活方式和行为模式，是人们的权利、义务、职责和社会地位的一种表现。世界上有成千上万种职业，它们的劳动内容、手段、环境和劳动消耗量都不尽相同。职业是社会分工后的产物，不同工作性质的岗位，人们从事的工作在目标、内容、方式、场所等方面有很大区别。一定社会分工或社会角色的持续实现，就形成了职业。由于人们的职业生涯中会包含多个阶段，所以人的一生中将会拥有很多份工作。

职业必须具备以下四个特征。一是目的性，即职业活动以获得现金或实物等物质报酬为目的。二是社会性，即职业是从业人员在特定社会生活环境中所从事的一种与其他社会成员相互关联、相互服务的社会活动。职业是由社会分工而产生的，受到社会经济发展水平的制约。三是稳定性，即职业在一定的历史时期内形成，并具有较漫长的生命周期。四是规范性，不同职业对于从业人员的受教育程度、职业能力、身体和心理素质有不同的要求。职业活动还必须符合国家法律和社会道德规范。五是群体性，即职业必须有一定的从业人数。

（二）工作与职业的关系

工作是指在一定特定的组织中，由一个或多个特征相似的人从事的带薪职位。其中职位是指一个组织中个人所从事的一组任务，是由一系列重复出现或持续进行的任务相伴随的一个工作单元。工作是一种劳动，即体能的消耗过程。传统观点认为，工作也许仅仅是一种谋生手段，或者被界定为某个岗位。参加工作在传统上意味着要在特定的时间和特定的日子里待在特定的岗位上。所以，重要的是岗位，而非从事工作的人。如今传统的观念已经被彻底颠覆，员工被视为企业追求质量、卓越和创新的关键推动因素，人事主管已悄然转变为人力资源经理。工作场所应以人为中心。员工成为企业制胜的法宝。

工作与职业联系紧密，又有本质的差别。理查德·鲍利斯将工作定义为"任务的弹性组合，即安排工作可以按照多种不同的极具吸引力的方式进行"。他将职业定义为"能广泛应用于多个领域的技能的弹性组合"，这种弹性能够令人产生工作的安全感，真正主宰人们职业生涯发展的自信心。

工作与职业的差异并不在于个人从事过多少份工作，而在于所从事的工作对个人的意义。唐娜J·叶纳提出职业的决定性因素包括对待工作的态度和责任心，这远超过完成每天的工作任务；你有能力决定想要做什么和如何去做，这与随心所欲截然不同；报酬，但不仅限于物质报酬。

工作与职业最主要的区别还在于个体的态度。两个从事相同工作，拥有相同职务和教育背景的人，可能有完全不同的工作成效。假如工作仅仅是谋生手段，它很快会成为简单乏味的例行公事。只有当所从事的工作与我们的职业发展方向相关，我们才会为获得职位晋升或实现未来的职业目标而努力奋斗。当工作成为达成职业目标所不可或缺的环节时，人们的工作动机就会发生改变。工作不仅会被视为一种挑战，更是一种有助于人们将来获得新技能的机遇。这时工作可能会被当作终身学习的一个环节。所以决定职业生涯的是人们在任何时间点对待所从事工作的态度。

二、国内外职业分类方法

职业分类是以工作性质的同一性为基本原则，对社会职业进行系统划分与归类。工作性质，即一种职业区别于另一种职业的根本属性，一般通过职业活动的对象、从业方式等的不同予以体现。职业分类的目的是要将社会上纷繁复杂、数以万计的现行工作类型，划分成类系有别、规范统一、井然有序的层次或类别。对从事工作性质的同一性所作的技术性解释，要视具体的职业类别而定。职业分类体系则通过职业代码、职业名称、职业定义、职业所包括的主要工作内容等，描述出每一个职业类别的内涵与外延。

职业分类是一个国家形成产业结构概念和进行产业结构、产业组织及产业政策研究的前提，同时也是对劳动者及其劳动进行分类管理、分级管理及系统管理的需要。职业分类也是职业指导的重要内容，个体在选择职业时，必须对社会各种职业有所了解，这样才能切合实际选择自己所要从事的职业。

(一)国外的职业分类

由于国情不同，各国划分职业的标准也不尽相同。随着科技的发展和产业结构的变化，越来越多的新兴职业不断出现，职业分类的标准、内容和方法也在不断发生变化。目前西方国家的职业分类主要有以下几类。

1. 按脑力劳动和体力劳动的性质、层次进行分类

这种分类方法把工作人员划分为白领工作人员和蓝领工作人员两大类。白领工作人员从事专业性和技术性的工作，包括农场以外的经理和行政管理人员、销售人员、办公室人员。蓝领工作人员包括手工艺及类似的工人、非运输性的技工、运输装置机工人、农场以外的工人、服务性行业工人。这种分类方法明显地表现出职业的等级性。

2. 按心理的个别差异进行分类

这种分类方法根据美国著名的职业指导专家霍兰德创立的"人格—职业"类型匹配理论，把人格类型划分为六种，即现实型、研究型、艺术型、社会型、企业型和常规型。与其相对应的是六种职业类型，包括：现实型，通常需要一定体力，运用工具或操作机器；研究型，主要指科学研究和科学实验工作；艺术型，主要指各类艺术创作；社会型，主要指各种直接为他人服务的工作，如医疗、教育、生活等服务；企业型，主要指组织与影响他人共同完成目标工作；常规型，主要指与文件、图书资料、统计报表之类相关的各类科室工作。

3. 依据各个职业的主要职责或"从事的工作"进行分类

这种分类方法较为普遍，以两种代表示例。一是加拿大《职业岗位分类词典》的分类。它把分属于国民经济中主要行业的职业划分为 23 个主类，主类下分 81 个子类，489 个细类，7200 多个职业。此种分类对每种职业都有定义，逐一说明了各种职业的内容及其对从业人员在普通教育程度、职业培训、能力倾向、兴趣、性格及体质等方面的要求，有较大的参考价值。二是国际标准职业分类。它把职业由粗至细分为 4 个层次、8 个大类、83 个小类、284 个细类、1506 个职业项目，总共列出职业 1881 个。其中 8 个大类是：专家、技术人员及有关工作者；政府官员和企业经理；事务工作者和有关工作者；销售工作者；服务工作者；农业、牧业、林业工作者及渔民、猎人；生产和有关工作者、运输设备操作者和劳动者；不能按职业分类的劳动者。国际标准职业分类方法便于提高国际间职业统计资料的可比性和国际交流。

(二)国内的职业分类

我国是最早开展职业分类的国家之一，《周礼·考工记》记载当时"国有六职"，即"王公、士大夫、百工、商旅、农夫和妇功"，这是我国最早的职业分类。《春秋·谷梁传》写到"古者立国家，百官具，农工皆有职以事上。古者有四民，有士民，有商民，有农民，有工民"。历代王朝陆续都设有吏、户、礼、兵、刑、工六部，对国家百官、

百工实施分类管理，具有职业类别的性质。古代的职业还有很强的世袭性质，代代相传，甚至以职业作为姓氏，如屠、师、桑、陶、贾等，反映了人们很强的职业归属感。

现代，我国国家统计局和国家标准局(1986)参照国际标准和方法，颁布了中华人民共和国国家标准《职业分类与代码》(GB 6565—86)，并启动了编制国家统一职业分类标准的宏大工程。这次颁布的《职业分类与代码》将全国职业分为 8 个大类、63 个中类、303 个小类。1992 年，原国家劳动部和国务院各行业部委组织编制了《中华人民共和国工种分类目录》。这个目录根据管理工作的需要，按照生产劳动的性质和工艺技术的特点，将当时我国近万个工种归并为 46 个大类的 4700 多个工种，初步建立起行业齐全、层次分明、内容比较完整、结构比较合理的工种分类体。

20 世纪 90 年代中期，随着社会主义市场经济体制的逐步建立和科学技术的迅猛发展，我国社会经济领域发生了重大变革，这对人力资源管理提出了新的要求。为此，国家提出要制定各种职业的资格标准和录用标准，实行学历文凭和职业资格两种证书制度。《中华人民共和国劳动法》中明确规定："国家确定职业分类，对规定的职业制定职业技能标准，实行职业资格证书制度。"根据社会经济发展的需要，劳动和社会保障部、国家统计局和国家质量技术监督局联合中央各部委于 1999 年 5 月正式颁布实施《中华人民共和国职业分类大典》。这是我国第一部对职业进行科学分类的权威性文献。2015 年，人力资源社会保障部、国家市场监督管理总局、国家统计局联合启动对《中华人民共和国职业分类大典(2015 年版)》的修订工作，在 1999 年版《中华人民共和国职业分类大典》的基础上，按照以"工作性质相似性为主、技能水平相似性为辅"的分类原则，运用科学的职业分类理论和方法，参照国际标准，借鉴国际先进经验，充分考虑我国社会转型期社会分工的特点，将我国职业分类体系调整为 8 个大类、75 个中类、434 个小类、1481 个职业，并列出了 2670 个工种，标注了 127 个绿色职业。2022 年，人力资源社会保障部同国家市场监督管理总局、国家统计局以 2015 年版《中华人民共和国职业分类大典》为基础，修订完成了《中华人民共和国职业分类大典(2022 年版)》，将近年来已发布的新职业纳入其中，保持大类体系不变，增加或取消了部分中类、小类及职业(工种)，优化调整了部分归类，修改完善了部分职业信息描述。

三、专业对应的职业类别

(一)专业的由来

专业是一种社会历史现象。在社会发展过程中，由于生产力的发展，社会分工出现并不断细化，各种不同的职业层出不穷，随之产生了专门从事各种不同职业的劳动者，因而也产生了专业。我国较早关于专业的界定出现在《后汉书·献帝纪》，"今者儒年逾六十，去离本土，营求粮资，不得专业"，意指主要研究某种学业或从事某种事业。西方最早关注专业现象的领域是税法。作为世界上第一个开始征收个人所得税的国家，英国在 18 世纪就开始对个人"从贸易、专业等活动取得的收入"征税，法官需要对哪些职业是"专业"进行界定。伴随着经济活动的发展，19 世纪后的西方国家出现了专业化浪潮，在传统的牧师、律师、医生之外催生了更多的专业人士，如会计师、机电工程师、建筑师等，形成了特定的社会阶层，专业现象开始进入学术研究视野。

（二）专业的定义

关于专业的代表性定义有两类。

1. 专业或学业门类

《教育大辞典》将专业定义为中国、苏联等国高等中等专业学校培养学生的各个专业领域，根据社会职业分工、学科分类、科学技术和文化发展状况及经济建设与社会发展需要进行划分。《教育管理辞典》（第三版）认为专业是高等学校或中等专业学校根据社会分工需要而划分的学业门类，各专业都有独立的教学计划，以体现本专业的培养目标和要求。《高等教育学》认为专业是课程的一种组织形式，因而在谈到课程时，其中也就包含了这种组织形式。英文中的 major 指一系列、有一定逻辑关系的课程的组织，相当于一个培训计划或课程体系。

2. 专门性的职业

周川认为广义的专业是指某种职业不同于其他职业的一些特定的劳动特点；狭义的专业主要是指某些特定的社会职业。王沛民认为，专业是社会的各行各业中，相对于"普通职业"的"专门职业"。

从大中专教育的角度来看，专业是为学科承担人才培养职能而设置的，是"高等和中等专业教育培养学生的各个专门领域"，是高等学校和中等专业学校根据社会分工需要而划分的学业门类，是大中专院校为了满足社会分工的需要而进行的活动。例如：戏曲、舞蹈、音乐、杂技、表演、演奏、音乐基础理论、曲艺创作、教育等专业。从社会的角度来看，专业是为了满足某类或某种社会职业的人才需求而设置的。因此，从人才培养供给与人才培养需求上看，专业是人才培养供给与需求的一个结合点，是从专业门类培养到从事专门职业的桥梁。

《普通高等学校本科专业目录》是我国教育部（原国家教育委员会）制订与修订的有关普通高等学校本科专业的目录，是高等教育工作的基本指导性文件之一。它规定专业划分、名称及所属门类，是设置和调整专业、实施人才培养、安排招生、授予学位、指导就业、进行教育统计和人才需求预测等工作的重要依据。《普通高等学校本科专业目录（2022年版）》共有哲学、经济学、法学、教育学、文学、历史学、理学、工学、农学、医学、管理学、艺术学 12 个门类 771 个本科专业，包含 2020 年增设的 37 个本科专业，以及 2021 年增设的 31 个本科专业。

（三）专业与职业的关系

一般而言，专业和职业具有一定的对应关系。在职业中有各专业对应的岗位，在专业中学习的知识也能为对应职业提供专业知识和技能。个人的职业发展可能一直在所学的专业领域内，职业与专业吻合，学以致用。金融学专业的对应专业是银行职员；机械专业学生的一般去向是机械制造企业；电子通信专业毕业的学生，一般是在通信公司及其制造企业工作；会计学专业的对应岗位是会计；保险学专业的对应去向是保险公司；教育学专业学生一般会成为教师；农学类专业学生一般到农业领域或农业科技推广部门；医学类专业，一般去向是医院；建筑学专业，一般为建设部门或建筑企业。

随着社会经济的发展，跨专业就业的现象也越来越普遍。个人的职业发展可能以所学专业为核心，逐渐超出所学专业的领域，向外扩展；也可能以专业为基础，与其他专业和职业交叉整合，并有侧重地沿着某一方向发展。更甚者，个人的职业规划与所学的专业知识几乎不相关，但在专业学习过程中能获得能力训练和素质提升，在未来的职业发展过程中也能够为个人提供资源和动力。因此，专业的确是影响和决定个体未来职业选择和职业定位的重要因素，但不是唯一因素。学习某个专业，并不代表就必须或必定会从事其对应的职业。专业让我们的职业发展拥有与之相关的可能性，但也有超出专业的可能性。

▶ 第二节 职业的定位

一、职业定位公式

行业、企业与职能三者共同决定了个体的职业定位。其中，行业是指从事国民经济中同性质的生产、服务或其他经济社会的经营单位或者个体的组织结构体系，又称产业。行业是为了满足大众生活的需求而形成的，行业群体中的单位具有提供相同性质产品或服务的特征。例如，教育行业满足了知识传承、传播和学习的需求，旅游行业满足了人们对体验风土人情的需求。企业一般是指从事生产、流通、服务等经济活动，并以产品或服务来满足社会需要，实行自主经营、自负盈亏、独立核算，依法设立的一种盈利性的经济组织。职能指人、事物、机构所应有的职责与功能（作用）。在职业世界中，职能意味着某个岗位能干什么。同一行业的不同职能，有不同的职位名称。在通信行业，负责销售职能的职位名称有营业厅销售、区域销售，负责产品职能的职位有硬件或软件工程师。同一职能在不同的行业可能有不同的职位名称，也就是说，同样的职能可能对应完全不同的职位名称，比如研发的职能在教育行业的职位是教研员，在汽车行业的职位名称是汽车设计师。不同组织的同一职能部门的名称差别很大，同样是人力资源职能部门，在国有企业或事业单位叫人事部、人事处，体量较大的民营企业或外资企业叫人力资源部。除了名称上的差别，公司规模越大，职能分工可能越明确，公司规模相对较小，职能的边界可能不那么明显。此外，即使是同一行业、同一职能在不同组织的工作内容也可能不一样。总之职能的本质是岗位要求干什么，而职位只是一个称呼。在职业定位公式中，对职能的描述，比职位叫什么名称更重要。所以职业定位公式的三个要素是行业、企业与职能。

它们之间的关系可以表达为：

$$职业_t = 行业 + 企业 + 职能$$

职业$_t$是时间的函数，行业、职能和组织都随时间不断变化，每个人大约每隔 $3\sim5$ 年就需要重新界定自己的行业、组织和职能。对行业的选择取决于个体的专业或知识，决定了个人将在哪个领域发展；对企业的选择取决于个体的合作方式，决定了未来将与谁合作；对职能的选择取决于个体的优势和资源，决定了个体将应用哪些能力。

二、行业的概念及特征

(一)行业及行业的分类

了解行业如何分类对于思考职业选择有非常大的帮助。标准行业分类(Standard Industrial Classification，SIC)编制于 20 世纪 30 年代，使用的产业分类规则以生产和市场混合定位为基础，用于对各种商业和雇佣机构进行分类，可以用于获取职业和工作相关的信息。但 SIC 体系与各国使用的产业分类系统是不可比的，分析人员很难在国际间对产业的特征、趋势和发展进行比较。随着经济的变化，SIC 不断被修订，直到被北美贸易领域建立的一套新的分类系统取代。加拿大和墨西哥合作共同编制的北美产业分类体系(North American Industry Classification System，NAICS)基于企业主要从事的经济活动对企业进行分类。使用相似的原材料、相似的固定资产设备和相似的劳动，即"以相同的方式做相同的事"的企业被归入同一行业。经济中的每一个部门都被重新定义和结构化。NAICS 将所有经济实体划分为 20 个产业部门，而旧的 SIC 则只有 10 种部门，其对应关系如表 3-1 所示。

表 3-1　北美产业分类体系(NAICS)及其对应的 SIC 部门

NAICS 编码	NAICS 门类	SIC 编码	SIC 最大分配限度的部门
11	农业，林业、狩猎业和渔业	A	农业、林业和渔业
21	矿产业	B	矿物产业
22	公共事业	E	运输、通讯和公共事业
23	建筑业	C	建筑产业
3133	制造业	D	制造业
42	批发贸易业	F	批发贸易业
4445	零售贸易业	G	零售贸易业
4849	大型旅客航空运输和所有铁路运输业	E	运输、通信和公共事业
		D	制造业
51	信息业	E	运输、通信和公共事业
		I	服务产业
52	金融、保险业	H	金融、保险和房地产业
53	房地产、出租和租赁业	H	金融、保险和房地产业
		I	服务产业
54	专业、科学和技术服务业	I	服务产业
55	公司和企业管理业		所有部门的部分
56	行政和支持管理、废弃物管理、补救服务业	I	服务产业
		E	运输、通信和公共事业
61	教育服务业(大学、中学、院校和专业学校)	I	服务产业

续表

NAICS 编码	NAICS 门类	SIC 编码	SIC 最大分配限度的部门
62	卫生保健和社会保障业	I	服务产业
71	艺术、文娱演出和娱乐业	I	服务产业
		G	零售贸易业
72	住宿和饮食服务业	I	服务产业
81	其他服务业(不包含公共管理)	I	服务产业
93	公共管理业	J	公共管理业

我国的《国民经济行业分类》国家标准于 1984 年首次发布。国民经济行业分类根据联合国《所有经济活动的国际标准产业分类》(ISIC Rev. 4),采用经济活动的同质性原则划分国民经济行业,即每一个行业类别按照同一种经济活动的性质划分,而不是依据编制、会计制度或部门管理等划分(见表 3－2)。当单位从事一种经济活动时,则按照该经济活动确定单位的行业;当单位从事两种以上的经济活动时,则按照主要活动确定单位的行业。更详细的信息可以登录国家统计局官网(http://www.stats.gov.cn/)查阅。

表 3－2 国民经济行业门类及大类

门类	大类	类别名称	门类	大类	类别名称
A		农、林、牧、渔业	G		交通运输、仓储和邮政业
	1	农业		53	铁路运输业
	2	林业		54	道路运输业
	3	畜牧业		55	水上运输业
	4	渔业		56	航空运输业
	5	农、林、牧、渔专业及辅助性活动		57	管道运输业
B		采矿业		58	多式联运和运输代理业
	6	煤炭开采和洗选业		59	装卸搬运和仓储业
	7	石油和天然气开采业		60	邮政业
	8	黑色金属矿采选业	H		住宿和餐饮业
	9	有色金属矿采选业		61	住宿业
	10	非金属矿采选业		62	餐饮业
	11	开采专业及辅助性活动	I		信息传输、软件和信息技术服务业
	12	其他采矿业		63	电信、广播电视和卫星传输服务
C		制造业		64	互联网和相关服务

代码		类别名称	代码		类别名称
门类	大类		门类	大类	
	13	农副食品加工业		65	软件和信息技术服务业
	14	食品制造业	J		金融业
	15	酒、饮料和精制茶制造业		66	货币金融服务
	16	烟草制品业		67	资本市场服务
	17	纺织业		68	保险业
	18	纺织服装、服饰业		69	其他金融业
	19	皮革、毛皮、羽毛及其制品和制鞋业	K		房地产业
	20	木材加工和木、竹、藤、棕、草制品业		70	房地产业
	21	家具制造业	L		租赁和商务服务业
	22	造纸和纸制品业		71	租赁业
	23	印刷和记录媒介复制业		72	商务服务业
	24	文教、工美、体育和娱乐用品制造业	M		科学研究和技术服务业
	25	石油、煤炭及其他燃料加工业		73	研究和试验发展
	26	化学原料和化学制品制造业		74	专业技术服务业
	27	医药制造业		75	科技推广和应用服务业
	28	化学纤维制造业	N		水利、环境和公共设施管理业
	29	橡胶和塑料制品业		76	水利管理业
	30	非金属矿物制品业		77	生态保护和环境治理业
	31	黑色金属冶炼和压延加工业		78	公共设施管理业
	32	有色金属冶炼和压延加工业		79	土地管理业
	33	金属制品业	O		居民服务、修理和其他服务业
	34	通用设备制造业		80	居民服务业
	35	专用设备制造业		81	机动车、电子产品和日用产品修理业
	36	汽车制造业		82	其他服务业
	37	铁路、船舶、航空航天和其他运输设备制造业	P		教育
	38	电气机械和器材制造业		83	教育
	39	计算机、通信和其他电子设备制造业	Q		卫生和社会工作
	40	仪器仪表制造业		84	卫生
	41	其他制造业		85	社会工作
	42	废弃资源综合利用业	R		文化、体育和娱乐业
	43	金属制品、机械和设备修理业		86	新闻和出版业

代码		类别名称	代码		类别名称
门类	大类		门类	大类	
D		电力、热力、燃气及水生产和供应业		87	广播、电视、电影和录音制作业
	44	电力、热力生产和供应业		88	文化艺术业
	45	燃气生产和供应业		89	体育
	46	水的生产和供应业		90	娱乐业
E		建筑业	S		公共管理、社会保障和社会组织
	47	房屋建筑业		91	中国共产党机关
	48	土木工程建筑业		92	国家机构
	49	建筑安装业		93	人民政协、民主党派
	50	建筑装饰、装修和其他建筑业		94	社会保障
F		批发和零售业		95	群众团体、社会团体和其他成员组织
	51	批发业		96	基层群众自治组织
	52	零售业	T		国际组织
				97	国际组织

在职业生涯规划中，使用行业分类体系可以找到行业及其主要从事的活动说明。以国民经济行业分类与代码（GB/T 4754—2021）为例，如果你对商务服务业感兴趣，可以先找到门类 L（租赁和商务服务业），然后是大类 72（商务服务业），然后是中类 721（组织服务管理），然后是小类 7211（企业总部管理）。你会发现该产业包括"不具体从事对外经营业务，只负责企业的重大决策、资产管理，协调管理下属各机构和内部日常工作的企业总部的活动，其对外经营业务由下属的独立核算单位或单独核算单位承担，还包括派出机构的活动（如办事处等）"。在 NAICS 系统中，还可以根据细类找到该行业中机构的名称和联系信息。

（二）行业的发展阶段

个人的职业发展与行业发展密切相关。行业生命周期是指行业从出现到完全退出社会经济活动所经历的改变过程。弗农提出产品生命周期理论，把产品的生命周期划分为导入期、成熟期和标准化期三个阶段。20 世纪 70 年代中后期，艾伯纳西和厄特振克以产品增长率为基础将产品生命周期划分为流动、过渡和确定三个阶段（A－U 产品生命周期模型），深度解析了技术创新与市场演化的共生共演关系，为产业生命周期理论的建立夯实了基础。戈特和克莱伯通过对 46 个产品长达 73 年的时间序列数据分析，按产业中的厂商数目进行划分，建立了产业经济学意义上第一个行业生命周期模型，即 G－K 模型，认为行业的发展与人的生长过程较为相似，也有一个从幼稚到成熟再到衰老的过程，包括引入期、大量进入期、稳定期、大量退出期（也称为淘汰期）和成熟期五个阶段。如今，行业生命周期可以被划分为萌芽期（曙光行业）、成长期（朝阳行业）、成熟期（成熟行业）、衰退期（夕阳行业）四个阶段（见图 3-1）。以时间为横轴，市场需求为纵轴，几乎所有行业的四个发展时期都表现为类似 S 形的生长曲线。其中实线为产品的市场需求，虚线为人才的市场需求。

曙光　　朝阳　　成熟　　夕阳

市场

产品

人才

时间

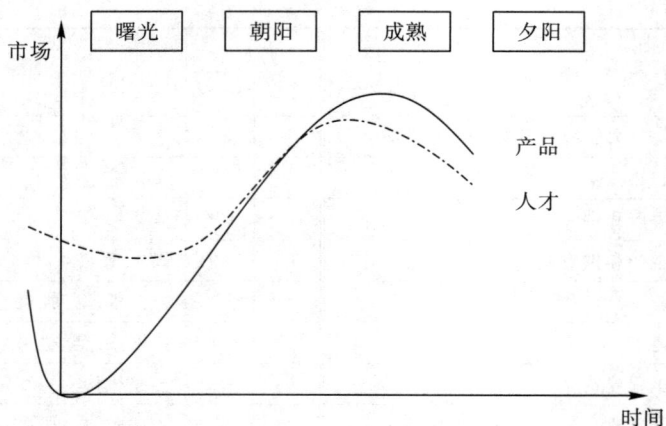

图 3-1　行业生命周期

1. 萌芽期(曙光行业)

一个行业的产生通常是由于一种新的技术得到突破性的应用,催生了新的需求和市场。这一时期的市场增长较高,需求增长较快,技术变动大,行业中的用户主要致力于开辟新用户、占领新市场,但此时技术上有很大的不确定性,在产品、市场、服务等策略上有很大的余地,企业进入壁垒低。企业如雨后春笋般纷纷建立,但是经过一段时间以后,会呈现出向下的趋势。这个时期,行业对人才的需求处在刚刚起步的阶段,并没有明显的爆发。个人能够规划未来的愿景、有意义感,企业竞争对手少,充满创新的机会,但是充满不确定性,可能需要等待较长的时间,个人取得的收入不高且不稳定,容易感到迷茫和失落。这时适合意义需求者和梦想家创业,需要发挥韧性和直觉,个人可以将其作为第二职业。例如 2003 年左右的互联网电商行业,2015 年左右的智能家居、3D 打印行业。

2. 成长期(朝阳行业)

经过了萌芽期的竞争,行业中的少数企业存活下来。技术渐渐定型,行业特点、行业竞争状况及用户特点已经比较明朗,市场呈现出较高的增长率,需求也高速增长,企业进入的壁垒提高,产品品种和竞争者数量增多,整个行业进入快速发展时期。行业人才需求旺盛,增长迅速、从业机会增多。成长期和萌芽期对产品的需求都比较多,最明显的区别表现在对人才的需求量上。这一阶段行业发展快,个人更可能获得较高的收入,容易获得成就感;但是竞争对手较多,行业变化非常快,往往有高负荷的工作,容易令人感到焦虑。这时需要迅速发展者、实干家,需要发挥执行力和创业力,个人可以将其作为职业和事业的主战场。例如,2019 年的互联网金融、智能手机、在线教育等行业。

3. 成熟期(成熟行业)

经过了若干年的发展,行业会进入相对稳定的成熟期。技术上已经成熟,行业特点、行业竞争状况及用户特点非常清楚和稳定,卖方市场形成,行业能力下降,新产品和产品的新用途开发更为困难,行业进入壁垒很高,人才需求也趋于稳定。行业发展稳固,收益属于中上水平,晋升和职业发展的通道稳定,容易获得掌控感;竞争对手较少，但缺乏激情和可能性，工作效率往往较低，容易令人感到厌倦，人事关系也相对复杂。这时需要资源控制者、政治家，需要协调各种关系。在稳定的基础上，个体可以发展多种副业。日常消费品等各行业的成熟期很长，但电子产品行业的成熟期较短，很快会进入衰退期。

4. 衰退期（夕阳行业）

行业经过了一定时间的发展，市场增长率下降、需求下降，产品品种及竞争者数目减少，开始进入衰退期。人才需求会先于产品需求下降，很多行业在衰退期之前就出现利润下滑、大量裁员的现象。出现这些状况基本上可以判断该行业进入衰退期。企业进入衰退期的原因可能是由于本行业的产品被更新、被更便宜的产品取代，也可能是生产所依赖的资源枯竭等。夕阳行业中的企业可以通过整合资源或转型发展，获得第二次成长的机会。行业逐渐走向衰弱，工作节奏放慢、压力减少，让人感到舒适；但同行逐渐转型或倒闭，收入偏低或下滑，工作环境士气低沉，容易让人感到沮丧和担忧。这时需要坚守者、传统者，需要耐心或能够稳中求变。

三、企业的概念及特征

(一)企业的定义

《辞海》1978 年版将企业定义为"从事生产、流通或服务活动的独立核算经济单位"。

"企业"一词较常见的用法指各种独立的、营利性的组织。在职业生涯规划时，我们将企业定义为能够提供社会成员就业机会，以营利为目的，追求利润最大化的市场经济运行体。

(二)企业的基本组织形式

企业存在四类基本组织形式：国有企业、民营企业、外资企业、政府与事业单位。

1. 国有企业

国有企业是指企业的全部财产属于国家，由国家出资兴办的企业。国有企业的范围包括中央和地方各级国家机关、事业单位和社会团体使用国有资产投资所举办的企业，也包括实行企业化经营、国家不再核拨经费或核发部分经费的事业单位及从事生产经营性活动的社会团体，还包括上述企业、事业单位、社会团体使用国有资产投资所举办的企业。国有企业具有全民所有制的性质，同时又具有营利法人和公益法人的特点。国有企业在追求国有资产的保值和增值的同时，还要兼顾国家调节国民经济的目标。从就业的角度来看，国有企业具有的特点包括，企业文化倾向于服从和忠诚，工资收入比较稳定，福利待遇良好。

2. 民营企业

民营企业是指所有的非公有制企业。除"国有独资""国有控股"外，其他类型的企业只要没有国有资本，均属民营企业。民营是具有强烈中国特色的词汇，从狭义说，民间资产特指中国公民的私有财产，不包括国有资产和国外资产（境外所有者所拥有的资产）。从广义上看，民营只与国有独资企业相对，而与任何非国有独资企业是相容的，包括国有持股和控股企业。这里取其狭义的概念。民营企业在用人上重视员工能够为企业发展所带来的价值，重视员工的业务能力、研发能力、管理能力及综合素质。民营企业体现出不同的企业文化，不同的民营企业在薪酬待遇上的差异也较大。由于经营情况和岗位的差异，企业的薪酬也会有较大差异。

3. 外资企业

外资企业是一个总的概念，包括所有含有外资成分的企业。依照外商在企业注册资本和资产中所占股份比例的不同及其他法律特征的不同，可将外资企业分为三种类型。

（1）中外合资经营企业

其主要法律特征是外商在企业注册资本中的比例有法定要求，企业采取有限责任公司的组织形式，故此种合营称为股权式合营。

（2）中外合作经营企业

其主要法律特征是对外商在企业注册资本中的比例无强制性要求，企业采取灵活的组织管理、利润分配、风险负担方式，故此种合营称为契约式合营。

（3）外资企业

其主要法律特征是企业全部资本均为外商拥有。

4. 政府与事业单位

政府是指国家进行统治和社会管理的机关，是国家表示意志、发布命令和处理事务的机关。政府的概念一般有广义和狭义之分，广义的政府是指行使国家权力的所有机关，包括立法、行政和司法机关；狭义的政府是指国家权力的执行机关，即国家行政机关。事业单位是指为了社会公益，由国家机关举办或者其他组织利用国有资产举办的，从事教育、科技、文化、卫生等为国民经济和社会发展服务的社会组织，其人员使用事业编制，其经费由国家开支，受国家行政机关领导，主要提供教育、科技、文化、卫生等非物质生产和劳务服务。随着事业单位改革力度的加大，许多单位推行了企业化管理、市场化运作，实行聘任制、绩效工资考核、取消事业编制等。

四、职能的概念及特征

（一）职能的定义

职能是指人、事物、机构所应有的职责与功能（作用）。人（员工）的职能表现为一组知识、技能，行为与态度的组合，能够帮助提升个人的工作成效，进而提升企业的影响力与竞争力。机构的职能一般包括机构所承担的职责、作用等内容。

企业职能一般是指企业经营管理者为了实现利润目标，对企业实行有效的经营管理所必须具有的职责和功能，包括以下四种。①核心职能，可以让公司产生创新的产品与延伸市场占有率、能够为公司的客户创造利益，创造竞争优势，同时也可塑造出企业文化及价值观。②专业职能，不同职务的核心职能不同。③管理职能，是指主管这样的特定职务或角色所需具备的工作相关特定职务能力。④一般职能，指企业里的一般行政人员所应该具备的才能。

（二）基础职能的分类

按照职能来分类，企业中的各部门可以分为业务部门和运营部门 2 大类 8 个基础职能。生产和服务、销售、市场、客服统称为业务部门，这类部门需要经常对外，直接面对客户和变化的市场。研发、财务、人力、行政统称为运营部门，这类部门可以按自己的计划来推进工作。

1. 销售

销售是企业的经济命脉，是营销组织架构的重要组成部分。销售业绩的好坏直接影响着公司的生存发展。销售需要围绕公司的销售目标展开工作，以销售数据说话。销售要有比较强的沟通能力，应变能力，抗压能力，以及业务开拓能力。

2. 市场

市场是营销组织架构的另一个部分，如果说销售能拉进产品与消费者的物理距离，市场则负责拉近产品与消费者之间的心理距离。市场部门可分为产品市场部门，负责新产品的开发；市场开发部门，负责现有产品的定位与市场推广；市场宣传部门，负责广告，促销，产品介绍等。市场营销人员需要较强的沟通能力和策划能力。

3. 研发

研发是为了满足客户不断变化的需求，通过产品给企业带来收益和利润，使企业保持竞争优势。在一些制造类的企业里可能没有产品研发职能，而是有一些工艺的研发。产品研发需要有较强的专业能力，想进入这个领域要有深厚的专业功底。

4. 生产与服务

制造类企业以产品生产为主，主要职责是组织生产，降低消耗，提高生产率，按时保质为客户提供所需的产品。产品类的企业以服务为主，主要职责是满足客户需求。生产和服务需要具备一定的专业能力，对执行力，组织协调能力的要求较高。

5. 客服

客服为客户提供服务，可分为售前，售中和售后三种类型。从广义来说，任何能提高客户满意度的工作都属于客户服务的范围。客服需要较强的人际交往能力和沟通能力，同时需要较强的应变能力和关系协调能力。

6. 财务

财务的职能目标是使企业的利润最大化，管理收益最大化，企业财务最大化。财务部的职能主要包括资本融通，现金运营和资本运作三项。财务需要较强的专业能力，思考能力和鉴别判断能力。

7. 人力资源

人力资源部门的职责是对企业中各类人员进行管理，人力资源管理分为六个模块，包括战略、绩效、薪酬、招聘、培训及员工关系。对新人来说，一般都是从一个模块开始，通过岗位轮换逐渐扩展到其他模块，最后获得职业的综合发展。人力资源需要较强的亲和力，综合处理事务的能力和风险防范能力。

8. 行政

企业行政管理广义上包括行政事务管理，办公事务管理，人力资源管理，财产会计管理四个方面，狭义上涉及行政事务和办公事务。行政工作的最终目的是通过各种规章制度和人为努力使部门之间或者有关企业之间形成密切配合的关系，使整个公司在运作过程中成为一个高速且稳定运转的整体，用合理的成本换来员工最高的工作积极性，提高工作效率完成公司目标发展任务。行政需要较强的组织能力、管理能力、人际和事务处理能力。

▶ 第三节　认知职业环境

一、社会环境分析

社会环境对个人的职业发展甚至人生发展都有着非常重要的影响。社会环境有广义和狭义之分。狭义指组织生存和发展的具体环境，具体而言就是组织与各种公众的关系网络，如家庭、劳动组织、学习条件和其他集团性社会团体。广义则包括社会政治环境、经济环境、文化环境、法治环境、科技环境和心理环境等宏观环境因素。社会环境对人的形成和发展起着重要作用，同时人类活动也给社会环境带来深刻影响，而人类本身在适应和改造社会环境的过程中也在不断变化。

分析社会环境，就是对人们所处的社会政治环境、经济环境、法制环境、科技环境、文化环境等宏观因素进行分析。社会大环境包括国际环境、国内环境与所在地区环境三个层次。大学生对社会环境的认知包括了解和认清国际、国内和自己所在地区的政治、经济、科技、文化、法制建设、政策要求及发展方向，以更好地寻求各种发展机会。

1. 社会经济环境

经济环境是指构成企业生存和发展的社会经济状况和国家经济政策。社会经济状况包括经济要素的性质、水平、结构、变动趋势等多方面的内容，涉及国家、社会、市场及自然等多个领域。国家经济政策指国家履行经济管理职能，调控国家宏观经济水平、结构，实施国家经济发展战略的指导方针，对企业经济环境有着重要的影响。国家或政府为了达到充分就业、价格水平稳定、经济快速增长、国际收支平衡等宏观经济政策的目标，为增进经济福利而制定了解决经济问题的指导原则和措施。学习和了解经济发展，不仅仅是个人进行职业选择和谋求职业发展的需要，更是大学生作为国家未来经济发展主要力量应承担的责任和使命。

2. 政治环境

政治环境是指外部政治形势、国家方针政策及其变化。安定团结的政治局面不仅有利于经济的发展和人们收入的增加，而且会影响人们的心理状况，使市场需求发生变化。法制环境的基本因素主要包括宪法、法律、法规的功能与效应；法律制度和法律价值观的特点等。与职业相关的政治环境包括政治局面、政治体制、教育制度、经济管理体制、人才流动政策、国家和地方关于就业及劳动保障的强制性规定、户籍、住房、人事和社会保障制度等。这些因素可能潜移默化地影响个人职业追求和职业选择，也可能直接影响个人的职业发展。

3. 社会文化环境

社会文化环境由机构和其他力量构成，包括社会结构、社会风俗和习惯、信仰和价值观念、行为规范、生活方式、文化传统、人口规模与地理分布等因素的形成和变动。社会文化是某一特定人类社会在其长期发展过程中形成的，它主要由特定的价值观念、行为方式、伦理道德规范、审美观念、宗教信仰及风俗习惯等内容构成。文化环境塑造着其中的每一个个体，是社会或民族使之社会化并使之成为其成员的过程，是保存、巩固、传播知识和经验的主要手段。人们在一个特定的社会中长大并形成基本的信仰和价值观，这些信仰和价值观会影响和制约个体的需求欲望、偏好行为和生活方式、受教育程度和职业价值观等。

二、行业环境分析

行业环境分析是指对目前从事或拟从事的目标行业进行环境分析。所有的行业都有其存在的价值，但所有的行业价值并不相同。行业环境分析的主要内容包括以下几点。

1. 行业的现状及发展趋势

国家各级主管部门、社会研究机构，每年都会推出各种行业研究报告、咨询报告，这些都是了解行业现状和发展趋势的最好资料。国家战略规划、政府工作报告、行业研究类图书、行业新闻等也可以帮助个体了解目标行业当前的发展情况，探究其在国民经济中的地位，了解目标行业所处的发展阶段，探索未来的发展趋势。

2. 行业人才需求情况

行业人才需求状况是指这个行业人才胜任的能力标准、人才发展前景、人才培养目标、人才晋升路径等。提前了解各行各业的准入门槛及对人才素质能力的基本要求，了解行业人才需求情况，是进入行业的前提，也是个体清晰地定位职业，有针对性地进行职业规划的基本要求。

3. 行业代表人物

快速了解一个行业的最好方式，就是了解行业的代表人物。通过调研行业代表人物的先进事迹、成长经历，阅读典型人物传记，可以加深对该行业的认识和了解。同时，了解行业反面典型的失败经历，可以帮助个体知晓行业存在的风险和弊端，提升对行业全面、客观的认识。

4. 行业标准及职业资格

每个行业都有自己的标准和规范，可能是统一明示的，也可能是约定俗成的，可能是国家的指定和要求，也可能是行业内部的规定。《中华人民共和国标准化法》说明，标准是指农业、工业、服务业及社会事业等领域的统一技术要求。职业资格是对从事某一职业所必备的学识、技术和能力的基本要求。我国职业资格按照资格性质分为准入类职业资格和水平评价类职业资格。了解行业的标准和考取职业资格，是从事目标行业和职业的基本要求。

三、企业环境分析

企业环境是指一些相互依存、互相制约、不断变化的各种因素组成的一个系统，是影响企业管理决策和生产经营活动的现实各因素的集合。企业环境分析可帮助个体了解企业的发展概况及运行情况，全面认识目标企业文化与发展前景，制定合理的职业规划。企业环境分析的主要内容包括以下几个方面。

1. 企业基本状况

企业基本状况涉及企业的创业历史、经营状况和规模，以及竞争优势和发展前景，包括企业的产品服务、发展战略、所处的发展阶段、主要竞争对手、核心竞争力、资金和技术实力等，还包括企业的组织结构、员工关系、领导者的风格和管理水平等。

2. 企业文化

企业文化或称组织文化，是在一定条件下，企业在生产经营和管理活动中所创造的具有该企业特色的精神财富和物质形态。它包括企业愿景、文化观念、价值观念、企业精神、道德规范、行为准则、历史传统、企业制度、文化环境、企业产品等。价值观是企业文化的核心，表现为企业或企业中的员工在从事经营活动时所秉持的价值观念。让员工感到受尊重，使员工的工作具有创造性，让员工觉得舒服的企业文化氛围，是至关重要的。

3. 领导风格

领导风格是指领导者的行为模式。领导者在影响别人时，会采用不同的行为模式达到目的。企业领导风格就是习惯化的领导方式所表现出的种种特点。习惯化的领导方式是在长期的个人经历、领导实践中逐步形成的，具有较强的个性化色彩。每一位领导者都有其与工作环境、经历和个性相联系的与其他领导者不同的风格。企业主要领导者的素质和价值观是企业发展的决定性因素，而个体在职场中的运气则很大一部分来自直接领导人。

4. 管理制度

管理制度的范围比较广泛，包括管理制度、用人制度、培训制度等。求职者了解企业在管理制度、组织结构上的特征及发展变化趋势，可以分析和预测其对自己未来可能带来的影响，分析发展空间和发展机会，从而作出决定。

四、地域(城市)环境分析

地域(城市)因素影响着个人潜能的发挥、家庭生活的质量、重新择业的机会等，城市地域分析的内容包括就业所在城市的发展前景、文化特点、气候水土、人际关系、人城匹配等。地域(城市)环境分析主要遵循以下原则。

1. 价值观匹配原则

每个城市有各自的底蕴和特质。有人喜欢生源地和求学所在城市带来的熟悉感，有人喜欢去未知和陌生的地方闯一闯；有人喜欢小城市的安静、悠闲，有人喜欢大城市的快节奏和挑战；有人看中城市的经济发展，有人看中城市的文化底蕴。考虑工作所在城市是否符合自己的价值观，是人城匹配的表现。

2. 职业优先原则

职业决策时，一般应以职业优先，确定职业后，再考虑喜欢的工作地点等问题。

3. 综合考虑原则

应综合考虑各种地域(城市)因素，如气候、水土、发展前景、父母赡养、子女教育、养老等问题。综合考虑，弹性选择。如果不能选择最喜欢的工作地点，可以选择相对更适合的地方。例如，就业的目标城市定在成都，但暂时不能在成都找到合适的工作，那么四川省的其他地市州可以纳入考虑，与四川饮食习惯和风土人情相似的重庆市也可以纳入考虑。

▶ 第四节 职业信息的获取

一、获取职业信息的意义

职业世界已经有超过 2 万种职业，对于个人而言，如何有效获取职业信息并根据自身情况进行识别和筛选十分重要。只有认识到职业信息获取的重要意义，才能变被动为主动，才能自觉、自愿地进行职业世界的探索。

职业信息获取是人生理想现实化的过程。每个人在进行职业信息收集时，都是将个人意向、职业理想现实化了，使其具有实现的可能性，并选择了实现目标的途径。当个人选择与现实状况存在矛盾时，自身职业探索就是一种打破幻想、面对现实、降低标准的过程，是向客观情况"妥协"和"回应"的过程。

职业信息获取是进一步认识自我的过程。职业信息能够帮助个体更全面、真实地认识自己，认识到自己在社会中的真实状况、位置和境遇，是自我反思的线索，是走向"自我实现"的开始。

职业信息获取是提升自我，感知未来的过程。受到知识、智力、经验等的局限，不同个体对职业世界的认识是不一样的。就像小马过河一样，获取职业信息是自主探索的过程。这一过程不仅能够提升个体的知识和能力，还能在认识和探索中实现技能的迁移，产生对职业世界更真实的感受，使个人能够更有效地理解和预测自己的职业前途，预先做好规划和准备。

(二)职业信息的类别

职业信息可以分为职业本身的信息和对从业者职业素质要求的信息两大类。

1. 职业本身的信息

首先，要确定自己的职业选项，了解这些职业、包括主要岗位职能，能产生多少经济效益和社会效益等。其次，要了解职业活动、设备工具和工作环境。职业活动主要包括工作职责、工作任务和工作要求。工作职责是指职权和责任，工作任务是指履行工作职责而进行的一系列的活动，工作要求则是对职业活动的约束和规范。设备工具主要是指完成工作任务所需要的设施和工具，尤其是要经过专门的培训才能掌握的特殊设备和工具。工作环境主要是指职业活动的地点、场所和工作条件。再次，要了解绩效考核和绩效标准，职级晋升和职业汇报。绩效考核指通过数量、质量、时效性、费用和效果等衡量工作任务的完成情况，而绩效标准是对个体考核结果的规定。职业晋升是在组织内部制定和选择职业生涯路线的依据，关系到个体职业发展的空间。职业回报主要指组织的薪酬、奖金、福利等。

2. 对从业者职业素质要求的信息

此类信息主要反映在岗位说明书、岗位规范等文件中，包括个人的教育背景、知识技能、个性特征、特殊要求等。知识技能主要指从事本职工作应具有的专业知识和职业技能。个性特征主要指从事该职业应具有的最为核心的个性特征，如人格特质、能力才干、气质性格等。特殊要求是对从业者提出的特殊要求，比如飞行员这一职业对个人身体素质和高空适应性有特殊要求。

二、职业信息获取的基本途径

(一)资料查询收集

通过网络和媒体收集职业信息。首先通过互联网收集职业信息是最高效、快捷的方法。一是通过行业报告，获取行业或企业信息。通过中国互联网中心《中国互联网络发展状况统计报告》、国家新闻出版署《2020年新闻出版产业分析报告》等专职机构的行研报告，麦肯锡季刊等咨询公司或金融投资机构的行研报告，财经网(www.caijing.com.cn)、36氪(www.36Kr.com)等公开报道，以及各种企业排行榜和企业名录、企业的官网和微信公众号等，可获得行业及企业的信息。二是通过招聘网站、论坛等，可获得职业和职位信息。通过教育部大学生就业网(新职业)、国家24365大学生就业服务平台、各大高校的就业信息网、人才招聘服务类网站(如智联招聘、前程无忧、中国英才、大街网、应届生)等可以获得职业和职位的信息。分析招聘信息还可以了解职位的工作内容与职责、工作要求及发展路径等。通过应届毕业生论坛、百度论坛等，可以获得其他求职者对职业的评价。三是通过文本分析，可获得职业榜样的信息。通过中国领导干部资料库、权威媒体报道、干部任前公示，可分析党政干部成长简历；通过学校个人主页、学术会议、学术论文、专著等，可了解学术精英的主要成就；通过领英网(www.linkedin.cn)、自媒体平台等，可分析业界精英的发展轨迹；通过人物传记，可了解行业名人的创业史、奋斗史。四是通过其他途径，可获得与职业相关的综合类信息。五是通过电视节目、新闻报道，报纸、杂志或新媒体，可以获得大量有效的职业信息，如人物访谈、有关企业发展的相关节目或报道、《中国教育报》《中国大学生就业》等报纸杂志、《职来职往》《天生我才》《令人心动的offer》等求职类的节目。六是通过亲戚、朋友、老师、学长等人际关系，可获得职业推荐或相关信息。

(二)生涯人物访谈

生涯人物访谈是对生涯人物的访谈交流。通过访谈，可获得关于该行业、企业和职业的实际工作情况和职能要求。为了消除访谈中的主观因素，至少应访谈2人以上。既要采访该领域成绩卓越者，也要访谈默默无闻者。访谈的目的是为找工作或选专业搜集有价值的信息，了解该领域或行业的真实情况，确定自身专业实力和不足，提高面试技巧，扩展人脉，澄清职业认知，帮助个体作出明智的职业决策。生涯人物访谈的步骤、内容及主要注意事项如下。

1. 前期准备

首先是了解自己，了解你自己的兴趣，技能，价值观，以及这些特质如何与相关职业联系起来。对自己清晰的认识有助于个人深入思考和挖掘访谈信息，在访谈时紧扣自己对职业的困惑，澄清对该领域的认识，为未来就业做好准备。其次，列出感兴趣的组织和想访谈的人物，利用亲戚、朋友、老师、学长等人际关系，通过学院、学校就业中心、校友会，以及相关行会、专业人士聚会等资源，找到访谈对象(2~3位)。

2. 访谈预约

提前联系访谈者，进行自我介绍并说明意图。告知访谈人自己如何获得访谈人的联系方式,确定访谈的方式,最好是面对面访谈,其次是电话,最后是邮件或社交媒体。说明自己感兴趣的工作类型、原因及需要的访谈时间(20~30分钟)。如果访谈人不方便面谈,可询问对方是否接受电话访谈,如果对方因忙碌无法接受访谈,可尝试请求其推荐其他人。

3. 开展访谈

如果需要在访谈中录音,应先征求对方同意。生涯人物访谈的问题可以参考以下内容。

(1)教育背景和经历

您是怎样进入这个领域的?您的教育背景是什么?怎样的教育背景或工作经验对进入该领域会有帮助?

(2)工作环境、任务和内容

日常职责有哪些?工作条件怎样?要具备哪些能力?

(3)面临的问题和挑战

工作中遇到的最棘手的问题是什么?整个行业面临什么问题?已经采取了哪些措施来解决这些问题?

(4)生活方式

工作之余,还需要尽什么义务?在着装、工作时间、假期方面的灵活性是怎样的?

(5)收入和薪酬范围

新人的薪酬水平是怎样的?有哪些额外补贴?有哪些其他的福利?

(6)工作收获及发展空间

从事该工作最大的收获是什么?今后几年的规划和长远规划是什么?

(7)晋升空间

晋升空间大吗?个人怎样从基层升至高层?跳槽的员工多吗?该公司的升职制度是什么?最后一个从事该职位的人会怎样?过去5年,有多少人从事了该职位的工作?怎样考核员工?

(8)行业发展趋势

今后3~5年该行业的发展趋势是什么?该公司的前景怎样?影响该行业的因素有哪些?

(9)岗位需求

该工作对应聘人员有哪些要求?哪里有这样的工作?还有哪些其他领域的工作和您的工作相关?

(10)招聘决定因素

招聘该职位的员工,最重要的因素是什么(教育背景、个人经历、个人性格、特殊技能)?您所在的部门,谁有人事决策权?谁监督老板?当我做好了申请准备后,我该联系谁?

(11)求职市场

人们通常怎样进入您的领域?通过报纸广告、网络,还是熟人介绍?

(12)介绍其他信息

您能向我推荐需要经常阅读的行业杂志期刊吗?可以去哪些机构获取需要的信息?

（13）寻求关于个人发展的建议

我的个人情况和该领域的匹配度怎样？当时机来临时，我该怎样找到一份该领域的工作？您建议我做什么准备，带薪实习还是无薪实习？您对完善我的简历有哪些建议？

（14）推荐其他可以访谈的对象

根据今天的谈话，您认为我还应该跟谁交谈？能向我介绍几位吗？我约见他们的时候，可以提到您的名字吗？

（15）询问访谈对象的其他建议

（16）能想到的其他问题

4．注意事项

访谈过程中要注意以下几点。

①提问一定要简洁，并注意控制在约定的时间内，如果对方愿意多谈，也要做好继续谈的准备。

②访谈问题不宜过多，可以选择 5～10 个问题，问一些开放性问题，给接下来的讨论留有空间。

③恳求访谈对象继续提供相关信息。

④注意细节、突出重点、前后贯通。采访时，对方如果偏离了你想要说明的问题，需要把他拉回到你想要了解的内容上来。

⑤做好内容记录，并及时整理内容。访谈时要正式着装，提前到达约定地点。如果访谈的地点在对方公司，在得到允许的前提下，可以简单观察一下工作环境。

（三）其他实践体验

自我实践也是获得职业信息的有效途径。个人可通过到真实的求职场景和工作场景中参加实践活动，获得职业场合的信息，培养职业能力，获得工作经验。最常见的方式包括以下两种。

1．参加面试和招聘，走近职场

无论是否毕业，都可以去招聘会进行现场体验。在招聘会上，可以观察或直接与招聘人员沟通，了解职业需具备的素质，对比自己的优势和不足，找到差距。

2．参加实习实践，走进职场

通过参加实习，可丰富职场知识和信息。大学生可通过学校就业中心网站查询实习的信息，也可通过辅导员、专业教师或学长、学姐推荐。总之要主动挖掘实习岗位的信息资源，争取走进企业，获得在工作环境中应用专业知识和技能的机会，了解职场并了解职场中的自己。

3．参加竞赛培训，获得体验

大学生应积极参加各级各类就业创业竞赛，模拟职场、就业能力培训等活动。在竞赛和活动中，可获得就业与创业的宝贵经验，开拓创新能力，获得自我发展，探索职业前途。

第四章
职业生涯决策

学习目标

能够解释以下重要问题和关键概念。

重要问题
- 职业决策的基本理论
- 职业决策风格的类型理论
- SWOT 分析法的操作步骤
- 决策平衡单的实施步骤

关键概念

职业决策；CASVE 循环；决策风格

思考与讨论

1. 你的决策风格类型是什么？这样的决策风格对你的职业生涯决策可能产生或产生过怎样的影响？

2. 结合 SWOT 分析法或决策平衡单，分析一下你目前的状况。

第一节　职业决策的基本理论

一、职业决策概述

(一)职业决策的含义

英国经济学家凯恩斯最早提出了职业决策的概念。他认为职业决策是指一个人在进行目标选择或职业选择时，会选择使用一种使个人获得最高报酬，而将损失降低至最低的方法。帕森斯从信息加工的角度对职业决策进行界定，认为职业决策是一个复杂的认知过程，是个体在决策过程中通过对有关自我和环境等信息的分析，考虑各种可供选择的职业前景，进行职业选择的行为。有研究者认为，职业决策并非是一个即时的职业选择行为，而是个体综合分析内外各种因素进行决策的过程。当个体在职业决策的过程中遇到各种困惑或问题而无法顺利作出决策时，职业决策困难就发生了。职业决策困难实际上是对当前的决策不满意，是缺乏相关学习经验的必然结果。个人应根据自身特点，结合所处环境，在综合分析各因素的基础上，不断修正，最终选择一条适合自己的职业发展道路。

(二)职业决策的本质

个体在作决定时，会因为决定的重要程度、出现的频率、冒险的概率、影响的大小等而采取不同的策略。金树人将决策的本质概括为以下几点。

1. 决定即存在

个体的不同选择，决定了个体会成长为什么样的人。经过这些决定，他们感受到自己的存在，体验到存在的价值，同时也为自己负责。

2. 决定的为难

作决定就会焦虑，焦虑的来源主要来自信息的"不确定"与选项的"难舍"。个体很难知道哪个选择更好。我们唯一可以确定的是不确定。吉莱特说："时至今日，过去往往不是以前的过去，未来不再能预测，而现在的变化也是前所未有的。"田秀兰等学者的研究发现，大学生的生涯不确定感包括"对人的不确定"与"对环境的不确定"。另一个焦虑的原因是"不舍"。人们总想"鱼与熊掌兼得"。这些都使决定的过程充满了压力感与无助感。

此外，沉没成本谬误也会加重焦虑。心理学家哈尔·阿克斯和凯瑟·布鲁默认为，人们对沉没成本过分眷恋，会违背自己的理性判断，继续过去错误的选择，忽略自己未来的利益，造成更大的损失。

3. 决定的复杂性

影响职业生涯的因素纷繁复杂。霍尔和克拉玛列出共计四大类因素(见表4-1)，这些个人和环境因素会影响生涯决策。这些因素相互纠缠、混沌一片、缺乏层次。借用问题解决策略，个人可以通过井然有序的步骤，从犹豫、退缩、逃避的情绪状态中抽离出来，正视问题、解决问题。

表4-1 影响生涯抉择的个人与环境因素

个人特质因素	价值结构因素	机会因素	文化因素
智力、倾向性、技能、成就、过去的经验、责任感、毅力、守时、热情、冒险的个性、开明、刚直、自我优点、自尊、决策能力、职业成熟、性别、种族、年龄、生理优势、健康	一般价值、工作价值、生活目标、生涯目标、职业与课程的名声、职业与课程的刻板化态度、职业与课程价值观的心理位置、人/数据/事的导向、工作态度、工作道德、休闲、变异/秩序/教养/权力的需求、稳定感、安全感、利他	乡村—都市、职业机会的接触与范围、教育机会的接触与范围、职业的要求、课程的要求、提供的补习计划、提供的各种辅导、经济状况	社会阶级的期待、家庭的抱负与经验、朋友的影响、社区对教育或工作的态度与倾向、教师/咨询者/角色榜样的影响、文化中教育或职业机会的形象、高中/专科/高校的学校气氛与奖惩方式、主要参照团体的影响

4. 决定的要素

古典决定理论的最基本形式是处理重要性和概率两个相互关联的要素。重要性是指选择时所考虑因素的轻重，与"难舍"有关，轻重权衡是指个体必须取舍看起来同样重要的选项，形成难以割舍的局面。刹那间的决定通常能反映个体当时的需要和价值。

概率是指选择后成功的概率，与"不确定"有关。不确定是一种笼统的感觉，涉及选择项目是否能达到目标的心理期待。概率的估算充满了变数。人并不是纯粹的理性人，决策受到人的复杂的心理机制的影响。实际上人们对效用的预期大多是主观的。吉莱特与凯兹最早将"期望效用理论"用到职业生涯领域。期望效用理论可用以下公式说明，最适当的选择是期望效用值中最高的，而预期大多是主观的，所以又称为"主观期望效用理论"。

$$EU = E \times V$$

其中，EU 表示期望效用；E 表示选择项目的概率（期望值）；V 表示选择考虑因素的重要性（效用值）。考虑因素的重要性和选项的概率时，概率值在 0～1 之间，而效用值在 1～10 之间，但可能是正向的，也可能是负向的。期望效用理论应用的样例见表 4-2。

表 4-2 期望效用理论应用的样例

考虑因素及其 重要性：效用值（1～10）	选项及其概率：期望值（0～1）	
	教师	工程师
工作安全（9）	1.0	0.8
收入（10）	0.1	1.0
地位（6）	0.2	0.6
工作地点（6）	1.0	0.9
工作挑战（7）	0.4	0.8
通勤时间（-8）	0.5	0.9
休闲时间（4）	1.0	0.4
家人相处（7）	1.0	0.4

EU（教师）＝9.0＋1.0＋1.2＋6.0＋2.8－4.0＋4.0＋7.0＝27.0
EU（工程师）＝7.2＋10.0＋3.6＋5.4＋5.6－7.2＋1.6＋2.8＝29.0

以上样例中，通过期望效用理论的分析，结合考虑因素的重要性和职业选择的概率的情况，选择工程师更为有利。

二、职业决策理论

（一）描述性取向

描述性取向是对职业决策进行功能性、现象性的研究，描述或解释个体如何选择职业。比较具有代表性的是个人主义的生涯决定论和积极不确定的生涯决定论。

1. 泰德曼夫妇"个人主义的生涯决定论"

安娜·泰德曼与戴维·泰德曼的"个人主义的生涯决定论"认为，贯穿作决定的类型和阶段，决策者对现实的区分是重要的影响因素；作决定也会经历"分化"和"再整合"的心路历程。（1）现实是个体对作决定环境的一种觉察。泰德曼夫妇区分了符合现实的两种情况：个体的现实和集体的现实。个体现实是决策者自己认为的方向的正确性和恰当性，其向符合自己需要的方向行进。集体现实是他人（包括专家意见、重要他人）认为决策者应该怎么做，其可能向违背个人现实的方向行进。（2）分化是指原有经验从整合的状态开始分解，再整合是指分散后的经验再次统合成一个整体。分与合的过程扩展了自我的整体经验，形成了更丰富的自我内涵。

泰德曼等将职业决策的过程按照发生的顺序分为选择的预期、选择的调试两大阶段。

（1）选择的预期

选择的预期是通过一系列的主观判断，作出符合意愿的选择。可以细分为以下几个阶段。①探索期。此时个体面临作决策的压力，如高三学生要选填高考志愿，大四学生要决定就业还是考研等。主要的探索活动是确定可能的选择，广泛搜集可行方案的相关资料，听取意见而暂不下结论。②具体期。此时个体的思维和情绪逐渐趋于平静，各项选择的优缺点逐渐明朗，选中目标的优点不断上升，暂时性的决定出现。③选择期。这一时期个体找到正确的选择并作出决定。④澄清期。此时个体在实施过程中患得患失，已选择目标的缺点变得明显，其他竞争目标的优点显现，个体可能需要重新选择。这是一种正常的认知经历。

（2）选择的调试

选择的调试是完成实践过程中，个人出现反悔或局部反悔，经过调试，才能达到"再整合"。调试阶段包括以下几个。①入门期。个体正式跨入新职业环境，旧的经验、思维方式、行为习惯都受到新环境挑战，各方面都需要作出调整，以适应新要求，融入新环境。②重整期。个体原有的经验、思维方式、行为习惯，都要经历改造和重塑，被新环境逐渐接纳，融为一体。③整合期。个体更进一步适应环境，并逐渐稳定，自我状态趋于新的整合状态，变得更加自信成熟。总之，他们强调个人的独特性和主动性。个体在不断作决定的过程中，经历整合、分化、再整合的过程，变得成熟，得到成长。

2. 吉莱特积极不确定的生涯决定论

吉莱特受到当代物理尤其是量子物理的影响，跳出其早期基于决定性思考的生涯决定概念框架，提出了"积极的不确定"，即以积极乐观的态度，面对并接纳作决定时不可避免的不确定，包括信息不确定、情绪不确定、认知判断不确定，以及成功概率不确定等。

他认为作决定是一种"将信息调整再调整，融入决定或行动内"的非序列性、非系统性、非科学性的历程。这个历程所演义出来的决策要点包括以下几个。

（1）信息

信息的特点是快速出现又快速遭到淘汰，大多信息是模糊的或模棱两可的，更多信息意味着更多不确定。虽然"事实"仍然是职业决策的重要依据，但整个决策过程中最重要的不是信息本身，而是训练个体建立面对事实的态度，对信息保持怀疑，对信息保持不确定，对信息多思考求证，尤其是对预测未来的信息保持适当的距离和求证的心态。

（2）调整再调整

职业决策的结果是，帮助人找到目标，找到目标也意味着失去其他目标和其他学习经验，执着于某个目标就永远无法发现新的目标。所以要改变对目标的态度。①对目标保持不确定，让目标浮动。只有目标随时根据内外环境调整，才会带动新的经验、新的信息、新的价值、新的观点。②对信念不确定，让信念浮动。信念主宰着人们对目标的选择，个体的未来取决于他对未来的信念，不要用执着的信念去观察世界，而要保持与新社会脉动相适应的节奏。对目标的动态调整，意味着对反思、创造、幻想等心智能力的启动，是新的生涯决定技能。③抉择。人在作决定时不完全是理性的。

决策者不能孤立于决策情境之外，决策者也是决策的一部分。运用新策略，同时运用左脑与右脑，考虑过去、展望未来，对决策保持适度弹性，进行全方位的抉择会产生选择的不一致。面对和接受这种不一致，就是积极的不确定。

(二)规范性取向

规范性取向是对生涯决定进行结构性、逻辑性的研究，具有代表性的有因素删除法和认知信息加工。

1. 盖提的因素删除法

盖提将最早由特夫斯基提出的因素删除法的决策概念应用在生涯决策中，主张以理性的、逻辑的方法处理职业选择的选项，剔除次要选项，在适当的方位内进行生涯决定。该方法可细分为九个步骤。第一，定义问题，明确地界定作决定的目标，以及明确可能的选项，如职业、专业、就业单位。第二，确定相关的选择因素，确定哪些因素是必须重点关注的，如收入、升迁、安全性等。第三，厘清选择因素的重要性，并进行排序。第四，确定选择因素的最佳标准与接受标准，最佳标准是最理想的标准，接受标准是指不满意但可以接受的标准。第五，根据喜好删除不佳的选项，按照选择因素排列的优先级，评估各职业选项，删除其中不符合最佳标准与接受标准的选项。第六，检查与再确认。检查删除的选项，看看被割舍的理由是否充分，复述删除该选项的理由。检查勉强被删除的选项，如果评价条件太苛刻是否能降低标准。第七，搜集更多的信息，可以征求父母、老师、行业内前辈的建议或意见。第八，环顾全局作决定。详细列出所有选项的优缺点，排列出选项的顺序。第九，列出详细的实施计划和方案，以实现目标。

因素删除法能解决选项太多的烦恼。决策的流程简单，也允许个体使用主观的直觉反应。无论是与生涯有关的选择，还是与生活有关的其他选择，都可以使用这种方法。总之，它适用于一切需要缩小选择面的问题，但不适合用来作最后的决定。

2. 彼得森等的认知信息加工(CIP)

盖瑞·彼得森等提出了认知信息加工理论（Cognitive Information Processing Theory，CIP 理论）。CIP 理论把生涯发展与咨询的过程视为学习信息加工能力的过程，关注个人在职业生涯过程中如何使用信息解决生涯问题，对完善知识领域、改良生涯决策、提高元认知技能有很强的指导作用。人们可以通过改进认知信息加工技能，来提高生涯管理的能力。CIP 理论根据信息加工的特点构建了一个信息加工的金字塔模型，如图 4-1 所示。

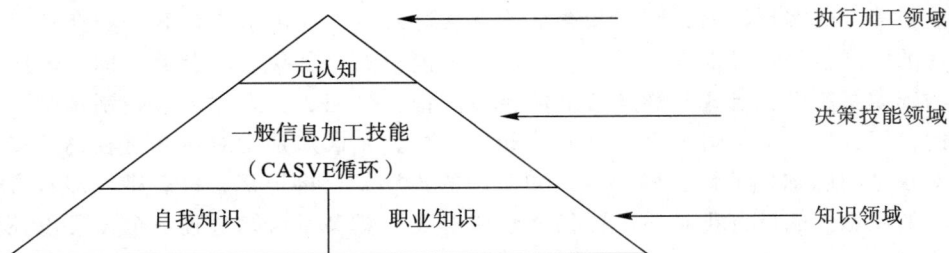

图 4-1　生涯信息加工金字塔模型

知识领域位于金字塔底层，包括自我知识和职业知识。自我知识包括自己的价值观、兴趣和技能，职业知识包括特定的职业、学校专业及其组织方式等信息。在决策中，决策者使用的信息就来自知识领域的自我知识和职业知识。

决策技能领域位于金字塔中间层，用于信息加工。成功地完成一般信息加工技能有赖于"沟通—分析—综合—评估—执行"（CASVE循环）五个步骤。沟通（Communication），指通过内部沟通的情绪信号、身体信号等，以及外部沟通的职业规划询问、职业评价等实现信息交流，识别问题信号，明确理想条件和现实情境之间的差距。分析（Analysis），指通过研究和观察信息，澄清关于兴趣、能力、价值观的自我知识及职业世界知识，联系问题的各个成分，进一步明确现状和理想状态的差距。综合（Synthesis），是把收集到的有关自身和职业的所有信息进行整合，制定消除差距的行动方案，先把选择的范围扩展开来，再逐步缩小差距，锁定3～5个选项。评估（Valuing），是对所有选择进行排序，并作出初步选择。执行（Execution），即积极行动，并解决在沟通阶段所遇到的职业问题。CASVE循环构成一个完整的职业决策过程，并且是一个不断重复的过程。在执行阶段之后，生涯决策者又回到沟通阶段，以确定选取的选项是不是最好的，是否能最有效地消除理想与现实间的差距，如图4-2所示。

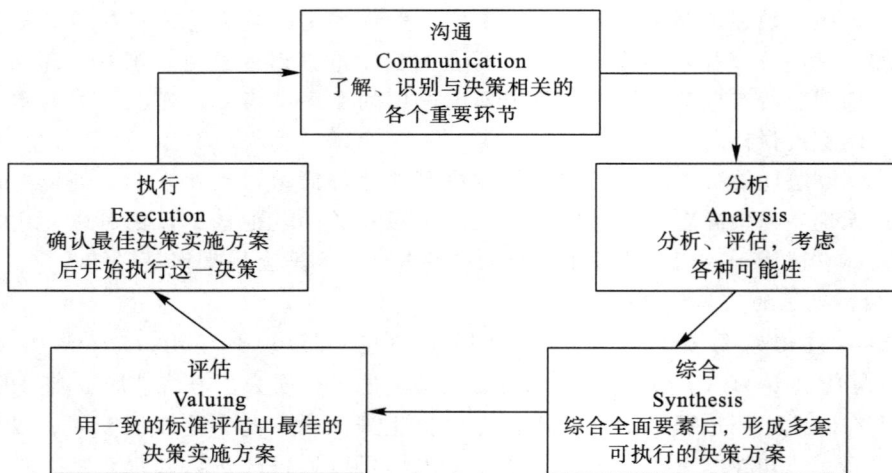

图 4-2　CASVE 循环

执行加工领域位于金字塔顶端，具有工作控制职能，它通过自我对话、自我觉察、自我监督等方式实现计划、监控和调节。自我对话能够提供给个体有关职业选择和其他问题的内部信息，可以是积极的，也可以是消极的；自我觉察能够帮助个体成为更有效的问题解决者；自我监督是指个体能够监督自己完成决策循环，控制每个环节和阶段的时间分配。这期间依靠的是元认知的力量。元认知是指对认知过程的认知，是个体对自己的感知、记忆、思维等认知活动的再感知、再记忆、再思维，即对自己认知过程的反思。通过自我对话、自我觉察和自我监督等元认知过程，个体可以控制自己的决策。

▶ 第二节 职业决策的影响因素及原则

一、职业决策的影响因素

(一)个人因素

个体自我评估、职业评估和环境评估的结果，会直接影响职业决策。首先，个体对兴趣、能力、价值观和性格等一系列稳定的心理特征或心理倾向的自我评估，对决策起定向作用。其次，职业生涯决策的形成和发展是过程性的，个体因为年龄、性别、成长经历、教育背景的不同，从一出生就经历形形色色的人生，开展千差万别的生涯实践，这些特殊的经验和事件会影响个体的职业生涯决策。

不同的职业决策风格类型会导致不同的决策结果。本章第三节将对职业决策风格类型进行具体的讨论，并通过测试帮助个体初步确定自己的决策风格类型。需要强调的是，不同的决策风格没有绝对的好坏之分，只有是否更适合当下决策情境的区别。个体知晓并熟悉自己的决策风格，可以增强对自我决策风格局限性的觉察，从而作出合适的职业决策。

此外，人的一生会经历各种状态的起伏变化。在身体、情绪、精神状态都良好的时候，个体更容易作出有效的职业决策；当个体处在生病的状态、情绪激动的状态，或者正在经历某些重大的社会事件或个人生活事件时，决策就会遇到障碍，这些障碍会使个体作出不同寻常的即时决策。

(二)家庭和成长环境因素

首先，家庭的教养方式会为个体认知和探索世界的方式涂上底色。家庭教养方式是指父母或家庭中其他年长者在对幼儿的教养问题上表现出来的、具有一定内部一致性和稳定性的看法、态度和方式。美国心理学家戴安娜·鲍姆林德提出了衡量家庭教养方式的两个指标，一个是回应，一个是要求，并根据不同的维度区分了四种类型的教养方式：权威型、严厉型、溺爱型、忽略型。其中，权威型的教养方式指的是高要求和高回应的教养。美国心理学家福斯特·克林纳和吉姆·费创造了"直升机父母"一词，暗喻父母过分干预子女的学习、工作、生活、人际交往等。美国斯坦福大学的朱莉·利思科特指出专制型和放纵型父母都可能是直升机父母。大量研究表明，权威型家庭教育模式最有利于儿童的心理社会发展和学业成绩表现，不受种族、文化、家庭结构、社会经济地位的影响，相对而言是较合适的家庭教育方式，最有可能培养出独立自主且善于社交的小孩。

其次，父母的价值观、态度、行为、人际关系等对个人的职业选择起到直接或间接的影响。父母是每个人最早观察和模仿的对象，他们的态度行为、人际关系，他们的职业及职业所造就的思维模式、行为习惯，职业所支撑的家庭生活环境等都会对个体产生潜移默化的、深刻的影响。父母越能引导家庭成员之间就义务、经济、责任、价值观等达成共识，个体在进行职业决策时出现问题的可能性就越小。

此外，学校、院系、朋辈等小环境构成了大学生重要的成长环境因素。学校和院系构建的职业氛围和搭建的就业平台，朋辈之间的职业价值观、职业态度、行为特点等，都不可避免地影响个人对职业的偏好、从事某一类职业的机会和变换职业的可能性等。

(三)职业环境因素

职业环境是大学生就业接触的直接环境，包含社会大环境和各种岗位所依附的组织环境。了解职业环境因素，有利于更有效地利用各种资源和限制，在生涯决策和职业选择中充分利用资源，积极探索职业环境对个人职业发展的意义和价值。

二、大学生职业决策的基本原则

(一)兴趣原则

从事所喜欢的工作，能给人带来满足感和幸福感，个体的职业生涯也会变得丰富生动、充满乐趣。职业兴趣需要大量知识与技能的支持。想要通过兴趣发展职业，作职业决策，要很好地区分兴趣的发展阶段，判断哪些兴趣可能发展成为职业兴趣，并为之持续地进行知识和技能的储备。此外，职业决策并不是只能"选我所爱"。初入职场的大学生，受各种主客观条件的限制，往往会"求而不得"，更普遍的情况是需要根据自己所学的专业，找对口相关行业就业。这类决策通常不是基于职业兴趣，而是为了让专业学习所投入的人力资本得到最大的回报。

兴趣原则不能忽视的问题有以下几个。(1)职业兴趣是不持久的、容易衰退的，衰退的原因可能是没有持续的知识、技能的输入，也可能是没有获得足够的物质或精神回报，还可能是长期从事相关工作造成的职业倦怠。(2)职业兴趣缺乏。兴趣的缺乏可能是个人对相关领域不了解，也可能是个人没有从事和处理该领域工作的相关知识和技能。因此，兴趣原则的重点是要在职业决策中懂得区分兴趣的发展层级，能够为培育职业兴趣提前做准备，发现兴趣、珍惜兴趣、提升兴趣。"择己所爱"是职业决策的幸运儿，"爱己所择"是求职者的应有追寻。

(二)满意原则

满意原则是针对"最优化"原则提出来的，即最优是不存在的，存在的只有满意。"最优化"的理论假设把决策者作为完全理性的人，以"绝对的理性"为指导，按最优化准则行事。西蒙认为在复杂多变的环境中，不论是从个人日常生活经验中，还是从各类组织进行决策的实践中寻找可供选择的方案，都是有条件的。决策者不可能"绝对理性"地作出"最优化"的决策，只能作出满意决策。"满意"决策，就是能够满足合理目标要求的决策。

满意原则适用于真实的就业决策环境。如果个人一味寻找"最好的"单位，只会遗憾地发现每一个选择都有不尽人意的地方。没有哪个职业选择是最好的选择，个体更应该关注哪个职业选择是当下足够好的选择，是适合自己的选择。

(三)价值原则

职业是个体谋生的手段，也是追求个人幸福的途径。职业决策要充分考虑个人价值的最大化原则。在职业决策的早期，要充分澄清个人价值追求和人生态度，洞察心灵，关注自我内心需要，追问人生，关注职业对生命的意义。将职业价值观作为职业决策的依据。

很多时候职业和生活没有那么明确的分界线，除了收入和福利对生活水平的直接影响外，工作中的方式和形态也会被带入家庭生活中，影响生活甚至决定生活。当个体为职业而决策，选择一个行业、一个城市、一个单位时，也是在选择一种人生道路，一种生活方式。

▶ 第三节 职业决策的风格类型

一、决策风格的概念

个体经常使用某些策略，久而久之，就会形成个人的决策风格。决策风格是一种稳定的人格特质，反映个体在作决策时所表现出的特定行为模式，是人们在作决策时表现出来的行为偏好和心理倾向。职业决策风格是个体在作职业决策时表现出来的习惯途径或行为偏好。在决策过程中，决策风格的差异会对决策效果产生较大的影响。罗韦提出决策的制订过程包含决策制订的情况、决策者对信息的认知能力、决策者的价值观及判断力等许多因素，这些因素都受决策风格的影响，所以决策风格可以用来描述决策者制订决策的过程。鲁索等认为不同的决策者具有不同的决策风格，其决策风格影响着自己的目标定向，进而影响风险决策过程。

研究者从不同的角度对决策风格类型进行了分类。虽然每个人都有其相对固定的决策形态反应，但因为面临的压力不同、作决定的情境不同，个体在不同情境下，可能展现相同的决策风格，但也可能表现出不同的决策风格。

二、职业决策风格的分类

(一)丁克里奇的职业决策风格理论

丁克里奇通过访谈研究确定了职业生涯决策所采用的策略和决策类型，将个人决策风格分为八种类型。

1. 冲动型

冲动型表现为"先作决定，以后再考虑"，遇到第一个选择就紧紧抓住不放，不再考虑其他选择或进一步收集信息。等遇到更好的选择时，会追悔莫及。

2. 宿命型

宿命型表现为自己不愿意作决定，不愿意承担责任，而将决定权交给命运或委托于外部形势的变化，个人容易感到无力和无助，成为环境的"受害者"。

3. 顺从型

顺从型表现为相信"大家都觉得好，我就觉得好"的从众行为。个人往往顺从他人的计划而不是独立作决定，获得了虚假的安全感，而忽略了自身的独特性。个人往往无法坚持己见，常屈从权威，作出不适合自己的选择。

4. 延迟型

延迟型表现为"过两天再考虑"的拖延行为。个人习惯把对问题的思考和行动往后推，迟迟不作决定，或者要到最后一刻才作决定，甚至希望事情能够自动解决，然而问题往往会越拖越严重。

5. 犹豫型

犹豫型表现为"常常拿不定主意"。与"冲动型"相反，因过度搜集信息，选择的项目太多，个人顾虑重重，反复比较，当断不断，无法择一而行，经常处于挣扎状态，下不了决定。

6. 直觉型

直觉型表现为"感觉到是对的，没有什么理由"。个人无法获取充分、有效的信息，常依据直觉作决策，可能会与事实产生较大误差。

7. 瘫痪型

瘫痪型表现为"想到这种事就害怕"。个人知道自己应当作决策，但害怕为决策后果承担责任，无法开始决策过程，常常通过自我麻痹来逃避作决定。

8. 计划型

计划型表现为"有条不紊地推进"，既能够倾听自己内在的声音，也能考虑外在要求，按部就班，使用标准化决策模型，作出理性决策，完成生涯转换。丁克里奇的研究指出，决策风格和决策后满意度之间存在一定的相关性。计划型决策风格决策后的满意度相对较高。

(二)斯科特和布鲁斯的一般职业决策风格

哈伦根据决策者对自己和工作环境在认识水平上的差异与决策者本人对这二者之间进行相互匹配的推理过程的差异，提出了三种职业决策风格。理性型决策风格的个体能够严格按照科学程序，利用自我与环境的相关信息进行理性的思维推理，然后作出决策。直觉型决策风格的个体则主要以自己的情感和直觉为线索，依靠自身的灵感或者感觉作决策。被动型决策风格的个体在作决策时会更多地依赖于外部人员，他人的愿望和帮助会影响他们的职业决策。

斯科特和布鲁斯认为决策风格不是先天形成的，而是在后天的学习经验中逐渐形成的，每个人的经验不同，所形成的决策风格也不一样。他们在哈伦的职业决策风格分类的基础上，提出了包含五种职业决策风格的分类方式。

1. 理性型决策风格

理性型决策风格的个体以周全的探求，对选择的逻辑性评估为特征，强调综合全面地收集信息、理智地思考和冷静地分析判断，会评估决策的长期效用并以事实为基础作出决策。

2. 直觉型决策风格

直觉型决策风格的个体以依赖直觉和感觉为特征，比较关注内心的感受，通常以自我判断为导向，在信息有限时能够快速作出决策。由于以个人直觉而不是理性分析为基础，个人对后果的预见以及后果的应对欠缺思考，决策错误的可能性较大。

3. 依赖型决策风格

依赖型决策风格的个体以寻求和咨询他人的指导和建议为特征，往往不能够承担自己作决策的责任，允许他人参与决策并共同分享决策成果，会受到他人的正面评价，也可能因为简单地模仿他人而导致负面评价。决策者需要理解和警醒生活中重要他人的影响。

4. 逃避型决策风格

逃避型决策风格的个体以拖延和逃避作出决策为特征，面对决策问题，往往因为害怕作出错误决策而感到焦虑，企图回避决策或拖延决策。由于决策者不能承担作决策的责任，而倾向于不做准备、缺乏思考，也不寻求帮助，更容易受到学校等支持系统的忽略。

5. 自发型决策风格

自发型决策风格的个体以渴望即刻、尽快完成决策为特征，他们认为有必要尽快完成决策过程。往往不能够容忍决策的不确定性及由此带来的焦虑情绪。他们的决策具有强烈的即时性。他们常常因为一时冲动，在缺乏深思熟虑的情况下作出决策，行事果断或过于冲动。

在五种决策风格中，理性型决策风格是比较受到肯定的决策方式，也是个体需要培养的一种良好的思考习惯。

（三）加蒂等的职业决策描述

以往的职业决策风格分类方式往往是将某个决策者划分到某一特定类别中，但事实上一个人可能有多种职业决策风格，在作不同决策时，人们会采取不同的策略，作同一个决策时，也可能表现出不止一种特点。因此，加蒂等提出用职业决策描述（The Career Decision-Making Profiles，CDMP）来代替职业决策风格。他认为，职业决策描述能够包含更复杂、更多维度的特点，而不只是某个单一的特点。CDMP 模型一共包括 11 个关于职业决策特点的维度，每一个维度都包含两个对立的极端。信息收集维度，指个体收集和整理信息的细致、彻底程度，包括信息收集全面和信息收集量很少两个对立极端。信息加工维度，指个体在多大程度上将收集到的信息分解为不同的成分，包括分析性加工和整体性加工两个对立极端。控制源维度，指个体在多大程度上相信自己能够控制职业生涯，并觉得自己的决定能够影响职业生涯中的机遇，包括内部控制和外部控制两个对立极端。努力程度，指个体为决策过程所投入的时间和精力的总量，包括努力多和努力少两个对立极端。拖延程度，指个体会在多大程度上逃避或拖延作出职业决策，包括拖延水平高和拖延水平低两个对立极端。最终作决策的速度，指在信息的搜集和加工完成后，个体作最终决策所需的时间，包括最终决策快和最终决策慢两个对立极端。和他人讨论，指在决策的各个阶段，个体和他人商议的频率，两个极端分别是经常讨论和极少讨论。对他人的依赖，指个体是愿意自己承担决策责任，还是希望别人来为自己作决策，包括依赖程度高和依赖程度低两个对立的极端。让他人满意的愿望，指个体在作决策时多大程度上试图满足那些对自己而言很重要的人（如家长、朋友等）的愿望，包括取悦他人的愿望强烈和取悦他人的愿望低两个对立的极端。对理想职业的渴望，指个体会在多大程度上为理想职业奋斗，包括对理想职业热情高和对理想职业热情低两个对立的极端。愿意妥协的程度，指当选择自己偏爱的职业遇到困难时，个体在多大程度上愿意灵活地作出调整，包括比较愿意妥协和不大愿意妥协两个对立极端。科恩在加蒂等的基础上增加了第 12 个维度，即使用直觉，指在信息的收集和加工完成后，个体在多大程度上依赖内部感觉来作决定。

CDMP 模型能帮助研究者从多个维度分析决策者的职业决策特点。这种分析方式更贴近现实生活中的职业决策过程，因此能够更准确地描述个体的职业决策风格。

测一测：你是哪种决策风格类型？

［由斯科特和布鲁斯编制的一般职业决策风格量表 GDMS（General Career Decision-Making Scale），共有 25 个项目，是 5 分量表，见表 4 - 3。］

下列问题描述的是您在面对重要决策时所采取的态度，请根据自己的实际情况，认真思索后，在每一个陈述旁选取一个数字来表示你的态度：1—非常不同意、2—比较不同意、3—一般同意、4—比较同意、5—非常同意。

表 4 - 3　职业决策风格量表

序号	题项	1	2	3	4	5
1	对于重大的决策，我总是三思而后行					
2	我常常依靠直觉作出决策					
3	面临重大决策时，我常常需要他人的帮助					
4	我总是回避重大的决策，直到压力来了，不得不作出决定					
5	我常常仓促作出决策					
6	只要有可能我总会推迟作出决策					
7	如果不参考他人的意见我很少能作出重大的决策					
8	作决策时，我倾向于依赖我的直觉判断					
9	我常常会凭一时冲动作出决策					
10	作决策之前，我会反复检查我所掌握的信息以确保其正确性					
11	一般我选择那些感觉正确的决策					
12	作重大决策时，如果能得到他人的帮助，我感觉会更容易一些					
13	当面临重大决策时，我常常犹豫不决，以致延误					
14	我常常会快速作出决策					
15	作决策时，我会对所要决策的问题进行逻辑和系统的思考					
16	我经常会坚持到最后一刻，才能作出重要决策					
17	作重大决策时，我会采纳别人的意见					
18	当我作决策时，感觉它正确比有一个合理的理由更为重要					
19	我常常作出冲动的决策					
20	我作决策需要经过认真仔细的思考					
21	我会推掉许多作决策的机会，因为考虑这些决策会让我感到不安					
22	当要作重大决策时，我希望有人为我指明正确的方向					
23	作决策时，我相信我内心的感受和反应					
24	作决策时，我会选择在当时看似合适的决定					
25	作决策时，我会就一个具体的问题考虑不同的解决方案					

记分方式：将得分计入测试结果统计表，见表 4 - 4，哪一类的总分最高，您可能就是哪种类型的决策风格。

表 4 - 4 测试结果统计表

决策类型	理性型	直觉型	依赖型	逃避型	自发型
题项	1，10，15，20，25	2，8，11，18，23	3，7，12，17，22	4，6，13，16，21	5，9，14，19，24
得分					

第四节 职业决策的基本方法

一、SWOT 分析法

(一)SWOT 分析法简介

SWOT 分析法是基于内外部竞争环境和竞争条件下的态势分析，将与研究对象密切相关的各种主要内部优势、劣势和外部的机会、威胁等，通过调查列举出来，以矩阵形式排列，然后用系统分析的思想，将各种因素相互匹配并加以分析，从中得出一系列相应的结论，而结论通常带有一定的决策性。

作为整理工具，SWOT 能提供很多思路，但是这些思路都是一般性的方案，其作用仅限于拓宽选择，要作出战略选择，最终还得依赖决策者的判断与权衡。SWOT 分析法不仅可以用于企业制定战略规划，还可以用于职业生涯规划。S(优势 Strengths)是能够达成的目的，是个体可控并可利用的内在积极因素，相对的 W(劣势 Weaknesses)是当前做不好的、无竞争优势的内在消极因素；O(机会 Opportunities)是将来能做好的、能提升收益的、个体不可控，但可以利用的外部的积极因素，相对的 T(威胁 Threats)是将来做不好的、有明显压力的、个体不可控，但可以弱化其影响的外在消极因素。

(二)SWOT 分析的操作步骤

1. 具体化目标

个体需要先明确自己要用 SWOT 干什么，明确什么时间，要做什么事，达到什么程度。例如：要在秋招结束之前，争取拿到×个 offer，工作地点最好在××、××等城市，如果能去××或××公司/单位最好，如果去不了，符合××条件的公司/单位也可以，期望的岗位职能描述是××，期望月薪在××元左右。

2. 罗列要点

分析内部、外部的优势、劣势。SWOT 分析可以参考的要点包括以下两点。一是 S 和 W 的分析，是否有工作经验、实习经历；是否具有适宜的教育背景(学业成绩、专业对口情况)；是否有丰富的专业知识和技能；是否有特定的可迁移技能(如领导能力、人际交往能力、沟通能力、团队合作能力等)；是否具有寻找工作的能力；是否具有与工作相匹配的人格特质；是否具有广泛且有效的人际网络支持系统。二是 O 和 T 的分析，就业机会是增加还是减少；人才竞争情况（同专业毕业生、名校竞争者、经验丰富的社会求职者）；再教育、再培训带来的机会或因缺少培训、学习造成的职业发展障碍；工作晋升的机会是否充足；专业领域的发展形势是上升还是下降；是否具有地理位置优势；公司对本专业的需求和学历的要求；职业道路选择能否带来独特的机会。

3. 制定方案

将最重要的优势、劣势、机会、风险结合起来，形成可能的备选方案。

（1）优势—机会组合（SO 策略）

SO 策略是一种发挥个人内部优势与利用外部机会的策略，目的是努力凸显内外优势。当个人具有特定优势，而外部环境又为发挥这种优势提供有利机会时，可以采用该策略。比如，根据目标企业和岗位的要求，从个人的优势经历中提取闪光点，有针对性地制作简历，抓住机会在面试环节对自我具备的相关的知识、技能和能力进行充分展示。

（2）劣势—机会组合（WO 策略）

WO 策略是指利用外部机会来弥补个人内部的劣势，从而获得就业机会的策略，目的是使弱点趋于最小，使机会趋于最大。工作经验不足的应届毕业生，可以提前规划，在求职的各个阶段做好准备，从而抓取求职机会，比如熟悉企业的基本情况，充分了解求职岗位的要求，提前做好面试准备。

（3）优势—威胁组合（ST 策略）

ST 策略是指个体利用自身优势，回避或削弱外部威胁造成的影响的策略，目的是努力使优势最大化，威胁最小化。例如，通过学习，提升就业技能，加强思考能力、表达能力和应变能力，让个人能够在各种情境中稳定地展现个人能力；根据目标企业和岗位，有针对性地突出个人性格优势、品质才干，以及相关的社会实践经历，从而抓住就业机会。

（4）劣势—威胁组合（WT 策略）

WT 策略是一种减少个体内部弱点，回避外部环境威胁的防御性策略。例如，评估自身的缺点和职业环境的威胁和局限，合理制定求职目标，降低不切实际的求职期待，"先就业、再择业"，积累工作经验，通过再教育、再学习，等待新的择业机会，分阶段、有步骤地达成阶段性的职业目标。SWOT 分析见表 4－5。

表 4－5　SWOT 分析

目标：	优势 Strengths	劣势 Weaknesses
1. 什么时间？	1.	1.
2. 做什么事？	2.	2.
3. 达到什么程度？	3.	3.
……	……	……
机会 Opportunities	SO 策略	WO 策略
1.	发挥优势，利用机会	弥补劣势，寻找机会
2.	1.	1.
3.	2.	2.
……	3.	3.
	……	……

续表

威胁 Threats	ST 策略	WT 策略
1. 2. 3. ……	展现优势，降低影响 1. 2. 3. ……	规避弱点，应对危机 1. 2. 3. ……

二、决策平衡单

(一)决策平衡单的主体框架

决策平衡单用来协助个体作重大决定，也常用于解决问题和职业咨询。决策平衡单可以帮助个体系统性地分析多个潜在选项，判断分别执行各个选项的利弊得失，然后依据其在利弊得失上的加权积分排定各个选项的优先顺序。

决策平衡单在考虑"得失"时，有四个方面的主体参考框架。在职业决策时，各参考框架及其主要考虑的内容包括以下内容。

1. 自我物质方面的得失

自我物质方面的得失指选择某一个生涯选项后，个人在物质方面能够得到或会失去的东西。例如：个人收入、工作难度、工作环境、休闲时间、生活变化、健康影响、晋升机会、未来发展、就业机会等。

2. 他人物质方面的得失

他人物质方面的得失指选择某一个生涯选项后，在物质方面对重要他人(包括父母、师长、配偶等)造成的影响。例如家庭经济、家庭地位、与家人相处的时间等。

3. 自我赞许

自我赞许指作出一项选择时，个体能够得到或会失去的精神层面的东西。例如：兴趣、能力、价值观的满足度、成就感、生活方式的改变、自我实现程度、社会声望、挑战性等等。

4. 他人赞许

他人赞许即个体作出一个选择时，重要他人(包括父母、师长、配偶、邻里、同事等)或团体在精神方面的得失。例如：成就感、自豪感、依赖及其他。决策平衡单的主体参考框架见表 4-6。

表4-6　决策平衡单的主体参考框架

主体参考框架	具体内容
自我物质方面得失	A. 经济收入 B. 工作的困难度 C. 工作的兴趣程度 D. 选择工作任务的自由度 E. 晋升机会 F. 工作环境的稳定和安全 G. 未来发展 H. 从事个人兴趣的时间（休闲时间） I. 生活变化 J. 就业机会 K. 其他（如社会的限制或机会、对婚姻状况的要求、人际关系环境等）
他人物质方面得失	A. 家庭收入 B. 家庭地位 C. 与家人相处的时间 D. 家庭的环境类型 E. 与家人分担的家事 F. 其他（如家庭可享有的福利）
自我赞许（精神方面的）	A. 兴趣的满足度 B. 能力的满足度 C. 价值观的满足度 D. 自我肯定 E. 成就感 F. 自我实现程度 G. 达成生活远景目标的机会 H. 生活方式的改变 I. 工作创意发挥和创造性 J. 社会声望 K. 其他（如工作符合伦理道德的程度、工作中潜能的发挥等）
他人赞许（精神方面的）	重要他人（包括父母、师长、配偶、邻里、同事等）或团体（其他社会、政治或宗教团体）的 A. 荣誉感 B. 认同感 C. 依赖 D. 自豪感 E. 信赖 F. 其他（如担心、期待等）

（二）决策平衡单的实施步骤

1. 列出职业选项

通过比较所有职业选项，列出其中 2～3 个重点考虑或有待深入评估的潜在职业选项。

自我提问：①对将来要找的工作，我有什么计划？②将最近几个月我自己考虑过的职业（或去向）列出来。③选出 2～3 个自认为最适合的职业（或去向），问问自己在作最后决定时是否有犹豫或纠结。

2. 列出重点因素

参考四个主体框架，根据自身的实际情况选取各职业选项需要重点权衡的因素。如果有重要因素未在参考框架内，也可自行添加。

自我提问：①作出最终决定时，我会着重权衡哪些因素？②再仔细看看，有没有遗漏？如有缺失，可进行补遗。

3. 判断利弊得失

根据各项因素满足自己价值观和考虑因素的程度打分，权衡职业选项各个方面的利弊得失。分值为 -5～5 分（包括：-5，-4，-3，-2，-1，0，1，2，3，4，5）。其中"-5"表示根据个体的价值观和考虑的因素在该职业选择中完全未能得到满足，"0"代表不知道或无法确定，$+5$ 表示个体的价值观和考虑因素在该职业选择中得到完全满足。

自我提问：①用 -5 到 5 分表示我的价值观和考虑的因素的满足程度，每个职业选择可以打多少分？②有没有忽略哪些需要考虑的因素？如果有，它们是什么？如果不考虑这些因素，会产生影响吗？根据回答确定是否再次进行"补遗"。

4. 选项加权记分

判断职业选项各项因素的重要程度，按照 1～5 的等级分配权重，进行加权赋值。5 表示最重要，1 表示最不重要。一项因素的重要性越大，它的权重就越高。

自我提问：①有一些因素的重要性会比其他因素高，我会更加看重，它们是哪些？②为了使各选项的重要性有层次之分，勾出 4～5 个我最看重或最有利的考虑因素，赋值 4～5 分；再勾出 4～5 个我最不看重或最不利的因素，赋值 1 分；其余的选项赋值 2～3 分。可以对结果进行微调。

5. 计算选项得分

计算各职业选项在其重点参考因素上的加权得分（分数×权重），并计算出各个职业选项的总分。

6. 排定优先顺序

根据各职业选项总分的高低，排定优先次序，以此作为个人进行职业生涯决策的依据。

使用决策平衡单的目的不仅仅在于得出最后的排序结果，在填写过程中对各项因素的思考权衡同样重要。列举各项考虑因素，给各因素评分和赋予权重的过程，是帮助个人理清思路的过程。个体的选择并不一定是得分最高的职业选项，而可能是在几经权衡后，感觉更能打动自己、更适合自己的职业选项。生涯决策所作出的决定不是永久性的，而是根据当前个体能搜集到的资料和看重的因素所作出的暂时性决定。决策平衡单示例见表 4-7。

表 4-7 决策平衡单示例

主体参考框架	具体因素	权重(1~5)	职业选项1：××集团公司职员		职业选项2：××初创企业联合创始人		职业选项3：考研	
			分数	小计	分数	小计	分数	小计
自我物质方面得失	1. 经济收入	3	3	9	2	6	−5	−15
	2. 工作困难度	2	2	4	5	10	0	0
	3. 从事个人爱好的时间	3	1	3	−1	−3	2	6
	4. 选择工作任务的自由度	4	−4	−16	3	12	0	0
	5. 未来展望	5	−2	−10	4	20	4	20
他人物质方面得失	1. 家庭收入	1	3	3	−3	−3	−2	−2
	2. 家庭地位	1	2	2	1	1	0	0
	3. 与家人相处的时间	3	3	9	−2	−6	0	0
	4. 与朋友相处的时间	1	1	1	−2	−2	1	1
	5. 家庭环境	2	2	4	1	2	1	2
自我赞许（精神方面的）	1. 兴趣的发挥	5	1	5	5	25	5	25
	2. 成就感	4	2	8	5	20	3	12
	3. 实现生活远景目标的机会	3	3	9	4	12	3	9
	4. 社会声望	1	3	3	2	2	2	2
	5. 工作创意发挥和创造性	4	1	4	4	16	4	16
他人赞许（精神方面的）	1. 家人的荣耀感	1	2	2	3	3	3	3
	2. 家人的担心	3	−1	−3	−4	−12	−3	−9
	3. 伴侣的安全感	2	4	8	−1	−2	2	4
	4. 伴侣的认同感	3	4	12	2	6	4	12
	5. 朋友的认同感	2	3	6	1	2	3	6
合计				63		109		92

第五章 职业生涯规划的制定与修正

学习目标

学完本章后，你能够解释以下重要问题和关键概念。

重要问题

- SMART 原则
- 生涯幻游
- 生涯四度内涵与平衡发展
- 职业发展的三维圆锥模型

关键概念

职业生涯目标；职业生涯规划；设计人生

思考与讨论

1. 根据 SMART 原则，对大学四年的生涯目标进行设立和管理。

2. 制定职业生涯规划方案。你可以选择标准步骤，也可以尝试使用"人生设计"的思路。

▶ 第一节　职业生涯目标管理

一、目标的设立

(一)SMART 原则

美国著名管理大师彼得·德鲁克的目标管理理论指出，目标的设定要遵循五个基本的原则：目标必须是具体的(Specific)；目标必须是可以衡量的(Measurable)；目标必须是可以达到的(Attainable)；目标必须和其他目标存在相关性(Relevant)；目标必须具有明确的截止日期(Time-bound)。无论是制定团队的工作目标还是个人成长类目标，想要有高达成度，都需要符合上述五个原则，且缺一不可。

1. 具体化(Specific)

目标必须是具体的，而不是抽象模糊的。职业规划必须明确、清晰、具体，才具有可行性。当讨论具体目标的时候，不能只是笼统地表达"我要考研""我要找份好工作""我想要更大的晋升空间"等，这些模糊的愿景不能促成具体的行为。无法执行的规划，不是真正意义上的规划。而"我想要继续深造，计划考上某某大学，就读某某专业，这个领域的几位老师的研究方向我都非常感兴趣""我想进入世界 500 强的企业工作，最好是金融系统，主要工作地点在上海""我希望今年参加某某项目，能够把工资从 8000 元涨到 1.2 万元"等具体表述，才是具有可执行性的具体目标。

2. 可量化（Measurable）

可量化是指目标应该是可衡量、可测量的，具有一定的评定标准，能够用指标或成果的形式评判目标的达成情况。可量化更强调理性的数字或数据。在确定职业目标时，也应该通过数据、数字使目标精确到一定程度。可量化的目标既有利于过程管理，方便考察计划执行的进度，提高效率，也可以激励个体提升实现目标的强烈愿望，保持内在动力。

3. 可达成（Attainable）

可达成是指目标必须是可以达到，能够实现的。职业目标是具有一定挑战性的目标，也是根据个人的能力和特点经过努力可达成的目标。可达成原则强调职业规划中所设定的目标一定要能够体现个人的最大努力。一个没有任何销售经验的大四学生，对业务流程都还不熟悉，就给自己定一个销售冠军的目标，这是无论怎么努力都难以达到的，会让人产生挫败感。反之，通过了解新进销售人员的平均月销售额（大致在 5 万左右），给自己设定 5 万的初始销售目标；随着时间推移，个人能力逐渐提升，销售目标可以慢慢增加到 8 万、10 万。总之，要根据自己的现实水平和能力，合理设定目标。

4. 相关性（Relevant）

目标的相关性是指实现此目标与其他目标的关联情况。如果实现了这个目标，但此目标与其他的目标完全不相关，或者相关度很低，那么即使达到这个目标，意义也不是很大。因为毕竟工作目标的设定，要和岗位职责相关联，不能跑题。例如，对一个前台来说，学点英语可以在接电话的时候用得上。提升英语水平和前台接电话的服务质量有关联，即学英语这一目标与提高前台工作水准这一目标直接相关。但是如果让前台去学习编程，就比较跑题了，因为学习编程这一目标与提高前台工作水平这一目标的相关度很低。

5. 时限性（Time-bound）

时限性是指必须有明确的时间限制，有截止日期。在一定时间内被完成的目标才有意义。规定一个有效期限，可以给个体带来必要的紧迫感和压力，从而提高工作效率，提升个体的执行力和行动力。没有时限性的目标只会是一个空洞的口号。

（二）实现目标的注意事项

1. 清晰的力量

能够一句话说清楚自己的目标，并且尽量把结果图像化，能够帮助个体在实现目标的过程中区分事项对目标的影响，明白哪些是重要的，哪些是不重要的。首先，语言表达是内心状态的投射。当个体能够用清晰的思路、明确的内容、具体的事例、突出的重点及合适的语调表达出目标时，说明个体十分清楚自己的目标是什么。其次，简单的指令更好执行。通过制订日程计划，可将执行计划拆分为若干简单的指令。简单而清晰的指令能够让个体更好地把注意力聚焦在重要事项上，保证行动的高效。

2. 定期检视

定期检视行进方向及进度，及时复盘，找到做得好的地方和做得不好的地方，对经验和教训进行分析总结，对不合理的计划进行调整。实现目标的过程往往是波折的，暂时处在低谷也不要灰心失望，要坚定信心，坚持下去。

3. 即时回馈

奖励作为一种有效的激励手段，能够调动人的积极性，激发人们自我完善的动力。奖励包括物质奖励和精神奖励。当阶段性的目标达成时，要适当给自己设置一些小奖励。当最终的目标得以实现，也要给自己设定具有感召力和吸引力的奖励。

4. 分段结合

应按照目标的顺序性、切实性、具体性等特征，把设定好的职业目标分解成长短结合的分段目标，包括短期目标、中期目标、长期目标和人生目标。

短期目标一般为1～2年，是具体的、现实的和可操作的目标，是最清楚的目标。短期目标还可以分为日目标、周目标、月目标、学期目标和年目标。短期目标一般有步骤上的前置性，目标的实施通常是由具体的、短期的目标开始的。短期目标要适应环境、切合实际，服从中期目标。符合SMART原则的短期目标，具有更高的达成度。

中期目标一般为3～5年，通常应该与长期目标保持一致，并结合自己的生涯目标和环境条件来确定。个人应对目标实现的可能性作充分评估，时间的设定要保持一定的弹性，可以根据具体情况的变化适当作出调整。中期目标要基本符合个体的价值观。大学生对大学学涯的规划，就属于中期目标，规划的内容包括但不限于思想政治、学业、个性发展、身体素质等方面。

长期目标一般为5～10年。它通常比较抽象，非常符合个体的价值观，并让个人感到自豪；它兼具可实现性与挑战性，代表着个体对未来的憧憬与渴望；是与社会发展需求相结合的、个体认真选择的结果。长期目标没有规定具体的实现时间，但有一定的时间范围。

人生目标是指成年后的整个人生发展目标，具有40年以上的人生跨度，指向大学毕业后更长远的未来。短期目标服务于中期目标，中期目标服务于长期目标，长期目标服务于人生目标。人生目标是个体价值观的体现。

(三)生涯目标的探索：生涯幻游

克莱恩和施耐克最早将幻游技术应用在职业兴趣与职业选择上。经过不断的应用和发展，幻游技术在生涯咨询上的价值主要体现为：反映丰富的内在经验；消除过当防卫，迅速进入咨询情境；刺激感性与直觉的经验；投射未来的生涯愿景。生涯愿景的图像能够投射出较为具体的内在需求，反映更为深刻的自我觉察或价值澄清，能够让个体获得更多朝向目标的行动力。

1. 暗示放松训练

现在，我们要进行自我暗示放松训练。请注意听，然后按照我说的去做。首先，请调整你的姿势，把眼睛闭上，尝试感觉你全身的重量是不是很平衡地分布在两只脚、大腿、臀部、背部，或者手部？请你感觉左右两边的重量是否平衡？

然后请尝试着去感受你的心跳，我们并不一定能感觉到自己的心跳，只是在安静下来后，仿佛听到自己的心跳，或者可能什么也感觉不到。所以，你只是尝试着去感觉它。

现在，请试着把注意力分散在两方面。一方面感觉身体的平衡，以方便试着去感觉心跳。

好，接下来请你再把一部分注意力转移到呼吸上来。轻松地吸进来，慢慢地呼出去。自然地吸进来，慢慢地呼出去。尝试着在呼出去时，稍微慢一点。自然地吸进来，慢慢地呼出去……

现在，你试着把注意力分散到三方面。注意身体的平衡，试着去感受你的心跳，同时试着控制呼吸。轻轻地吸进来，慢慢地呼出去。

接下来是一个较困难的工作。请你把注意力转移到两个手掌心。然后在心里很强地暗示自己：让我的手心温暖起来，让我的手心温暖起来……

继续尝试下去……继续……

现在，把注意力分散到四方面。注意身体的平衡，感觉心跳，轻轻地吸进来、慢慢地呼出去，同时注意你的手掌心，很强地暗示自己，让你的手心温暖起来。

继续尝试下去……

2. 开启幻游之旅

接下来，我们进入时光隧道，来到五年后的世界。这时你的容貌有变化吗？请你尽量想想五年后的情形，越仔细越好。

现在，你正躺在家里卧室的床铺上。清晨，和往常一样醒来。你首先看到的是卧室的天花板，看到了吗？它是什么颜色的？

接着，你准备下床，尝试去感觉脚指头接触地面的温度，凉凉的，还是暖暖的？

经过一番梳洗之后，你来到衣柜前面，准备换衣服出门。今天你要穿什么样的衣服出门？穿好衣服，看一看镜子。

然后你来到了餐厅，在餐厅做了什么？今天的早餐吃的是什么？一起用餐的有谁？你和他们说了什么话？

接下来你关上家里的大门，准备前往工作的地点。你回头看看你家，它是一栋什么样的房子？然后你将搭乘什么样的交通工具去工作？

现在你即将到达工作地点。首先注意一下，这个地方看起来如何？

好，你进入工作的地方，跟同事打了招呼。他们怎么称呼你？你还注意到哪些人出现在这里，他们正在做什么？你在你的办公桌前坐下，安排一下今天的行程，然后开始上午的工作。今天上午的工作内容是什么？你跟哪些人一起工作，工作时使用哪些东西？

很快，上午的工作结束了。你的午餐吃的是什么？和谁一起吃的？午餐愉快吗？

经过短暂的午休之后，接下来是下午的工作。下午跟上午的工作不同，还是一样忙碌？快到下班时间了，或者你没有固定的下班时间，但是即将结束一天的工作。

下班后你直接回家吗？或者要先办点什么事情，买些什么东西，还是进行一些其他活动？

现在你已经到家了，家里有哪些人呢？回家后你都做了什么？

晚餐时间到了，你会在哪里用餐？跟谁一起用餐？吃的是什么？

晚餐后，你做了些什么？跟谁在一起？

到该睡觉的时间了，你躺在床上，回忆一下今天的工作和生活。今天过得愉快吗？是不是要许一个愿？你会许什么样的愿望呢？

渐渐地你很满足地进入梦乡，安心地睡吧。

一分钟后，我会叫醒你。

3. 回到现实世界

我们慢慢地回到这里，还记得吗？你现在的位置不是在床上，而是在哪里？现在我从 10 开始倒数，当我数到 0 的时候，你可以睁开眼睛。

请睁开眼睛。

你慢慢地醒过来，静静地坐着。幻游未来世界之后，你回到了现实世界。还记得你的幻游经历吗？请在纸上记录下来。

4. 幻游经历的记录与讨论

可以让个人将幻游经历详细记录下来，进行讨论。记录和讨论的重点包括以下几点。

①幻游时有无困难？哪里有困难？当你感到为难时，有什么样的情绪反应？外部的环境或声音会困扰你吗？

②在幻游各阶段的转换过程中，有没有特殊的感觉？有没有特别高昂或低落的情绪？在哪些地方停留有困难？

③哪些感觉最强烈（正面、负面）？

④有哪些关键人物出现？他们是谁，扮演什么角色？

二、大学学涯目标的设立

(一)大学一年级：适应

这一阶段个体的主要目标是要适应大学生活、提升专业认知和了解专业就业面。

1. 适应大学生活

完成高中生到大学生的角色转变，熟悉新的生活学习环境，建立新的人际关系，培养自主学习意识，学会独立解决问题。

2. 提升专业认知

夯实基础课程，为专业学习打下良好的基础。探索并认识专业，了解专业培养目标、学制、课程设置、发展前景，明确专业的发展方向及专业与未来职业的关系等。了解辅修专业或学位等相关信息。

3. 了解专业就业面

树立规划意识，通过测评、积极参加社会实践等方式全面客观地认识自己，了解和发展个人兴趣。通过网络、书籍、亲友、实习等渠道加深对相关职业的了解。职业意识初步觉醒，能作出阶段性决策（是否转专业等）。

(二)大学二、三年级：定向

这一阶段的核心任务是了解个人兴趣、爱好，进行职业探索，制定职业目标，考虑专业发展。同时，制定不同的职业生涯路径，为实现职业目标提前作好准备。

1. 大学二年级

大学二年级是专业学习的关键期。大学生主要通过参加各种社团活动、学科竞赛或社会实践活动，培养综合素质。

（1）注重专业能力的培养

结合主客观条件，确定专业方向。大学生应在重视专业基础理论学习、钻研专业知识的基础上，尝试通过各种活动或竞赛提升专业素养。

（2）搭建合理的知识结构

在学有余力的基础上，可辅修其他专业和课程，参加外语、计算机等工具性证书的考试。

（3）提升综合素质

通过参加团学组织工作、学科竞赛活动，大学生可锻炼协调能力、团队合作能力、解决问题能力、沟通交流能力和创新能力等，同时提升综合素养；大学生还可以参加兼职或其他社会实践活动，积累职业经验。阶段性决策是确定分流方向，决定是否申请辅修专业或学位。

2. 大学三年级

大学三年级是专业实践的关键期。专业理论知识的学习和积累已经到一定的程度，这时需要完成从理论到实践的过渡。

（1）提升专业应用能力

加强专业知识的应用能力。大学生可以通过参加专业竞赛、学科竞赛，到对口单位实习或见习等，了解实际操作和应用。考取与职业目标相关的资格证书。

（2）建设职业人际圈

大学生可通过与相关社会资源的接触和联系，加强自身职业人际圈的建设工作，如扩大与校友、职场人的联系和交往，寻找家庭或家族中与职业目标相关的人脉资源。

（3）确定职业生涯路径

确定考研、工作、创业等总体职业方向，为实现职业目标提前作好准备。选择继续深造，需要提前作好计划和准备，选择报考学校和专业并全身心地投入复习；选择出国留学，需要提前选择国家和学校，准备相关的语言考试，搜集和掌握留学的相关信息和动态；准备求职，要提前学习求职技巧、职场礼仪，制作简历，作出职业选择；决定创业，要多方整合资源，找到合适的项目，搭建创业团队，寻求大学生创业的相关政策和环境的支持。此外，在大三阶段，个人还需要查漏补缺，检查当前状态和职业目标的差距，及时调整，打好现实基础。作决策时还应将个人发展融入国家与民族的发展，到西部、基层和祖国最需要的地方建功立业。

（三）大学四年级：执行

大学四年级是实现目标的关键期。大学生需要凝练专业素养和能力才干，形成自己在求职、升学、创业等方面的竞争力，在关键环节充分展示自身优势。根据人才培养方案，顺利修读完所有课程，完成毕业设计（论文）。掌握获取信息的渠道和方式，及时更新，适时调整大学生涯目标及决策。继续保持良好的生活和学习习惯，做好心理调节，始终保持积极、主动和自省。还应通过实施、评估，不断对阶段性政策进行调整。

第二节 生涯路径的选择与发展

一、生涯路径的选择

(一)生涯路径取向

确定了职业目标之后,需要寻求最佳实现路径。只有正确选择职业生涯发展路径,并沿着选定的发展路径坚定前行,才更有可能获得事业的发展与成功。

职业生涯路径的选择并不是非此即彼的关系,在路径的确定上需要不断回答以下三个问题。

1. 价值取向

想在哪条路线上发展?回答这个问题需要结合价值观、兴趣、成就动机、职业理想等,并分析自己的人生目标。

2. 能力取向

适合往哪个方向发展?需要从智力、理想、情商、特长、性格等方面综合分析自己的优势和劣势。

3. 机会取向

可以往哪一条路线发展?结合组织环境、社会环境、经济环境和政治环境,分析挑战与机会。

综合分析目标、能力和机会,确定个体的生涯路径。其中关于价值取向问题的回答,起到了定向的作用。而能力取向和机会取向则帮助个体在职业路径的发展过程中不断地进行微调,以达到新的平衡。

(二)生涯路径的分类

根据职业发展的专业化程度或综合程度,可以把生涯发展的路径分为单一路径和双重路径。

1. 单一职业生涯路径

单一职业生涯路径包括专业技术路径、行政管理路径、自由职业(自主创业)路径三类。专业技术路径是指个体沿着技术梯阶发展,具有更强的独立性,同时拥有更多从事专业活动的资源。行政管理路径是指个体沿着管理梯阶提升,享有更多制定决策的权力,同时要承担更多责任。自由职业(自主创业)路径指个体选择自由职业或自主创业。自由职业(自主创业)并不适合大多数人,也不适合绝大多数应届大学毕业生。选择这条路径不仅对个体有更高综合能力和更多资源的要求,还需要合适的机遇。这三条路径看似彼此独立,但并不是非此即彼,三者相互包容,甚至可能发生转换。个体在专业技术路径或行政管理路径上持续发展,不断提升能力和积累资源,寻找创业项目和创业机会,就有可能成为自由职业者或创业者。

2. 双重职业生涯路径

双重职业生涯路径也叫双梯阶机制,指个体的职业发展逐渐走向成熟和相对稳定之后，个人还可以在专业技术路径发展的基础上，向行政管理方向发展。双重职业生涯路径是为了给组织中的专业技术人员提供与管理人员平等的地位、报酬和更多的职业发展机会而设置的一种职业生涯路径系统和激励机制。双重职业生涯路径形成了两条平行的职业生涯路径，允许技术人员自行决定其职业发展方向，可以继续沿着技术梯阶发展，也可以转入管理梯阶发展，在管理路径和技术路径之间相互移动，从而使发展机会大大增加，但这也需要个体具备更高的综合素质和能力。

二、生涯四度与平衡发展

（一）生涯四度的内涵

我国著名生涯规划师古典在《你的生命有什么可能》中提出了"生涯四度"的概念。个体都面临人生的四个维度，如果把这四个维度按重要程度排序，就形成了个体选择职业生涯路径的内在标准。生涯四度如图5-1所示。

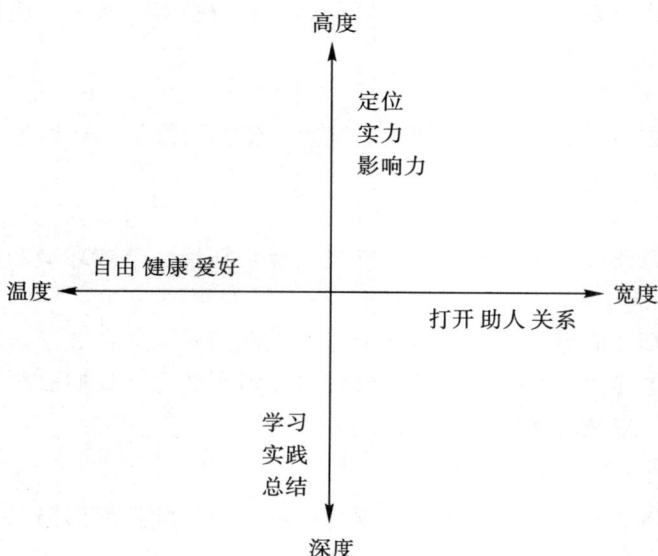

图 5-1　生涯四度

1. 生涯高度

生涯高度指个体在社会中能达到与掌握的地位、权力与影响力。关键词是定位（重新定位职业发展方向）、实力（提升自身职业竞争力）、影响力（扩大自身影响力）。终极价值是影响力与权力。生涯高度的追寻者热爱竞争，有感召力和影响力，渴望资源和平台，希望有朝一日用自己的方式改变世界。大部分领袖、政治家、企业家都是生涯高度的追寻者。

2. 生涯深度

生涯深度指人们在思想、智慧、艺术与体能上能达到的卓越与精进程度。关键词是学习（系统地学习某一领域的知识）、实践（系统地在某一领域实践、探索）、总结（系统地梳理和总结并分享出去）。终极价值是卓越与智慧。生涯深度的追寻者渴求真理、寻求极致。他们希望站在人类知识的顶峰，不断追求专业度、精深度。专注某一领域的技艺传承者或匠人，医生、律师、科学家、工程师等专业人士是生涯深度的追寻者。

3. 生涯宽度

生涯宽度指个体能够打开和做好多少个不同的人生角色，让它们丰富又互相平衡。关键词是打开（打开内心，建立一段关系）、关系（处理、维持和修复一段关系）、助人（用某种方式支持更多人）。终极价值是爱与和谐。生涯宽度的追寻者的发展横向展开，他们追求做好生命赋予的每一个角色，他们一直在体验把自己最好的东西给予这个世界的快乐，如一个人既是妈妈、妻子、女儿、朋友，又是公司职员，也是户外运动爱好者。

4. 生涯温度

生涯温度指个体对生命的热度，对生活有多大的热爱与激情，能在多大程度上活出自我本来的样子。关键词是健康（达到一个目标，保持身心健康）、爱好（培养、发展一个或多个爱好）、自由（许自己一段自由）。生涯温度的追寻者渴求自由，重视探索内在世界，追寻真实鲜活的生命状态，乐于寻找自己存在的意义。大多数艺术家、诗人、作家、自由职业者是生涯温度的追寻者。

（二）生涯四度工具的使用

生涯有四度，但是人的时间精力是有限的，平衡是系统价值最大化的体现。生涯四度中每个度的上限是8分，个人根据对每个维度的满意度来打分。

首先，评估你现在的生涯四度。用实线将答案绘制到图上，如图5-2所示。

其次，你希望未来2~3年内的生涯四度如何分配？用虚线将答案绘制到图上，如图5-2所示。

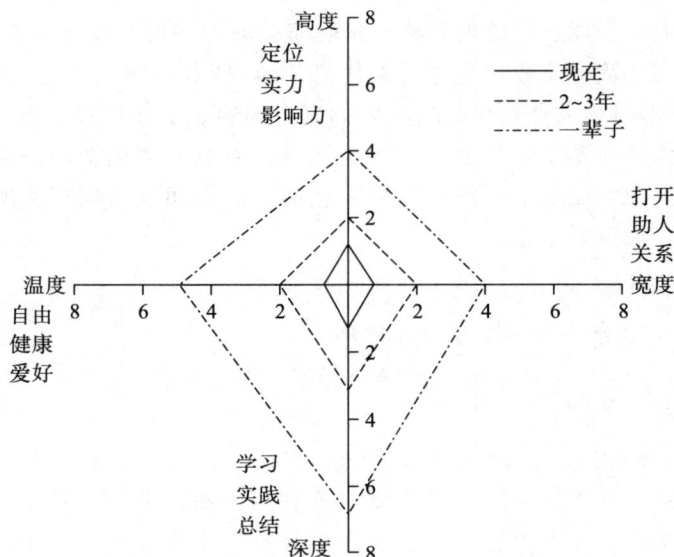

图5-2　生涯四度工具的使用样例

在这个过程中，我们需要了解能量守恒的三个法则：守恒法则，在能力资源不变的情况下，生涯四度的能量守恒；转换法则，在某些环境下，生涯四度之间可以转换；

杠杆点法则，一个阶段内，总有 1～2 个点的突破可以带来最大效益。

了解这些，对比图中实线和虚线的差异，就能在宏观的角度检视自己，选对方向，找到突破点，把有限的时间和精力聚焦在某个方向。

▶ 第三节　职业信息的分析与利用

一、职业信息的分析

（一）分析职业信息的步骤

在完成基本职业信息收集之后，个体就进入职业信息分析的环节。通过认真地分析，个人可找出最需要、最有用的内容，为正式求职作好准备。

1. 筛选职业信息

首先筛选有用信息，去掉无用或价值不大的信息及失实信息。然后按照一定的标准，分类整理信息。如果发现信息不够充分或真实性待查，则需要有针对性地补充收集信息。接下来进入综合分析环节，对比较可靠、结论明显的信息，可以直接使用，对相对比较分散、无明确结论的信息要归纳分析，对各种行业或职业领域把握不准时，还需要多方对比分析。最后，得出结论，作出选择。

2. 综合分析职业信息

在职业信息的综合分析环节，可以利用"职业＝行业＋企业＋职能"的职业定位公式，对行业、企业和职能进行整理分析。职业信息的内容包含以下几方面。（1）职业机会的信息，如宏观环境、产业行业等相关信息。（2）职业本身的信息，如职业的种类、性质、作用等。（3）具体就业单位的信息，如岗位内容、工作环境、报酬等。对行业的选择，决定了个体将在哪个领域发展自己的职业；对企业的选择，决定了未来将与谁合作；对职能的选择，决定了个体将应用哪些能力。下面以一则真实的招聘信息为案例，分析其中包含的重要信息。

（二）案例分析

1. 案例一：××银行天津分行校园招聘

××银行天津分行校园招聘公告

一、公司介绍

2007 年 11 月 28 日，××银行天津分行挂牌成立，设有 1 个二级分行，18 个一级支行，营业网点近 390 个。××银行天津分行成立以来，定位于服务"三农"、城乡居民和中小企业，坚持以客户为中心，打造线上和线下互联互通、融合并进的金融服务体系，为广大客户提供优质、便捷、高效的综合化金融服务。坚持"普之城乡，惠之于民"的经营理念，在提供普惠金融服务、发展绿色金融、支持精准扶贫等方面，积极履行社会责任。

经过××年的努力，××银行天津分行的市场地位和影响力日益彰显，连续多年获得"榜样××"奖项，各项业务快速发展，员工获得感、幸福感、归属感不断增强，士气高涨。面对中国经济社会发展大有可为的战略机遇期，××银行天津分行将深入贯彻新发展理念，全面深化改革创新，加快推进"特色化、综合化、轻型化、数字化、集约化"发展，持续提升服务实体经济质效，着力提高服务客户能力，努力建设成为客户信赖、特色鲜明、稳健安全、创新驱动、价值卓越的一流大型零售银行。

现热忱邀请2022届优秀毕业生加盟，在这个广阔的舞台上施展才华，共同铸造美好未来！

二、招聘岗位

专业类岗位职位描述

1. 优先专业：计算机相关专业、法学相关专业

2. 应聘条件

（1）遵纪守法、诚实守信、品德端正、身体健康、无不良记录。具有较强的沟通协调和开拓创新能力，有团队合作精神。符合本行招录回避相关要求。

（2）国民教育系列全日制大学本科及以上学历学位。留学人员应取得教育部留学服务中心的学历学位认证。

（3）金融、经济、财务会计、管理、法律、信息技术等专业。

三、应聘条件

1. 遵纪守法、诚实守信、品德端正、身体健康、无不良记录。具有较强的沟通协调和开拓创新能力，有团队合作精神。符合本行招录回避相关要求。

2. 国民教育系列全日制大学本科及以上学历学位。留学人员应取得教育部留学服务中心的学历学位认证。

3. 金融、经济、财务会计、管理、法律、信息技术等专业。

四、招聘对象

面向境内、境外高校毕业生。其中，境内院校毕业生原则上应在2022年1月1日至2022年8月31日之间毕业，并取得毕业证、学位证、就业报到证；境外院校毕业生原则上应在2021年9月1日至2022年8月31日之间毕业，能够按时获得学历（学位）证书，并取得教育部留学服务中心的学历学位认证。

五、招聘程序

1. 网上报名

即日起，应聘者可登录招聘网申系统，在线注册并填写个人简历后，选择相应机构的岗位进行在线报名。报名截止时间为北京时间2022年8月15日24点。

2. 简历筛选和资格审查

我行将根据招聘条件对应聘者进行资格审查，并根据岗位需求及报名情况等，择优甄选确定入围笔试人员。

3. 笔试

统一笔试时间为2022年8月下旬，采用线上机考方式。

4. 面试、体检、签约及录用。具体安排以通知为准，请及时关注。

六、注意事项

1. 本次招聘统一采取网上报名方式。请应聘者准确、完整填写简历和相关资料，

保证信息的真实性。如与事实不符，我行有权取消其应聘资格，解除相关协议。

2. 各机构的招聘岗位、应聘条件存在一定差异，请应聘者根据本人情况申报，避免无效申请。

3. 招聘期间，我行将通过应聘者在线报名时填写的联系方式（包括手机、电子邮件等）与本人联系，请确保填写准确并保持通信畅通。

4. 我行从未成立或委托成立任何考试中心、命题中心等机构或类似机构，从未编辑或出版过任何校园招聘考试参考资料，从未向任何机构提供过校园招聘考试相关的资料和信息。在校园招聘过程中，我行不会向应聘者收取任何费用，请提高警惕，谨防受骗。

5. 我行有权根据岗位需求变化及报名情况等，调整、取消或终止个别岗位的招聘工作，并对本次招聘享有最终解释权。

6. 了解更多招聘信息及动态，敬请关注"××银行人才招聘"微信公众号。

一般情况下，单位的基本情况包含单位的名称、性质，单位的规模、组织结构和地点；关于岗位的基本信息一般都会包括经营业务、类别等，具体也会根据不同岗位要求而不同。

（1）行业分析

企业定位以服务"三农"、城乡居民和中小企业为主，主要工作为金融服务，发展势头迅猛，发展理念先进，社会口碑良好等诸多信息说明招聘方是一家效益不错的金融公司，"天津分行"说明地点在天津。

（2）企业分析

企业成立于 2007 年 11 月 28 日，设有 1 个二级分行，18 个一级支行，营业网点近390 个。企业连续多年获得"榜样××"奖项，各项业务快速发展，员工获得感、幸福感、归属感都不错。目前企业正全面深化改革创新，加快推进"特色化、综合化、轻型化、数字化、集约化"发展。企业发展目标是成为一流大型零售银行。

（3）职能分析

对招聘岗位的职能分析，可以使用本书第七章能力管理中的"能力三核"工具，对招聘信息进行拆解。①专业知识能力。计算机、法学专业优先，除此之外金融、经济、财务会计、管理、信息技术等专业也在招聘范围内；学历上需要全日制本科及以上学历。②可迁移技能。需要有较强的沟通协调、开拓创新及团队合作能力。③自我管理技能。需要遵纪守法、诚实守信、品德端正、身体健康、无不良记录。

（4）其他信息分析

这条招聘启事说明招聘对象为境内外高校毕业生，并对毕业年份、毕业材料等方面有相应要求；对招聘的程序作了说明，要求应聘者在规定时间内投递简历，同时应聘者也能在相应时间内获得笔试、面试、体检、录用之类的通知。最后，对一些需要说明的部分进行了补充。

总体来看，这则招聘启事的构成要素比较全面，能让应聘者对岗位有比较详细的了解。招聘信息中没有说明招聘人数，可能招聘人数比较多，可以大胆地投递简历。然而，并不是每一则招聘信息都像本例一样，包含比较全面的信息。我们也经常会遇到精简版的招聘信息。

2. 案例二：北京××学校中学语文教师招聘

北京××学校中学语文教师招聘公告

工作地点：北京

岗位要求：全职

学历要求：硕士

招聘人数：1人

岗位职责：

1. 根据教学安排负责学校中学语文教学；

2. 制定适宜的教学方案，指导学生学习方法、培养学习习惯；

3. 批改学生作业，评估学生学习效果，并根据评估结果适时调整教学方法，保证教学质量；

4. 与学校、学生和家长建立良好沟通，及时反馈信息。与其他教师进行教研交流，共同备课、参加培训、相互分享，提高教学水平。

任职条件：

1. 硕士或以上学历，汉语言文学或相关专业毕业；

2. 热爱教育事业，责任心强，关爱且尊重孩子，有亲和力；

3. 具备较强的课堂教学组织能力，善于调动学生的学习积极性，能与学生进行很好的互动；

4. 有教师资格证和学校教学经验者优先。

教师待遇：

1. 为符合条件的教师解决北京市户口；

2. 提供学校内教师公寓或学校附近的人才公寓；

3. 为教师子女提供从幼儿园开始的15年教育支持。

这则招聘信息主要以阐释岗位职责和任职条件为主。职位是中学语文老师，主要的工作是负责中学语文教学、制定教学方案、培养学生学习习惯、批改作业、评估学习效果、与家长建立沟通渠道并及时反馈、参与教研并提高教学水平。任职条件中的"能力三核"分别是以下三个。

（1）专业知识能力

汉语言文学或相关专业，硕士及以上学历、教师资格证。

（2）可迁移技能

较强的课堂教学组织能力、沟通能力等。

（3）自我管理技能

热爱教育事业，责任心强，有爱心，有亲和力。招聘信息并未说明工资待遇、部分福利、晋升渠道等，应聘者可以在面试时当面询问。

无论企业发布怎样的招聘信息，对信息文本的分析都要注意以下两个基本点。第一，分析和解读招聘信息时，不要以自我为中心，要从招聘者或面试官的角度进行分析，并充分展现自己的内在优势。例如：技术类岗位侧重专业技能，而管理和销售类岗位则侧重可迁移技能和自我管理技能。第二，读懂招聘信息中的"潜台词"。一方面要抓住招聘信息中具有特殊含义的名词、动词和形容词，了解其对专业技能、可迁移技能和自我管理技能的要求。另一方面，要充分挖掘信息背后的深层含义。有些单位为了招贤纳士，会"包装"自己的招聘信息来吸引求职者，求职者入职以后才会发现实际和招聘条件大相径庭，这也会引起一些不必要的麻烦。总之，分析职业信息除了可以帮助求职者针对应聘岗位做好简历和面试求职的准备之外，还有助于大学生做好学涯规划。

二、职业信息的利用

个体如何判定一份工作未来的发展趋势？晋升渠道在哪里？每个人的职业发展都是动态的，在进行职业定位、职业规划时，了解职业的发展方向有助于个体对未来的职业发展形成愿景与规划。

(一)职业发展三维圆锥模型

职业生涯管理学家施恩提出了职业发展三维圆锥模型，又称为"施恩圆锥体模型"。施恩指出，在一个组织中，可通过三个维度来考察个人的生涯发展历程，分别是职能/技术维度、组织等级维度和成员资格维度。

1. 横向的职能/技术维度

职能/技术维度主要用于描述人们跨越职业、工作或部门的运动(如图 5-3 中 A 向 B 移动的轨迹)及组织对员工的工作调动和安排，经常有着"同一级别、不同职位"变动的情况。这不仅是组织工作的需要，而且也是对"工作的再设计"。横向维度的发展不仅可以增加员工的兴趣和工作对员工的挑战性，同时也可以在一定程度上拓宽员工的职业生涯面，增加员工职业发展通道的宽度。这种方式的流动，会让个人的工作更加丰富，能帮助个人全面了解企业的运营，有利于将其培养成掌管全局的管理人员，为以后的纵向发展做准备。

2. 纵向的组织等级维度

组织等级维度主要用来说明人们在同一职业内部层次上的运动(如图 5-3 中 B 向 C 移动的轨迹)，表示个体获得提升，达到他们所属职业和组织中的一定层面，如从普通员工晋升为部门主管，从主管晋升为经理。只要个体行为达到组织要求，就可以有等级维度的提升。组织中的大多数员工在其职业生涯道路上沿着一个等级维度进行垂直移动。组织一般会对员工进行"晋升道路"方面的规划，并通过选拔、培训和岗位锻炼予以实现。

3. 水平向心的成员资格维度

成员资格维度主要用于描述成员向组织"核心"运动的趋势(如图 5-3 中 B 向 O 移动的轨迹)。在面对新工作时，个人最开始不熟悉业务，是试用者。经过这个阶段，个人就可以获得正式资格，并且逐步向核心靠拢。

在实际的职场中，晋升有两种通道。企业的两种发展通道一般可以概括为管理类和技术类。由于管理类和技术类两种工作在岗位特性上有根本差异，熟悉工作的晋升者能够更好地融入岗位角色。这两类发展通道基本能满足员工对职业的要求，加强员工的归属感。

总之，这三种维度的职业运动相结合构成了组织职业路径的"三维圆锥体"，它体现了个人在组织中不同阶段的地位变动、工作变动和角色变动，即在组织三维空间中的位移。在该模型中，最值得关注的是水平向心维度的职业运动路径。虽然这种向心的维度只体现为虚拟运动，但却是员工实质的职业成长。因此，施恩教授认为，对许

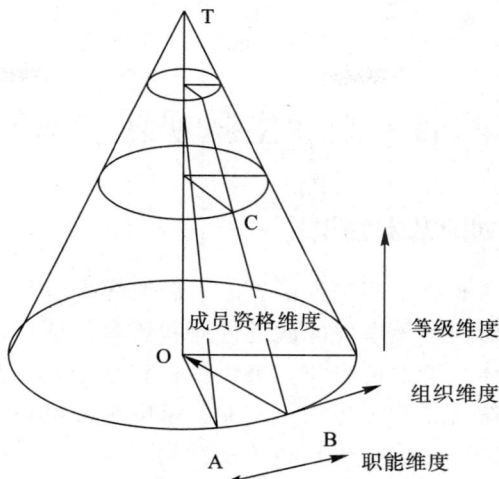

图 5-3　职业发展三维圆锥模型

多在垂直维度上无出路的人来说，这种成长仍有可能，并且具有非同一般的潜在意义。

(二)职业发展的四个方向

职业发展方向还要综合横向的岗位(如销售、财务、运营)和纵向职级(如专员、主管、经理等等)的发展，以及个体所选择的生涯路径(如专家路径、管理路径、创业路径或者双重路径)。不同的方向和阶段对个体能力的要求也不一样。

1. 专业职能岗

每个职场人基本都先往这个方向发展，主要从事支持工作，偶尔需要协调各方资源。专业职能岗的考核不会太严格，只需要达到中等以上，如各基层专业岗位工作相对轻松，不太过于追求知识，更多在于流程和经验。风险点在于如果不突破到其他岗位，很容易在 30~40 岁面临职业瓶颈，被替换性强，后续发展容易受到限制。管理和专业之间的平衡度大致为 5%管理+95%专业。

2. 专家岗

相对于专业职能岗，专家岗需要具备更加精深的知识与经验，如各专业技术岗位的专家。岗位优点是发展空间大，产出价值高，可以专注于专业技术，而不被太多"杂事"烦扰；风险是难度太大，要不断学习新知识，要一专多知、一专多能。管理和专业之间的平衡度大致为 15%管理+85%专业。

3. 专业管理岗

专业管理岗是管理岗的一个分类。该岗位需要具备较强的管理能力，辅导下属提升专业知识，带领团队解决问题。例如，双重路径发展起来的专家型管理者。岗位优点是发展面广，不容易被淘汰，转型容易；风险是分工越来越细，容易使专业管理者陷入专业陷阱，忽略整体思考和内部协作。管理和专业之间的平衡度大致为 40%管理+60%专业。

4. 综合管理岗

综合管理岗解决内部管理和经营问题，对最终经营绩效负责。例如，中高层管理者。岗位优点是发展较深，能接触企业发展战略、逻辑和价值，相对地位和收入也较高；风险是管理工作难，顶尖竞争大。管理和专业之间的平衡度大致为 85%管理+

15％专业。

▶ 第四节　职业生涯规划方案的制定

一、职业生涯规划的基本知识

研究者从不同角度对职业生涯进行了界定。舒伯认为职业生涯是个体经历的所有职位的整体历程，是生活中各种事件的演进方向和历程，是综合人的各种职业和生活角色，并由此表现出个体独特性的自我发展组型；它也是人自青春期至退休之后，一连串有酬或无酬职位的综合，甚至包括了副业、家庭和公民的角色。罗斯维尔和恩莱德将职业生涯定义为人的一生中与工作相关的活动、行为、态度和价值观、愿望的有机整体。施恩将职业生涯分为外职业生涯和内职业生涯两个方面。其中外职业生涯是指经历的职业道路，包括工作单位、工作地点、工作内容、工作职务、工作环境、工资待遇等因素随着招聘、培训、晋升、解雇、退休等各个阶段的组合及其变化过程，着重强调外部环境和外部条件。内职业生涯更多注重取得的成功或满足于主观情感，以及工作事务与家庭义务、个体休闲等其他需要的平衡，包括知识、观念、心理素质、能力、内心感受等因素在工作的组合及其变化过程，需要个人通过学习、研究等方式不断完善才能获得。

综合来看，国外研究者对职业生涯概念的界定，包含了以下内容。第一，个体是职业生涯的主体，职业生涯是以个人为主体的职业行为选择经历。第二，职业生涯规划具有周期性，贯穿于个体的职业历程或人生历程。第三，职业生涯与组织、社会环境、生活角色、职业性质等密切相关，是有关职业发展的变化历程，是主体结合主客观条件对职业进行的连续选择和变化。总的来说，职业生涯是个体因主客观条件的变化，对职业进行连续选择并经历贯穿一生的职业变化的过程。

职业生涯规划也叫职业规划、生涯规划、人生规划或职业生涯设计。结合职业生涯的概念，职业生涯规划指个体在职业生涯发展中通过主动选择，对职业生涯乃至人生进行持续的系统计划的过程。在职业生涯规划的过程中，个体根据自身兴趣、爱好、能力、特点等主观因素的测定、分析和总结，结合对职业世界客观因素的综合分析与权衡，针对所确立的职业发展目标，制定一系列有时间安排的工作、教育、培训计划，采取必要的行动以实现职业发展目标。职业生涯规划的目的是通过职业生涯的规划和职业道路的选择，最大限度地实现个人人生价值。

二、职业生涯规划要素和一般步骤

职业生涯规划方案是一份针对目标职业或岗位，编制工作、教育和培训计划，对每一步骤的时间、项目和措施作出合理安排的书面报告。职业生涯规划的具体内容因人而异，但制定个人职业生涯规划时，需要考虑的要素和步骤却是基本相同的，一般包括个人基本情况、职业环境、个人的职业发展目标、个人行动计划的制定和执行，以及评估与反馈等五个步骤。

(一)自我评估

全面客观地认识自我是职业生涯规划的基础。通过自我评估，个体可以对自身的基本情况进行罗列与梳理、分析与评估，包括兴趣特长、性格、优缺点、气质类型、能力与价值观、专业技能及工作经验、目标与需求、身心健康状况、工作实践经验和教育背景等。利用本书介绍的各种测评工具，包括性格测试、兴趣测试、价值观测试等，个人可进行自我探索和自我剖析，得到自我分析评估报告。结合他人评价及相关实践活动，个体可以对自身特长、性格优缺点有更深入的了解。与自身所学专业及相关工作经历联系，个人可以对自己的专业技能、工作经验、工作感受等进行分析，看看自己对什么职业更感兴趣，对哪些工作岗位更能胜任。总之，自我测评的结果和通过其他途径获得的自我认知可以相互结合，互相印证，从而加深个体对自己基本情况的了解。通过以上分析，可以获得一份关于个人基本情况的分析评估报告。

(二)职业环境评估

个体处在一定的职业环境中，组织与社会环境为其提供了活动的空间、发展的条件和成功的机遇，因此需要对个体所处的职业环境进行分析和评估，具体内容包括社会需求、社会技术的发展状况和发展趋势、社会经济运作及形势、政策法规、与职业相关的其他环境、岗位工作内容、职业发展前景等，及其与家庭期望、个人职业生涯规划的吻合程度。使用的分析方法包括查找收集资料、生涯人物访谈、实习实践等。

(三)确定职业发展方向与目标

进行职业决策，确立职业发展方向与目标，并在此基础上确定职业生涯发展路径，是职业生涯规划的核心。将职业性格、职业兴趣、职业价值观、个人优缺点、专业技能和工作经验等内容与职业环境、岗位工作内容、职业发展前景、行业发展前景等相结合进行综合分析，可确定个人的职业发展方向及职业目标。

(四)制定职业生涯发展路径及执行个人行动计划

根据职业目标，制定符合实际情况的短期目标、中期目标和长期目标，将个人与职业相结合，制定行动计划。行动是实现职业目标的关键环节。综合判断和分析个人发展潜力、职业生涯目标、目标实现路径及助力和阻力、以及长期和短期生涯发展机会等，可确定职业生涯发展路径，制定和执行个人行动计划。制定 1~3 年的短期目标和规划，3~5 年的中期目标和规划，5~10 年的长期目标和规划。分解目标，并在考虑时间、精力、经济等因素的前提下，规划好工作、学习、培训等，确保每一阶段目标的实现。

应将个人与职业结合进行分析，确定职业发展方向与职业发展目标，并对个人发展潜力、职业生涯需要及追求目标等进行综合分析和评估，包括个人优势与劣势的分析、职业目标的设定、目标实现的路径分析、目标实现的阻力和助力分析、长期和短期生涯机会的评估等。

(五)评估与反馈

制定评估反馈措施，评估职业发展阶段并作出相应的调整。无论是个体还是外部环境都是不断发展变化的，职业生涯规划也要根据实际情况适时进行调整。影响职业生涯规划的因素很多，有可以预测的，也有难以预测的，有相对可控的，也有不可控的。要让职业生涯规划行之有效，就需要不断对其进行评估和修订。职业生涯规划评估和调整的主要内容包括对自我认识的修正、职业的重新选择、职业目标的修正、实施策略计划的变更等。

可以通过回答以下问题进行评估。

①职业生涯规划与职业性格、职业兴趣、价值观、职业能力等的一致性如何？

②职业生涯规划与组织要求、职业需求、职业环境的一致性如何？

③职业生涯规划与职业生涯匹配的程度如何？

④职业生涯规划对风险的承受能力如何？

⑤职业生涯规划帮助事业成功的概率如何？

三、大学生涯的"人生设计"思路

斯坦福大学人生设计实验室的创始人博内特教授和伊万斯教授把设计思维运用在职业生涯规划上，于是有了斯坦福大学人生设计课。该课程的精华内容集中体现在《斯坦福大学人生设计课》一书中。人生设计是把设计思维运用在职业生涯规划上的一种方式，目的是运用设计思维，发现自己未来想做什么。在进行职业生涯规划时，还可以尝试使用人生设计思维。设计思维包含了五种基本心态，分别是好奇心、努力实践、重新定义、专注和深度合作。

(一)好奇心

好奇心能够帮助个体保持对事物的新鲜感，激发探索的欲望，让一切变得有趣。"美好时光日志"是发现更多可能性的工具之一，它能帮助我们深入了解发生的每一个具体事件。使用美好时光日志这个工具后，通过回顾经历，尤其是回顾过去和工作相关的巅峰时刻，即高峰体验，个体很快就能发现自己真正想要的是什么，从而调整自我重心，回到正确的轨道上。

美好时光日志中主要包含两个元素。一是活动记录。记录能让你全身心投入并感到能量充沛的活动，只需要列举关键活动；最好每天都能够填写活动记录，一定要注意采集快乐的信息；隔天记录也可以，但一周最好不要少于两次。记录的目的就是找到能够激励自己的活动，记录应尽可能具体一些。二是反思。活动让你有收获？收获是什么？仔细查看活动日志，注意事件的发展趋势，从中得到深刻见解和惊喜；可以一周对活动日志进行三次反思，或在任何对活动有一定理解的时候进行反思；在美好时光日志的空白页中记录下这些反思。

以下五套问题，可以帮助个体对日志活动进行反思。

1. 活动

我到底在做什么？这是一个结构性的活动，还是非结构性的活动？我是团队的领导者，还是会议的参与者？

2. 环境

我们所处的环境会对我的精神状态产生哪些重大影响？当我参加某项活动时，我所处的环境是什么样的？它给我什么感觉？

3．互动

我和人或机器有怎样的互动？这种互动对我来说是陌生的还是熟悉的？是正式的还是非正式的？

4．物体

我在和物体或者设备进行互动吗？是平板、智能手机、篮球，还是汽车？这些事物能带给我投入感吗？

5．用户

活动中还有其他人吗？他们扮演了什么角色？他们为活动带来了正面影响还是负面影响？

（二）努力实践

当个体付诸行动时，就是在为自己打造一条不断前进的人生路径。设计师会通过对话、体验和头脑风暴的方式，创造一个又一个原型设计。即使失败，也不要放弃，直到找到人生设计的合理方案。

原型设计是采用提问的形式，通过问题来了解自己感兴趣的事情，获得相关数据。原型设计通过体验的方法将未来的生活具体化，通过创造新的体验，帮助个体了解一个全新的职业。原型设计包括提出有难度的问题、创造体验、提出假设、快速失败、并且在失败中前进，悄悄走进未来。进行原型对话时，需要了解的问题包括以下几个。他是如何开始从事现在所做的事情的？他是如何获得该专业的相关技能的？如果你从事他现在的专业，会怎么样？

如果已经利用人生设计采访储备了很多资源，那么在原型对话中将会遇到很多观察或者观摩的人。大约在12次原型设计对话后，就需要做好准备，提出更多的要求，比如亲身参与某些原型体验，不再局限于聆听或观摩的状态。亲身实践、采取行动可以让个体了解某件事到底适不适合自己。

构思原型体验是真正体现设计思维的环节，需要大量的创新。个人如果发现自己陷入困境，可以召集一个优秀的头脑风暴小组，召开会议。使用头脑风暴，可以帮助个体得到各种可能的解决方法。如果找不到团队，就可以试试思维导图。

思维导图的关键词可以从"美好时光日志"中进行挑选。可以围绕投入（挑选一个最感兴趣，或能真正投入的活动作为主题）、能量（挑选一个能够真正让自己充满活力的事作为主题）和心流体验（挑选一段让自己产生心流体验的经历作为主题）绘制三张不同的思维导图。每张思维导图都要延伸3~4层，最外层至少有12个元素。制作思维导图的步骤包括选择一个主题、制作思维导图、制作次级链接，并创造概念（将概念联结起来，建立概念混搭模式）。完成思维导图后，认真观察三张思维导图的最外层，在同一张图上选出3个引人注意但又完全不相干的词汇。如果描述一份工作可以用到这三个词，请给这个工作角色命名。根据3张思维导图，做3次练习，会有很多有趣的发现。

（三）重新定义

重新定义指设计师转换思维模式，摆脱困境的方法。通过重新定义，能够认识问题的关键点，在重新建构的过程中，可以退一步思考，重新审视自己的喜好，开启全新的解析空间。想要找到真正的问题，找到正确解决问题的方法，重新定义问题是关键。

通常人们会以自己所缺少的事物来定义问题，但这些问题中有很多并不是真正的问题，它是一种情况、环境或生活现实，像重力一样，是无法解决的问题，即重力问题。重力问题有两种情况，一种是完全无法解决的问题（如日升月落），一种是不具有可操作性的问题（如提高外卖员的平均收入）。重力问题的唯一解决途径就是接受它，重新构建一个可以解决的问题。如何找到可以解决的问题呢？个人可以通过绘制"健康/工作/娱乐/爱"仪表盘，了解自己在这四个领域的状况，一旦发现问题，就马上采取措施，便能达到事半功倍的效果。

除了重力问题之外，还有一类问题不会自行消失，即锚问题。这类问题就像锚一样，把个体固定在一个地方，让人无法前进。遇到这类问题时，需重新定义解决方案，寻找其他可能性，以具有可行性的方案为原型进行设计，从而摆脱困境。原型设计降低了失败的焦虑，体现着"快速失败，在失败中前进"的原则。这些小而可靠的原型，可以帮助个体找到更具创意的解决方法。

（四）专注

面对复杂而混乱的生活，个体可能会犯错，也可能会抛弃自己的原型。此时，个人必须学会放手，不要纠结于自己最初的想法，放弃那个"不错但并不精彩的"解决方案。不要纠结哪里是最终的目的地，而要专注于过程，看看接下来会发生什么。

在绘制"健康/工作/娱乐/爱"仪表盘分析测评个体目前的生活、找到自己的方向和路线的基础上，可以为自己设计"奥德赛计划"。"奥德赛计划"是3个可替换的五年计划，可帮助个体体验不同的人生。每个计划包括的内容如下。

第一，一个直观的/图解形式的时间明细表，包括私人的、与工作无关的事情。

第二，为每个计划拟定一个六字标题，描述计划的核心内容。

第三，针对每个计划提出2～3个问题。

优秀的设计师会通过提问进行测试，发现新想法。在每一个时间明细表中，你可以尝试各种不同的可能性，多方了解自己和周围的世界。在这三个人生计划中，你想测试并探索哪些事情？

填写"仪表盘"，评估以下内容。

（1）物力

你拥有客观资源吗？例如时间、金钱、人脉，这些都是你实现计划所必需的。

（2）喜欢程度

你对这三个计划的态度如何？迫切、缺少热情还是满怀热情？

（3）自信心

你相信自己一定会实现计划，还是不确定？

（4）一致性

这些计划本身有意义吗？它们与你及你的工作观和人生观是否一致？

（5）潜在考量

你住在哪里？你会获得哪些经验？如果选择了其中一种计划，它将对你产生什么影响或者带来什么结果？你的生活会变成什么样？你希望自己成为什么样的人？你希望自己在什么行业或企业工作？

（6）其他内容

事业和金钱，对你随后几年的发展方向能够起决定性作用，但仍然有一些其他的关键因素需要考虑。

如果发现自己陷入困境，可以根据上述列举的设计因素绘制思维导图。接下来就用"边走边看、低成本试错"的思路去实现这些计划。

（五）深度合作

想要活出自己的人生，对人生进行设计，就需要与他人进行合作。设计是一个合作的过程，许多最佳想法都来自与他人思维的碰撞。要利用人生导师和支持团队，为自己设计人生。

找几位导师参与个体的人生设计，成功的概率会大大提高。导师最好能够给予引导而不是直接建议。引导时，导师的价值不在于列举事实，而是帮助个体从全新的视角了解自己的现实情况。好导师多数时候是在倾听，然后重新整合定义个体的情况，帮助他们打开思路，想出有用的解决方法。导师能帮助个体进行分析，辨别事件的重要性。好导师不会告诉个体必须做什么，而是谨慎行事，避免对个体造成过多影响。有些人能够幸运地遇到一个陪伴他们度过人生的导师，也有在某方面提供帮助的导师，还有一些临时性或周期性的导师。那些能够给个体提供指导性帮助的人，都可以充当导师。要找到一个好导师很不容易，但找到那些能够提供有效指导的人却并非难事。很多人阅历丰富，善于倾听并愿意提供咨询，哪怕这些人本身并不认为自己能够胜任导师，但他们的洞见和经验足以帮助个体厘清思路。个体要主动与他们取得联系，进行交流，寻求帮助。

只要某个人通过某种方式为个体的人生设计尽过力，就应该被视为团队的一员，但每个人都可能扮演不同的角色，有些人甚至扮演了不止一种角色。例如：支持者，那些可靠的、值得信赖的、关心我们的人，他们不仅鼓励我们勇往直前，还会提出具有实际作用的反馈；参与者，积极参与人生设计，尤其是和工作、娱乐、原型设计等相关的事情；家庭成员、亲属和最亲密的朋友，这些人不管是否参与人生设计，都是对个体影响力最大的人；团队，一些能够和个体分享人生设计细节，并能够定期会面，尊重并持续关注个体的人生设计的人。

第三篇

就业指导篇

第六章　大学生就业形势与路径

学习目标

学完本章后，你能够解释以下重要问题和关键概念。

重要问题

- 校园招聘的组织与实施
- 就业去向分类及标准
- 毕业生的就业日程

关键概念

校园招聘；基层就业；国际组织

思考与讨论

1. 根据高校毕业生毕业去向的统计分类，谈谈你对自己就业去向的初步设想。
2. 根据毕业生就业日程，进行全周期或某个片段（春招、秋招）的就业日程观摩。

▶ 第一节　大学生就业形势分析

一、总体就业形势

大学生是就业群体中的重要组成部分，大学生等青年人就业，既关系家庭幸福，也关系国家长远发展和社会和谐稳定。大学生就业在高校工作全局中的重要位置，体现了社会对就业工作的关注。近年来，大学生就业形势严峻，主要的原因有以下四点。

（一）高校毕业生人数逐年攀升

从 1999 年高校扩招，2019 年高职扩招以来，高校毕业生就出现了逐年攀升的趋势。从 2000 年的百万大关到 2010 年的 600 万大关，再到 2022 年的千万大关，高校毕业生人数增长幅度平均约为 50 万人/年，并且之后一定时间内仍然会继续增加。2023 届高校毕业生人数创下了历史新高，突破了 1100 万人数大关，达到了 1158 万人，比 2022 届增加了 82 万人。毕业生人数逐年增加是教育事业的成就，体现了国民素质的提升，也预示着就业竞争越来越激烈，就业形势更加严峻复杂。

(二)国内外经济发展增速放缓

全球经济增速放缓幅度超过预期。国际货币基金组织(IMF)、世界银行等国际机构不断下调全球经济增速预测值,2021年10月IMF对全球GDP增速的预测值为4.9%,此后分别下调至4.4%、3.6%、3.2%;世界银行将2023年全球经济增长预期从3%下调到1.9%;高盛、巴克莱、摩根士丹利、花旗银行等国际投行均预测2023年全球经济增速将放缓至2%以下;联合国贸发会议发布《2022贸易与发展报告》,报告预测2023年经济增长率将放缓至2.2%;2022年11月经济学人智库(EIU)预测全球经济增速可能放缓至1.6%。全球经济增长预期持续走低的原因很多,如疫情影响尚存、俄乌战争引发的供应链干扰、全球融资环境持续收紧、全球央行进入加息潮、中国内地经济放缓的涟漪效应等。

(三)结构性失业问题加剧

企业"招工难"和大学生"就业难"现象并存,结构性失业是大学生面临的更深层失业类型。中国已经进入高质量发展阶段,经济与产业转型升级加快,对劳动力的人力资本和技能需求快速变化,大学生技能水平与岗位技能需求之间的不匹配矛盾依然突出。此外,需求和供给在职业、地区分布上的不一致也会导致结构性失业。当前经济形势和外部环境的不确定性,致使大学生更加倾向于大城市或稳定岗位,报考公务员、继续考研等"慢就业""缓就业"现象突出。其中,趋向稳定就业和推迟进入劳动力市场的选择反映了大学生对就业前景的悲观预期,由此造成的就业结构性问题也更为复杂。过度集中于非市场部门的保守稳定的就业选择不利于人力资本的有效配置和就业转换,长期来看,也不利于大学生人力资本积累和职业发展,会使人力资本体系建设和劳动力市场发展面临严峻挑战;继续升学可能导致人力资本专用性增强,就业匹配矛盾推迟且难度加大,未来结构性失业的风险可能更大。

(四)人才培养与社会需求的矛盾

先产生产业,后出现对专业人才的需求,专业和产业的关系说明人才培养要紧跟行业产业发展的现实,紧跟行业产业发展最前沿技术、最先进的设备和工艺、最科学的管理方法,要对标行业产业专业岗位最新职业能力标准。由于人才培养的周期性,较难在短期内对市场需求的长期趋势作出反应,市场对人才的需求也是一种事后调节,人才培养与社会需求的矛盾长期存在。在人才培养目标设置上,同质化严重,类型上缺失。人才培养目标的设置不仅要考虑学校层次,还要结合学科特色、专业特色、行业特色、地方特色。在人才培养的规格上,高校偏好研究型人才,而社会对不同类型人才的需求呈橄榄型,对研究型人才和创业型人才的需要居橄榄的两头,对应用型人才和工匠型人才的需要居橄榄的中间。高校培养不同类型的人才,既是个体特质发展的体现,也是社会需求多元化、层次化的要求。在学科建设方面,高校重视纵向研究和论文撰写,教师参与行业产业课题和服务企业的少,不能及时把行业产业发展的最新内容、最新成果反哺到教材和课堂教学中。高校学科建设更应该面向行业产业的实际需求,解决行业产业发展中的基础理论问题、重大技术问题、卡脖子问题等。在人才培养的内容和手段上,行业产业发展速度远快于专业教学内容的更新速度,高校中,"有什么师资来办什么专业,什么专业好招生来办什么专业,什么专业办学成本低来办什么专业"的现象普遍存在。

二、国家针对大学生的就业政策

(一)党和国家高度重视大学生就业

就业是最大的民生。党和国家高度重视就业工作。党的十八大以来,把就业摆在"六稳""六保"首位,全面强化就业优先政策,多措并举促就业、拓岗位,就业形势保持总体稳定。习近平总书记在对四川工作系列重要指示批示中强调"要注重高校毕业生就业工作,统筹做好毕业、招聘、考录等相关工作,让他们顺利毕业、尽早就业"。党的二十大报告特别强调了"强化就业优先政策,健全就业促进机制,促进高质量充分就业。"新时代十年,是我国不断丰富发展积极就业政策的十年,是就业优先导向进一步强化的十年,是实现了比较充分的就业的十年。

在培养高校毕业生正确的择业观时,2019年7月,习近平总书记到内蒙古大学考察调研时指出:"少年强则中国强……同学们要志存高远、脚踏实地,学好知识,打好基础,增长才干,将来为中华民族伟大复兴贡献自己的智慧和力量。"2021年4月习近平总书记在清华大学建校110周年校庆日即将来临之际到清华大学考察时,勉励广大青年:"要肩负历史使命,坚定前进信心,立大志、明大德、成大才、担大任,努力成为堪当民族复兴重任的时代新人,让青春在为祖国、为民族、为人民、为人类的不懈奋斗中绽放绚丽之花"。2022年5月,习近平总书记在庆祝中国共产主义青年团成立100周年大会上指出:"要培养担当实干的工作作风,不尚虚谈、多务实功,勇于到艰苦环境和基层一线去担苦、担难、担重、担险,老老实实做人,踏踏实实干事。"

党和政府高度重视高校毕业生工作,已出台了大量普惠性和特惠性就业政策,有力地促进了高校毕业生就业。

(二)国家的大学生就业政策

就业政策是指以国家或政府为主体,在特定经济社会条件下实行的以促进劳动就业、加强就业管理为主要形式,旨在解决就业问题,以满足社会经济发展及劳动者个人需求的一种社会政策。《高校毕业生就业创业政策百问(2020年)》的重要内容节选如下。

1. 鼓励引导高校毕业生面向城乡基层、中西部地区及民族地区、贫困地区和艰苦边远地区就业

(1)什么是基层就业?

基层就业就是到城乡基层工作。国家近几年出台了一系列优惠政策鼓励高校毕业生积极参加社会主义新农村建设、城市社区建设和应征入伍。一般来讲,"基层"既包括广大农村,也包括城市街道社区;既涵盖县级以下党政机关、企事业单位,也包括社会团体、非公有制组织和中小企业;既包含单位就业,也包括自主创业、自谋职业。

(2)什么是基层社会管理和公共服务岗位?

基层社会管理和公共服务岗位包括支教、支农、支医、乡村扶贫,以及城市社区的法律援助、就业援助、社会保障协理、文化科技服务、养老服务、残疾人居家服务、廉租房配套服务等岗位。

(3)什么是其他基层社会管理和公共服务岗位?

其他基层社会管理和公共服务岗位指在街道社区、乡镇等基层开发或设立的相应的社会管理和公共服务岗位，部分由政府出资，或由相关组织和单位出资，从业人员按规定享受相关补贴。

（4）什么是公益性岗位？

公益性岗位是由政府开发、以满足社区及居民公共利益为目的的管理和服务岗位。对符合条件在公益性岗位安置就业的就业困难人员，按规定给予社会保险补贴和岗位补贴。符合公益性岗位安置条件的就业困难高校毕业生，可按规定享受公益性岗位就业援助政策。

（5）中央有关部门实施了哪些基层就业项目？

近年来，中央各有关部门主要组织实施了5个引导高校毕业生到基层就业的专门项目，包括"大学生志愿服务西部计划""三支一扶（支教、支农、支医和扶贫）计划""农村义务教育阶段学校教师特设岗位计划""选聘高校毕业生到村任职工作""农业技术推广服务特设岗位计划"。

2. 鼓励企业特别是中小微企业吸纳高校毕业生就业

（1）高校毕业生从企业到机关事业单位就业后工龄如何计算？

依据《国务院关于进一步做好普通高等学校毕业生就业工作的通知》（国发〔2011〕16号）等文件规定，高校毕业生从企业、社会团体到机关事业单位就业的，其按规定参加企业职工基本养老保险的缴费年限合并为连续工龄。

高校毕业生到具有档案管理权限的机关、事业单位、国有企业就业的，由单位直接接收、管理档案。到无档案管理权限的单位（私营企业、外资企业等）就业的，可由各地公共就业和人才服务机构负责提供档案管理等人事代理服务。高校毕业生离校时没有就业的，档案可由学校统一发回原户籍所在地公共就业和人才服务机构保管。档案不允许个人保存。

3. 鼓励大学生应征入伍，报效祖国

（1）高校毕业生应征入伍服义务兵役要经过哪些程序？

有应征意向的高校毕业生，可在征兵开始之前登录"全国征兵网"（网址为 https://www.gfbzb.gov.cn）进行报名。

（2）高校毕业生应征入伍服义务兵役享受哪些优惠政策？

高校毕业生应征入伍服义务兵役，除享有优先报名应征、优先体检政审、优先审批定兵、优先安排使用"四个优先"政策及家庭按规定享受军属待遇外，还享受优先选拔使用、学费补偿和国家助学贷款代偿、退役后考学升学优惠、就业服务等政策。

（3）高校毕业生入伍服义务兵役年限是多少？

我国现行的义务兵役制度服役年限是两年。

（4）什么是士官？与义务兵有什么区别？

我军现役士兵按兵役性质分为义务兵役制士兵和志愿兵役制士兵。义务兵役制士兵称为义务兵，志愿兵役制士兵称为士官。士官属于士兵军衔序列，但不同于义务兵役制士兵，是士兵中的骨干。义务兵实行供给制，发给津贴，士官实行工资制和定期增资制度。

（5）如何界定国家资助直接招收为士官的高等学校学生？

直接从非军事部门招收为部队士官的全日制普通本专科（含高职）、研究生、第二学士学位的应（往）届毕业生，以及成人高校的普通本专科（高职）应（往）届毕业生；纳入全国高等学校招生统一考试、直接招录或选拔补充为部队士官的定向生。

4. 支持高校毕业生到国际组织实习任职

（1）什么是国际组织？

国际组织是具有国际性行为特征的组织，是两个或两个以上国家（或其他国际法主体）为实现共同的政治经济目的，依据其缔结的条约或其他正式法律文件建立的有一定规章制度的常设性机构。

国际组织分为政府间组织和非政府间组织，也可分为区域性国际组织和全球性国际组织。政府间的国际组织有联合国、欧洲联盟、世界贸易组织等，非政府间的国际组织有国际奥委会、国际红十字会等。

（2）联合国的国际公务员有哪几种？哪些职位是面向高校毕业生的？

联合国的国际公务员主要分为三种：D类、P类和G类。D代表的是Director，即高级管理人员；P代表Professional，即专业人员；而G则是General，即一般事务。

D类属于领导类职务，部分是在联合国内部一级一级晋升上来的，另外一部分则来自各国直接派遣，比如我国各部委派驻到联合国的工作人员。

G类属于基础性岗位，大多是行政、秘书等辅助性雇员，一般从机构所在国当地招聘。

P类是联合国的中坚力量，因此，对于想加入联合国的高校毕业生而言，最常规的方式，是参加联合国的YPP考试（即青年专业人员考试）。

（3）高校毕业生到国际组织实习任职，需要哪些能力？如何做好准备？

①语言水平。联合国有六种官方工作语言，英语、法语、西班牙语、阿拉伯语、俄语和汉语。其中英语和法语最为重要，两者兼具的求职者有着天然的优势。联合国的很多机构在招聘时都要求应聘者能够使用两种或两种以上语言进行交流。

②综合素质。国际组织对所聘人员的要求，不单纯是技术性、专业性的，更重要的是要具备沟通能力、管理能力，以及跨文化工作所需要的某些能力，如伙伴关系、团队精神、协同配合、互动、相互尊重与理解等。

▶ 第二节　就业途径与程序

一、校园招聘的特点

校园招聘是企业重要的招聘渠道之一，相对于社会招聘来说，具有如下鲜明特点。

1. 时间集中

校园招聘一般9月就开始启动，主要集中在每年的10~12月和次年的3~5月。10月份是校园招聘最繁忙的旺季，"秋招"小高峰会一直持续到11月底、12月初。春节前后则迎来了校园招聘的淡季，节后3~5月份针对考公、考研失利的学生，会再现一次"春招"小高峰。"春招"相对于"秋招"规模较小，属于查缺补漏。毕业生找工作务必要把握好校园招聘的节奏，切莫错过了找工作的好时机。

2. 规模较大

近年来，高校应届毕业生逐年增加，就业形势严峻。为了找到理想工作，毕业生奔波于各大公司宣讲会之间，有些甚至不远千里跨省参加招聘会。毕业生要主动出击，多参加用人单位的招聘宣讲会，同时为部分目标企业有针对性地做好求职面试准备。

二、就业类型与日程

(一)就业去向分类及标准

根据《高校毕业生毕业去向统计分类》，传统的就业形式包括协议和合同就业、自主创业、灵活就业。高校毕业生毕业去向界定及标准见表 6-1。

表 6-1 高校毕业生毕业去向界定及标准(2021 版)

分类		分类界定	审核依据
就业	1. 签就业协议形式就业	(1)与就业单位签订省级就业部门统一制定的就业协议书，且盖有单位人力资源(人事)部门公章或单位行政公章	省级就业部门统一制定的就业协议书或相关制式协议书
		(2)具有人事调配权限的单位出具的接收毕业生及其人事关系(档案、户口、党团组织关系等)的录用接收函	用人单位出具的录用接收函
		(3)定向、委托培养毕业生回原定向、委托培养单位就业	毕业生与定向委培单位签订的定向、委培协议或回原定向、委托培养单位就业的报到证
		(4)部队招收士官或文职人员	招收士官或文职人员协议书
		(5)医学规培生	与规培基地签订的协议书
		(6)国际组织任职	国际组织出具的接收材料
		(7)出国、出境就业	国(境)外用人单位出具的接收证明或出国签证文件
	2. 签劳动合同形式就业	毕业生与用人单位签订劳动合同	劳动合同相关解释参见《中华人民共和国劳动法》十六、十八、十九条
	3. 科研助理、管理助理	(1)科研助理、管理助理	高校、科研机构或企业出具的证明
		(2)博士后入站	劳动(聘用)合同、协议书、接收函、商调函、《博士后研究人员备案证明》
	4. 应征义务兵	应征义务兵	预定兵通知书或入伍通知书
	5. 国家基层项目	(1)特岗教师	录用单位出具的录用文件或有关部门出具的接收证明
		(2)三支一扶	
		(3)西部计划	
	6. 地方基层项目	(1)特岗教师	录用单位出具的录用文件
		(2)选调生	
		(3)农技特岗	
		(4)乡村医生	
		(5)乡村教师	
		(6)其他	
	7. 其他录用形式就业	—	用人单位出具的聘用证明或毕业生本人提供的工资收入证明、收入流水等证明材料

分类		分类界定	审核依据
就业	8. 自主创业	(1)创立公司(含个体工商户)	创立企业的工商执照、股权证明或其他证明材料
		(2)在孵化机构中创业,暂未注册或注册当中	与孵化机构签订的协议或孵化机构提供的证明材料
		(3)电子商务创业,利用互联网平台从事经营活动,如开设网店等	网店网址、网店信息截图和收入流水
	9. 自由职业	以个体劳动为主的一类职业,如作家、自由撰稿人、翻译工作者、中介服务工作者、某些艺术工作者、互联网营销工作者、全媒体运营工作者、电子竞技工作者等	毕业生本人签字确认的证明材料,由校、院两级就业部门负责同志审定
升学	10. 升学	(1)研究生	拟录取名单、录取院校调档函或录取通知书
		(2)第二学士学位	
		(3)专科升普通本科	
	11. 出国、出境	毕业生出国、出境深造	国(境)外高校录取通知书

(二)毕业生就业日程

毕业、择业是每个大学生都会经历的过程,要顺利毕业,步入工作岗位就要了解就业日程。常规的就业日程表如下。

8月,准备考研和保研的毕业生注意收集各招生单位陆续发布的招生简章、专业目录等信息,进一步确定目标,制定研究生考试冲刺计划;准备留学的毕业生需进一步明确个人升学目标,统筹规划申请方案,准备成绩单、个人简历、推荐信等申请材料;准备就业的毕业生需提前制作并完善简历、学习笔试和面试技巧,关注部分企业提前发布的秋招信息等。

9月,学校就业部门根据教务处提供的毕业生资格审查结果,采集、上报毕业生生源信息。学校按相关工作要求,推荐优秀应届本科毕业生免试攻读硕士学位研究生。学生在中国研究生招生信息网填写考生信息,一般于9月下旬完成考研预报名。准备留学的学生要关注各大高校招生网站。这一阶段许多高校研究生项目网申系统陆续开放,应做好准备及时提交申请。关注公务员、国家和地方基层计划的学生,应主动关注报考工作启动公告。秋招正式开始,学校举行线上线下秋季招聘会。大学生村干部各省市报名时间不一,但基本上从10月到次年7月陆续发布,有就业意愿的毕业生应自行关注相关招考信息。

10月,研究生考试进入正式报名阶段,部分省份10月底开始网上或线上确认,具体时间由各省市教育招生考试机构自行确定和公布;准备留学的学生开始进行网上申请、寄送材料等;进入秋招高峰期,准备就业的毕业生需持续关注学校就业部门信息平台、企业招聘网站及公众号、国家24365大学生就业服务平台等,有针对性地锁定心仪岗位;中央机关及其直属机构考试录用公务员公告及职位表发布,网上报名启动,报名后毕业生须注意查询资格审查结果。

11月,硕士研究生考试进入网上(现场)确认阶段;秋招小高峰持续,大部分企业开始举行笔试和面试;国考网上报名确认及缴费时间一般在11月上旬,准考证下载及打印一般在11月底,公共科目笔试时间一般为11月或12月。

1月,准备留学的毕业生在1~3月查询申请状态、查看申请结果,并适时补申;就业的学生参加寒假实习,为节后春招做准备;公务员考试笔试成绩发布,各部门面试公告也将陆续发布;全国征兵(女兵)上半年应征报名一般于1月启动,可登录"全国征兵网"报名。

2月,查询研究生考试初试成绩,进行复试准备;考研失利的同学,应抓紧准备春季招聘会;有意向在家乡就业的毕业生,可以利用回家过年的时间,了解家乡的就业环境,寻找就业机会;国考面试一般在2月底前进行,部分省市会陆续发布招录公告;全国征兵上半年应征报名(男兵、女兵)一般于2月截止。

3月,研究生自主划线和国家线相继发布,毕业生可确定是否进入复试,或根据具体情况准备调剂;春招进入笔试面试高峰期,毕业生可以通过校园招聘、社会性招聘、行业招聘等线上线下多种渠道获取招聘信息;三支一扶、特岗教师等招募公告陆续发布。

4月,考研复试一般在4月中下旬结束,调剂系统一般于4月开通,符合条件的考生可以通过中国研究生招生信息网申请调剂;尚未找到工作的毕业生应主动关注企业招聘信息,参加招聘会,积极投递简历;准备留学的毕业生一般已经能够查询到录取结果;4~5月三支一扶公告持续发布,部分省市特岗教师开始进行笔试;西部计划一般于4月开始,大学生可以登录"大学生志愿服务西部计划官网"进行注册报名。

5月,招聘季渐入尾声,尚未落实就业的毕业生应充分调动资源,积极寻求工作机会;部分省份三支一扶开始招考笔试,部分省市陆续公布笔试成绩,毕业生可以通过网站查询,入围面试的需要完成资格审查;西部计划持续招募,有意向的毕业生要按时报名。6~7月部分省份三支一扶报名与考试工作持续进行;5~6月毕业生进行论文答辩,办理离校手续,并参加优秀毕业生评选。

6月,研究生录取通知书陆续发出。毕业生陆续完成就业手续和离校手续。部分省市特岗教师进入面试、体检阶段。西部计划完成选拔、体检、招募、协议书签订等工作。学校发放毕业证书、学位证书,毕业生离校。

7月,部分省份三支一扶报名考试工作持续进行、各省市继续完成招考工作(面试、体检等)。学校根据相关要求邮寄毕业生档案等。毕业生到用人单位报到,办理相关手续。

第七章 就业能力管理

学习目标

学完本章后，你能够解释以下重要问题和关键概念。

重要问题
- 能力的结构及相关理论
- 胜任力模型
- 职业能力管理矩阵及提升策略
- 时间管理的方法
- 压力管理的策略

关键概念

能力；自我效能感；胜任力；专业知识技能；可迁移技能；自我管理技能

思考与讨论

1. 通过能力三核，对你目前拥有的知识技能、可迁移技能和自我管理技能进行梳理。

2. 使用职业能力矩阵，盘点你的优势核心区的能力、退路储存区的能力、授权盲区的能力，拟定你的能力提升计划。

第一节 能力的基本认识

一、能力及其相关理论

(一)能力的特征及相关概念

1. 能力的特征

能力是个体顺利完成某种活动所必须具备的心理条件。能力具有以下特征。

(1)能力是人格系统的一部分

人格是个性性格结构特征中的效能系统，关系到心理活动和行为的效率。能力直接影响人的活动效率，是使活动任务得以顺利完成的、必需的个性心理特征。

（2）能力在个体上表现出质和量的差异

①质的差异。每个人都有自己的特殊能力，如有人擅长艺术创作，有的人擅长运算分析，有的人擅长运筹帷幄，有的人擅长耕织播种等；同一种能力，如言语能力，不同的人在形象性、生动性、流畅性、逻辑性等方面也各有所长。能力质的差异，能满足不同职业活动的要求。②量的差异。职业能力的发展水平和发展速度不同，人的职业能力也有高低大小之分。

（3）能力是先天和后天共同作用的结果

能力是在遗传的基础上，教育、环境和主观努力综合作用的结果。能力不仅是个体已经达到的现有成就水平，还包含了个体具有的潜力，即能力倾向。稻盛和夫先生在《干法》里提到"人的能力这个东西，绝不是一成不变的"。能力，归根到底，应该采用"将来进行时"来估量。几乎所有的能力都可能通过刻意练习获得提升。

（4）能力与活动紧密相连

能力是在活动中形成、发展和表现出来的，同时也是从事某种活动的前提。我国古代思想家王充在《论衡·成长篇》中指出"施用累能""科用累能"，意指能力在使用中不断积累，在从事不同职业活动的过程中不断积累。每个人都要在活动中不断发现、培养自己的能力。

2. 能力与知识、技能和自我效能感

（1）知识与技能

知识是人脑对客观事物的主观表征，包括陈述性知识和程序性知识。人一旦有了知识，就会运用这些知识来指导自己的活动。

如果说能力倾向是个体与生俱来的特殊天赋，那么技能则代表着个体经过后天学习、练习和培养才能形成的能力。它是人们通过练习而获得的动作方式和动作系统，直接控制活动动作程序的执行，包括操作技能（通过外显的机体运动，作用于物质性的客体来实现）和心智技能（借助内在的智力操作，作用于事物的信息来实现）。操作技能的形成依赖于机体运动的反馈信息，心智技能则通过操作活动模式的内化来形成。

知识和技能是能力结构的基本组成成分，但只有那些能够广泛应用和迁移的知识和技能，才能转化成为能力。能力的形成与发展依赖知识和技能的获得，随着知识与技能的积累，个体的能力会不断提高；能力的高低反过来也会影响知识、技能的掌握水平。从一个人掌握知识、技能的速度与质量，可以看出其能力的大小。所以能力是掌握知识、技能的前提，也是掌握知识、技能的结果。两者是相互转化、相互促进的。正确理解能力与知识、技能的关系，有助于知识的传授、技能和培养和能力的发展。

（2）自我效能感

自我效能感是与能力密切相关的重要概念。社会学习理论的创始人班杜拉从社会学习的观点出发提出了自我效能理论，用以解释在特殊情景下动机产生的原因。自我效能感是个人对自己完成某方面工作能力的主观评估。自我效能感的评估结果将直接影响一个人的行为动机。当一个人确信自己有能力进行某一活动时，他就会产生高度的自我效能感，并会去进行那一活动。一个人在不同的领域中，其自我效能感是不同的。因此，并不存在一般的自我效能感。任何时候讨论自我效能感，都是与特定领域相联系的自我效能感。

自我效能的功能主要是调节和控制行为，并通过行为调控影响行为结果。自我效能对行为的调控主要表现在以下方面。①影响人们对行为的选择与坚持性。自我效能感高的人，常常倾向于选择适合于自己能力水平又富有挑战性的任务。②影响人们的努力程度和对困难的态度。具有高度自我效能感的人，多富有自信，勇于面对困难和挑战，相信自己可以通过努力克服困难，会竭力去追寻和实现自己的目标。③影响人们的思维方式和行为效率。有强烈自我效能感的人把注意力集中在积极分析问题和解决问题上，他们知难而上、执着追求，常常超常发挥，表现出优质的行为能力和行为效率。④影响人们的归因方式。自我效能感高的人常常把失败归因于自己努力不够，而成功对他们而言是可控的。所以，对个人具体行为起决定作用的往往不是个人实际能力的高低，而是自我效能感。

(二)能力的种类

1. 一般能力和特殊能力

以能力所表现的活动领域的不同来划分，能力可分为一般能力和特殊能力。

一般能力，指的是在不同种类的活动中都会表现出的能力，如观察力、记忆力、抽象概括力、想象力、创造力等。它保证人们有效地认识世界，也称智力。其中抽象概括力是一般能力的核心，它支配着智力的诸多因素，并制约着能力发展的水平。

特殊能力，又称专门能力，指的是完成某种专业活动所表现出来的能力，它是顺利完成某种专业活动的心理条件，如音乐家区别旋律的能力及感受音乐节奏的能力等，画家的色彩鉴别力、空间想象力、形象记忆力等。

2. 模仿能力和创造能力

按照活动中能力的创造性成分的不同划分，能力可分为模仿能力和创造能力。

模仿能力是指人们通过观察别人的行为、活动来学习各种知识和技能，并以相同的方式作出反应的能力。模仿是动物和人类的一种重要的学习能力。模仿不但表现在观察别人的行为后立即作出的相同反应，而且表现在某些延缓的行为反应中，如儿童模仿父母说话和表情，学习书法时临摹字帖，学习舞蹈时模仿老师的动作和姿态等。

创造能力是指产生新的思想和新的产品的能力。具有创造能力的人在创造性的活动中能摆脱具体的知觉情景、思维定式、传统观念和习惯事例的束缚，提出具有社会价值的、独特的思想，产生新的产品，如作家在头脑中构思人物和故事，创造新的作品，科学家提出新的理论模型，并用实验证实这些模型等。模仿能力和创造能力是相互关联的，创造能力的发展以一定的模仿能力为基础，模仿能力中又含有创造性的因素，如在模仿前人的基础上，创造出具有个人独特风格的作品，或提出具有原创性的设计。

3. 流体能力和晶体能力

根据人一生中的发展趋势及能力对先天禀赋与社会文化因素的依赖关系划分，能力可分为流体能力和晶体能力。

流体能力，指在信息加工和问题解决过程中所表现出来的能力，如对关系的认识，类比、演绎推理能力，形成抽象概念的能力等。它较少依赖于文化和知识的内容，而主要取决于个人的禀赋。流体能力的发展与年龄有密切的关系，一般人在 20 岁以后，流体能力的发展达到顶峰，30 岁以后随着年龄的增长而降低。流体能力属于人的基本能力，是跨文化背景下智力比较的基础。

晶体能力指获得语言、数学等知识的能力，取决于后天的学习，与社会文化有密切的关系。晶体能力在人的一生中一直在发展，但 25 岁以后，发展的速度逐渐平缓。

4. 认知能力、操作能力、社交能力和情绪智力

按照能力的功能划分，能力可以分为认知能力、操作能力、社交能力和情绪能力。

认知能力指人脑加工、储存和提取信息的能力，也就是一般所讲的智力，是人们成功地完成活动最重要的心理条件，包括观察力、记忆力、注意力、思维和想象力等。美国心理学家加涅提出 3 种认知能力，即言语信息（回答世界是什么的问题的能力）、智慧技能（回答为什么和怎么办的问题的能力）、认知策略（有意识地调节与监控自己的认知加工过程的能力）。

操作能力指人们操作、制作和运用工具，完成各项活动的能力，如劳动能力、艺术表现能力、体育运动能力、实验操作能力等。操作能力是在操作技能的基础上发展起来的，又是顺利地掌握操作技能的重要条件。认知能力和操作能力不能截然分开，通过认知能力积累一定的知识和经验，操作能力才得以形成和发展。

社交能力是人们在社会交往活动中所表现出来的能力，如组织管理能力，言语感染能力，沟通能力，交际能力，调解纠纷、处理意外事件的能力等。

情绪理解、控制和利用的能力，也叫情绪智力。它是指个体监控自己及他人的情绪和情感，并识别、利用这些信息指导自己的思想和行为的能力。情绪智力包括一系列的心理过程，包括准确和适当地知觉、评价和表达情绪的能力，运用情感促进思维的能力，理解和分析情绪、有效地运用情绪知识的能力，调节情绪以促进情绪和智力发展的能力。

二、胜任力与胜任力模型

(一)胜任力的概念

麦克利兰将胜任力定义为"直接影响个体工作或工作绩效或生活中重要活动结果的知识、技能、能力、特质或动机"。

胜任力一词在 20 世纪 70 年代在管理领域被正式使用，但一直没有明确的操作性定义。不同的学者也因为使用了不同的测量工具、选择不同的被试、利用不同的数据处理办法而得到不同的实证结论。胜任力概念的界定主要分为三类。第一，以麦克利兰、查德·博亚特兹为代表的学者认为，胜任力是与个体工作绩效相关的内在特质，是个体内在的、隐藏的、深层次的特征。这些特征有其稳定性，在实际应用中，适合用于人员的甄选，能选出产生高绩效的应聘人员。第二，以伍德拉夫和弗莱彻为代表的学者认为，胜任力是与优异绩效结果有因果关系的行为特征和行为成分。这些特征是与绩效结果相关的外在的行为特征，是可变的，能利用到实践中，可用于对员工进行胜任力培训以达到提高绩效的目的。第三，以莱德福和海兰为代表的一类学者认为胜任力是与个体绩效相关的内在特质和外在行为特征的综合。这些特征是指与工作相关的一切因素，既包括特质因素也包括行为特征因素。

根据研究者们的定义，可以看到胜任力是由一系列相关的个人特质、知识、技能、

行为、价值观等组成的特征群；是个体依附于具体工作情景的相关特质与行为；可以在实际工作中辨别出高低，其高低与绩效的优劣密切相关；根据员工胜任力与特定工作要求的匹配程度，可以预测该工作结果的完成程度；胜任力既有天生存在的成分又具有可习得、可迁移的成分，可以通过培训等手段进行干预与提升。

(二)经典的胜任力模型

胜任力模型，又称为能力模型、素质模型，胜任特征模型、才能模型等。基于胜任力是完成一切工作所需的才能的集合体的观点，曼斯菲尔德和马修提出了工作胜任力模型，包括四个部分：一是个体在工作角色中涉及的技术或任务；二是对任务的管理；三是对工作情境的管理；四是工作或角色的环境，包括物理环境和人际环境。莱普辛格和露西亚认为，胜任力模型就是成功完成任何工作需要的行为、知识和技能。胜任力模型里包括完成工作所需的知识、技能、个性特征及对成功完成工作获得好的工作绩效影响最直接的行为要素。此外，威廉姆斯提出，胜任力模型是由某个具体职位所要求的优秀表现组合而成的，并且包含了数种胜任力结构；胜任力模型回答了顺利完成某个由多个具体事务构成的工作所需的知识、技能和特性的独特组合。

斯宾塞通过对某项工作的高绩效表现者的行为等进行调查研究，得到高绩效员工的共同特征进而建立了胜任力模型。他认为与高绩效结果相关的行为、技能或个性特征构成了胜任力模型。在大量的理论研究和实证研究的基础上，斯宾塞等人提出了两个为学术界共同认可的经典的胜任力模型，分别为冰山模型、洋葱模型。

1. 冰山模型

斯宾塞等人将胜任力看作一个冰山，将人员个体素质的不同表现划分为表面的"冰山以上部分"(外显的)和深藏的"冰山以下部分"(内隐的)，如图7-1所示。

浮在水面上的只是冰山的一小部分，包括基本知识、基本技能，是外在表现，是容易了解与测量的部分，相对而言也比较容易通过培训来提升。而胜任力的更多要素是内隐的，如同水下巨大的山底，包括社会角色、自我形象、特质和动机，是人内在的、难以测量的部分。它们不太容易因外界的影响而改变，但却对人员的行为与表现起着关键性的作用。

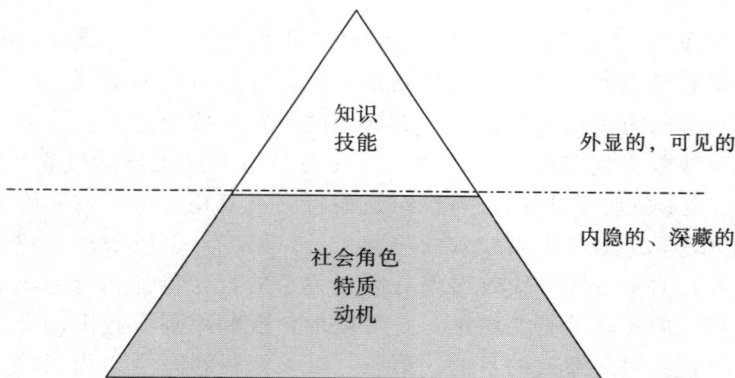

图 7-1 胜任力的冰山模型

2. 洋葱模型

随着研究的深入，更多的胜任力的要素被发现，仅仅分为外显和内隐的冰山模型已经不再适用。美国学者理查德·博亚特兹对麦克利兰的素质理论进行了深入和广泛的研究，提出了"素质洋葱模型"，展示了素质构成的核心要素，并说明了各构成要素可被观察和衡量的特点。

所谓洋葱模型，是把胜任素质由内到外概括为层层包裹的结构，最核心的是动机，然后向外依次展开为个性、自我形象与价值观、社会角色、态度、知识、技能（如图7-2所示）。越向外层，越易于培养和评价；越向内层，越难以评价和习得。大体上，"洋葱"最外层的知识和技能，相当于"冰山"的水上部分；"洋葱"最里层的动机和个性，相当于"冰山"水下最深的部分；"洋葱"中间的自我形象与角色等，则相当于"冰山"水下浅层部分。洋葱模型同冰山模型相比，本质是一样的，都强调核心素质或基本素质。对核心素质的测评，可以预测一个人的长期绩效。相比而言，洋葱模型更突出潜在素质与显性素质的层次关系，比冰山模型更能说明素质之间的关系。

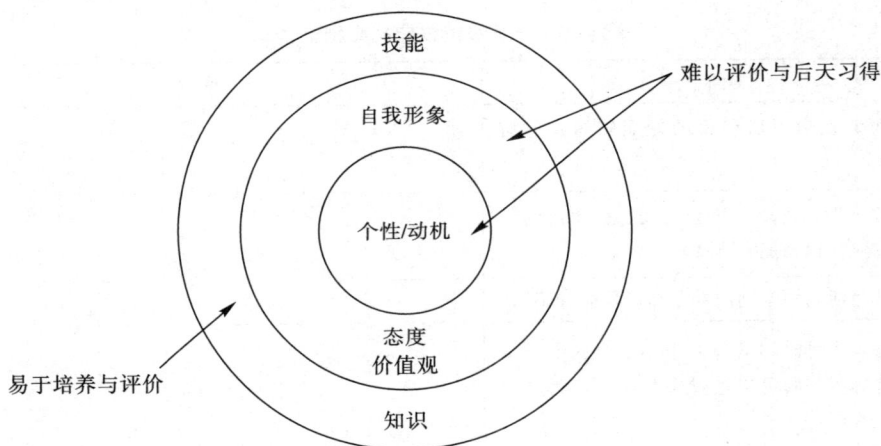

图7-2　胜任力的洋葱模型

▶ 第二节　职业能力探索

一、职业能力及其分类

职业能力是人们从事某种职业的多种能力的综合，是个体将所学的知识、技能和态度在特定的职业活动或情境中进行类化迁移与整合所形成的能完成一定职业任务的能力。

美国心理学家辛迪·梵和理查德·鲍尔斯将职业技能（经过学习和练习而培养形成的能力）分为三种类型：专业知识技能、可迁移技能（或通用技能）、自我管理技能，简称"能力三核"。它为个人职业能力的梳理提供了一个很好的思路。

(一)专业知识技能

专业知识技能是那些需要通过专门的教育或培训才能拥有的具有一定专业性和系统性的知识或能力。例如,招聘方提出的金融学、会计学专业,本科以上学历等招聘要求,都是考查专业知识技能的。这些技能常常与专业学习或工作内容直接相关。专业知识技能是不能迁移的。它们是一些特殊的术语、程序、学科内容、研究范式,必须通过有意识的、专门的学习才能获得。专业知识的重要性往往容易被夸大。越来越多的企业开始重视个人的综合素质(即自我管理技能与可迁移技能)。

因为专业知识的学习并非只有通过正式的专业教育才能获得。除了学校课程和接受系统的专业教育外,培训、讲座、研讨会、自学、资格认证考试等也可以帮助个体获得知识技能。此外,通过业余爱好、休闲娱乐、社团活动、岗前培训或在职教育等,个人也可以获得专业知识技能。因此,想要从事本专业之外的工作,个人可以通过很多途径获得相关的知识和技能。专业知识技能通常用名词表示,如英语、会计学、行星科学、核工程与核技术等。专业知识技能列举提问清单见表 7 - 1。

表 7 - 1 专业知识技能列举提问清单

提问	列举
通过专业课程学习所获得的专业知识技能有哪些?	
通过日常培训、讲座、社会实践、社团活动等学到的专业知识技能有哪些?	
在校外其他活动中学到的专业知识技能有哪些?	
面向未来,我暂时不具备但想要学会的专业知识技能有哪些?我可以通过哪些途径获得这些专业知识技能?	

需要注意的是,专业知识技能的组合更为重要,复合型人才就是具有不同专业知识技能的人。技能组合使得个体在人才市场上更具有竞争力,也更有可能将工作做好。专业知识技能的组合及独特性技能提问清单见表 7 - 2。

表 7 - 2 专业知识技能的组合及独特性技能提问清单

提问	列举
哪些专业知识技能可以相互组合?	
它们的组合能够使你更好地完成怎样的工作?	
与同专业的同学相比,你还掌握了哪些专业知识技能?有特别擅长的吗?	
是否有一些独特的专业知识技能?	

（二）可迁移技能

可迁移技能是指个体在某种特定环境下获得的，并可以有效地迁移运用到其他不同情境中的技能，也称为通用技能。可迁移技能是个人最能持续运用和最能够依靠的技能。它无所谓更新换代，无论工作和需求环境有怎样的变化，都可以得到应用。可迁移技能可以在生活中的方方面面，特别是工作之外得到发展，往往与知识绑定，却可以迁移应用于不同的工作之中。与专业知识技能相比，按工作对象的不同划分，可迁移技能主要包括三种。（1）如何与人打交道？可能用到提问、通知、建议、开玩笑、说服管理等技能。（2）如何与事务打交道？可能用到烹调、搬运、驾驶、操作等技能。（3）如何处理数据？可能用到预算、编程、计算、测量等技能。

可迁移技能显示的是你做某种事情的能力。表7-3列出的是部分以简单到复杂的顺序排列的可迁移技能清单。在清单上找找，看看你自己喜欢使用的可迁移技能是什么，以及自己所达到的水平，同时在你非常希望拥有，但尚不具备的技能上打钩。

表7-3　可迁移技能清单

程度	（数据）	（人）	（物）	程度
↓	↑	↑	↑	↑
越来越具体	综合 | 协调、创新 | 分析 | 整理计算 | 复制 | 比较	指导 | 协商 | 领导 监督 | 引导、服从 | 谈话、暗示 | 服务、服从、帮助	组装 精度调试 操作—控制 驱动—操作 照看 | 送料、出料 | 处理	越来越自由

可迁移技能是用人单位最看重的部分，可以通过观察学习、模仿总结、实习培训等途径获得，既有帮助、服从等较为简单的技能，也有教育、管理等复杂的技能。拥有较高水平的复杂技能，也意味着拥有与之相关的简单技能。拥有管理技能，意味着个体也具备组织、监督、计划、控制、谈话等技能。一个人的可迁移技能越高，选择工作方式的自由度也就越大。可迁移技能还是专业知识技能运用的基础。表达能力、搜集整理能力、理解能力、沟通能力、写作能力可以帮助英语专业的学生成为一名英语老师、翻译工作者、外交工作者或者英文作家。可迁移技能一般用动词来表示，如管理、沟通、选择等。

（三）自我管理技能

自我管理技能经常被看作人格特质或个人品质。它们常用来描述或说明个体所具备的特征品质，通常包括时间管理能力、团队协作能力、潜能开发能力、情绪管理能力等，能够帮助个体更好地适应环境。自我管理技能的获得既有天赋的成分，也是长期习得的结果，需要练习和深度的自我探索，可以从非工作领域转换到工作领域。它是个人完成工作不可或缺的个性品质，是影响职业生涯成功与否的关键，也是个人最有价值的资产。自我管理技能是企业非常看重的、甚至超过专业技能等的可再生能力素质，是成功所需要的品质，通常用形容词或副词来表示，如耐心、认真、严谨等。单一的才干无法被识别，需要与知识、技能结合才能体现，但个体如何使用自己的专业知识和技能，以何种态度、品质从事工作，比工作内容本身更为重要。

二、探索职业能力的方法

(一)职业能力的非正式测评法

1. 职业能力词汇表分析法

(1)可迁移技能词汇分析

圈出表7-4中你所拥有的技能。大多数的可迁移技能都用动词来表达。

表7-4 可迁移技能词汇表

可迁移技能词汇								
达到	照顾	巩固	指导	执行	运送	测量	记忆	记录
建设	洞察	适应	制图	联系	发现	招聘	总结	统治
管理	选择	控制	拆除	做广告	分类	研磨	示范	仲裁
烹调	展示	劝告	打扫	协调	证明	恢复	审视	引导
开玩笑	攀登	复制	草拟	分析	训练	处理	记起/回忆	
纠正	绘制	预测	收集	联络	申请	回忆	列表	前进
着色	咨询	驾驶	评价	交流	计数	治愈	减少	修理
编辑	安排	比较	创造	授予	声称	报告	传授/指导	
装配	比赛	培养	鼓励	编辑	决定	举例	观察	研究
忍耐	评估	完成	定义	加强	调和	改造	适时	执行
协助	构成	代表	提高	参加	领会	改进	组织	修复
运送	娱乐	审核	计算	证明	建立	找回	翻译	增加
权衡	集中	设计	估计	讨价还价	概念化	影响	包装	修改
详述	美化	探测	膨胀	预算	面对	改写	解决问题	发起
发展	解释	购买	联结	教导	革新/发明		感觉	航行
计算	保存	诊断	表达	促进	领导	打磨	理解	鼓舞
生产	分享	喂养	学习	编程	运送	安装	摄影	安排
感受	搬运	提升	演出	填充	倾听	拍摄	升级	解释
校对	简化	融资	装载	保护	唱歌	面试	计划	挑选

可迁移技能词汇								
调整	定位	提供	绘图	探索	维修	销售	证实	识别
证明	交际	追随	制造	宣扬	分类	记录	精确化	招待
预见	管理	推/拉	演讲	伪造	操纵		洗涤	判断
提问	拼写	构成	最大化	阅读	驾驶	保存	印刷	缝纫
阐述	测量	推理	激励	募捐	调停	塑造	写作	准备
推荐	精简	收集	会见	调解	研究	调查	安顿	编织
给予	养殖/喂养		讲述	收获	呈递	帮助	描绘	想象
指导	监督	现代化	合成	激发	遵守指示	商讨	趋向	获得
即兴表演	回顾	通知	冒险	检查	节省	互动	雕塑	介绍
创造	旅行	绘画	教导	坚持	统一	倡导	种植/播种	
建议	最小化	支持	修改	系统化	移动	交谈	养育	测验
操作	培训	战胜	治疗	参加	打字	说服	更新	放置
描述	玩耍	做志愿者	展示	工作	纺织	加工	解决	贸易
理解	设想	使用						

（2）自我管理技能词汇分析

圈出表7-5中你相信自己确实拥有的自我管理技能。在每个自我管理技能后面都有一个同义词。如果某个同义词更适合你，也把它圈出来。大多数自我管理技能都用形容词或副词来表达。

表7-5 自我管理技能词汇表

自我管理技能词汇	
学术性强的——勤学的，博学的	机敏的——警戒的，警惕，警觉的
精确的——准确的，正确的	野心勃勃的——有抱负的，毅然决然的
活跃的——活泼的，精力充沛的	好分析的——逻辑的，批判的
适合的——灵活的，适应的	感谢的——感激的，感恩的
精通的——娴熟的，内行的，熟练的	能说会道的——善于表达的，擅长辞令的
胆大的——勇敢的，冒险的	艺术的——美学的，优美的
攻击性强的——强有力的，好斗的	随和的——放松的，随意的
坚持己见的——强调的，坚持的	有效的——多产的，有说服力的
健壮的——强壮的，肌肉发达的	有效率的——省力的，省时的
留心（细节）的——观察敏锐的	雄辩的——鼓舞人心的，精神饱满的
吸引人的——漂亮的，英俊的	有感情的——感动的，多愁善感的
平衡的——公平的，公正的，无私的	同情的——理解的，关心的
心胸开阔的——宽容的，开明的	着重的——强调的，有力的，有把握的

自我管理技能词汇	
有条理的——有效率的，勤勉的	精力充沛的——活泼的，活跃的，有生气的
平静的——沉着的，不动摇的，镇定的	进取的——冒险的，努力的
正直的——直率的，坦率的，真诚的	热情的——热切的，热烈的，兴奋的
有能力的——有竞争力的，内行的，技艺精湛的	博学的——消息灵通的，有文化修养的
仔细的——谨慎的，小心的	慷慨的——乐善好施的，仁慈的
喜悦的——高兴的，快乐的，欢快的	讲道德的——体面的，有德行的，道德的
清楚的——明白的，明确的，确切的	富于表现力的——生动的，有力的
聪明的——伶俐的，敏锐的，敏捷的	公平的——无私的，无偏见的
有能力的——熟练的，高效的	有远见的——明智的，有预见的
竞争的——好斗的，努力奋争的	流行的——时髦的，走俏的，现行的
有信心的——自信的，有把握的	坚定的——不动摇的，稳定的，不屈不挠的
志趣相投的——愉快的，融洽的	灵活的——适应性强的，易调教的
认真的——可靠的，负责的	有力的——强大的，强壮的
考虑周到的——体贴的，亲切的	合礼仪的——适当的，有礼貌的，冷静的
前后一致的——稳定的，有规律的，恒定不变的	朴素的——节俭的，节省的，节约的
常规的——传统的，认可的	大方的——慷慨的，无私的，乐善好施的
合作的——同意的，一致的	亲切的——真诚的，友好的，和蔼的
有勇气的——勇敢的，无畏的，英勇的	温和的——好心的，温柔的，有同情心的
周到的——有礼貌的，彬彬有礼的，尊敬的	乐群的——爱交际的，友好的
有创造性的——新颖的，有创意的	吃苦耐劳的——坚强的，坚忍不拔的
好奇的——好问的，爱探究的	健康的——精力充沛的，强壮的，健壮的
果断的——坚决的，坚定的，明确的	有帮助的——建设性的，有用的
慎重的——小心的，审慎的	诚实的——真诚的，坦率的
微妙的——机智的，敏感的	有希望的——乐观的，鼓舞人心的
民主的——平等的，公平的，平衡的	幽默的——诙谐的，滑稽的，可笑的
感情外露的——富于表情的，易动感情的	有想象力的——有创造性的，有创意的
可靠的——令人信任的，可信赖的	独立的——自立的，自由的
坚决的——坚定的，果敢的	勤奋的——努力的，忙碌的
灵巧的——灵活的，敏捷的，机敏的	有知识的——学者气质的
婉转得体的——机智的，文雅的，精明的	智慧的——聪明的，见识广的，敏锐的
谨慎的——小心的，精明的	特意地——有目的地，故意地
独特的——唯一的，个性化的	明智的——聪明的，有判断力的，冷静的
占统治地位的——发号施令的，权威的	善良的——好心的，仁慈的
有文化的——博学的，诗意的，好学的	逻辑性强的——理智的，有条理的

自我管理技能词汇	
拘谨的——矜持的，客气的	忠诚的——真诚的，惠实的，坚定的
负责的——充分考虑的，成熟的，可靠的	有条理的——系统的，整洁的，精确的
反应灵敏的——活泼的，能接纳的	小心翼翼地——精确地
自发的——首创的，足智多谋的	谦虚的——谦逊的，简朴的，朴素的
敏感的——易受影响的，敏锐的	有益于成长的——有帮助的，支持的
严肃的——冷静的，认真的，坚决的	观察敏锐的——专注的，留心的，警觉的
精明的——机敏的，爱算计的，机警的	头脑开放的——接纳的，客观的
真诚的——诚恳的，可信的，诚挚的	有秩序的——整洁的，训练有素的，整齐的
交际的——随和的，亲切的	独创的——创造性的，罕有的
自发的——冲动的，本能的	随和的——友好的，好交际的，温暖的
稳定的——坚固的，稳固的，可靠的	充满热情的——狂喜的，强烈的，热心的
高大结实的——强有力的，强健的，肌肉发达的	成功的——有成就的，证据确凿的
耐心的——坚定不移的，毫无怨言的	同情的——仁慈的，温暖的，善良的
平和的——宁静的，平静的，安静的	有策略的——考虑周详的，慎重的
敏锐的——有洞察力的，有辨识力的	顽强的——坚持的，坚定的
坚持的——持久的，持续的	理论性强的——抽象的，学术的
有说服力的——令人信服的，有影响力的	完全的——彻底的，全部的
爱玩耍的——有趣的，快乐的	深思熟虑的——沉思的，慎重的
泰然自若的——自制的，镇静的	宽容的——仁慈的，宽大的
礼貌的——尊敬的，文明的，恰当的	坚强的——不动摇的，坚定的
积极的——有远见的，坚定的	值得信赖的——可靠的，可信赖的
实用的——有用的，实际的	真诚的——诚实的，实际的，精确的
精确的——详细的，明确的，准确的	善解人意的——了解的，理解的
多产的——硕果累累的，丰富的	保护的——警戒的，防御的
文雅的——文明的，有修养的	智慧的——明智的，仔细的，聪明的
爱说话的——爱发表意见的，善于表达的	准时的——守时的，稳定的，及时的
有目的的——下定决心的，有意的	多才多艺的——多技能的，手巧的
快速的——敏捷的，灵活的，轻快的	精力旺盛的——生机盎然的，充满活力的
安静的——无声的，沉默的，宁静的	有德行的——好的，道德的，模范的
容光焕发的——明亮的，热情洋溢的，光彩夺目的	活泼的——活跃的，快活的
理性的——健全的，合理的，符合逻辑的	志愿的——自由的，非强迫的
现实的——自然的，真实的	温暖的——充满爱意的，慈爱的，友善的
合理的——合逻辑的，有根据的	迷人的——有魅力的，令人愉快的
沉思的——爱思考的，深思熟虑的	热心的——热情的，热切的，热烈的
可靠的——可信赖的，值得信赖的	

2. 个人成就故事

通过"个人事件模块"法，准备个人成就故事。事件模块可以帮助个体更有条理地梳理每个实践中自己所体现的能力，不仅让个体突出自己的优势、更加自如应对面试官的开放性问题，更能够帮助个体根据职位、工作性质和要求的不同，发现自己的不足之处，有针对性地提升就业能力。

（1）使用头脑风暴

在脑海中仔细回忆大学期间自己所参加过的所有活动，尤其是那些能够突出某些能力的活动。成就事件就是个体在成长过程中，有意地制定目标并克服困难完成的事情。不一定是工作上或学习上的，也可以是课外活动、家庭生活、同学聚会，或者旅行途中发生的任何事情。只需要符合以下两条标准，就可以被视为成就：喜欢做这件事时体验到的感受；为完成它所带来的结果而感到自豪。

简要写下它们的基本情况：什么时间，什么活动（社团活动、实习经历、课题调研、学科竞赛、其他），你所做的事情、担任的职务或发挥的作用，事情的结果。

（2）STAR法则应用

STAR是由当时的情形（Situation）、面临的任务/目标（Task/Target）、采取的行动/态度（Action/Attitude）、取得的结果（Results）四个英文单词首字母组成的。STAR法则是一种讲述自我成就故事的方式，是一种常常被面试官使用的用来收集面试者与工作相关的具体信息和能力的工具。相比传统的面试方法，STAR法则可以更精确地预测面试者未来的工作表现。STAR法则也可以用于自我探索，通过编写个人成就故事，个体可以分析其中所反映的个人能力。

个体将头脑风暴中想到的成就故事，用STAR法则的四个要点写出来。

S：当时面临的具体情况与形势如何？有哪些现实困境？

T：要达成什么目标或需要完成什么样的任务？

A：针对这样的情况，采用了什么行动方式，怎样一步一步克服困难并达成目标？（使用名词、动词描述具体的行动步骤）

R：通过努力和行动达成的结果和取得的成就如何？（使用形容词或副词进行自我评价或他人评价，使用数据或其他方法衡量活动的结果）

写下5~8个成就故事，越多越好。

（3）挖掘闪光点

看看在这些故事中是否有重复出现的技能，并将这些技能按优先次序排列。

大一时，代表学院参加职业生涯规划大赛决赛。

S：全校共有12支参赛队伍进入决赛，我们小组……其他小组……

T：职业生涯规划知识竞赛，职业生涯规划报告答辩。

A：担任小组组长，编制训练题，组织小组学习和模拟训练，根据每个人的特点分配答辩任务。（尽量详细，包括完成任务时的闪光点、遇到的困难及其解决路径等）

R：获得大赛二等奖。

能力挖掘：专业知识技能如生涯、自我探索、价值观、兴趣、个性、职业、岗位（名词）。可迁移技能如理解、沟通、组织、协调、领导、解决（动词）。自我管理技能如合作的、好奇的、理性的、合理的、敏捷的、可靠的（形容词或副词）。

(二)职业能力测评量表

1. 职业能力倾向自测

表7-6有9组题目,每组有5个小题,每个小题有5个备选答案,即强、较强、一般、较弱、弱,请根据自己的实际情况作答(在相应的选项上划"√")。每题只能选择一个答案。通过测验,你可以大致了解自己的职业能力倾向。

表7-6 职业能力倾向测评表

题目		强	较强	一般	较弱	弱
(一)一般学习能力倾向(G)	1. 快而容易地学习新内容					
	2. 快而正确地解数学题					
	3. 你的学习成绩					
	4. 对课文的字、词、段落篇章的理解、分析和综合能力					
	5. 对学习过的知识的记忆能力					
(二)言语能力倾向(V)	1. 善于表达自己的观点					
	2. 阅读速度和理解能力					
	3. 掌握词汇量的程度					
	4. 你的语文成绩					
	5. 你的文学创作能力					
(三)算术能力倾向(N)	1. 作出精确的测量					
	2. 笔算能力					
	3. 口算能力					
	4. 打算盘					
	5. 你的数学成绩					
(四)空间判断能力倾向(S)	1. 解决立体几何方面的习题					
	2. 画二维度的圆形					
	3. 看几何图形的立体感					
	4. 想象盒子展开后的平面图					
	5. 想象三维度的物体					
(五)形态知觉能力倾向(P)	1. 发现相同图形中的细微差别					
	2. 识别物体的形状差异					
	3. 注意物体的细节部分					
	4. 观察物体的图案是否正确					
	5. 对物体的细微描述					

题目		强	较强	一般	较弱	弱
（六）书写知觉能力倾向（Q）	1. 快而准地抄写资料（如姓名、日期、电话号码等）					
	2. 发现错别字					
	3. 发现计算错误					
	4. 能很快查找编码卡片					
	5. 自我控制能力（如较长时间抄写资料）					
（七）眼手运动协调能力倾向（K）	1. 玩电子游戏					
	2. 打篮球、排球、足球一类活动					
	3. 打乒乓球、羽毛球运动					
	4. 打算盘能力					
	5. 打字能力					
（八）手指灵巧度（F）	1. 灵巧地使用很小的工具					
	2. 穿针眼、编织等使用手指的活动					
	3. 用手指做一件小工艺品					
	4. 使用计算器的灵巧程度					
	5. 弹琴					
（九）手腕灵巧度（M）	1. 用手把东西分类					
	2. 在推拉东西时手的灵活度					
	3. 很快地削水果					
	4. 灵活地使用手工工具					
	5. 在绘画、雕刻等手工活动中的灵活性					

（1）计算方法

①职业能力的评定采用五级量表："强""较强""一般""较弱""弱"。每级评定对应的权重参数分别是 1、2、3、4、5。

②将评定等级乘以权重参数，然后将 5 项数值加起来。

总次数＝（第一项之和×1）＋（第二项之和×2）＋（第三项之和×3）＋（第四项之和×4）＋（第五项之和×5）

③将总数值除以 5，就得到每一类能力倾向的自评等级。

自评等级＝总次数÷5

例如：张某的一般学习能力倾向选择如下

题目		强	较强	一般	较弱	弱
（一）一般学习能力倾向（G）	1. 快而容易地学习新内容	✓				
	2. 快而正确地解数学题	✓				
	3. 你的学习成绩			✓		
	4. 对课文的字、词、段落篇章的理解、分析和综合能力				✓	
	5. 对学习过的知识的记忆能力			✓		

总次数＝2×1＋1×2＋1×3＋1×4＝11

自评等级＝11÷5＝2.2

将自评等级填在表7-7中。

表7-7　自评等级结果表

项目	一般学习能力倾向（G）	言语能力倾向（V）	算术能力倾向（N）	空间判断能力倾向（S）	形态知觉能力倾向（P）	书写知觉能力倾向（Q）	眼手运动协调能力倾向(K)	手指灵巧度（F）	手腕灵巧度（M）
自评等级									

（2）测试结果解释

各种职业能力的特点如下。

①一般学习能力倾向（G）：对测验说明、指导语和原理的理解能力、推理判断的能力，迅速适应新环境的能力。

②言语能力倾向（V）：对词及其含义的理解和使用能力，对词语、句子、段落和篇章的理解能力，以及清楚正确地表达自己的观念和向别人介绍信息的能力。

③算术能力倾向（N）：迅速而准确地运算，以及推理、解决应用问题的能力。

④空间判断能力倾向（S）：对立体图形、平面图形与立体图形之间的关系的理解能力，包括看懂几何图形、理解立体图形各个面、识别物体在空间运动中的联系、解决几何问题的能力。

⑤形态知觉能力倾向（P）：对物体或图形的形态和细节具有正确的知觉能力，包括对物体明暗、线条的宽窄和长短等能够进行区别和比较，分辨细微的差异。

⑥书写知觉能力倾向（Q）：对词、印刷物、账目和表格的细微部分具有正确知觉的能力，能够发现错误、正确校对等。

⑦眼手运动协调能力倾向（K）：指眼、手、脚、身体迅速准确做精确的运动，手能跟随眼看到东西迅速行动，进行正确控制的能力。

⑧手指灵巧度（F）：快速而准确地活动手指，用手指操作细小东西的能力。

⑨手腕灵巧度（M）：随心所欲地、灵巧地活动手及手腕的能力。

2. 常见职业及其职业能力要求

常见职业及其相应的职业能力要求如表7-8所示。

表 7 - 8 常见职业及其相应的职业能力要求

职业类型	职业能力倾向								
	一般学习能力倾向（G）	言语能力倾向（V）	算术能力倾向（N）	空间判断能力倾向（S）	形态知觉能力倾向（P）	书写知觉能力倾向（Q）	眼手运动协调能力倾向（K）	手指灵巧度（F）	手腕灵巧度（M）
生物学家	1	1	1	2	2	3	3	2	3
建筑师	1	1	1	1	2	3	3	3	3
测量员	2	2	2	2	2	3	3	3	3
测量辅导员	4	4	4	4	4	4	3	4	3
制图员	2	3	2	2	2	3	2	2	3
建筑和工程技术员	2	2	2	2	2	3	3	3	3
建筑和工程技术专家	2	3	3	3	3	3	3	3	3
物理科学技术专家	2	2	2	2	3	3	3	3	3
物理科学技术员	2	3	3	3	3	3	3	3	3
农业、生物、动物、植物学的技术专家	2	2	2	2	3	3	3	3	3
农业、生物、动物、植物学的技术员	2	3	3	3	2	3	3	3	3
数学家和统计学专家	1	1	1	3	3	2	4	4	4
系统分析和计算机程序编制者	2	2	2	2	3	3	4	4	4
经济学家	1	1	1	4	4	2	4	4	4
社会学家、人类学者	1	1	2	2	2	3	4	4	4
心理学家	1	1	3	4	4	3	4	4	4
历史学家	1	1	4	3	3	3	4	4	4
哲学家	1	1	3	4	4	3	4	4	4
政治学家	1	1	4	4	4	3	4	4	4
政治经济学家	2	2	2	3	3	3	3	3	5
社会工作者	2	2	3	4	4	3	4	4	4
社会服务助理人员	3	3	3	4	4	3	4	4	4
法官	1	1	3	4	3	4	4	4	4
律师	1	1	3	4	3	4	4	4	4
公证人	2	2	3	4	4	3	4	4	4
图书管理学专家	2	2	3	3	4	2	3	4	4
图书馆、博物馆和档案管理员	3	3	3	2	2	4	3	2	3
职业指导者	2	2	3	4	4	3	4	4	4

职业类型	职业能力倾向								
	一般学习能力倾向（G）	言语能力倾向（V）	算术能力倾向（N）	空间判断能力倾向（S）	形态知觉能力倾向（P）	书写知觉能力倾向（Q）	眼手运动协调能力倾向（K）	手指灵巧度（F）	手腕灵巧度（M）
大学教师	1	1	3	3	2	3	4	4	4
中学教师	2	2	3	4	3	3	4	4	4
小学和幼儿园教师	2	2	3	3	3	3	3	3	3
职业学校教师（职业课）	2	2	2	3	3	3	3	3	3
职业学校教师（普通课）	2	2	3	4	3	3	4	4	4
内、外、牙科医生	1	1	2	1	2	3	2	2	2
兽医学家	1	1	2	1	2	3	2	2	2
护士	2	2	3	3	3	3	3	3	3
护士助手	2	4	4	4	4	3	3	3	2
工业药剂师	2	1	2	3	2	2	3	2	3
医院药剂师	2	2	2	4	9	2	3	2	3
营养学家	2	2	2	3	3	3	4	4	4
配镜师（医）	2	2	2	2	2	3	3	3	3
配眼镜商	3	3	3	3	3	4	3	3	3
放射科技术人员	3	3	3	3	3	3	3	3	3
药物实验室技术专家	2	2	2	3	2	3	3	2	3
药物实验室技术员	2	3	3	3	3	3	3	3	3
画家、雕刻家	2	3	4	2	2	5	2	1	2
产品设计和内部装饰者	2	2	3	2	2	4	2	2	3
舞蹈家	2	2	4	3	4	4	4	4	4
演员	2	2	3	4	3	4	4	4	4
电台播音员	2	2	3	2	2	4	2	2	3
作家和编辑	2	1	3	3	3	3	4	4	4
翻译人员	2	1	4	4	4	3	4	4	4
体育教练	2	2	2	4	3	4	4	4	4
运动员	3	3	4	2	3	4	2	4	2
秘书	3	3	3	4	3	2	3	3	3
打字员	3	3	4	4	3	3	4	3	3
会计	3	3	3	4	4	2	3	3	4
出纳	3	3	3	4	4	2	3	3	4
统计员	3	3	2	4	3	2	3	3	4
电话接线员	3	3	4	4	4	3	3	3	3

续表

职业类型	职业能力倾向								
	一般学习能力倾向（G）	言语能力倾向（V）	算术能力倾向（N）	空间判断能力倾向（S）	形态知觉能力倾向（P）	书写知觉能力倾向（Q）	眼手运动协调能力倾向（K）	手指灵巧度（F）	手腕灵巧度（M）
办公室职员	3	4	3	4	4	3	3	4	4
商业经营管理	2	2	3	4	4	3	4	4	4
售货员	3	3	3	4	4	3	4	4	4
警察	3	3	3	4	3	3	3	4	3
门卫	4	4	5	4	4	4	4	4	4
厨师	4	4	4	4	3	4	3	3	3
招待员	3	3	4	4	4	4	3	4	3
理发员	3	3	4	4	9	4	2	2	2
导游	3	3	3	3	3	5	3	3	3
驾驶员	3	3	3	3	3	3	3	4	3
农民	3	4	4	4	4	4	4	4	4
动物饲养员	3	4	4	4	4	4	4	4	4
渔民	4	4	4	4	4	5	3	4	3
矿工	3	4	4	4	4	5	3	4	3
纺织工人	4	4	4	4	3	5	3	3	3
机床操作工	3	4	4	3	3	4	3	4	3
锻工	3	4	4	4	3	4	3	4	3
无线电修理工	3	3	3	3	2	4	3	3	3
细木工	3	3	3	3	3	4	3	4	4
家具木工	3	3	3	3	3	4	3	4	3
一般木工	3	4	4	3	4	4	3	4	3
电工	3	3	3	3	3	4	3	3	3
裁缝	3	3	4	3	3	4	3	2	3

▶ 第三节　职业能力的管理

一、职业能力管理矩阵

（一）职业能力矩阵的内涵

根据个人能力的高低、喜好，可以把能力划分为四个区间：优势区（喜欢且擅长）、存储区(擅长但不喜欢)、潜能区(喜欢但不擅长)、盲区(不喜欢也不擅长)。每个区域的能力都各有特色,也有相应的提升策略。

优势(核心区)是个体既喜欢,又擅长的能力,是个体的优势所在。这部分别人既没你做得好,也没你做得快乐。优势区的能力一定是个体现在拥有的能力。

退路(储存区)是个体过去的能力,是在成长过程中或关键的生存阶段被迫或者有意无意投入了大量时间培养起来的,可能是不那么喜欢的专业和才艺,或者是初入职场时个体为了生存而掌握的某项技能。

潜能(提升区)往往是个体希望未来能具备的优秀能力。个体会对潜能区的能力展现出很大的兴趣。

授权(盲区)是个体既没有兴趣去学,也不容易学会的能力。

(二)职业能力矩阵提升策略

一方面,需要持续不断地提升优势核心区的能力,确保它具有竞争性;另一方面,需要刻意使用及主动宣传,使其成为个人品牌。这样优势区的能力才能源源不断地给个体带来机会和资源。

退路储存区的能力需要时不时拿出来用一用,个人应经常进行回顾练习,以保证一定的熟练度。这部分的能力虽然不能在情绪上给个体带来很大收益,但可以成为遭遇逆境时的基础保障。个人可根据目前的发展情况对此部分能力进行技能的重新定位。

对于潜能提升区,个人应采取的最关键措施是加大投入、刻意学习,每段时间聚焦于1~3个潜能的提升,同期提升的潜能越少越好,避免精力分散导致专注度下降。

对于授权盲区的能力,个人需要认真面对,正视自己的不足,积极地回避。回避的措施有授权与合作,如非不得已,尽量避免正面碰撞。实在无法选择,就积极地认真面对,通过购买工具、付费获得指导等方式去学习。学习的目的不是要投入所有精力成为该领域专家,而是促进任务的完成。

能力四象限提升策略如图7-3所示。

	高能力	优势 (核心区) 聚焦、精进 刻意使用	退路 (储存区) 重新定位 组合应用
	低能力	潜能 (提升区) 接纳、投入 刻意学习	授权 (盲区) 躲避、授权 认真面对
	喜好	喜欢	不喜欢

图7-3 能力四象限提升策略

二、优势职业能力探索

(一)"能力四象限"工具介绍

用4张字母卡(A. 很愿意使用、B. 比较愿意使用、C. 不太愿意使用、D. 很不愿意使用)和4张数字卡(1. 非常擅长、2. 比较擅长、3. 有些费力、4. 不能胜任)制作能力分区。对能力进行梳理可参考表7-9，未列举到的能力，可以自行补充。

表7-9 能力卡片清单

"能力四象限"卡片内容					
创意	快速适应	情绪管理	人际沟通	视觉化表达	审美
团队合作	谈判协商	多语言	资料收集	分析	写作
执行	提取概念	计算机运用	预见	销售	客户服务
领导力	评估	演说、表演	决策	观察	监控推进
预算	顾问与咨询	艺术特长	授权	校对、编辑	归纳总结
处理模糊问题	计划、组织	事务管理	归类	临场发挥	教导指点
时间管理	多任务管理	测评与检查	持续记录	机械使用	处理数字

(二)能力四象限探索步骤

以下方法可以帮助你盘点自己拥有哪些技能，哪些是你喜欢的、常用的(优势区)，哪些是不太喜欢和常用的(退路区)，也可以帮助你辨别哪些是自己想要提高的能力(潜能区)，同时，还可能会发现一些长期被自己忽略的能力(盲区)。整个过程将会占用15～20分钟的时间，请预留出足够的时间。

步骤一：将A、B、C、D四张卡片按照"很愿意使用、比较愿意使用、不太愿意使用、很不愿意使用"，从左至右放在干净、平整的工作台上。

A. 很愿意使用 ↓	B. 比较愿意使用 ↓	C. 不太愿意使用 ↓	D. 很不愿意使用 ↓

步骤二：根据你对技能的喜好程度(假设所有的技能你都掌握)，将所有能力卡片分类摆放在A、B、C、D四张卡片下方。

A. 很愿意使用 ↓	B. 比较愿意使用 ↓	C. 不太愿意使用 ↓	D. 很不愿意使用 ↓
……	……	……	……

步骤三：将1、2、3、4四张卡片依照"非常擅长、比较擅长、有些费力、不能胜任"的顺序从上到下摆放在工作台的左侧。

掌握程度	A. 很愿意使用 ↓	B. 比较愿意使用 ↓	C. 不太愿意使用 ↓	D. 很不愿意使用 ↓
1. 非常擅长→	……	……	……	……
2. 比较擅长→				
3. 有些费力→				
4. 不能胜任→				

步骤四：根据擅长程度将"A."下对应的能力卡片，分配到1、2、3、4卡片后，将每种技能的擅长程度与"A."下的其他卡片作比较。如果这个技能没有使用过，将它放到一边或"不能胜任"处。如果不确定这个技能的擅长程度，将其放在"有些费力"处。

掌握程度	A. 很愿意使用 ↓	B. 比较愿意使用 ↓	C. 不太愿意使用 ↓	D. 很不愿意使用 ↓
1. 非常擅长→	(1) (2) (3) ……	……	……	……
2. 比较擅长→	(1) (2) (3) ……			
3. 有些费力→	(1) (2) (3) ……			
4. 不能胜任→	(1) (2) (3) ……			

按照以上方法，依次将 B、C、D 卡片下的技能卡分配到1、2、3、4 卡片后。

掌握程度	A. 很愿意使用 ↓	B. 比较愿意使用 ↓	C. 不太愿意使用 ↓	D. 很不愿意使用 ↓
1. 非常擅长 →	(1) (2) (3) ……	(1) (2) (3) ……	(1) (2) (3) ……	(1) (2) (3) ……
2. 比较擅长 →	(1) (2) (3) ……	(1) (2) (3) ……	(1) (2) (3) ……	(1) (2) (3) ……
3. 有些费力 →	(1) (2) (3) ……	(1) (2) (3) ……	(1) (2) (3) ……	(1) (2) (3) ……
4. 不能胜任 →	(1) (2) (3) ……	(1) (2) (3) ……	(1) (2) (3) ……	(1) (2) (3) ……

步骤五：将已经分配好的卡片分配到矩阵的 16 个区域内。接下来把各种卡片对应的能力填写到能力清单相应区域的横线上（深色的格子先空出来不填写）。

核心区		储存区	
提升区		盲区	

步骤六：结合前面的能力四象限可以看到，能力清单中各个区域都有其意义。坐标轴左上方四个方块组成的区域就是你的能力核心区，右上方的四个区域是能力的储存区，左下方是潜能区，右下方是授权区。

步骤七：最后，结合实际对能力的使用频率等情况，仔细思考以下问题。

①根据实际情况，如果需要在接下来的三个月内从核心区的能力中挑出两个，有意识地为它们做一点"宣传"，你会选择哪两个？请填写在核心区上方的深色框格中。

②如果需要在储存区中挑选出两个能力将他们重新组合与应用，你会选择哪两个？请填写到储存区上方的深色框格中。

③如果需要在提升区中选出两个能力，在接下来的一年中有意投入学习，你会选择哪两个？请填写到提升区上方的深色格子中。

④请在盲区挑选出两个能力，填写到盲区的深色格子中。

三、核心职业能力提升

部分职业需要专门的知识或证书（如会计、医生、律师、化工、程序设计等），而更多的职业并不要求有某些特殊的知识技能，只需要一些一般性的技能和素质（可迁移技能和自我管理技能）。

其中，自我管理能力是指个体依靠主观能动性按照社会目标，有意识、有目的地对自己的思想、行为进行转化控制的能力。进行有效的自我管理，是能力提升的基础。时间管理能力和压力管理能力是自我管理能力两个最重要的内容。

自我管理能力是其他各项能力提升的基础，只有进行有效的自我管理，才能协调和分配好自己的精力，朝向目标努力前行。

（一）时间管理能力

时间管理是指通过事先规划和运用一定的技巧、方法与工具实现对时间的灵活及有效运用，从而实现个人或组织的既定目标的过程。时间管理的本质是自我管理，是管理我们的心智和行动。善于管理时间者的生活质量较高，时间管理技能可以通过训练得到提高。

1. GTD 时间管理步骤

GTD 将时间管理分为收集、整理、组织、回顾与行动五个步骤。GTD 是"Getting Things Done"的缩写，是由效率管理专家戴维·艾伦开创的一套完整的个人时间管理系统。GTD 的核心理念在于只有将个人心中所想的所有事情都写下来并安排好，个人才能心无挂念，全力以赴地做好目前的工作，提高工作效率。GTD 的步骤包括：收集一切引起我们注意的事务和信息；理清每个收集的意义和相关措施；组织整理结果，为每项事务列出下一步行动；执行行动；定期思考回顾。

（1）收集

将你能够想到的所有的未尽事宜统统罗列出来，放入工作篮（可以是实际的文件夹或者篮子，也可以是纸张或电子记事簿等）中。

（2）整理

从最上面开始，一次处理一项，不把任何东西放回工作篮。对不能付诸行动的内容进行分类（分为参考资料、将来/也许可能需要处理及垃圾），再看看可付诸行动的内容是否可在两分钟内完成（两分钟原则）。如果花的时间少于两分钟，那么马上就去做。

（3）组织

组织主要是对"参考资料"的组织与"对下一步行动"的组织。参考资料有重要价值，需要保存。整理参考资料一定要使其便于检索。"两分钟原则"之外的，需要多步骤才能完成的就是一个项目。要确保针对每个项目都有下一步行动计划。对下一步行动的组织一般分为下一步行动清单，等待清单和将来/可能清单。个人应定好下一步行动，并将完成事项的"环境"整理分类，当到这些地点后就知道应该做哪些工作。"等待清单"主要记录那些委派他人去做的工作或者在项目进行下去之前需要等待的外部事件，个人应对这些工作进行定期检查，看看是否可以采取行动或者需要发出提醒。"将来/可能清单"记录延迟处理事项和没有具体完成日期的未来计划。

（4）行动

根据时间的多少，精力情况及重要性来选择进行清单上的事项。不要跟着感觉走，想起做什么就做什么，而是要跟着计划走。

（5）回顾

每天或者只要有时间就进行回顾检查，否则行动和提醒的列表将会变得毫无用处。至少以星期为周期，回顾及检查所有的"行动""项目"和"等待"清单并进行更新，确保所有的新任务或者即将到来的事件都进入个人系统，这样才可以确保 GTD 系统的运作。

GTD 流程图见图 7-4。

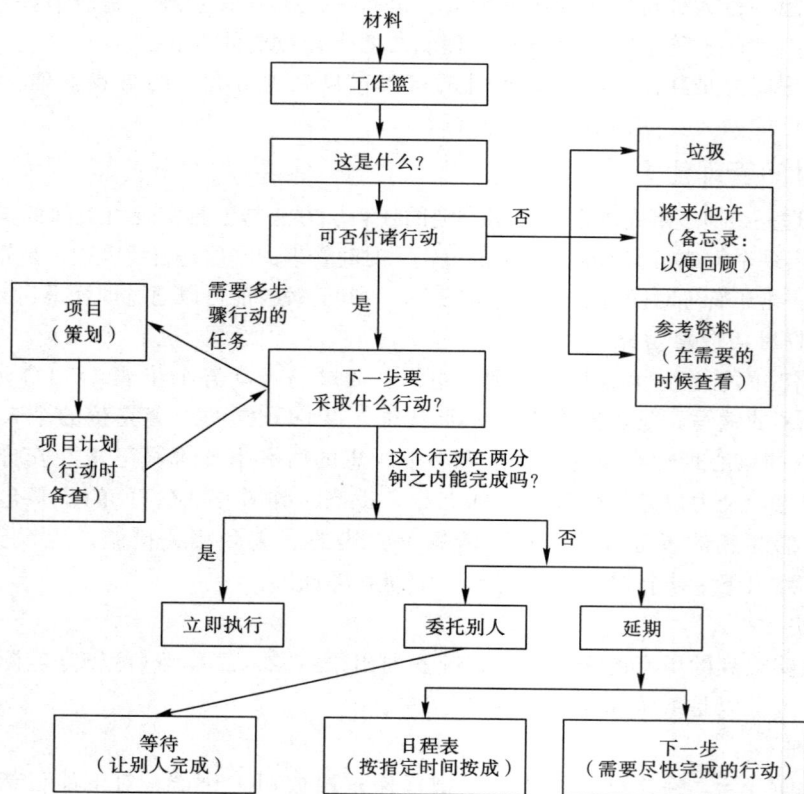

图 7-4　GTD 流程图

2. 时间管理的四象限法则

在整理这一步骤，可以使用另外一位美国时间管理大师史蒂芬·柯维发明的时间管理"四象限"法则。四象限法则认为，可以把要做的事情按照紧急、不紧急、重要、不重要分成四个象限：重要且紧急、重要不紧急、不重要紧急、不重要不紧急。四象限的划分可以让个人有重点地把主要精力和时间放在处理那些重要的工作上，从而实现对时间的有效管理。正确运用四象限法则的关键点在于时间的分配和处理原则两个方面。

四个象限的时间分配比例一般是 20：50：25：5。根据"二八定律"，20％的事项起决定性作用，80％的事项起辅助性作用。确保将"20％"的时间和精力放在第一象限关键性事务上。第二、三象限分担更多的日常性、重要性事务，分别占 50％和 25％的时间与精力分配。

四个象限的处理原则（见图 7－5）如下。

（1）第一象限重要且紧急，需要立即去做

这些工作具有一定的紧迫性，要求集中一切力量，解决主要矛盾。

（2）第二象限重要但不紧急，有计划地做

这些工作指向未来，需要长远规划且非常重要，可按照时间计划逐项、逐点落实，并确保为后续工作提供充足时间。

（3）第三象限紧急但不重要，越少越好，需要授权或委婉拒绝

这些工作不重要但紧急，授权他人或委婉拒绝可减少自身的压力或降低不必要的精力消耗。

（4）第四象限不重要且不紧急，尽量别做

这类工作纯粹是消磨时间，不应过度沉迷。

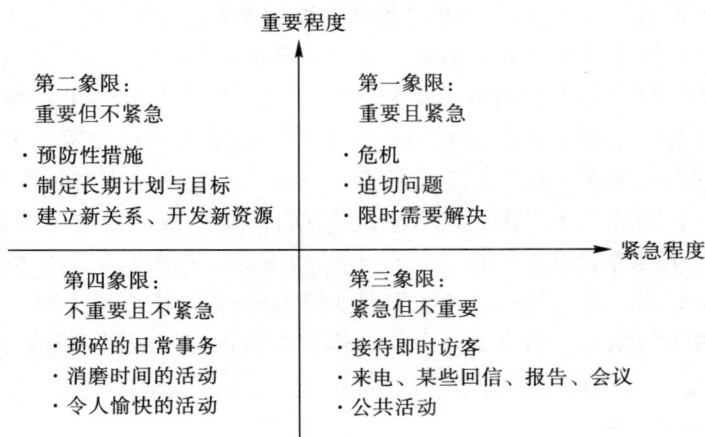

图 7－5　时间管理的四象限法则

把下一步行动清单，等待清单和将来/可能清单放入四象限之后，需要重点关注的事件就一目了然了。

（二）压力管理能力

压力管理是对感受到的挑战或威胁性环境的适应性反应。个人层面的压力源来自

工作和非工作两方面，工作方面的压力源有物理环境、个人承担的角色及其角色冲突、人际关系等因素，其管理策略有锻炼、放松、行为自我控制、认知疗法及建立社会和工作网络等。组织层面的压力源来自组织管理政策和政治、组织结构和设计、组织程序及工作条件等，其管理策略是消除或者控制组织层面的压力源，从而阻止或者减少个体员工的工作压力。

1. 压力及压力源

心理学中对压力的定义有很多，其中最有影响力是美国心理学家拉扎勒斯对压力的界定。他认为压力是人与环境相互作用的产物，人对环境进行评估后，觉得自己的能力和资源不能应对问题或者很难应对问题，就会感到有压力。因此，压力是由于内外需求与机体应对资源的不匹配破坏了个体的内稳态所致。

压力包括引起压力的环境刺激、身心反应状态及情境。其中，破坏人的身心平衡状态的环境刺激物就是压力源。身心反应状态是指个体在适应生活的过程中，由于实际上的或认识上的环境要求与应对能力失衡而引起的通过紧张性生理或心理反应表现出来的身心紧张状态。情境是指人的心理生理特质与环境刺激交互作用时，除了压力源以外的环境因素，包括自然环境和社会环境。个体是能够通过行为、认知、情绪策略来改变刺激物带来的冲击的主动行动者。面对同样的压力源，每个人经历的压力状态和程度是不同的，因为对事件解释的不同，应对方式也不同。

布朗斯坦将人类常见的压力源分为四类。其中躯体性压力源是指各种作用于人的肉体而产生刺激作用的理化、生物学刺激物；社会性压力源是指那些个体需要应对和适应的动荡、变化的社会生活情境和事件；文化性压力源是指生活中文化方面的挑战；心理理性压力源是指个体头脑中不切实际的预测、凶事预感、工作压力及心理冲突和挫折情境等。

对于职场人而言，外部的压力源主要是工作因素和生活因素。工作因素首先是对工作本身的不满，如工作的内容、前景、报酬、环境；其次是工作中承担的重大项目、面临重要任免等；再次，工作团队内部的人际关系，以及与其他正式或非正式组织的人际关系等；此外，还有工作中遇到的不公平现象所带来的压力等。生活因素主要是生活中的重大变故，如亲人亡故、工作转换，或爱情、友情、亲情等重要关系破裂等；其次是生活中日常琐碎的小困扰，如堵车、吵架等，单一事件会给个体造成压力威胁，但小事件密集发生或持续发生，也会造成不小的压力；再次是生活中的人际压力，包括与家人、朋友、恋人及其他社会相关群体的人际关系、社交压力等。内部压力源主要指个人性格带来的压力。性格缺陷会让个体在遭遇环境刺激时，压力状态更加低迷，压力程度更加激烈，应对压力的无效性更高。

2. 压力管理的策略

（1）压力管理的认知策略

拉扎勒斯认为压力源作用于个体后，能否产生压力，主要取决于"认知评价"和"应对"这两个重要的心理过程，见图7-6。

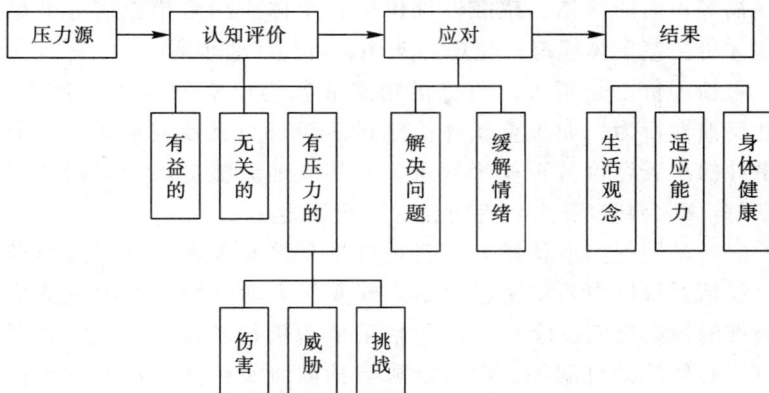

图7-6　拉扎勒斯的压力与适应模式图

①认知评价过程。认知评价是指个体觉察到情境对自身是否有影响的认知过程，包括对压力源的确定、思考及期待，以及对自身应对能力的评价，主要的心理活动包括感知、思考、推理及决策等。拉萨勒斯的三级认识评价如图7-7所示。

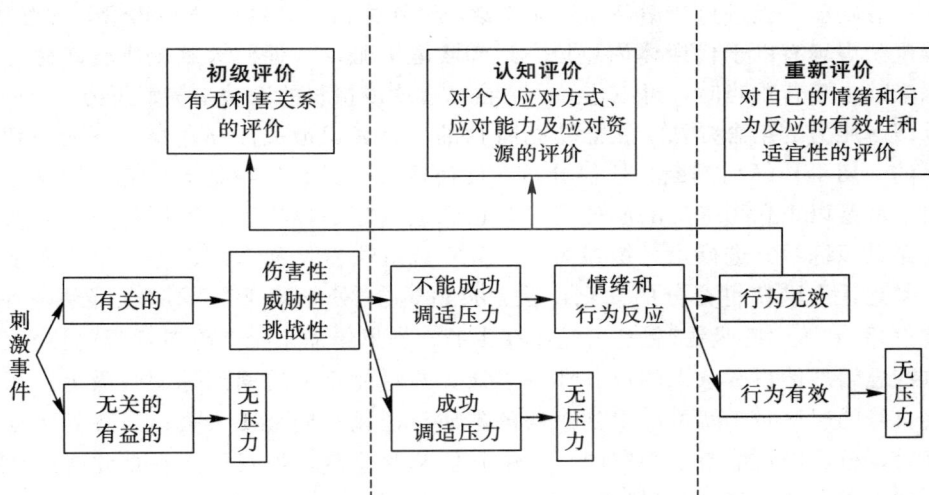

图7-7　拉萨勒斯的三级认知评价

第一步：初级评价，是指人确定刺激事件与自己是否有利害关系及这种关系的程度。评价的结果包括与个人无关的、有益的、有压力三种情况。个体感到有压力的事件可能造成伤害、损失、威胁或挑战。伤害性或损失性的评价是指事情已发生，并对个体的身心健康或资源有较大的损害，如离婚、亲人死亡等；威胁性的评价是指某情景所要求的能力超过个人的应对能力时，个人预感伤害事件将要发生而实际并未发生，其感情基调是消极的；挑战性的评价指将某一事件评价为冒险的，其感情基调是兴奋及期待，也包含焦虑与不安的成分。

第二步：次级评价，是对个人应对方式、应对能力及应对资源的评价，可判定个人应对与事件之间的匹配程度。它所要回答的问题是"在这种情况下我应该做什么"。进行次级评价后，个体会产生相应的情绪反应。如果评价结果有利，会产生高兴、骄傲、满足和幸福等正向的情绪。挑战性评价会让个体充满希望、信心十足或产生焦虑反应。伤害性评价会使个体愤怒、焦虑、悲伤、害怕、恐惧等。

第三步，重新评价，是指人对自己的情绪和行为反应的有效性和适宜性的评价，实际上是一种反馈性行为。如果重新评价结果表明行为无效或不适宜，个体就会调整自己对刺激事件的次级评价甚至初级评价，并相应地调整自己的情绪和行为反应。重新评价不一定每次都会减轻压力，有时也会加重压力。

②应对。应对是用行为或认知方法努力处理环境与人内部之间的需求，解决二者之间的冲突，包括评价压力的意义、控制或改变压力的环境、解决或消除问题、缓解由于压力而出现的情绪反应。应对方式包括采取积极行动、回避、任其自然、寻求信息及帮助、应用心理防御机制等。应对资源包括健康及良好的机能状态、个人的生活态度、解决问题的能力及判断能力、信仰及价值观、社会支持系统及物质财富等。应对的功能是解决问题或缓解情绪。应对的结果会影响个人的人生态度及观念、各种社会能力及身心健康。

（2）压力管理的行为策略

①运动减压。运动能够增加肺活量，促进氧气和养分顺利输送，还可以增强心脏肌肉和心脏功能，促进血液循环和新陈代谢，消耗体内多余的脂肪和热量，增强体质。中等强度的锻炼有助于代谢体内垃圾。运动唤醒大脑，并促使大脑提高自尊感。当心中余怒未消，痛苦难当时，可以选择一项自己喜欢或擅长的运动来缓解压力。

②缓解压力的正念疗法。正念是指有目的、有意识地关注和觉察当下的一切，而对当下的一切不作任何判断、任何分析、任何反应，只是单纯地觉察它、注意它。正念疗法，就是以正念为基础的心理疗法。正念减压疗法也称正念减压疗程，其核心步骤是正念冥想练习。进行正念练习时，以五官感觉去直接和真实世界联结，而不是头脑。如果想让大脑获得充分的休息，首先必须学会"处于当下"，不去理会那些评价、抱怨和批评。"正念呼吸法"就是为此而存在的。当思绪涌来抢夺你对呼吸的注意力时，觉察这些思绪，然后有意识的放开那些思绪，并将注意力转回到你的呼吸上。当我们能觉察自身的想法时，就可以看到想法的本质，任凭它们来来去去；当我们能觉察自身情绪时，就可以为情绪创造空间，任由它们起起落落；当我们能觉察此时此地的体验时，就可以和当下产生深刻联结。

第八章 求职过程指导

学习 目标

学完本章后，你能够解释以下重要问题和关键概念。

重要问题
- 自荐信和简历的撰写
- 求职礼仪
- 面试技巧

关键概念

自荐信；简历；礼仪；个体面试；群体面试；自我评价；自我意象；社会支持

思考与讨论

1. 撰写一份你的个人简历。
2. 与你的同伴进行模拟面试游戏，说说你对个人面试、群体面试的不同感受。

▶ 第一节　简历撰写与面试技巧

一、自荐信与简历

求职中，沟通的重要性不言而喻。

在没有和企业建立起联系之前，书面沟通是求职者和企业直接沟通的第一步。求职过程中的书面沟通包括简历、自荐信等。

(一)自荐信的撰写

1. 自荐信的功能

自荐信常与简历放在一起，是用人单位最先接触的材料。自荐信的功能包括以下几个。

(1)再次自我认知

把岗位要求与个人实际结合在一起思考，就是一次重新自我认知、自我定位的过程。

（2）获得面试的机会

在应聘材料中，自荐信是第一块"敲门砖"，与单位需求相契合的自荐信，能成功唤起阅读者进一步浏览简历的兴趣。

（3）为面试提供素材

自荐信上呈现的内容可能会引导面试官提问自己想要展示的能力和素质。

2. 自荐信的撰写步骤

求职者可以面向某个领域的多家用人单位或针对某用人单位的某具体岗位撰写一封自荐信，步骤如下。

步骤一：列出想要撰写的内容。

通过阅读招聘信息，了解单位（岗位职责、任职要求），分析职业信息，利用"职业t＝行业＋企业＋职能"的职业定位公式，对行业、企业和职能进行整理分析。使用"能力三核"工具，对招聘信息进行拆解，在此基础上，与自己的兴趣、能力、价值观进行匹配，在自荐信中重点呈现匹配的内容。自荐信是与用人单位沟通你如何看待自己、如何描述自己与岗位相匹配的素质的工具。如果个人的自我知识是零散的、不清晰的，那在对自己应聘范围的界定可能就是模糊的，不准确的，个人也很难客观地告诉对方为什么自己是适合的人选。

自荐信要点见表 8-1。

表 8-1　自荐信要点罗列

A公司××岗位的任职要求	个人情况匹配
行业：	行业：是否为目标行业？
企业：	企业：是否为目标企业？
职能： (1)专业知识技能： (2)可迁移技能： (3)自我管理技能：	职能： (1)专业知识技能：专业是否对口、第二学位、辅修专业、选修课 (2)可迁移技能：有无相关执业资格证书；英语、计算机过级情况；实习实践经历 (3)自我管理技能：工作态度、使命感
工作地点：	工作地点：是否为目标工作地点？

步骤二：写出自荐信的主要内容，并在语法、内容、格式上进行编辑。

自荐信的主要内容包括以下几个方面。一是目的和动机，说明为什么要写这封信，从哪里获得的信息和自己想要应聘的岗位。二是个人基本情况，重点说明与岗位相关的学历水平、实践经历、成就与技能等，以唤起阅读者的兴趣。三是希望得到面试的机会，真诚地表达盼望有机会获得面试的机会。

在文本编辑方面，首先要逻辑严谨，应聘者应围绕"为什么我能胜任这个岗位"来组织材料并按照一定框架组织内容。其次，要恰当地表达，直陈直述，不夸张，不掩饰，多用庄重典雅的书面语，少用比喻、比拟、夸张等修辞手法。再次，自荐信有通用的结构和格式，与一般书信相同，要有称呼、问候语、正文、结语、落款等。自荐信的结构与格式如下。

尊敬的×××：

　　您好！

　　第一段：说明如何获得招聘信息，为什么要写这封信，以及所申请的职位或工作的具体名称。

　　第二段：解释自己为什么对这个组织的这个职位感兴趣，说明你能为该组织作何贡献。说明教育背景和相关经历。写出对方可能最感兴趣的个人优势，强调其与职位要求契合。

　　第三段：激发收信者阅读简历的兴趣，表达你希望有机会参加面试。说明联系方式，表示愿意提供更多信息给对方参考。

　　用一句话鼓励对方作出回应。

　　此致

敬礼！

　　　　　　　　　　　　　　　　　　　　　　　自荐人：（签名）
　　　　　　　　　　　　　　　　　　　　　　　日　期：

　　附件：简历、就业推荐表等

书写自荐信，既要站在用人单位的角度上去思考，又要有个人风格，展现自己的个性和特质，给用人单位留下深刻的印象。编写自荐信应说明以下几点。第一，介绍清楚我是谁，说明我的兴趣爱好与岗位一致、岗位要求与专业知识匹配等。第二，我要干什么，说明个人能力、过去经历，展示个人潜力，并加上量化结果作为证明。第三，我会怎么做，说明个人在组织内的职业发展及对组织文化的认同等。

（二）简历的制作

美国劳工部对雇主的调查统计显示：雇主们在每份简历上花费的平均时间为 15 秒；每 245 份简历中有 1 份获得面试机会；有的公司每年会收到超过 10 万份简历；平均一个被刊登或发布的招聘职位，会收到 200 份左右的简历；所有简历中，约有 85%～95% 的结局都是被扔进垃圾桶。

因此，写好一份简历非常重要。好简历的三个要素包括以下几个。第一，定位准确。有针对性地描述个人经历，挖掘个人优势中与职位要求相匹配的个人特质。第二，内容为王。简历的内容要针对应聘岗位，措辞要具体、简洁、有条理，多用关键词、动词、数字、结果说话。第三，创意出彩。强调有效信息表达的画面感，照片要精神，专业要对口，经验要相符，排版要商务、易于阅读。简历制作步骤如下。

1. 准备

回顾自我评估和所获取的职业信息，确保表达明确且有针对性。

盘点个人基本背景，包括个人信息（性别、生源地、政治面貌、照片、毕业时间、联系电话等）、求职信息（行业、企业、职位、地区）、教育背景（学历、专业、课程、成绩、学校）、工作经历（工作内容、担任角色、完成任务、做过的事项、专业实习/从业经历/社会实践等）、学校活动（活动名称、担任角色、完成任务、做过的事项、科研/竞赛学生干部等多方体验、综合素质，与职业、兴趣、特长相关）、获奖情况（专业知识、学习能力、实践能力）、通用技能（外语、计算机、驾照）、专业技能（专业资格等级、从业资格）等。

2. 拟定简历框架、找到重点，并撰写细节

简历内容有一个标准顺序，但也可以根据实际需求对顺序进行调整。例如，有相关工作经验，可以将工作经验放在教育背景前面来写。如果刚刚毕业，工作经验不多，教育背景与目标职业关系紧密，则可以把教育背景放在工作经验前。

（1）个人信息

姓名、联系方式是最基本的个人信息，其他个人信息可以根据实际情况决定是否列出。篇幅不宜过长，尽量精简。

（2）目标职位

根据你能提供的价值，陈述职业目标，明确表达想要从事的工作职位名称或领域。

（3）教育背景

用逆时顺序列出自己曾经就读的学校、获得的学位、就读的时间及专业，如果成绩优异，可以特别注明。主修科目中与目标职业关系紧密的可以列出 3～6 门，如果课程名称不能反映其与职业的关系，可以展示这门课程的适用性。发表的任何与目标职位相关的文章、演讲、报告，参加的项目等，都可以有选择地列出，篇幅不宜过长。

（4）资历/技能概述

描述自己各阶段取得的成绩和完成的具体任务，用动词（如：组织、领导、计划、建议、协调）和数字作表述。利用结果（如改进、提高、增加）突出自我管理技能。

（5）其他

专业培训、获得奖励、专业成员资格、与目标职位相关的技能或经历。

（6）备选部分

推荐人，对你的能力、专业水平有充分了解和具有一定权威的人，如任课教师、实习导师、论文导师等。

3. 压缩、包装、听取意见和修改

压缩并包装简历。基本的思路是明确核心竞争力、形成行动清单、清晰个人角色画像。

查漏补缺，对简历进行修改。如果学习成绩一般，则突出相关的高分课程；工作经验较少，则突出社团、实习经历。

针对应聘企业性质的不同，对简历进行微调。应聘政府机关、事业单位，则强调政治上的可靠性和服从性；应聘民营企业则强调奉献精神，突出"什么都能干"等特点；应聘外企则强调较强的学习能力、团队精神和工作责任感等。

二、求职礼仪与面试技巧

（一）求职礼仪

礼仪是指人们在社会交往活动中形成的行为规范与准则，包括人的仪表、仪态、礼节和礼貌等。人们可以根据各种礼仪规范，正确把握人际交往尺度，合理地处理人际关系。求职礼仪是指求职者在求职过程中与招聘单位接触时应具有的礼貌行为和仪表形态规范。它通过求职者的应聘资料、语言、仪态举止、仪表、着装打扮等方面体现。

1. 仪表礼仪

初入职场，求职者在仪表上关键是做到适合，既适合当下的身份和工作性质，又与公司要求的风格相符。应经常留意身边大多数同学、朋友的着装和应聘单位的企业文化氛围。掌握离自己当前状态最近的着装风格，以适合的装扮打动主考官。

男士，应留短发，梳理整齐，保持自然色，不宜追求夸张与新潮。胡须要刮干净，保持清新的口气，修剪短指甲。应聘时，上身宜着单色衬衣或有稳重感的 T 恤，且领口、袖口无污迹。裤子平整，有裤线，且着色与上衣协调；衣服保持平整、干净。若着西装，口袋不要放物品。皮鞋光亮，配深色袜子。全身三种颜色以内，避免佩戴项链和手链等饰物。精神饱满，面带愉快和自信的微笑。如果应聘营销、管理、咨询、策划类的职位，建议着白衬衣、黑色和蓝色西裤、黑色皮鞋等；应聘技术员、程序设计、软件设计等，建议着深色 T 恤，蓝色牛仔裤，白色旅游鞋等。

女士，发型文雅、庄重，梳理整齐，长发不宜披肩，要用发夹夹好，不能染鲜艳的颜色。化淡妆，保持面部自然清新。指甲不宜过长，并保持清洁，指甲油须为自然色。上衣不可太紧，色彩淡雅的最好。如果所应聘的岗位，职业化要求较高，应该着大方、得体的正规套装前往。不要穿紧身裤和超短裙，上下衣服颜色应协调一致，全身保持三种颜色以内为宜。佩戴的饰物应典雅、庄重，不宜太夸张或超过三件。穿裙子时，应着长筒丝袜，并无破洞。鞋子颜色和款式应与衣服的颜色和风格一致，光亮干净。面对主考官，要精神饱满，面带愉快且自然的微笑。可参考的应聘装束：马尾或束发，长袖白衬衣或翻领衬衣，搭配针织小背心、深色西裤，或者穿小西服、职业裙、肉色长筒丝袜，深色平口皮鞋等。

2. 行为礼仪

提前 5～10 分钟到达面试地点，以表达求职者的诚意，给对方以信任感，同时也预留出时间做一些简单的仪表整理和心态调整，以免仓促上阵，手忙脚乱。有条件的话，最好能提前去一次，以免因找不到地方或中途延误而迟到。迟到会给招聘者或面试官留下不好的印象，甚至会直接丧失面试机会。等待面试时要在指定的位置就座候场，不要随意走动，不要未经允许随便翻阅用人单位的资料。

进入面试场合时不要紧张。提前将手机关机或设置为静音。如果门关着，应先敲门，得到允许后再进去。开关门动作要轻，以从容、自然为好。见面时要向招聘者或面试官主动打招呼，称呼应当得体。此时可以递上一份求职材料，然后在用人单位示意可以落座后入座，切勿急于落座。用人单位请你坐下时，应道声，谢谢。坐下后保持良好体态，切忌大大咧咧，左顾右盼。离去时应询问，您还有什么要问的吗，得到允许后应微笑起立，道谢并道别。

要逐一回答用人单位的问题。对方向你介绍情况时，要认真聆听。为了表示你已听懂并感兴趣，可以在适当的时候点头或适当提问、答话。回答招聘者或面试官的问题，口齿要清晰，声音要适度，答话要简练、完整，展现乐观积极的精神风貌。一般情况下不要打断用人单位的问话或抢问抢答，否则会给人急躁、鲁莽、不礼貌的印象。问话完毕，听不懂时可要求重复。当不能回答某一问题时，应如实告诉用人单位，切忌含糊其辞和胡吹乱侃。对重复的问题也要有耐心，不要表现出不耐烦。在面试中要诚实守信，不可为了得到工作而撒谎。有经验的招聘者或面试官会很快识破谎言，这样反而失去了求职机会。

在整个面试过程中，举止要文雅大方，谈吐谦虚谨慎，态度积极热情。如果有两位以上主持人，回答谁的问题，目光就应注视谁，并适时地环顾其他主持人以表示尊重。谈话时，眼睛要适时地注意对方，不要东张西望，显得漫不经心，也不要眼皮低望，显得缺乏自信。不应激动地与用人单位争辩某个问题，应冷静地保持不卑不亢的风度。有的用人单位会专门提一些无理的问题试探面试者，如果处理不好，容易乱了分寸。

(二)面试技巧

进入面试环节，才算是真正与企业开展深度沟通。如今，为考察求职者的综合素质，面试形式越发多样。从进程差异来看，面试可以分为技术类和通用类。技术类主要是由技术相关人员和领导进行面试，通用类则主要由负责人力资源的面试官出题面试。从参加人数来看，面试可以分为个体面试与群体面试。

1. 个体面试

个体面试着重考察个人解决问题的能力，如组织能力、分析能力、沟通协调能力等。个体面试的题目内容庞大且复杂，但是只要掌握以下主要题目类型，形成答题的思路，就很容易作答了。回答应逻辑通顺、有理有据。同时，应保持声音洪亮，不怯场、不害羞，面对问题侃侃而谈，突出自己的特点。

(1)计划组织类

这是个体面试时出现频率较高的面试题型，要求求职者在短时间内为某项工作设计一套可行方案。

面对这样的题，可以从活动的目的和意义、事前组织、事后协调三方面思考。题目中这项工作的意义是什么？进行事前组织时，对工作对象、事物、财务、组织形式与内容、工作规范有哪些规划？在实施过程中，各板块工作能否落实？在执行中，应注重监督，做好应对预案。

计划组织类的本质是"做事"，所以答题时，首先要明确怎么做事，并设计出相应的方案；接着设计具体流程，从内部建设和外部工作两方面思考，比如组织开展各类会议、筹备大中小型的活动、协调解决某一业务问题等，从而达到全面组织工作的目的。

计划组织类答题框架

例题：

你是工作人员，经常有人在办公室乱堆东西，容易产生安全隐患，领导让你开展一个办公室整治活动，你怎么组织？

参考答案框架

目的与意义：安全工作在企业管理中具有重大意义，消除安全隐患是构建和谐办公环境的重中之重。

事前组织：获得同事理解并动员全体成员共同执行，综合把握好安全底线与办公室和谐，此外要建章立制。

形式与内容：组织召开内部安全警示短时讨论会，号召同事重视安全隐患，广泛征询意见；综合意见，制定规章制度，讲明办公用品、文字材料、个人物品等的摆放收纳规范(只提出安全底线要求，列举几种安全隐患例子)、奖惩制度、长效实施机制等。

规范：上报领导，听取意见再修改；组织办公室全体成员共同开展安全整治工作。

事中协调：建立轮值管理机制，杜绝运动式推进，保障长效化运行。

总结提升：安全无小事，乱堆乱放问题看似事小，实际事大，需要严肃对待。在办公室内部，收拾物品不宜强制执行，应先组织安全会议，增强大家对安全隐患的重视，共同构建整洁、有序、美好的办公环境。

(2)宣传工作类

许多企业都越来越重视宣传工作。宣传涉及领导、组织策划、沟通协调、执行能力等多层面能力，能够较全面地考察求职者，因此宣传工作类题型成为热门面试考题之一。

设计宣传方案可以从目的意义、组建工作班子、构建方案、确定内容与形式、把控流程、总结六个方面入手。

宣传工作类答题框架

例题：

公司计划对企业文化开展系列宣传活动，如果你是策划负责人，你会采取怎样的措施完成此次宣传任务？

参考答案框架

目的与意义：打造企业文化对外可以提升公司形象，对内可以提升员工认同感。我一定重视，并采取切实可行的措施努力完成。

计划：按逻辑顺序从六个方面入手，成立工作小组、总结宣传方案、确定宣传内容、确定宣传形式、把控流程、做好总结。

实施：具体就以上六个方面逐一展开。例如，小组架构、小组管理方法；宣传方案形成过程介绍；企业文化解读、优秀员工模范等；线上线下联动宣传，采取素质拓展、知识竞赛等方式体现；注重员工反馈，注重数据反馈；活动宣传总结，对内汇报领导，对外扩大影响力。

总结：再次升华主题意义，畅想未来活动构想，探索常态化机制的实现。

(3)组织培训类

应聘人力资源、党建方面的管理岗位，通常会涉及组织培训。这一类题目通常有两个侧重点。第一、主要以阐述流程为主。例如"领导交给你来组织，你怎么安排？""你作为负责人，如何开展工作？"。第二、侧重某方面。这就需要挑选重点回答，如"为了取得更好的效果，你认为此次活动的重点是什么"。

无论题目如何变化，回答的思路是不变的。首先对活动的意义和目的进行阐述。其次，将具体描述分为四个层面进行说明。①活动对象，包括培训的对象、培训对象的工作信息、时间安排、职务特点等。②活动内容，根据对象的特点和培训目标确定培训的具体内容。③活动形式，时间、地点、线上或线下、培训老师、课程设计等。可以将理论培训和实践活动结合起来，使培训形式更丰富。④活动保障，主要考虑上级支持、其他部门的联合支持等。内容设计完毕后，最后进行总结，阐明培训效果。

组织培训类答题框架

例题：

单位要组织一次新入职员工的办公软件培训会，你如何统筹安排？

参考答案框架

目的和意义：熟练使用办公软件对提高工作效率有重要作用，新入职员工对业务还不够熟悉，首先需要对公司进行整体的认识。办公软件是带领新员工融入公司的第一步。我一定努力将本次培训会组织好。

对象：新入职的公司员工

内容：根据公司平时办公需求确定培训内容，如word、excel及powerpoint等软件的整体介绍和特定功能培训。

形式：根据实际情况，选择线上线下结合的培训形式。寻找公司老员工或公司外专业人员，确定培训教师名单。跟进培训教师，制定合理的教学内容。结合公司员工的工作时间，合理制定培训计划，组织员工有序参与和及时补看回放。

保障：形成培训策划方案，提交领导审阅。及时通知参与培训的人员。与技术组确保直播设备的正常运行。

总结：跟踪培训效果，进行总结。

（4）调查调研类

调查和调研虽只有一字之差，但对应的内容和目的却完全不同。调查指收集特定信息，一般在出现了问题、急需解决某件事时，让面试者去收集信息，了解真实情况；调研则偏向了解整体的局势，一般在想要做某件事，却不知道效果如何时，在前期进行调研，然后根据调研结果确定下一步工作。虽然两种命题的回答重心不同，但答题的要素比较一致，只需注意按题目组织语言的侧重点即可。

回答此类题目，首先需要确定调研或调查的主体是谁，调查或调研有什么样的具体需求，可以将题目中的需求拆解为几个小点，再向上级报备。其次，要确定调研或调查的对象，把对象按层次分类，如年龄分层、性别分层、收入分层、职业分层等，也可以考虑丰富主体结构，可以调研相关部门或研究学派。然后，对具体调研或调查的内容做一个规划，确定要了解的具体问题。最后，确定调查或调研的手段，通常可以采用问卷调查、电话调查、文献调查、实地观察、访问调查、集体访谈、大数据等多种方法。全部设计好之后，对调查和调研进行总结，得出结论及下一步工作建议。

调查调研类答题框架

例题：

你是公司（电商平台）销售部门负责人，新冠疫情后为刺激营业额增长，公司打算在平台投放消费券，请你针对消费券发放对象、额度以及形式等问题，展开前期调研工作。你计划怎么做？

参考答案框架

目的及意义：疫情之后刺激消费的重要意义＋发放消费券前进行调研的意义＋我会努力将这次调研组织好。

主体：本次调研需要做到全面了解消费者对消费券的看法和支持度；调研发放消费券后的各方面影响；消费券如何发放更加科学。

对象：确定此次调研的重点对象，把不同收入阶层的消费者作为主要对象。第一组是分层抽样问卷调研，第二组是互联网推广问卷调研，第三组是专家学者访谈调研。形成计划方案报上级审批。

内容：主要针对消费券发放对象、发放渠道、发放力度、合作对象等方面的选择制作调研问卷和访谈提纲。

手段：第一组根据消费者收入水平基础信息进行分层抽样，发放问卷并回收。第二组在官方网站及公众号等互联网媒体发放调研问卷，通过电子方式回收。第三组寻找高校社会学、经济学领域专家并进行预约访谈。

总结：调研结束之后，通过对各方面情况的了解，书写发放消费券方面的困难和可行性分析调研报告，上报领导。

（5）被动类题目

这类题目是在主体意料之外突然出现的问题，主要考察求职者的应急处理能力。"效果不好""群众不满""领导让你处理""怎么办"等字眼是此类题目的标志。

回答被动类题目可以从以下几方面进行思考。①摆正位置，即搞清楚自己作为工作人员的定位，我们究竟是干什么的。②了解矛盾，即找准症结，明白到底出现了什么问题。③安抚情绪，即稳定当前形势，防止事态进一步恶化。④调研沟通，即要满足对方什么诉求，仔细思考能调动什么资源。⑤改进落实，即做实做细，让好的政策落地。⑥归纳总结，即举一反三，建立长效机制，以防后续出现类似问题。答题时，可以根据题目选择几个方面作答，未必需要全部完整地呈现。

回答此类问题时，要注意工作开展的真实性与可操作性，注意处理事情的先后顺序，抓主要矛盾。在解决问题的过程中，最好能够体现个人的性格特点和岗位特点，展现人文关怀，打动面试官。

被动类题目答题框架

例题：

领导让你带领一个工作小组开展活动，但其他组员总是借口不来，你怎么办？

参考答题框架

摆正位置：工作小组开展活动，其他组员不参与，会严重影响既定目标的达成。工作小组的带头人必须积极主动做好协调沟通工作，保证活动保质保量完成。

了解矛盾：反思自己在工作小组中的表现，找到组员不参与的原因，具体问题具体分析，做到对症下药。

调研沟通：以小组会议或者一对一交流的方式，了解组员的工作心态。收集组员对活动内容和形式的想法和建议。

改进落实：在吸纳组员意见的基础上制作多个方案，让大家讨论决定，将最终方案上报领导，齐心协力做好执行工作。

长效机制：在日常工作中加强与领导和同事的沟通与协调。

（6）突发事件类

工作中的突发事件，会带来巨大影响。此类题目侧重考察应变能力和快速解决问题的能力，需要求职者想办法采取措施稳定形势，化"无序"为"有序"。在处理突发事件时，要注重以人为本，分清事情的轻重缓急，并且以积极的心态面对困难。从事件后果来看，突发事件有可能没有造成广泛的影响，也有可能已经造成了广泛影响，甚至有可能是事故灾害，无法避免，这时就需要用不同的思路来解决不同的问题。

如果事件没有造成广泛影响，比如因自身原因造成的工作文件丢失、工作中出现的错误或者因为合作人员出现的物资、人员、流程等问题，可以用分情况讨论的方式来回答。首先，出现问题时不要慌张，保持冷静；其次仔细思考出现此类问题的原因，并提出相应对策来解决问题，推动事件正常运行。

突发事件类答题框架

例题1：

你和领导一同出差，你的行李箱丢了，里面有西装和开会的重要资料，此时你怎么办？

参考答题框架

复述：复述题目内容，强调保持冷静，领导和我一同出差……此时我一定要冷静下来，尽快思考补救措施，不耽误会议的正常进行。

分情况讨论原因与对策（由简单到复杂）。

①确认行李箱是否丢失。

②尝试找回行李箱（联系酒店前台、交通枢纽的物品招领处、当地派出所等）。

③采取补救措施（采取一切可能的办法拿到开会资料的备份，并到当地商场买一套备用西装）。

④如果来不及补救，需要和领导及时沟通，听从领导指示安排。

总结提高：工作中丢三落四容易酿成大错，今后工作中需要做好资料备份，以备不时之需。

造成了严重影响事件的题目出现频率最高。题干中，经常出现多主体之间的矛盾，因此处理此类问题的关键是按主体矛盾的轻重缓急排序，以稳定局面、处理问题、总结提高的流程作答。

突发事件类答题框架

例题2：

在论坛活动的现场，你的领导和与会专家发生争执，专家认为自己的权威被质疑，起身打算离开。作为此次活动的组织者，你会如何应对？

参考答题框架

复述：复述题目内容，强调保障论坛活动的继续进行。

首先要稳定局面，及时控场。我会请主持人进行现场调解，先请专家坐下，向领导与专家参加活动表示感谢，并提出进行中场休息以缓和现场气氛。

处理问题：在中场休息期间，邀请专家与领导到休息室进行沟通，对双方表示感谢、肯定，表明正是因为对工作严谨的态度才产生了分歧；然后针对争执内容进行深入交流，从中调和；如果双方观点相差甚远、无法调和，则邀请双方在会后就问题开展更加深入的交流，并请主持人在后续活动中适当控场。

总结提高：针对活动主题，提前了解嘉宾观念，及时控场，灵活应变，保障活动顺利进行。

突发事件还可能是灾害类问题，如火灾、地震、洪水、疫情等。这就更需要答题者具有强烈的责任意识。处理灾害类的问题要注重区分灾害是否发生：如果灾害还没有发生，可以从"疏散群众"入手，适用于发生洪峰、泥石流预警、台风预警等；如果灾害已经发生，就需要进行"灾害救援"，适用于火灾、地震等；如果题目紧贴时事，如公共卫生事件，就需要从公共卫生安全角度进行思考。应对灾害类问题，首先需要第一时间赶赴现场，成立应急小组开展工作部署，然后处理应急事件并善后。

突发事件类答题框架

例题3：

某地因危险化学品着火引发火灾，你作为现场指挥员，如何开展工作？

参考答题框架

复述题目内容，强调事态紧急，必须第一时间保障人民群众生命和财产安全。

应急处理：成立火灾应急处置小组、指挥中心、人员救援组（人员安全）、灭火组（财产安全）、对外联络组、支持保障与善后组。

①指挥中心掌握现场情况，包括火源、火势大小、是否存在爆炸危险性、是否存在危险化学品泄漏风险、是否有人员被困等。

②人员救援组在保障安全的情况下开展受困人员救助。

③灭火组制定灭火方案控制火势，扑灭大火。

④对外联络组联系医院与增援。

⑤指挥中心及时向上及外界汇报灾情控制情况。

救援过后，善后组调查火灾发生原因，统计损失情况并上报，妥善安置受灾群众。在后续工作中，注重加强防火措施与应急能力，严防类似事件发生。

（7）统筹安排类

在实际工作中，时常会有许多事情同时需要处理的情况，需要进行统筹安排。在回答此类问题时，需要明确自己的特定身份，弄清岗位职责和相应权限，不要越权办事。事情过多时，可以运用时间管理四象限巧妙处理，优先处理需要立刻处理的事情。答题时，注意切题表态，合理安排，最后总结。

根据事情性质的不同，可以当日解决当日的事，也可以按紧急程度处理，保证先公后私，弄清轻重缓急。

统筹安排类答题框架

例题：

小赵是某公司员工，过年有如下安排。

①国外的大学同学来西安玩，这位同学曾经给过小赵很多帮助，而且春节期间他只能在国内待几天时间。

②父母让小赵回家吃年夜饭，而小赵和妻子已经两年没回北京过年了。

③大年初一，领导让小赵陪同一起下基层慰问。

④年初四单位安排了小赵值班。

⑤年初五初中同学在北京结婚，他是最晚结婚的同学，希望大家都可以参加。

⑥妻子给小赵一个惊喜，订好了机票去三亚旅游5天，年初二出发。

如果你是小赵，你会怎么做？

解题思路框架

首先，将六件事以轻重缓急排序，根据先公后私原则，事件③④在工作中比较重要，一定程度上需要协调其他事件。

在保证公事不变的情况下，可以与家里商量初五回北京参加同学婚礼，初六与家人共同聚会，而与妻子的旅游则延期，可利用初二、初三的空闲时间一同休闲。

（8）认知类

认知类题目主要考察求职者对自己的认知和对世界的认知，是企业考察求职者"人岗匹配度"的关键。

①认识自己。面试中的自我剖析，通常容易暴露求职者的生活背景、性格、能力以及弱点，企业以此了解求职者的个人信息。如果面试官询问求职者的求职动机，则是想了解求职者对岗位的了解程度，如果询问将来打算，则是在考察求职者可能会有的职业贡献与稳定性。这类题目复杂多变，可以从个人特征、个人能力、人生经历、职业梳理四个维度进行准备。

个人特征：主要包含个人的优缺点、价值观、兴趣爱好、性格等。展示个人特征需要注意和岗位要求相匹配，必要时可以用经历来举例说明，令主考官更加信服。

个人能力：主要包含知识、素质、技能等。回答个人能力方面的问题要着重突出自己的几种能力，并与岗位职责相匹配，用经历展开例证，用成绩说话。

人生经历：包含学习、实践等经历。展示经历是为了凸显能力，求职者应该充分挖掘过去经历中的闪光点和取得的成就，向考官展示。

职业梳理：包含单位性质、主要职能、组织结构、人员结构，如年龄结构、专业结构、人际关系状况、职位信息等。求职者可以事先查阅资料，了解单位的亮点与特色。

认知类答题框架

例题：

如果进入公司，你认为在公司工作需要个性张扬，发挥能力，还是要兢兢业业脚踏实地工作？

参考答题框架

不管在哪个岗位，兢兢业业、踏实工作都是第一位的。以前我一直是这样做的，从中受益很多。

良性的团队协作本来就意味着要融合，唯有如此，才能拧成一股绳，实现一个共同的目标，为此，我将做好充分的准备。

在工作中也不能完全按部就班，积极的个性要张扬。组织建设同样要以人为本，尊重人的个性，组织才会是一池活水，才有生命力、战斗力。

②认识世界。唯物辩证法是认识世界的良好工具。唯物主义辩证法指全面地、运动地看待问题，其核心是矛盾，道路是发展，我们在处理问题时要注重"扬弃"，肯定一部分，再在此基础上发展，集中力量形成积极的结果。同时，回答这类问题还需从联系、发展、矛盾、创新四个层面思考，提高站位，表明观点。

认识世界类型的题目通常分为积极、消极、中立三种类型。对于积极类问题，要用肯定的态度作答；对于消极类问题，要全面看待问题，分析不利的原因，再进行表态；对于中立类问题，则需要全面看待问题，肯定好的一面，同时也要看到事物的局限性，提出改进方案。

认知类答题框架

例题：

随着人工智能、3D打印、5G技术的出现，智能化时代已经到来，有人说谁把握住了人工智能，谁就掌握了未来。谈谈你的看法。

参考答题框架

入题，对题目中的现象表态（谈谈自己生活中接触的人工智能技术，感受，要全面辩证地看待）。

接着论述其带来的好处和意义（人工智能带来的优势：发展经济；加速创新；提升效率）。

然后论述其局限性（"未来"不只有技术和经济，人工智能本身的局限性和可能的危害），并在这个部分点题。

最后进行总结，全面客观地看待问题。提出相关建议，如完善法律，填补新技术发展的空白。

③多观点题目。题目观点较多时，几种观点互为补充，这时答题者需要辩证、理性地看待，在讨论积极作用的同时看到消极影响。解答多观点题目，要会讲道理，看到二者对立统一的一面；辩证分析，全面阐述两方面的影响；最后发表态度。

认知类答题框架

例题：

现在社会上很多家长都有"养育焦虑"，一般来说表现在以下6个方面：人身安全问题、身体素质问题、心理健康问题、行为习惯问题、学习成绩不好、沉迷网络问题。请你选择其中两项，并谈谈你的想法。

参考答题框架

入题，复述问题（作为父母，自然希望孩子健康成长，可能面对各种"养育焦虑"），简述回答角度（下面我希望简单分享我对身体素质和沉迷网络问题的看法）。

分析，采用消极类问题的解题思路：承认，全面，危害/原因，对策（对于身体素质问题，我认为……；对于沉迷网络问题，我认为……）。

总结，简要总结观点，呼吁相关主体积极作为（诚然父母会在孩子成长过程中经历各种各样的"养育焦虑"，这种焦虑来自……，需要社会、学校、家庭等主体共同努力，帮父母消除焦虑，给孩子更好的成长环境）。

（9）沟通协调类

沟通协调不仅是人际交往中的重要部分，更是获取周围同事、领导信任的关键。在职场中沟通协调，主要体现为积极沟通、换位思考、及时反馈、机制保证，推动工作顺利完成。协调沟通的对象一般为同事、群众、亲友。无论对象是谁，都要做到尊重，在尊重的基础上，对上级要服从、维护，对平级要让步、欣赏，对下级要理解、表扬，做到既不违背工作原则，又人情味十足。

在处理领导之间的问题时，需要考虑得更加细致、周到。为领导考虑更多的是为了推进工作。领导之间的意见不统一，作为中间人，要主动请示沟通，在领导之间做好传声筒，并注意用词用句，帮助双方尽快协调。领导的决策有误时，应该服从安排，以大局为重，寻找合适的时机进言献策。如果被领导批评，要虚心接受批评，在未来的工作中改进完善工作方法，提高效率，并且要注意加强沟通，主动请示汇报，总结提升。

工作中更多的是和同事打交道，如果在相处中有同事对你的工作不满，产生怀疑，一定要以平和的心态处理互相之间的矛盾，摆正心态，乐观积极地与同事深入交流，达成共识。这不仅是在处理沟通协作问题，更是在完善自己的工作方式。如果在协作中遇到同事不配合，应该主动与同事进行沟通，询问缘由，积极改进，相互磨合，以求共同进步，完成工作。

沟通协调类答题框架

例题：

小王是团队负责人，但任务没完成好，团队成员态度不好，数据收集不准确，领导批评了小王，小王不开心。你是新的领导，你怎么办？

参考答题框架

入题：理解小王的感受（对于小王的处境表示很理解，作为领导十分关心他）。

原则：肯定小王的工作能力（小王的工作能力有目共睹，领导和同事们也经常夸他）。

沟通：委婉指出小王的不足，给出建议（如果小王能够在团队协作中更好地调动起成员的积极性，会取得更好的效果）。

扬弃：展望小王的未来，进行升华（老领导也是为小王好，新领导也是为了小王好，不要因为被批评对领导有意见，也不要因为团队合作不顺利对同事有意见，相信做到上面几点，可以把工作做得更好）。

(10)群众/客户接待类

直接接触群众、客户的岗位在就业市场中非常普遍。很多接触群众或客户的岗位，在招聘时会测试求职者解决群众问题的能力。群众问题是最复杂的工作情况之一，求职者可以从争取时间、强调原则、主动沟通、扬弃经验四个方面进行思考，并坚持"以服务为本"的核心。

群众/客户接待类答题框架（一）

例题1：

清早，大爷大妈来单位反映情况，因为工地施工影响他们休息，他们曾经打电话反映过此事，领导让你去接待，你怎么办？

参考答题框架

入题：群众利益无小事，一枝一叶总关情。感谢领导让我来负责如此重要而又有意义的事，我一定会秉持积极认真的工作态度，努力帮助群众处理好此事，真正让群众的为难之色化为满意之情。

原则：尊重群众的诉求，耐心处理问题。

沟通：热情服务接待，安抚心情，询问具体情况并承诺一定会解决此事，请他们放心。联系相关单位了解情况，看是否符合相关法律规定；如果解决过程比较烦琐，应留下双方电话。

扬弃：处理结束后，及时将结果反馈给群众，向领导做好汇报，总结经验。

群众/客户接待类答题框架（二）

例题2：

有一个贫困村c村。大学生村官小李调研发现其产业特色——"扎染"传统工艺，便以此为冲破口，想让扎染技术发扬光大。于是小李吸引外地厂商来投资，不断引进管理、技术人员，升级技术，整个产业越做越大，实现了传统工艺和现代工业的结合。最后，农民的收入也增加了，顺利脱贫。后来，有投资商想撤资，但是村民找到你，希望你劝投资商不要撤资，请问你会怎么做？

参考答题框架

入题：投资商是主要经济支持，如果他们撤资，会让产业搁浅，所以我会努力争取其继续投资。

原则：尊重投资商的想法，投资商想撤资一定是遇到了什么问题，因此要仔细了解情况。

沟通：亲自上门沟通，想办法一起解决。动之以情（村民非常感谢投资商帮助大家过上了好的生活）；晓之以理（资金问题国家有政策，不了解政策可详细解答，申请有困难可一起克服等）。

扬弃：从这件事情中我应该得到教训，应及时了解投资商的公司动态。

(11)情景模拟类

情景模拟类题目一般由沟通协调类题目变换提问方法而来，题目一般以构建矛盾的形式出现。题干中，经常有"模拟""现场模拟""情景模拟"等字眼，非常好辨认。答题思路可以参考沟通协调类，但在描述中有一定的模式和技巧。

回答此类题目，一定要将自己带入题目所述的场景中，设定一段开场白。针对的对象、场景不同，开场白也有一定的差异。向领导汇报，应先说"领导您好，请问您现在有时间吗"；与同事沟通，可以说"今天怎么了？感觉你心情不好，可以跟我讲讲吗？"；与群众或客户说话，可以说"您请坐，别着急，有什么问题说出来，我来帮您解决"。

因题目变成了情景模拟，求职者需要更加生动形象，采用口语化的语言，用晓之以理，动之以情的方式进行劝说，并为对象提供建议。主要内容阐述完，还需要一段结束语。一般有"总结式""展望式""警示式""感谢式""送别式"五种结束方式。总结式可以用于与同事讨论某项工作计划、安慰被领导批评的同事、向领导汇报工作；展望式可以用于劝说同事接受自己的工作建议、劝说被领导批评的同事；警示式可用于避免行为再次发生；感谢式用于感谢对方，如感谢参会人员对本次会议的支持、感谢媒体对本单位的支持和关注；送别式的使用对象为亲友、群众。

2. 群体面试

群体面试主要以小组形式进行，要求小组相互协作解决某一问题，或者让应试者轮流担任领导主持会议，发表演说等，考察应试者的人际沟通能力、洞察与把握环境的能力和组织领导能力等。群体面试中，应聘者被置于"真实"的任务场景，要共同协作完成任务。因此，应聘者与团队之间的互动是重要的评价指标。

群体面试中，个体需要找到自己适合的角色，以积极而有效的表达展现自我领导力。个人应明晰自己的作用，为促成团队取得最终成果而尽职尽责。

(1)对话型面试

对话型面试在群体面试中也非常普遍。对话型面试通常有一对多、多对一或多对多几种类型，均以面对面问答形式为主，辅以必要的讨论和辩论。在这种面试中，主考官根据应试者对问题的回答及应试者的仪表仪态、身体语言、在面试过程中的情绪反应等对应试者的综合素质作出评价。面试官提出问题，应试者根据面试官的提问作出回答，展示自己的综合素质。

对话型面试的注意事项如下。①关注其他应聘者的表达，注意提炼对方的要点。印证相同点，论证差异点。②预判可能的分组情况，实现己方的合理分工，并根据对方分工，有针对性地对抗。③做好个体问题回答。

这个过程与个体面试有点类似，在回答时，可以采用"金字塔原理"。

金字塔原理（Pyramid Principles）是芭芭拉·明托 1966 年被派往英国伦敦，负责提高麦肯锡欧洲员工的写作能力时发现的。金字塔原理简单说就是，任何事情都可以归纳出一个中心论点，而此中心论点可由 3～7 个论据支持，这些一级论据本身也可以作为论点，由二级的 3～7 个论据支持，如此延伸，状如金字塔，见图 8-1。

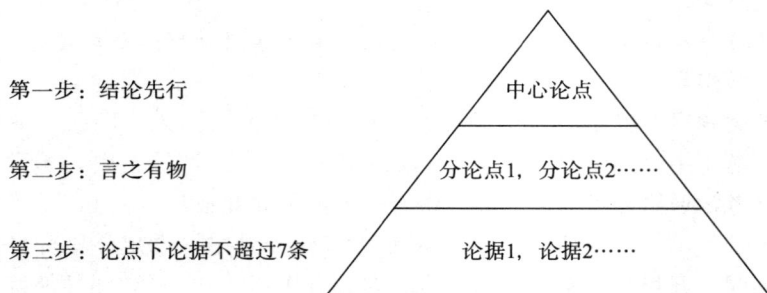

第一步：结论先行	中心论点
第二步：言之有物	分论点1，分论点2……
第三步：论点下论据不超过7条	论据1，论据2……

图 8-1　金字塔原理模型

金字塔原理作为一种自上而下的逻辑思考方式，共分为三步：金字塔尖为结论，即中心论点；金字塔中间为分论点，解释说明中心论点；金字塔底部为论据，充分佐证论点。需要遵循的 4 个基本原则是：①结论先行，每篇文章只有一个中心思想，要把它放在文章的最前面；②以上统下，每一层次上的思想必须是对下一层次思想的总结和概括；③归类分组，每一组中的思想必须属于同一逻辑范畴；④逻辑递进，每一组中的思想必须按照逻辑顺序排列。

（2）讨论型面试

群体面试有一种比较特殊的形式，叫作"无领导小组"面试。无领导小组面试是一种采用情景模拟的方式对考生进行群体面试的考察方式。考官可以通过考生在给定情景下应对危机、处理紧急事件及与他人合作的状况来判断该考生是否符合岗位需要。在无领导小组面试中，一定数目的考生组成一组（6～9 人），进行一定时间的讨论，讨论过程中不指定谁是领导，也不指定受测者应坐的位置，让受测者自行安排组织，评价者观测考生的组织协调能力、口头表达能力、辩论能力等各方面的能力及自信程度、进取心、情绪稳定性、反应灵活性等个性特点是否符合拟任岗位的要求。

无领导小组面试会给应聘者一定的表达时间，面试官宣读试题后，应聘者需独立思考，列出发言提纲，轮流阐述自己的观点，并对别人的观点发表建议，最终达成某种共识。这就势必出现小组内的分工，如领导者、协调者、计时者、总结陈词者、破冰者、观点者。小组成员各司其职，共同推进，完成任务。

因个人性格不同，在无领导小组面试中，性格更外向的同学可能会主导整个小组的话语权，而内向一些的同学就有可能不能发表自己的意见和看法，所以在此类面试中，要把握"听说读写时"五大方法，掌握自己的面试节奏。学会听，要倾听要点，兼听观点，做到求同存异；注意说，要突出重点，先对他人观点给予肯定，再提出建议；充分读，要仔细读题，建立思考维度，再分析情景，定好小组角色；利用写，要平铺观点，强化要点，突出重点；把握时，要掌握时间，并且有效控制进程。

（3）场景型面试

场景型面试分为见习式群面和餐会或群面。

见习式群面与常规面试不同，求职者将被直接安排参与某项具体工作，由面试官亲自考察或由主管及上级领导进行考察。团队合作、目标明确、角色担当、闭环思考、情感交流是见习式面试的重要考量标准。此类面试可直接考察求职者的职业素养、个人能力及其与岗位需求的匹配度。

餐会式群面是一种非正式面试形式，能为求职者减轻心理压力，真实反映求职者的素质，同时在特定情境中，全面考查求职者对社会文化、风土人情、餐桌礼仪、公关策略的了解和运用及其临场应变能力等。

▶ 第二节　就业心理调适

一、常见的就业心理问题

就业心理问题是由就业压力导致的。根据心理健康的灰色区域理论，人的心理健康水平从整体上看呈正态分布，大多数人在生活中都会有这样、那样的烦恼和困惑，处在浅灰色到深灰色之间。他们可能出现短暂的心理或行为困扰，也可能出现轻度的心理或行为问题。这些困扰或问题可以通过自行调节或专业的心理健康服务而得到改善。少部分人由于持续负性生活事件的压力或者机体健康状况的影响，加之自身不善于调节，又不接受专业的帮助，久而久之，心理问题会逐渐加深，从浅灰色的领域进入深灰色区域，甚至黑色区域，这就需要接受临床心理学家和精神科医生的服务。大学生的就业心理问题主要涉及情绪和认知等方面的一般心理困扰和轻度心理问题，对大学生可能带来的负面影响不容忽视。就业心理问题可能直接影响求职者在求职过程中的自我判断和状态，影响职业发展；长期存在的就业心理问题，可能损害求职者的身心健康，导致心理疾病或身体疾病；当激烈的消极情绪不受控制时，求职者还可能作出冲动性的行为，甚至危及生命。

（一）情绪类问题

情绪是人们对客观事物的生理唤醒、态度体验和行为反应，是以个体的愿望和需求为中介的一种心理活动。因为就业而产生的情绪问题主要表现在以下几个方面。

1. 焦虑

焦虑是一种伴随着某种不祥预感而产生的令人不愉快的情绪，是一种复杂的情绪状态。它包含紧张、不安、惧怕、烦躁、压抑等情绪体验。事情的不确定性是产生焦虑的根源。求职过程具有大量的不确定性，所以焦虑是大学生面对就业最常体验到的情绪。

焦虑可以分为三类。一是神经性焦虑，指由于担心内心的欲望与冲突无法控制而引起的焦虑感，表现为无名的恐惧或强烈的非理性恐惧。二是现实性焦虑，是由现实环境的压力与困难引起的焦虑。在就业过程中由于竞争过于激烈、就业期望过高、要求过严等，求职者无力应对，引发焦虑。三是道德性焦虑，指由社会生活准则引起的，对自身的责备与愧疚，因为唯恐犯错或触犯规定，而感到自责，受到罪恶感的胁迫等。这三种焦虑不是单一的，有时候两两混合，甚至三种焦虑混合。

焦虑产生的原因包括以下几个。

（1）适应困难

从学生向职业人的过渡会引起各种焦虑反应。

（2）失去控制感

缺乏自信、掌控感和就业竞争力，会让求职者感到忧虑不安。极个别的学生还因担心自己无法在毕业前完成学业而陷入焦虑。

（3）对身体健康的过分关注

就业压力可能导致求职者自感身体不适、睡眠紊乱、饮食不规律，使求职者健康状况下降。求职者可能会沉湎于对身体状况的关注，甚至因个人暗示加重身体的各种不适感。

2. 抑郁

抑郁是一种因感到外界压力而产生的消极情绪，常常伴有厌恶、羞愧、自卑等情绪体验，是一组以情绪低落为特点的复杂情绪。抑郁的强度从轻微的低落到极度的悲哀和失望。有研究表明，当超过 12 周仍未找到工作，求职者就会出现明显的沮丧、抑郁等负面情绪。对大多数求职者而言，抑郁只是偶尔出现，也有少数人会长期处于抑郁状态，甚至患上抑郁症。

抑郁情绪的主要表现是情绪低落、思维迟缓、郁郁寡欢、闷闷不乐、兴趣丧失、缺乏活力、减少社交，并伴有食欲减退、失眠等症状。长期的抑郁会使人的身心受到严重的伤害。抑郁情绪有一定的生理基础，但大多数情况下，大学生求职期间产生的抑郁情绪有较为明显的心理社会因素。失败的求职经历、求职过程中的压力等负面生活事件是主要影响因素。并不是每个人都会因为求职不顺而产生强烈的抑郁情绪反应，对负面事件的不正确归因及对自我的不合理评价，是就业抑郁情绪产生的主要原因。

3. 愤怒

愤怒是当愿望不能实现或为达到目的的行为受到挫折时所引起的一种紧张而不愉快的情绪。愤怒的程度从不满、生气、愠怒、愤怒到大怒、暴怒。愤怒的强烈程度与人的年龄、阅历和修养密切相关。大学生处在热情高涨、激情澎湃的青年时期，易怒是常见的心理特征。

求职者可能经常经历客观实际与主观愿望相悖的情况，由此会引发强烈的情绪反应。愤怒会对个体的身心健康造成明显的不良反应。发怒时，个体会心跳加速，从而引发心律失常、心脏停搏，甚至猝死。长期的愤怒得不到宣泄，可能引发高血压、胃溃疡、肝脏方面的疾病和心脏病等。发怒后，情绪也不一定能得到宣泄和排解，个体往往心绪不宁，对已经过去的事耿耿于怀。愤怒还会使人的思维阻塞、丧失理智，引发报复和攻击行为。

（二）认知类问题

认知是个体认识和理解事物的心理过程，是个体对环境、他人及自身行为的看法、信念、知识和态度的综合。大学生在就业的过程中，常常会出现一些认知类的心理问题，主要是不合理的信念和不恰当的自我评价。

1. 不合理的信念

不合理的信念不会直接干扰认知活动，但由此引发的强烈负性情绪和生理唤醒，会增强总的压力反应。合理情绪疗法提出不合理信念的典型特征包括以下几个。

（1）绝对化的要求

人们以自己的意愿为出发点，对某一事物怀有认为其必定会发生或不会发生的信念，它通常与"必须""应该"等字眼连在一起。例如，"我必须获得成功""同事必须很好地对待我""我应该是最棒的"等。求职者怀着绝对化要求极易陷入情绪困扰中。

（2）过分概括化

这是一种以偏概全、以一概十的不合逻辑的思维方式的表现，如认为求职失败就是极坏的结果，认为自己"一无是处""一钱不值"等。或以自己做的某一件事或几件事的结果评价自己作为人的价值，导致自责自罪、自卑自弃的心理和焦虑抑郁情绪的产生。另一个方面是对用人单位、老师、父母、同学等的不合理评价。别人稍有差错就认为他很坏、一无是处等，一味地责备他人，以致产生敌意和愤怒等情绪。

（3）糟糕至极

这是一种如果一件不好的事发生了，就认为这将是非常可怕、非常糟糕，甚至一场灾难的想法。这种想法容易导致个体陷入极端不良的情绪体验，如耻辱、自责自罪、焦虑、悲观、抑郁，而难以自拔。

2. 不合理的自我评价

自我评价是人们对自己的能力、状态和发展趋势的评价性认识。人对自己的评价要经历从离散的、朦胧的状态到整合的、确定的状态，需要人们不断地挖掘，发现和开发。自我评价的内容包括个体对自己的身心状况、能力和特点及自己所处的地位、与他人及社会关系的认识和评价。

自我评价对于个人和企业来说都很重要。真实的自我评价可以帮助员工认识自己的优势，发挥自己的特长，为企业多做贡献，实现自我价值；同时还可以帮助员工认识自身不足，扬长避短，少犯错误。制定职业规划必须从自我认识开始，然后才能建立可实现的目标，并确定怎样达到这些目标。

心理健康的人作出恰当的自我评价，能体验到自己存在的价值，能客观评价自己的能力、性格、优缺点；同时，能接受自己，对自己抱有正确的态度，不骄傲也不自卑。心理不健康的人常缺乏自知之明，对自己的优缺点缺乏正确的评价，自高自大、自我欣赏，还有的自暴自弃。自我评价偏低会使大学生怀疑自己的能力，限制自己的发展，引起严重的情感挫伤。过低的自我评价不仅对自身发展和完善不利，也对社会无益。因为过低的自我评价不能使个体最大限度地发挥潜力和才能，在学习与工作上也就不可能取得更大、更好的成绩。

二、就业心理问题的预防与应对

(一)避免不合理信念

为什么不同的人会对同样的负性生活事件作出不同的评价和判断呢？著名哲学家爱比克泰德认为"扰乱人精神的，与其说是事件，不如说是人对事件的判断。"塞里格曼认为习得性无助的关键不在于失败，而在于失控，即经历的事情让我们以为自己对自己的人生没有控制权。艾利斯认为负性生活事件最终是否引发个体产生心理问题取决于个体对它的认识和评价。那些事件或应激源之所以被贴上"压力"或"痛苦"的标签，主要是人们的某些不合理信念造成的。这些信念影响了人们对发生在自己身上的事件的知觉。不合理信念的破坏性巨大，它是造成人们情绪、行为和社会功能紊乱的主要原因。避免不合理信念，可以做一些相关的练习，如表8-2所示。

表8-2　与求职过程中常见的不合理信念辩驳

不合理信念	辩驳	合理信念
在找工作的过程中，我必须获得所有人的支持和称赞，尤其是生活中重要的人	人不可能得到所有人的认同，人也不是为了他人的支持和称赞而活	我无法让所有人支持和赞同我，只要不被生活中重要的人否定和排斥，就是很好的状态
我必须能力十足，各方面都有成就，才能够找到工作，这样才有价值	人可能在某些事上较他人有优势，但无法保证在每一件事上都能成功	人的精力是有限的，我能够获得适合的(一定是最好)岗位，在某些方面上有所成就，人生就是有价值的
那些我求职路上的"破坏者"都是邪恶可憎的坏人，都应该受到惩罚	这个世界没有绝对的好人，也没有绝对的坏人。每个人都有可能犯错误	人人都有可能犯错误，对那些犯错误的人要宽容以待
如果求职经历不顺，或事情没有按照我预想的方向顺利发展，就很可怕，也很悲惨	生活和事业上的挫折是常态，关键在于如何对待它。遭受挫折应该仔细分析并寻求解决的办法，变被动为主动	在能力范围以内，可以试着去改进和推动；如果无能为力那就试着接受
在找工作这件事上，我必须依赖和听从那些有能力的人的建议	每个人都有自己的任务和功课。过分夸大依靠的必要性无法培养独立自主的能力	安全感的获得还是得依靠自己
过去的经验(学历太低、成绩不好)决定了现在，而且是永远无法改变的	仍然可以控制、可以改变自己现在的乃至以后的生活	"种一棵树最好的时间是十年前和现在"，通过自身的努力可以改变现状和未来

(二)建立积极的自我意象

自我意象是指在自我中形成的有关自己的表象或想象，是关于"我是什么样的人"的自我心像。自我意象包括对自己的能力、价值、目标和潜能等的评价。它能终身存在于头脑中并对自己的心理活动产生影响。一个人把自己看作什么样的人，他就会按这种人的方式去行事；对自己有什么评价，就会不断地寻找各种事实来证明这些评价。个体的所作所为、所知、所感都与自我意象相一致。

角色扮演是建立积极自我意象的重要方法。人们通过角色扮演活动，可以分享和感知经验与心得。角色扮演疗法是心理治疗中常用的方法，它运用戏剧表演的方法，使人发现问题，了解问题的症结所在，进而更好地调整心理状态，解决心理问题。在角色扮演中，人们能亲身体验和实践他人的角色，从而更好地理解他人的处境，体验他人在不同情况下的内心情感，同时反映出个体深藏于内心的感情。有意无意用角色标准来要求自己，按相应的行为方式行事，足以让有心理和行为问题的人在行为和情绪上更像一个正常人。只要坚持下去，就会逐渐习惯。

成就事件是建立积极自我意象的另一个重要方法。积极的自我意象意味着对自己的积极评价。成功的经历能够给个体提供积极评价。把注意力集中在成就事件上，记住成功的体验、强化成功的经验，能让自我意象更加积极、富有能力感和可控性。过去情绪活动上有多少失意和失误都不重要，重要的是记取并强化那些成功的和积极的情绪体验，这样就可以把自己的情绪活动和积极的自我认知带入良性循环的轨道。

(三)获得社会支持

社会支持是指一定社会网络运用一定的物质和精神手段对社会弱势群体进行无偿帮助的行为的总和。社会支持包括四类：由政府和正式组织(非政府组织)主导的正式支持；社区主导的"准正式支持"；由个人网络提供的社会支持；由社会工作专业人士和组织提供的专业技术性支持。

社会支持使个体相信自身被关心和爱，使个体相信自身有尊严和价值，使个体相信自身属于团体成员。社会支持过滤掉麻烦和恶性生活事件的影响，通过信息或建议给予个体支持，避免个体作出错误的职业决策，直接阻止压力的产生；还可以在个体遭遇压力事件时，通过集体能量，帮助个体减轻压力产生的消极后果，对生活进行补偿，或者利用相似价值观和态度的集体能量，帮助个体战胜自己的消极情感。

黄希庭认为社会支持包括情绪支持，如共鸣、情爱、信赖；手段支持，如援助；情报支持，提供应对情报；评价支持，提供关于自我评价的情报。一个人所拥有的社会支持网络越强大，能够获得的社会支持种类越丰富，就越能更好地应对各种来自环境的挑战。个人拥有的资源可以分为个人资源和社会资源。以社会支持理论取向的社会工作，强调通过干预个人的社会网络来改变其在个人生活中的作用。特别对那些社会网络资源不足或者利用社会网络的能力不足的个体，社会工作者应给予他们必要的帮助，帮助他们扩大社会网络资源，提高其利用社会网络的能力。

第九章 职业适应与发展

学习目标

学完本章后，你能够解释以下重要问题和关键概念。

重要问题

- 职业素质的基本内容
- 就业过程中的权益保护与法律问题

关键概念

职业素养；职业道德；职业意识；就业协议书；劳动合同；无效协议；违约

思考与讨论

1. 你的职业偶像或者你敬佩的职场人物有哪些你所不具备的职业素质？你计划怎样提升自己这些方面的职业素质？

2. 各行各业都有特定或公认的职业道德，你的目标职业有哪些特定或公认的职业道德？

第一节 职业素质提升

一、职业素养的基本内容

(一)职业素养的概念

学术界将职业素养定义为职业内在的规范和要求，包含职业道德、职业能力、职业意识等方面。其中职业能力是外在表象，而职业道德、职业意识是职业素养的根基，是世界观、价值观、人生观范畴的产物。

(二)职业素养的内容

1. 职业道德

道德是由一定的社会经济基础决定，以善恶为评价标准，以法律为保障并依靠社会舆论和人们内心信念来维系，调整人与人、人与社会及社会各成员之间关系的行为规范的总和。不同的社会制度，不同的社会阶层都有不同的道德标准。而职业道德是一般道德在职业行为中的反映，是社会分工的产物。

职业道德是人们在进行职业活动的过程中，一切符合职业要求的心理意识、行为准则和行为规范的总和。它是一种内在的、非强制性的约束机制，是用来调整职业个人、职业主体和社会成员之间关系的行为准则和行为规范。职业道德是社会分工的产物，是人们在职业实践活动中形成的规范。职业道德是社会经济关系所决定的特殊意识形态，它深深地植根于社会经济关系之中，并随着社会经济关系的变化而发展变化。

职业道德表现出以下特征。

第一，职业性。职业道德的内容与职业实践活动紧密相连，反映着特定职业活动对从业人员行为的道德要求。每一种职业道德都只能规范本行业从业人员的职业行为，在特定的职业范围内发挥作用。

第二，实践性。职业行为过程，就是职业实践过程，只有在实践过程中，才能体现出职业道德的水准。职业道德的作用是调整职业关系，对从业人员职业活动的具体行为进行规范，解决现实生活中的具体道德冲突。

第三，继承性。职业道德在长期实践过程中形成，会被作为经验和传统继承下来。即使在不同的社会经济发展阶段，同样一种职业因服务对象、服务手段、职业利益、职业责任和义务相对稳定，职业行为道德要求的核心内容将被继承和发扬，从而形成被不同社会发展阶段普遍认同的职业道德规范。

第四，多样性。不同的行业和不同的职业，有不同的职业道德标准。

2. 职业意识

职业意识是职业人所具有的职业观念形态，是人们在职业生涯定位和发展的过程中，通过学习和实践形成的关于某类职业的职业认知、职业操守、职业理想和职业风险等的总和，是对职业的看法、理解、评价、满意感和愿望等心理成分的综合反映，是支配和调控全部职业行为和职业活动的调节器。

职业意识包括创新意识、竞争意识、协作意识和奉献意识。

创新意识是人们在职业活动中根据社会生活发展的需要，引起创造前所未有的事物或观念的动机，并在创造活动中表现出的意向、愿望和设想，是人类意识活动中的一种积极的、富有成果性的表现形式，是人们进行创造活动的出发点和内在动力，是创造性思维和创造力的前提。

竞争意识是力求压倒或胜过对方的心理状态，它能促进人们不断前进，努力进取，促进事业的发展，是现代社会中个人、团体乃至国家发展过程中不可缺少的。

协作意识指在目标实施过程中，个体表现出的利用自己的知识和技能与团队中其他成员协同工作、共同行动、遵守行为规则的自觉认知与情感，是协作行为产生的基本前提和重要基础。

奉献意识是社会责任感的集中表现，是对自己事业不求回报的爱和全身心的付出。追求奉献还是索取，是人生价值高低的分水岭。

职业意识具体表现在以下几个方面。

第一，对职业的社会意义和地位的认识。人们希望自己所从事的职业能对社会有所贡献，也希望自己的工作能得到相应的尊重、声誉和地位。

第二，对职业本身的科学技术水平和专业化程度的期望和要求。人们认为职业的知识性、技术性越强，所需要的文化技术水平就越高，也就越能发挥自己的才能。

第三，要求职业能与个人的兴趣、爱好相符。这种愿望和要求的实现，能使人们在心理上得到满足，从而在职业活动中发挥自己的特长。

第四，对职业的劳动或工作条件的看法和要求，包括职业的劳动强度、工作环境、地理位置等客观物质条件，以及工作岗位上的人事关系、社会环境和职业的稳定性等。

第五，对职业的经济收入和物质待遇的期望，包括劳动报酬或经营收入，以及住房、交通、医疗卫生等福利。

二、职业素养的提升

(一)职业道德的基本内容

《新时代公民道德建设实施纲要》中明确指出："推动践行以爱岗敬业、诚实守信、办事公道、热情服务、奉献社会为主要内容的职业道德，鼓励人们在工作中做一个好建设者"。因此，我国现阶段各行各业普遍适用的职业道德的基本内容，即"爱岗敬业、诚实守信、办事公道、热情服务、奉献社会"。

1. 爱岗敬业

爱岗敬业是人类社会所有职业道德的核心规范。它要求从业者既要热爱自己所从事的职业，又要以恭敬的态度对待自己的工作。爱岗敬业是职责，也是成才的内在要求。爱岗敬业是职业道德的基础，是社会主义职业道德所倡导的首要规范。

爱岗就是热爱自己的本职工作，忠于职守，对本职工作尽心尽力；敬业是爱岗的升华，就是以恭敬严肃的态度对待自己的职业，对本职工作一丝不苟。爱岗敬业，就是对自己的工作要专心、认真、负责，为实现职业上的奋斗目标而努力。

2. 诚实守信

诚实守信是为人处世的基本准则，是一个人在社会生活中安身立命之本，也是企业和组织行为的基本准则。诚实守信是社会主义社会每一位公民、每个企业主、每个经营者都要遵守的基本准则。

诚实就是实事求是地待人做事，不弄虚作假，是职业行为中最基本的体现；守信是讲求信誉，重信誉、信守诺言，要求每名从业者在工作中严格遵守国家的法律、法规和本职工作的条例、纪律，做到秉公办事，坚持原则，不以权谋私，做到实事求是、信守诺言，对工作精益求精，注重产品质量和服务质量，并同弄虚作假、坑害人民的行为进行坚决的斗争。

3. 办事公道

办事公道是行业和岗位必须遵守的职业道德。从业人员在处理问题时，要站在公正的立场上，以国家法律、法规，各种纪律、规章及公共道德准则为标准，秉公办事，公平、公正地处理问题。

办事公道即处理各种职业事务要公道正派、不偏不倚、客观公正、公平公开。对不同的服务对象一视同仁、秉公办事，不因职位高低、贫富亲疏的差别而区别对待。

4. 热情服务

热情服务是指听取群众意见，了解群众需要，为群众着想，端正服务态度，改进服务措施，提高服务质量。"为人民服务"是党的宗旨，也是各级领导干部和公务员队伍的工作方向和工作内容的集中体现。做好本职工作是服务人民最直接的体现。

热情服务一方面要获得群众的感情和信赖，不能背离群众的意愿，不能损害群众的利益，不欺骗和伤害群众的切实利益和感情。只有了解民情，倾听民声，尊重民意，从群众中来，到群众中去，才能找到解决问题的好办法。另一方面，要有效地履职尽责，坚持工作的高标准。工作的高标准是单位建设的客观需要，是强烈的事业心责任感的具体体现，也是履行岗位责任的必然要求。

5. 奉献社会

奉献社会是社会主义职业道德的最高境界和最终目的，是职业道德的出发点和归宿。奉献社会就是要履行对社会、对他人的义务，自觉地、努力地为社会、为他人作出贡献。当社会利益与局部利益、个人利益发生冲突时，每一个从业人员要把社会利益放在首位。

奉献社会是一种对事业忘我的全身心投入，这不仅需要有明确的信念，更需要有崇高的行动。当一个人任劳任怨，不计较个人得失，甚至不惜献出自己的生命从事某种事业时，他关注的其实是这一事业对人类、对社会的意义。

(二)职业意识的形成与发展

职业意识的形成经历了一个由幻想到现实、由模糊到清晰、由摇摆到稳定、由远至近的产生和发展过程。职业因素主要受社会和家庭两方面因素的影响。社会因素主要是社会风气、文化传统、政治宣传、学校教育等方面对人们的世界观、人生观等的影响。家庭因素主要包括家庭的文化经济状况、生活条件、社会关系、家庭主要成员的职业和社会地位等。个人的心理和生理特征、受教育程度、个人的生活状况、社会经历等也不同程度地影响人们职业意识的形成。对学生而言，要把对前途和未来的美好追求寄托在具体的职业上，并以此作为接受教育的主要目标，并按照相应的标准要求自己。

1. 打造专业精神

专业精神是指对工作执着于专业的规范、要求、品质化程序等，是在专业技能的基础上发展起来的一种对工作极其热爱和投入的品质。具有专业精神的人对工作有一种近乎疯狂的热爱，在工作的时候能够达到一种忘我的境界。安德鲁·卡内基认为人的工作状态分三类：连分内的工作也不做，只做分内的工作和比分内的工作再多做一点。"得胜就是靠这一点""做你的工作，再加上一点，前途无量"。无论从事什么样的职业，都应主动提升自己的专业度，主动为自己的工作设定目标，不断改进方式方法，有意识地培养自己更高效地工作。工作时一丝不苟，同时注重工作的过程与成果的展现，这都是专业精神的体现。

2. 培养责任感

责任感是职业人的立足之本。工作本身就意味着责任，承担责任是职业人必备的素质。职业人的责任感表现为对自己在组织中所承担的责任、义务的高度自觉，为本职工作尽职尽责，充分发挥自己的积极性、主动性和创造性。员工的责任感造就了企业坚不可摧的精神堡垒，使企业的生命得以延续和蓬勃发展。职业责任感的培养可以从"我做主，我选择，我负责"开始。职业生涯规划就是自主、选择和负责的过程，这一过程和真实世界碰触，也是培养责任感的契机。个体进行职业决策，去体验、感受和经历选择的结果，并为之负责。人只有对自己、国家、社会和他人负责，才能具有勇往直前的不竭动力，才能感受到自我存在的价值和意义，才能真正得到人们的信赖和尊重。

3. 提高成就动机

成就动机是由成就需要引起的一种较高级的社会动机，是指个体积极主动地从事某种自认为重要或有价值的工作，并力求成功。成就动机的因素主要分为三个方面：首先是目标的吸引力；其次是风险和成败的主观概率；最后是个体施展才干的机会。由于成就动机是在一定的社会、教育条件下形成的，所以能够通过一定的训练程序来培养和提高。成就动机训练分成几个阶段。

（1）意识化

通过与职业导师谈话或自我对话，可使个体注意到与成就动机有关的行为。

（2）体验化

让个体进行游戏或其他活动，从中体验成功与失败，选择目标与成败的关系，成败与感情上的联系，特别是体验为了取得成功而必须掌握的行为策略。

（3）概念化

使个体在体验的基础上理解与成就动机有关的概念，如"成功""失败""目标"等。

（4）练习

多次重复前两个阶段能不断加深体验和理解。

（5）迁移

把学到的行为策略应用到能自选目标、自我评价、体验成败的特殊场合，如竞赛、实习、工作等场合。

（6）内化

取得成就成为个体自身的需要，个体可以自如地运用所学到的行为策略。

4. 提升耐挫力

挫折是人们在某种动机的推动下，在实现目标的活动中遇到了无法克服或自以为无法克服的障碍和干扰，使其需要得不到满足或目标不能实现时，所产生的紧张状态和消极的情绪反应。人们对于挫折的主观感受又被称为挫折感。面对相同的挫折情境，个体的挫折感是不同的，这种不同体现在耐挫力上。耐挫力指当个体遇到挫折时，能积极自主地摆脱困境并使其心理和行为免于失常的能力。

挫折是难以避免的客观事实，是每个生活在现实社会中的人必有的经历。培养耐挫力，首先要学会面对现实，不是所有的愿望都会轻易实现，事态也不会都按个人意愿发展，不要因为一时的失误和挫折就丧失信心；其次，要学会正确地归因，挫折可能是由于任务的难度、环境的限制等客观因素导致的，也可能是由个人性格、能力、努力程度或决策等造成的，个人应学会客观、准确地分析原因，提升耐挫力；再次，人在受挫后出现紧张、愤怒、焦虑等情绪性反应是很正常的，要保持对情绪的觉察和接纳，尽可能冷静、理智地思考，坚定不移地追求既定目标，根据客观现实和能力条件适当调整阶段性目标，不断增强自信心；最后，持续提升能力、整合资源、提前谋划是对抗挫折的最好办法。

5. 树立团队精神

团队精神是大局意识、协作精神和服务精神的集中体现，核心是协同合作，反映的是个体利益和整体利益的统一，能保证组织的高效率运转。团队精神并不是要求成员自我牺牲，而是以尊重个人兴趣和成就为基础的。挥洒个性、表现特长保证了成员共同完成任务目标，而明确的协作意愿和协作方式则产生了真正的内心动力。

就个体而言，树立团队精神首先要尊重和信任团队成员，尊重和信任他们的性格与人格、兴趣与爱好、感觉与需求、态度与意见、权利与义务、成就与发展。其次，要以宽容的心融入团队之中，及时得当地处理分歧与对抗，彼此包容、和谐相处、安心工作、通力合作。再次，要敢于沟通、善于沟通、勤于沟通，秉持对话精神，有方法、有层次地发表意见、探讨问题，汇集经验和知识，凝练团队共识，激发自身和团队的力量。此外，要注重共赢，思想上求同存异、目标上同心同向、行动上同向同行。最后，要勤奋豁达，明确自己在组织中的定位，承担起自己应负的责任，积极参与团队决策，不计较、不懈怠、不拖拉、不逃避，勇于吃苦、敢于付出。

▶ 第二节　就业权益保护

就业协议与劳动合同都是毕业生在求职过程中必然会接触的材料。从时间上看，就业协议签订在毕业生还未完全毕业、未取得毕业证时，相关就业主管部门和高校会对毕业生、企业进行监管，保障毕业生的合法权益；而劳动合同的签订则在毕业生完全毕业、取得毕业证以后。从对象上看，就业协议一般涉及毕业生、企业、高校三方；劳动合同只涉及两方，即毕业生和企业，高校将不再具有审核监督的责任。从法律效应来看，就业协议是毕业生和企业在规定期限内确定雇佣关系，明确双方权利和义务的书面协议，是民事协议的一种，同时也是用人单位确认高校毕业生相关信息真实可靠及接收高校毕业生的重要凭据，高校依据就业协议对高校毕业生进行就业管理，编制就业方案等。劳动合同进一步确立了双方的权利和义务，内容涉及劳动报酬、劳动保护、工作内容、劳动纪律、服务期限、违约责任等方面，内容更为具体，劳动权利义务更为明确。

一、就业协议与劳动合同

1. 就业协议

全国普通高等学校毕业生就业协议书，简称"就业协议书"，是为明确毕业生、用人单位在毕业生就业工作中的权利和义务，经协商签订的协议。

为优化高校毕业生求职就业服务流程，方便用人单位与毕业生网上签约，教育部开通全国高校毕业生毕业去向登记与网上签约平台（http：//wq. ncss. cn）。签约流程全部线上完成，有效缩短了办理时间。网签平台上的学生信息均为实名认证，并且经过学信网的学籍验证。用人单位在网签平台注册后，通过平台搜索已注册拟签约的毕业生，在线发送签约邀请。毕业生同意、院校审核通过后即完成签约。网上签约电子就业协议书与纸质协议书效力相同。

就业协议书长期以来一直作为学校派遣毕业生的依据，在学生毕业离校前，学校将根据协议书的内容开具毕业生就业报到证和户口迁移证，同时转递学生档案。如果毕业生未签订就业协议书，学校将把其关系和档案转递回原籍。《教育部关于做好 2023 届全国普通高校毕业生就业创业工作的通知》明确，从 2023 年起，不再发放全国普通高等学校本专科毕业生就业报到证和全国毕业研究生就业报到证，取消就业报到证补办、改派手续，不再将就业报到证作为办理高校毕业生招聘录用、落户、档案接收转递等手续的必需材料。

2. 劳动合同

劳动合同是毕业生去用人单位报到后必须签订的合同，相较就业协议更详细、更明确，规定企业和求职者双方的义务与责任。劳动合同，又称劳动契约、劳动协议。劳动合同是调整劳动关系的基本法律形式，也是确立劳动者与用人单位劳动关系的基本前提，在劳动法中占据核心地位。《中华人民共和国劳动法》第十六条规定："劳动合同是劳动者与用人单位确立劳动关系、明确双方权利和义务的协议。建立劳动关系应当订立劳动合同。"2012 年，全国人民代表大会常务委员会通过了修改《中华人民共和国劳动合同法》的决定，更适合时代特征的劳动合同法正式问世。

劳动合同法第一条指出，劳动合同法是为了完善劳动合同制度，明确劳动合同双方当事人的权利和义务，保护劳动者的合法权益，构建和发展和谐稳定的劳动关系而制定的法律。一般来说，毕业生正式毕业，到企业报到后，就业协议就自动失效，这时必须签订劳动合同，才能有效保护权益。企业用工和毕业生求职都受到劳动合同法的保护和制约。

根据劳动合同法规定，劳动合同应具有以下九项条款和一项补充说明：第一，用人单位的名称、住所和法定代表人或者主要负责人；第二，劳动者的姓名、住址和居民身份证或者其他有效身份证件号码；第三，劳动合同期限；第四，工作内容和工作地点；第五，工作时间和休息休假；第六，劳动报酬；第七，社会保险；第八，劳动保护、劳动条件和职业危害防护；第九，法律、法规规定应当纳入劳动合同的其他事项。劳动合同除前款规定的必备条款外，用人单位与劳动者可以约定试用期、培训、保守秘密、补充保险和福利待遇等其他事项。

劳动合同法第七条规定，用人单位自用工之日起即与劳动者建立劳动关系。第十条规定，建立劳动关系，应当订立书面劳动合同。已建立劳动关系，未同时订立书面劳动合同的，应当自用工之日起一个月内订立书面劳动合同。用人单位与劳动者在用工前订立劳动合同的，劳动关系自用工之日起建立。第八条规定，用人单位招用劳动者时，应当如实告知劳动者工作内容、工作条件、工作地点、职业危害、安全生产状况、劳动报酬，以及劳动者要求了解的其他情况；用人单位有权了解劳动者与劳动合同直接相关的基本情况，劳动者应当如实说明。第九条规定，用人单位招用劳动者，不得扣押劳动者的居民身份证和其他证件，不得要求劳动者提供担保或者以其他名义向劳动者收取财物。

二、就业权益与法律问题

1. 试用期的权益及法律问题

毕业生到用人单位报到后，就业协议即告终止，此时用人单位会与毕业生签订一份正式的劳动合同，约定劳动者在单位的试用期限、服务期限、工资待遇及其他各项福利等。合同签订之后，双方即正式确定劳动关系。在上述提到的各项约定内容中，试用期是最容易出现纠纷的阶段。因此，毕业生需要注意关于试用期的法律问题。

（1）试用期时限及待遇标准

试用期是用人单位和劳动者建立劳动关系后为相互了解、选择而约定的不超过六个月的考察期。劳动合同法第二章劳动合同的订立第十九条对试用期时间进行了规定，劳动合同期限三个月以上不满一年的，试用期不得超过一个月；劳动合同期限一年以上不满三年的，试用期不得超过二个月；三年以上固定期限和无固定期限的劳动合同，试用期不得超过六个月。同一用人单位与同一劳动者只能约定一次试用期。以完成一定工作任务为期限的劳动合同或者劳动合同期限不满三个月的，不得约定试用期。第二十条对试用期待遇进行了规定，劳动者在试用期的工资不得低于本单位相同岗位最低档工资或者劳动合同约定工资的百分之八十，并不得低于用人单位所在地的最低工资标准。有的企业私自延长试用期，减免试用期员工的工资属于违法行为，员工有权维护自己的劳动权益。

（2）试用期辞职与辞退

试用期之所以称为试用，其含义就在于用人单位和劳动者均可在此期间考察对方是否符合自己的要求，双方都具有较为自由的解除合同的权利。根据劳动合同法第三十七条之规定，劳动者在试用期内提前三日通知用人单位，可以解除劳动合同。有些用人单位在劳动合同中约定劳动者在试用期解除合同需承担违约责任，这实际上限制了劳动者的解除权，因此这种约定是侵害劳动者合法权利的行为。对于这种约定，法律一般认定为无效。

根据劳动法第二十五条规定，劳动者在试用期间被证明不符合录用条件的，用人单位可以解除劳动合同。法律规定得很清楚，用人单位可解除劳动合同的条件是必须举证劳动者在试用期间不符合录用条件。毕业生应当明确，用人单位要求解除劳动合同时，举证责任在用人单位，劳动者无须提供自己符合录用条件的证明。举证责任无疑限制了用人单位解除劳动合同的随意性，如果没有证据证明劳动者在试用期间不符合录用条件，用人单位就不能解除劳动合同，否则，用人单位需承担因违法解除劳动合同所带来的一切法律后果。

（3）只签试用期合同不签劳动合同

劳动者被用人单位录用后，双方可以在劳动合同中约定试用期，试用期应包括在劳动合同期限内，劳动合同是试用期存在的前提条件。不允许只签订试用期合同，而不签订劳动合同。这样签订的试用期合同是无效的，但"试用期"合同的无效，并不导致劳动法对劳动者的保护失效。根据劳动合同法第十九条之规定，劳动合同仅约定试用期的，试用期不成立，该期限为劳动合同期限。根据劳动合同法第十九条第二款之规定，同一用人单位与同一劳动者只能约定一次试用期。

2. 劳动合同签订时的权益及法律问题

劳动合同一旦签订，代表毕业生认可合约规定，日后再维权就比较困难，所以在签订劳动合同时要擦亮双眼，反复确认合约信息是否属实，尤其要甄别以下信息，排除就业"陷阱"。

（1）劳动合同的订立时间

劳动合同的订立时间应该在报到当日至报到后一个月内。劳动合同法第二章劳动合同的订立第七条明确规定，用人单位自用工之日起即与劳动者建立劳动关系，用人单位应当建立职工名册备查。如果入职一个月后还没有签订劳动合同，员工有权利维权。劳动合同的订立时间应该与就业协议一致，毕业生要警惕在签订合约时因时间不一致而造成的钱财、精神损失。

（2）劳动合同内容是否全部明确

劳动合同以书面形式签订，是保障双方权益的有效法律证据。很多求职者在面试时与企业达成了某些待遇共识，如果这些共识未在劳动合同中明确，就需要由求职者提出并加在劳动合同之中。如果只是口头约定，没有文字的约定，很有可能遭受求职陷阱。很多同学在毕业后工作不久就离职，很大程度上和"与当时说好的不一样"有关。

（3）福利待遇是否属实

员工福利是企业人力资源薪酬管理体系的重要组成部分，是企业或其他组织以福利的形式提供给员工的报酬。很多企业以优厚的福利待遇来吸引求职者，毕业生被待遇吸引而去，却失望而归，很大程度上是因对福利待遇抱有过高的期待。《中华人民共和国社会保险法》规定，中华人民共和国境内的用人单位和个人依法缴纳社会保险费，有权查询缴费记录、个人权益记录，要求社会保险经办机构提供社会保险咨询等相关服务。个人依法享受社会保险待遇，有权监督本单位为其缴费的情况。

社会保险包括基本养老保险、基本医疗保险、工伤保险、失业保险、生育保险五种保险，常称其为"五险"。企业在用工过程中依法为员工购买"五险"，按比例负担保险费用，员工自身也按比例缴纳剩余"五险"费用。购买"五险"的比例可以由企业制定，金额一般按照工资高低按比例缴纳。"五险"是员工入职后就必须履行的员工福利。如果企业未在试用期购买"五险"，也是不合法的。

除此之外，企业还有"企业年金""带薪假期""公积金""员工体检""节假日礼金"等福利，如果在招聘中企业已经明确这些福利，就一定要在劳动合同中体现。

3. 无效协议与违约

（1）无效协议

无效协议是指欠缺就业协议的有效要件或违反就业协议订立的原则而不发生法律效力的协议。无效协议自订立之日起无效。毕业生在求职过程中如果遭受企业欺骗等行为而签订就业协议，则该协议无效。无效协议对毕业生的影响非常大，签协议时一定要擦亮双眼，注意甄别哪些情况会造成协议无效，以防造成损失。根据法律规定，以下三种情况会造成协议无效。

①以欺诈、胁迫手段订立合同。欺诈是指一方当事人故意告知对方虚假情况，或者故意隐瞒真实情况，诱使对方当事人作出错误的意思表示。胁迫是以给公民及其亲友的生命健康、荣誉、名誉、财产等造成损害或者以给法人的荣誉、名誉、财产等造

成损害为要挟，迫使对方作出违背真实意思表示的行为。胁迫也是影响合同效力的原因之一。

②恶意串通，损害国家、集体或者第三人利益。恶意串通是指当事人为实现某种目的串通一气，共同实施订方合同的民事行为，造成国家、集体或者第三人的利益损害。恶意串通构成的要件是，当事人在主观上具有恶意性，即明知其行为会造成国家、集体或者第三人利益的损害，而故意为之；当事人之间具有串通性，即在实现非法目的的意思表示达成一致后，当事人约定互相配合或者共同实施某种合同行为，损害国家、集体或者第三人的利益。例如传销、电信诈骗等。

③以合法形式掩盖非法目的。这种行为也称隐匿行为，指当事人通过实施合法的行为来掩盖其真实的非法目的。

以合法形式掩盖非法目的而订立的合同，具备下列要件：当事人所要达到的真实目的或者其手段必须是法律或者行政法规所禁止的；合同的当事人具有规避法律的故意；当事人为规避法律、行政法规的强制性规定而采用了合法的形式对非法目的进行掩盖；损害社会公共利益。

毕业生在签订协议、合同前要仔细研判形势，对企业进行调查，多询问老师、父母、前辈的建议。签订协议要本着公平、公正的原则，不能因为一己私欲而损害他人的利益，更不能为了自己的利益而损害国家、集体的利益。不去做一些违反国家法律法规的事情，更不能让非法的事情穿上合法的外衣。

(2)违约责任及后果

《中华人民共和国民法典》规定，当事人一方不履行合同义务或者履行合同义务不符合约定的，应当承担继续履行、采取补救措施或者赔偿损失等违约责任。当事人一方明确表示或者以自己的行为表明不履行合同义务的，对方可以在履行期限届满之前要求其承担违约责任。采取欺骗等违法手段签订的就业协议无效，并由责任方承担相应的法律责任。就业协议签订后，若学生或用人单位违约，由责任方按就业协议规定承担违约责任，若学生和用人单位经协商解除协议，应签署解除协议文件，交学校就业办备案。有关解约或违约的手续完备后，学生可重新择业。学生在与新的用人单位达成就业意向后，凭新用人单位的接收函及与原用人单位的解除协议或违约手续的完备材料到学校就业指导办公室领取就业协议书，再重新按程序签订就业协议，并由学校向市高校就业主管部门申请就业方案变更。

根据劳动合同法第二章劳动合同的订立第二十二条、第二十三条规定，劳动者违反服务期约定的，应当按照约定向用人单位支付违约金。违约金的数额不得超过用人单位提供的培训费用。用人单位要求劳动者支付的违约金不得超过服务期尚未履行部分所应分摊的培训费用。对负有保密义务的劳动者，用人单位可以在劳动合同或者保密协议中与劳动者约定竞业限制条款，并约定在解除或者终止劳动合同后，在竞业限制期限内按月给予劳动者经济补偿。劳动者违反竞业限制约定的，应当按照约定向用人单位支付违约金。除了这两种情形外，用人单位不得与劳动者约定由劳动者承担违约金。简单来说，除了劳动者违反了服务期的规定或造成商业机密泄露的，都不应该由劳动者承担违约金。

实际在解约选择上，毕业生的自由要比企业大一些。解约也是毕业生因为某些特殊原因和情况，已经不能或不适合到已签约的企业工作的必然结果。毕业生违约，除本人应承担违约责任、支付违约金外，往往还会造成其他不良的后果。用人单位往往将毕业生个人的违约行为与该学校学生的诚信意识相联系，从而影响学校的声誉和信用，影响学校和用人单位的长期合作关系。用人单位为校招花费了大量的人力资源成本，甚至对校招生的工作作出了安排。如果此时有个别毕业生违约，企业的工作效率将受到影响，甚至需要重新调整人事安排来弥补个别违约带来的后果，又将花费人力成本。

第四篇

创新创业篇

第十章

创新创业基础理论

学完本章后，你能够解释以下重要问题和关键概念。

重要问题

· 与大学生创新创业相关的政策
· 创业的类型
· 经典创业模型
· 创业团队的组建与管理

关键概念

创新；创新思维；创业；创业者；创业团队

思考与讨论

1. 作为一个创业者，你应该具备哪些创业素质和能力？
2. 模拟创业团队的组建，思考应该怎样组建和管理一支创业团队？

▶ 第一节　创新创业的提出及相关政策

一、"大众创业、万众创新"的提出与发展

2014 年 9 月，时任总理李克强在天津的夏季达沃斯论坛上提出"大众创业、万众创新"（以下简称"双创"）的号召，指出要在 960 万平方公里的土地上掀起大众创业、草根创业的新浪潮，形成万众创新、人人创新的新势态。这是我国官方首次较为正式地提出"双创"口号。

推动"大众创业、万众创新"，实施创新驱动发展战略是党中央国务院打造经济增长新引擎、增强发展新动力的重大举措。从十八大报告提出"实施创新驱动发展战略"，到十九大报告强调"创新是引领发展的第一动力"，再到十九届五中全会公报"坚持创新在我国现代化建设全局中的核心地位"，创新之于中国经济社会建设的重要性越发凸显。习近平总书记在党的二十大报告中指出："必须坚持科技是第一生产力、人才是第一资源、创新是第一动力，深入实施科教兴国战略、人才强国战略、创新驱动发展战

略，开辟发展新领域新赛道，不断塑造发展新动能新优势。""加快实施创新驱动发展战略。""加快实现高水平科技自立自强。"二十大报告将科技创新的战略意义提升至新的高度，并对其作出的部署，将更大限度汇聚创新力量，促使"第一动力"在建设社会主义现代化强国的过程中持续发力。

"创新"作为引领发展的第一动力被我国政府和社会各界寄予了厚望。教育部提出建立弹性学制，允许在校学生休学创业，并要求高校将创新创业教育贯穿人才培养的全过程。高等学校作为培养创新能力与促进科技创新成果产业化的重要阵地，其战略地位是不言而喻的。

二、大学生创新创业的国家政策

纵深推进大众创业万众创新是深入实施创新驱动发展战略的重要支撑。大学生是大众创业万众创新的生力军，支持大学生创新创业具有重要意义。近年来，越来越多的大学生投身创新创业实践，但也面临融资难、经验少、服务不到位等问题。为提升大学生创新创业能力、增强创新活力，进一步支持大学生创新创业，国家相继出台了相关政策促进大学生创新创业。

(一)提升大学生创新创业能力

1. 将创新创业教育贯穿人才培养全过程

深化高校创新创业教育改革，健全课堂教学、自主学习、结合实践、指导帮扶、文化引领为一体的高校创新创业教育体系，增强大学生的创新精神、创业意识和创新创业能力。建立以创新创业为导向的新型人才培养模式，健全校校、校企、校地、校所协同的创新创业人才培养机制，打造一批创新创业教育特色示范课程。

2. 加强大学生创新创业培训

打造一批高校创新创业培训活动品牌和创新培训模式，面向大学生开展高质量、有针对性的创新创业培训，提升大学生的创新创业能力。组织双创导师深入校园举办创业大讲堂，进行创业政策解读、经验分享、实践指导等。支持各类创新创业大赛对大学生创业者给予倾斜。

(二)优化大学生创新创业环境

1. 降低大学生创新创业门槛

持续提升企业开办服务能力，为大学生创业提供高效便捷的登记服务。推动众创空间、孵化器、加速器、产业园全链条发展，鼓励各类孵化器面向大学生创新创业团队开放一定比例的免费孵化空间，并将开放情况纳入国家级科技企业孵化器考核评价，降低大学生创新创业团队入驻条件。政府投资开发的孵化器等创业载体应安排30%左右的场地，免费提供给高校毕业生。有条件的地方可对高校毕业生到孵化器创业给予租金补贴。

2. 便利化服务大学生创新创业

完善科技创新资源开放共享平台，强化对大学生的技术创新服务。各地区、各高校和科研院所的实验室及科研仪器、设施等科技创新资源可以面向大学生开放，并为其提供低价、优质的专业服务，支持大学生创新创业。支持行业企业面向大学生发布企业需求清单，引导大学生精准创新创业。鼓励国有大中型企业面向高校和大学生发布技术创新需求，开展"揭榜挂帅"。

3. 落实大学生创新创业保障政策

落实大学生创业帮扶政策，加大对创业失败大学生的扶持力度，按规定提供就业服务、就业援助和社会救助。加强政府支持引导，发挥市场主渠道作用，鼓励有条件的地方探索建立大学生创业风险救助机制，可采取创业风险补贴、商业险保费补助等方式。积极研究更加精准、有效的帮扶措施，及时总结经验、适时推广。毕业后创业的大学生可按规定缴纳"五险一金"，减少大学生创业的后顾之忧。

(三)加强大学生创新创业服务平台建设

1. 建强高校创新创业实践平台

充分发挥大学科技园、大学生创业园、大学生创客空间等校内创新创业实践平台的作用，面向在校大学生免费开放，开展专业化孵化服务。结合学校学科专业特色优势，联合有关行业企业建设一批校外大学生双创实践教学基地，深入实施大学生创新创业训练计划。

2. 提升大众创业万众创新示范基地带动作用

加强双创示范基地建设，深入实施创业就业"校企行"专项行动，推动企业示范基地和高校示范基地结对共建，建立稳定合作关系。指导高校示范基地所在城市主动规划和布局高校周边产业，积极承接大学生创新成果和人才等要素，打造"城校共生"的创新创业生态。推动中央企业、科研院所和相关公共服务机构利用自身技术、人才、场地、资本等优势，为大学生建设集研发、孵化、投资等于一体的创业创新培育中心、互联网双创平台、孵化器和科技产业园区。

(四)推动落实大学生创新创业财税扶持政策

1. 继续加大对高校创新创业教育的支持力度

在现有基础上，加大教育部中央彩票公益金大学生创新创业教育发展资金支持力度。加大中央高校教育教学改革专项资金支持力度，将创新创业教育和大学生创新创业情况作为资金分配的重要因素。

2. 落实落细减税降费政策

高校毕业生在毕业年度内从事个体经营，符合规定条件的，在3年内按一定限额依次扣减其当年实际应缴纳的增值税、城市维护建设税、教育费附加、地方教育附加和个人所得税；对月销售额15万元以下的小规模纳税人免征增值税；对小微企业和个体工商户按规定减免所得税。对创业投资企业、天使投资人投资于未上市的中小高新技术企业及种子期、初创期科技型企业的投资额，按规定抵扣所得税应纳税所得额。对国家级、省级科技企业孵化器和大学科技园及国家备案众创空间按规定免征增值税、房产税、城镇土地使用税。做好纳税服务，建立对接机制，强化精准支持。

(五)加强对大学生创新创业的金融政策支持

1. 落实普惠金融政策

鼓励金融机构按照市场化、商业可持续原则对大学生创业项目提供金融服务，解决大学生创业融资难题。落实创业担保贷款政策及贴息政策，将高校毕业生个人最高贷款额度提高至 20 万元，对 10 万元以下贷款、获得设区的市级以上荣誉的高校毕业生创业者免除反担保要求；对高校毕业生设立的符合条件的小微企业，最高贷款额度提高至 300 万元；降低贷款利率，简化贷款申报审核流程，提高贷款便利性，支持符合条件的高校毕业生创业就业。鼓励和引导金融机构加快产品和服务创新，为符合条件的大学生创业项目提供金融服务。

2. 引导社会资本支持大学生创新创业

充分发挥社会资本作用，以市场化机制促进社会资源与大学生创新创业需求更好对接，引导创新创业平台投资基金和社会资本参与大学生创业项目早期投资与投智，助力大学生创新创业项目健康成长。加快发展天使投资，培育一批天使投资人和创业投资机构。发挥财政政策作用，落实税收政策，支持天使投资、创业投资发展，推动大学生创新创业。

（六）促进大学生创新创业成果转化

1. 完善成果转化机制

研究设立大学生创新创业成果转化服务机构，建立相关成果与行业产业对接长效机制，促进大学生创新创业成果在有关行业企业的推广应用。做好大学生创新项目的知识产权确权、保护等工作，强化激励导向，加快落实以增加知识价值为导向的分配政策，落实成果转化奖励和收益分配办法。加强面向大学生的科技成果转化培训课程建设。

2. 强化成果转化服务

推动地方、企业和大学生创新创业团队的合作对接，拓宽成果转化渠道，为创新成果转化和创业项目落地提供帮助。鼓励国有大中型企业和产教融合型企业利用孵化器、产业园等平台，支持高校科技成果转化，促进高校科技成果和大学生创新创业项目落地发展。汇集政府、企业、高校及社会资源，加强对中国国际"互联网＋"大学生创新创业大赛中涌现的优秀创新创业项目的后续跟踪支持，落实科技成果转化相关税收优惠政策，推动一批大赛优秀项目落地，支持获奖项目成果转化，形成大学生创新创业示范效应。

（七）办好中国国际"互联网＋"大学生创新创业大赛

1. 完善大赛可持续发展机制

鼓励省级人民政府积极承办大赛，压实主办职责，进一步加强组织领导和综合协调，落实配套支持政策和条件保障。坚持政府引导、公益支持，支持行业企业深化赛事合作，拓宽办赛资金筹措渠道，适当增加大赛冠名赞助经费额度。充分利用市场化方式，推动中央企业、社会资本建立中国国际"互联网＋"大学生创新创业大赛项目专项发展基金。

2. 打造创新创业大赛品牌

强化大赛创新创业教育实践平台的作用，鼓励各学段学生积极参赛。坚持以赛促教、以赛促学、以赛促创，丰富竞赛形式和内容。建立健全中国国际"互联网＋"大学生创新创业大赛与各级各类创新创业比赛联动机制，推进大赛国际化进程，搭建全球性创新创业竞赛平台，深化创新创业教育国际交流合作。

(八)加强大学生创新创业信息服务

1. 建立大学生创新创业信息服务平台

汇集创新创业帮扶政策、产业激励政策和全国创新创业教育优质资源，加强信息资源整合，做好国家和地方的政策发布、解读等工作。及时收集国家、区域、行业需求，为大学生精准推送行业和市场动向等信息。加强对创新创业大学生和项目的跟踪、服务，畅通供需对接渠道，支持各地积极举办大学生创新创业项目需求与投融资对接会。

2. 加强宣传引导

大力宣传加强高校创新创业教育、促进大学生创新创业的必要性、重要性。及时总结推广各地区、各高校的好经验、好做法，选树大学生创新创业成功典型，丰富宣传形式，培育创客文化，营造敢为人先、宽容失败的环境，形成支持大学生创新创业的社会氛围。做好政策宣传宣讲，推动大学生用足用好税费减免、企业登记等支持政策。

▶ 第二节　创新与创新思维

一、创新与创新思维

创新是指以现有的思维模式提出有别于常规或常人思路的见解，利用现有的知识和物质，在特定的环境中，本着理想化需要或为满足社会需求，而改进或创造新的事物，包括但不限于各种产品、方法、元素、路径、环境等，并能获得一定有益效果的行为。经济学和管理学领域大量使用创新的概念。美国经济学家约瑟夫·熊彼特将创新定义为把一种新的生产要素和生产条件的"新结合"引入生产关系，包括开发新产品、使用新方法、发现新市场、发现新的供应来源并获得新的原材料和半成品，以及创建新的工业、产业组织。彼得·德鲁克在《动荡时代的管理》一书中发展了对创新的界定，认为创新是有系统地抛弃昨天，寻求创新机会，在市场薄弱的地方寻找机会，在新知识萌芽时期寻找机会，在市场的需求和短缺中寻找机会。

创新思维是指以新颖独创的方法解决问题的思维过程，这种思维能突破常规思维的界限，以超常规甚至反常规的方法、视角去思考问题，提出与众不同的解决方案，从而产生新颖的、独到的、有社会意义的思维成果。创新思维有以下特征：一是创新思维以问题求解或工作决策为导向。二是创新思维主体发挥自身能动性和创造性。三是创新思维是综合运用各种认知资源，提出新理念、新思路、新方法、新举措的思维方式。

作为多种思维结合起来的一种思维方式，创新思维包括发散、聚合、加减、逆向、联想和想象等特点，表现出以下特征。

二、创新思维方式及训练

(一)创新思维的类型

创新思维在科学技术不断发展、商品生产不断繁荣的新时代有着重要的意义。创新思维的形式多种多样，主要有以下几种。

1. 逆向思维

逆向思维也称求异思维，指对司空见惯的似乎已成定论的事物或观点反过来进行思考的一种思维方式。人们习惯于沿着事物发展的正方向去思考问题并寻求解决办法。其实，对于某些问题，尤其是一些特殊问题，从结论往回推，反过去想或许会使问题简单化。逆向思维包括以下几种。一是反转型逆向思维，指从已知事物的功能、结构、因果关系等方面进行反方向思考，产生发明构思。二是转换型逆向思维，指通过转换思考角度或手段，使得问题得以顺利解决的思维方法。三是缺点逆向思维，指利用事物的缺点，将劣势转换为优势，化被动为主动，化弊为利，寻找问题的解决方法。

2. 发散思维

发散思维又称辐射思维、放射思维、扩散思维或求异思维，是指大脑在思维时呈现出一种扩散状态的思维模式。发散思维就是从不同角度、不同逻辑起点，以不同思维程序考察客观事物，形成多方面、多层次、多因素、多变量的整体认识，如一题多解、一事多写、一物多用等。不少心理学家认为，发散思维是创造性思维的主要特点，是测定创造力的主要标志之一。

3. 联想思维

联想思维是通过某种联系，将所观察到的现象与自己所要研究的对象结合在一起，从而获得新知识的没有固定思维方向的自由思维活动。联想思维包括由于外部构造、形状或状态的类同或相似而引发的相似联想，由联想物和触发物之间具有的相似属性而引发的相关联想，由联想物和触发物之间具有的相反属性而引发的对比联想，由触发物与联想物之间的因果关系而引发的因果联想，由联想物和触发物之间存在很大的关联或关系极为密切而引发的接近联想。

4. 组合思维

组合思维又称连接思维或合向思维，是指多项貌似不相关的事物通过想象加以连接，从而使之变成彼此不可分割的新的整体的一种思考方式。组合要面对的问题空间是随着考虑元素的增多而不断变大的，每加入一个角度或者一个因素，就必须考虑它与既存的所有角度和因素间的相互作用，因此存在大量的可能性，很难达到完全的最优，更典型的情况是追求"和谐可行"。在组合思维中常常会遇到设计、选择和分配等几种常见的问题。设计是组合思维的核心，是头脑中组合方案的雏形，尚未形成清晰的设计理念和明确的设计意图，体现了组合的目的性和规律性；选择是实现有效组合的重要前提，取舍之间，既要体现细节，又不能执着于细节而影响整体的完整、流畅；分配是对资源的合理配置，使资源能够发挥更大的作用，"田忌赛马""以弱胜强"都是合理分配资源的结果。

5. 纵向思维

纵向思维即传统的逻辑思维，是以事物发展的过程性为客观基础，在一种结构范围内，按照有顺序的、可预测的、程式化的方向对思维对象进行不同层面分析的思维形式。这是一种符合事物发展方向和人类认识习惯的思维方式，遵循由低到高、由浅到深、由始到终的思维顺序，因而清晰明了、合乎逻辑，是人们日常生活、学习经常采用的思维方式。纵向思维本身的精专特质，使其具有极高的严密性、独立性和个人风格。

6. 横向思维

横向思维是爱德华·德波诺针对纵向思维提出的一种看问题的新程式、新方法。横向思维是一种突破问题的结构范围，将思维往更宽广领域拓展，从而得到启示而产生新设想的前进式思考模式。横向思维可以创造多点切入，甚至可以从终点返回起点，其职能就是创新。

(二)创新思维的训练方法

创新思维是思维的高级形式。一般来说，以模仿为主的常规思维方式比较适合认识已知的世界。模仿前人成熟的经验或他人成功的方法，可以帮助人们节省思考探索的时间和精力，从而提高思维和活动的效率。然而一旦进入未知世界，没有可以参照和模仿的对象，就需要启动一种新的思维方式来适应陌生环境的要求，这种新的思维方式就是创新思维。创新思维的训练方法有很多，下面主要介绍五种常见的方法。

1. 头脑风暴

头脑风暴法又称智力激励法、自由思考法，是由美国创造学家亚里克斯·奥斯本于1939年首次提出、1953年正式发表的一种激发性思维的方法。此法经各国创造学研究者的实践和发展，已经形成了一个发明技法群，如奥斯本智力激励法、默写式智力激励法、卡片式智力激励法等。

头脑风暴通过一定的讨论程序与规则来保证创造性讨论的有效性。讨论程序是头脑风暴法能否有效实施的关键，关键环节如下。

(1)清晰地表述要解决的问题

首先，只有清晰地表述，才能让头脑风暴的过程变得明确、高效和有针对性。其次，问题要具有开放性。如果问题不具有开放性，就无法提出有趣的想法。再次，问题不能蕴含解决方案。最后，问题不能过于宽泛。

(2)热身

让参与者的精神和身体都进入兴奋状态，主持人要带动大家活跃起来。一个高度活跃的头脑风暴会议，能够产生更多的想法。

(3)遵循"头脑风暴"的规则，集思广益

头脑风暴的主持人除了需要做前期准备，组织大家热身，还要重申头脑风暴的规则，即重量不重质，想法越多越好；不作出评判，不否定他人；可以发展团队成员的思路；越疯狂的点子越好。

(4)筛选

依据一个具体的标准(如最令人愉快的、最疯狂的、最能引起共鸣的、最有长期影响力的等)对想法进行筛选，并尝试着提取这些想法反映的内涵和趋势，以便进行反思和总结。

2. 组合创新

组合创新来源于熊彼特创新方法论"旧要素新组合"。他认为创新不是创造出全新的事物，而是把原有的事物进行重新组合，创造出一个新的不同的事物。这意味着不仅仅科学家、工程师可以创新，每个人都可以创新；不仅仅发明电灯、电话、火车是创新，用老元素组合出新事物也叫创新。

组合创新的形式主要有以下几种。

（1）功能组合

功能组合是把不同物品的不同功能、不同用途组合到一个新的物品上，使之具有多种功能和用途，如按摩椅。

（2）意义组合

这种组合功能不变，但组合之后有了新的意义。例如，在文化衫上印上旅游景点的标志和名字，使其变成具有纪念意义的旅游商品。

（3）构造组合

把两种东西组合在一起，它便有了新的结构并带来新的使用功能，如房车。

（4）成分组合

两种成分不同的物品，组合在一起后，就构成了一种新的产品。例如，将柠檬和红茶组合在一起，就开发出了柠檬茶。

（5）原理组合

把原理相同的两种物品组合在一起，产生一种新产品。例如，将几个相同的衣服架组合在一起，就可构成一个多层挂衣架。

（6）材料组合

不同材料组合在一起，不仅可以改善原物品的功能，还能带来新的经济效益。例如，现在电力工业使用的远距离电缆，其芯用铁制造，而外层则用铜制造，由两种材料组合制成的新电缆，不仅保持了原有材料的优点（铜的导电性能好，铁较硬不会下垂），还大大降低了输电成本。

3. 列举分析

列举法是一种依据某一具体事物的特定对象（如特点，优缺点等），从逻辑上进行分析并将其本质内容罗列出来，经过批评、比较、选优等手段，挖掘创造主题新意的创造技法。列举法的具体操作步骤如下：

（1）确定革新对象；

（2）列举这一对象的特性、缺点或希望点；

（3）将众多的特性、缺点和希望点进行归类整理；

（4）对所列的特性、缺点和希望点进行分析，看看能否改进；

（5）通过检验、评价，选出经济效益高、行之有效的设想。

列举分析最常用的有属性列举法、缺点列举法和希望点列举法。

属性列举法是由美国内布拉斯加大学新闻学教授罗伯特·克劳福德于 1931 年提出的，他强调在创造的过程中观察和分析事物或问题的特性或属性，然后针对每项特性提出改良或改变的构想。实施步骤如下。首先，将事物属性分为名词属性（全体、部分、材料、制法）、形容词属性（性质、状态）和动词属性（功能）。然后进行特征变换。最后，将变换后的新特征与其他特征组合，提出新产品构想，得到新产品。

缺点列举法是日本鬼冢喜八郎在改进运动鞋设计的过程中总结出的一种创新方法。该方法通过分析研究对象各方面的不足之处，提出各种设想来对其加以改进和完善。实施步骤如下。①找出事物的缺点，分析缺点产生的原因。②针对缺点产生的原因，恰当地提出解决的方法。缺点列举的应用面非常广泛，它不仅有助于革新产品，而且还可以用于企业管理，解决属于"事"一类的软技术问题。

希望点列举法是由克劳福特发明的。该方法通过不断提出希望，如"怎样变得更好"，探求解决问题和改善对策的技法。实施步骤包括激发和收集人们的希望，仔细研究人们的希望以形成"希望点"，以"希望点"为依据，创造新产品以满足人们的希望。希望点列举法既适用于对现有事物的提高，又适用于设计新产品，创建新方法等。

4. 设问检查

设问检查是通过多角度提出问题，从问题中寻找思路，进而作出选择，并深入开发创造性设想的一类技法。设问检查实际上是根据提问清单，针对所需要解决的问题逐项对照检查，以期从各个角度较为系统周密地进行思考，探求较好的创新方案。常用的设问检查法包括奥斯本检核法表、5W2H 法、和田十二法等。

(1)奥斯本的检核表法，是针对某种特定要求制定的检核表，主要用于新产品的研制与开发。奥斯本是美国创新技法和创新过程之父。奥斯本检核表法引导主体在创造过程中对照九组 75 个问题进行思考(见表 10-1)，以便打开思路、开拓思维，促进人们产生新设想、新方案。它的核心是通过变化来改进。基本步骤如下：①选定一个要改进的产品或方案；②从下列角度提出一系列问题，并产生大量的想法；③对这些想法进行筛选、思考和完善。实施的过程中要注意联系实际，一条一条地进行核检，不要有遗漏；多核检几遍，效果会更好；在检核每项内容时，要尽可能地发挥想象力和联想力，产生更多的创造性设想；进行检索思考时可以将每大类问题作为一种创新方法；可根据需要决定核检方式，可以 1 人核检，也可以 3～8 人共同核检，集体核检可以互相激励，产生头脑风暴，更有希望创新。

表 10-1　九组提问及其含义

检核项目	含义
能否他用	现有的事物有无其他用途、能否扩大用途；稍加改变有无其他用途
能否借用	能否引入其他创造性设想；能否模仿别的东西；能否从其他领域、产品、方案中引入新的元素、材料、造型、原理、工艺、思路
能否改变	现有事物能否做些改变？如颜色声音、味道、式样、花色、音响、品种、意义、制造方法，改变后效果如何
能否扩大	现有事物可否扩大适用范围；能否增加使用功能；能否添加零部件；能否延长它的使用寿命，增加长度、厚度、强度、频率、速度、数量、价值
能否缩小	现有事物能否体积变小、长度变短、重量变轻、厚度变薄及拆分或省略某些部分(简单化)？能否浓缩化、省力化、方便化、短路化
能否替代	现有事物能否用其他材料、元件、结构、力、设备力、方法、符号、声音等代替；
能否调整	现有事物能否变换排列顺序、位置、时间、速度、计划、型号，内部元件可否交换
能否颠倒	现有事物能否从里外、上下、左右、前后、横竖、主次、正负、因果等相反的角度颠倒过来用
能否组合	能否进行原理组合、材料组合、部件组合、形状组合、功能组合、目的组合

(2)5W2H分析法又叫七问分析法，是二战中美国陆军兵器修理部首创。创造力高的人，都具有善于提问题的能力。发明者在设计新产品时，常常提出：为什么（Why）；做什么（What）；何人做（Who）；何时（When）；何地（Where）；如何（How）；多少（How much）。这就构成了5W2H法的总框架，即发现解决问题的线索，寻找发明思路，进行设计构思，产生新的创意。

第一步，做什么WHAT——条件是什么？哪一部分工作要做？目的是什么？重点是什么？与什么有关系？功能是什么？规范是什么？工作对象是什么？

第二步，怎么做HOW——怎样做省力？怎样做最快？怎样做效率最高？怎样改进？怎样得到？怎样避免失败？怎样求发展？怎样增加销路？怎样达到效率？怎样才能使产品更加美观大方？怎样使产品用起来方便？

第三步，为什么WHY——为什么非做不可？可不可以不做？为什么采用这个技术参数？为什么不能有响声？为什么停用？为什么发生这个改变？为什么要做成这个形状？为什么采用机器代替人力？有没有替代方案？为什么要经过这么多环节？

第四步，何时WHEN——何时完成？什么时间做？什么时机最适宜？何时安装？何时销售？何时是最佳营业时间？何时工作人员容易疲劳？何时产量最高？何时完成最为时宜？需要几天才算合理？

第五步，何地WHERE——在哪里做？何地最适宜某物生长？何处生产最经济？从何处买？还有什么地方可以作销售点？安装在什么地方最合适？何地有资源？

第六步，谁WHO——由谁来做？谁来办最方便？谁会生产？谁可以办？谁是顾客？谁被忽略了？谁是决策人？谁会受益？

第七步，多少HOW MUCH——做到什么程度？数量如何？质量水平如何？费用产出如何？功能指标达到多少？销售多少？成本多少？输出功率多少？效率多高？尺寸多少？重量多少？

(3)和田十二法，又叫"和田创新法则"（和田创新十二法），在上海和田路小学首先使用。和田十二法是我国学者许立言、张福奎在奥斯本检核问题表的基础上，借用其基本原理，加以创造而提出的一种思维技法。它既是对奥斯本检核问题表法的一种继承，又是一种大胆的创新。该方法根据12个动词提问，包括：加，加高、加厚、加多、组合等；减，减轻、减少、省略等；扩，放大、扩大、提高功效等；变，变形状、颜色、气味、音响、次序等；改，改缺点、改不便、不足之处；缩，压缩、缩小、微型化；联，原因和结果有何联系，把某些东西联系起来；学，模仿形状、结构、方法，学习先进；代，用别的材料代替，用别的方法代替；搬，移作他用；反，能否颠倒一下；定，定个界限、标准，能提高工作效率。按照12个动词的顺序进行核对和思考，就能从中得到启发，诱发人们的创造性设想。

5. *逆向头脑风暴法*

逆向头脑风暴法，是由热点公司发明的一种小组评价的方法，其主要用途是借以发现某种观念的缺陷，并预期如果实施这种观念，会出现什么不良后果。逆向头脑风暴法和头脑风暴法类似，唯一不同的是在逆向头脑风暴法中，允许提出批评。逆向头脑风暴法是以批判的眼光揭示某种观念的潜在问题，也就是通过提问发现创意缺点。实施的具体步骤如下。(1)要求参加者对每一个提出的设想都要提出质疑，并进行全面评论。评论的重点是研究有碍设想实现的所有限制性因素。在质疑过程中，可能产生一些可行的新设想。其结构通常是："××设想是不可行的，因为……如要使其可行，必须……"（2）对每一组或每一个设想，编制一个评论意见一览表和可行设想一览表。（3）评估每一个设想，以制定解决所讨论问题的实用想法的最终列表。

▶ 第三节　创业的基础知识

一、创业的概念和类型

（一）创业的概念

创业是创新的实际运作过程。《孟子·梁惠王下》有言："君子创业垂统，为可继也。"《辞海》对创业的定义为"创业，创立基业"，指开拓、创立个人、集体、国际和社会的各项事业，以及所取得的成就。它强调开端的艰辛和困难，突出过程的开拓和创新，侧重于在前人的基础上有新的成就和贡献，其含义宽泛，是与人生价值相关的具有哲学意蕴的广义解释。狭义的创业就是开创自己的事业，即创业者及创业搭档对他们拥有的资源或通过努力能够拥有的资源进行优化整合，从而创造出更大经济或社会价值的过程。随着创业实践活动的日益丰富，创业不断被赋予新的内容。如今，创业更多地被视为是一种发展社会就业、促进经济增长和社会繁荣的战略。

虽然研究者们对创业的理解各有侧重，但总的来说都强调了以下四个方面。（1）创业是一种创新活动，在创业的过程中总能创造出新的产品、服务或模式。（2）创业是一种开拓性的活动，开拓性的创新是更有价值、更有难度的一种创新。这种创新所创造的事物是过去不曾出现过的，是全新的，并且对于未来具有深远的影响，它往往伴随着灵光乍现，带有一定的偶然性。（3）创业必须要付出时间和精力，创业者要承担相应的财务、精神和社会风险。（4）创业是创业者有意识地发掘某些资源或获得某些信息、技术及机会，创造价值并努力实现价值的过程。

（二）创业的类型

按照不同的标准，可以将创业划分为不同的类型。

1. 生存型创业和机会型创业

依据创业动机的不同，可将创业分为机会型创业和生存型创业。

生存型创业是指那些由于没有其他就业选择或对其他就业选择不满意而从事创业的创业活动。创业者往往从事的是技术壁垒低、不需要很高技能的行业或从事低成本、低门槛、低风险、低利润的行业。从行业分布来看，生存型创业的行业多为零售、汽车、租赁、个人服务等行业，而这些行业大多为个体私营经济所处的行业。

机会型创业指为了追求一个商业机会而从事创业的创业活动。虽然创业者还有其他的选择，但他们由于个体偏好而选择了创业。机会型创业的创业起点高，对经济的推动力大，造就的就业岗位多，利润高，风险大。

2. 独立型创业和合伙型创业

按照创业者数量的不同，创业可以分为独立型创业和合伙型创业。

独立型创业是指创业者独自创办企业或组织，表现为独立决策、产权清晰、利润独享、风险自担。这类创业活动的特点在于企业或组织由创业者自主掌控，按照自己的思路经营管理。由于创业资源准备相对困难，也受创业者个人能力的制约，独立型创业的风险很大。

合伙型创业是指创业者与他人合作共同创办企业或组织，表现为集体决策、共同出资、共享收益、共担风险。这类创业活动的特点在于形成了团队合力，降低了创业风险，但由于合作者在经营管理过程中容易出现分歧，也极易发生利益冲突，可能导致内部管理成本的增加。

3. 传统技能型创业、高新技术型创业和知识服务型创业

按照创业项目的不同，创业可以分为传统技能型创业、高新技术型创业和知识服务型创业。

传统技能型创业是指采用传统的技术和工艺进行的创业，因为其独特的技艺或配方而拥有市场优势。在酿酒业、餐饮业、工艺美术品业、服装业、食品加工业、修理业等与人们日常生活紧密相关的行业中，传统技艺项目表现出很强的竞争力，是许多现代技术无法与之竞争的。

高新技术型创业是指借助带有前沿性、研究型的新技术、新产品进行的创业。这些创业项目具有知识密集、技术密集、拥有自主知识产权等特点，提供的产品或服务具有很强的市场潜力和利润空间。《科技部 财政部 税务总局关于修订印发〈高新技术企业认定管理办法〉的通知》（国科发火〔2016〕32 号）规定，高新技术企业认定的条件包含：企业通过自主研发、受让、受赠、并购等方式，获得对其主要产品（服务）在技术上发挥核心支持作用的知识产权的所有权；对企业主要产品（服务）发挥核心支持作用的技术属于《国家重点支持的高新技术领域》规定的范围；企业从事研发和相关技术创新活动的科技人员占企业当年职工总数的比例不低于 10%；近一年高新技术产品（服务）收入占企业同期总收入的比例不低于 60%；企业创新能力评价应达到相应要求等。其中《国家重点支持的高新技术领域》有八大类，分别是：电子信息、生物与新医药、航空航天、新材料、高技术服务、新能源与节能、资源与环境、先进制造与自动化。

4. 自主型创业和企业内部创业

按新企业建立渠道的不同，创业可以分为自主型创业和企业内部创业。

自主型创业指产业者是企业的创始人或事业的发起者，创业者从策划到实施、从企业的组织组建到运行管理都负担主要责任，即创业者个人或创业团队白手起家进行的创业。自主型创业者一般是企业或组织的法人代表，是直接创造劳动岗位的人，是创业大军中的中坚力量和促进经济社会发展的先锋。自主型创业的风险和难度都很大，创业者往往因为资源、经验和支持上的缺乏，而导致失败。自主型创业又可以分为以下几种。

（1）创新型创业

创业者通过提供有创造性的产品或服务，填补市场需求的空白。

（2）从属型创业

一是创办小型企业，与大型企业进行协作，在企业整个价值链中做一个环节或者承揽大企业的外包业务；二是加盟连锁、特许经营，利用品牌优势和成熟的经营管理模式，减少经营风险。

（3）模仿型创业

根据自身条件，选择一个合适的时间和地点，进入壁垒低的行业，学着别人开办企业，投入少，创新也少，但仍然有机会通过逐步积累，跻身强者行列，创立自己的品牌和特色。

（4）对抗型创业

对抗型创业指进入其他企业已经形成垄断地位的某个市场，与之对抗较量。创业者必须在知己知彼、精心谋划、科学决策的前提下，快速、准确地把自己的优势发挥到极致，抓住市场机遇，乘势而上，避开市场风险，减少风险损失。

企业内部创业，指在企业内部进行工作创新、管理创新、技术创新或新产品开发等。企业内部创业是动态的。通过连续不断的企业内部创业，创业者可以打破产品和服务的生命周期，不断延伸企业的生命周期。

二、经典创业模型

创业的要素是创业活动所必须具有的实质或本质，是创业活动的组成部分。创业者可以通过改善这些要素的组合来提高其创业成功的可能性。具体而言，创业究竟应该包括哪些要素，不同的学者有不同的认识。

（一）蒂蒙斯创业过程模型

蒂蒙斯提出成功的创业活动是"机会、创业团队、资源"三大要素的恰当搭配及其在事业发展过程中的动态平衡。创业过程由机会启动，在组成创业团队之后取得必要的资源，创业计划方能顺利开展。

蒂蒙斯认为创业是一个高度动态的过程。商业机会是创业过程的核心因素，创业机会的挖掘和识别，是创业过程的起点。利用机会启动创业后，资源为创业过程提供必要的支持和保障。对资源的控制和合理利用来自创业者或创业团队的创业战略。团队是创新企业和创业过程的主导者，是实现创业目标的关键组织要素。创业者或创业团队必须具备善于学习、从容应对逆境的品质，具有高超的创造、领导和沟通能力，但更重要的是具有韧性，能够适应市场环境的变化。

蒂蒙斯创业过程模型（见图10-1）中，机会、资源和创业团队三个创业核心要素构成一个倒立三角形，创业团队位于这个倒立三角形的底部。在创业初始阶段，机会较大，而资源较为稀缺，于是三角形向左边倾斜；随着新创企业的发展，可支配的资源不断增多，机会则可能会变得相对有限，从而导致另一种不均衡。创业者必须不断寻求更大的商业机会，并合理使用和整合资源，以保证企业平衡发展。机会、资源和创业团队三者必须不断调整，以实现动态均衡。这就是新创企业的发展过程。蒂蒙斯创业模型始终坚持三要素间的动态性、连续性和互动性。

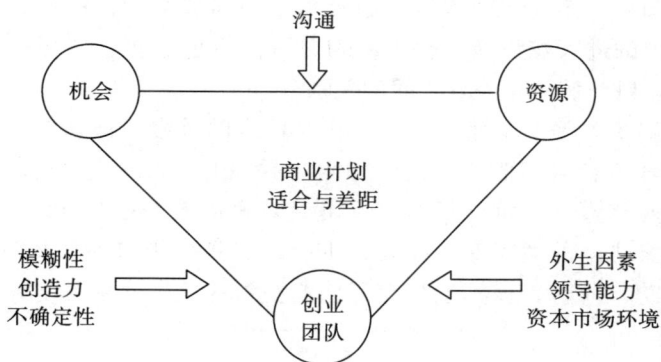

图 10-1 蒂蒙斯创业过程模型

(二)加纳创业动态发展模型

威廉·加纳提出了新企业创建过程的概念框架，进而构建了较为复杂的创业模型。他认为创业就是创建新的组织，也就是将各个相互独立的行为要素组成合理的序列并产生理想的结果。

新组织的创建包括四个维度：创立新企业的个人（创业者）、他们所创建的新企业类型（组织）、新企业所面临的环境及新企业创立的过程。任何新企业的创立都是这四个要素相互作用的结果。创业者个人需具有渴望成就、敢于冒险、阅历丰富等特质；创业过程主要包括发现商业机会、整合资源、生产产品或提供服务、为社会创造价值等；创业环境主要包括技术因素、供应商因素、市场因素、政策因素、资源因素等；组织包括内部机构及组织战略的选择等。四个维度及各维度之间的相互作用，全面揭示了新企业创建过程的复杂性。它不但能够回答"如何创建新企业"，而且也可以用来指导新创企业的动态发展。加纳创业动态发展模型如图 10-2 所示。

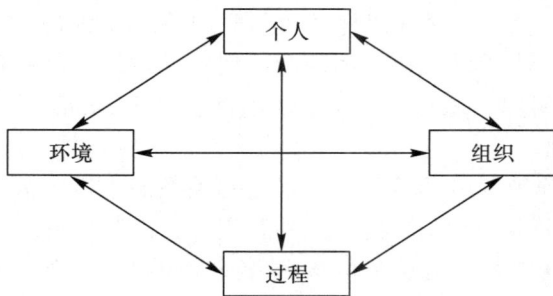

图 10-2 加纳创业动态发展模型

(三)萨尔曼创业模型

威廉·萨尔曼认为在创业过程中，为了更好地开发商业机会和创建新企业，创业者必须把握人、机会、外部环境和其自身的交易行为四个关键要素。人包括为创业提供服务或资源的所有人，如经理、雇员、律师、会计师、资金提供者、零件供应商及与新创企业直接或间接相关的其他人；机会是指任何需要投入资源的活动，包括亟待企业开发的技术、市场，以及创业过程中所有需要创业者投入资源的事物；外部环境是指无法通过管理来直接控制的因素，如资本市场利率水平、相关的政策法规、宏观经济形势及行业内的进入威胁等；创业者的交易行为是指创业者与资源供应者之间的直接或间接关系，即与利益相关者之间的关系。

创业过程是四个关键要素相互协调、相互促进的过程。该模型（见图 10-3）强调环境的重要性，环境影响其他三个创业因素，并且三个因素也反过来影响环境。考虑交易行为因素是该模型的重要特点。该模型明确指出了社会网络对创业的重要性，其核心思想是要素之间的适应性，即人、机会、交易行为与外部环境必须相互协调，才能促进创业成功。同时，该模型扩大了创业要素的外延，更具实践指导意义。

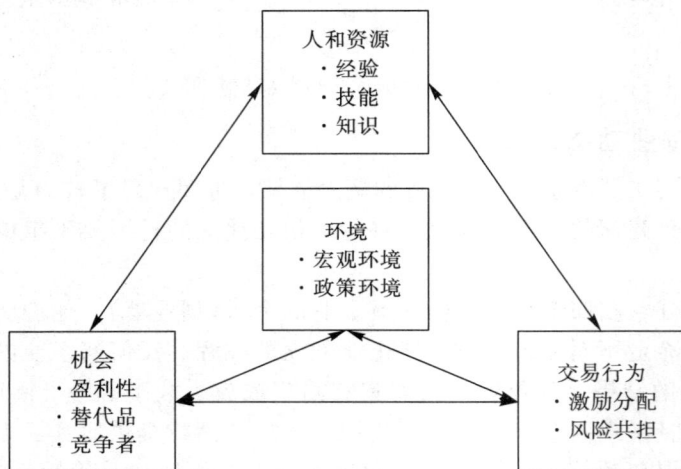

图 10-3　萨尔曼创业模型

（四）威克姆创业模型

菲利普·威克姆提出了基于学习过程的创业模型（见图 10-4）。该模型认为创业活动需要创业者、机会、组织和资源四种互相关联的要素。创业者应有效处理机会、资源与组织之间的关系，实现动态协调和匹配。创业过程是一个不断学习的过程，而创业型组织就是学习型组织。通过学习，组织不断改变要素间的关系，实现动态平衡，最终成功完成创业。

该模型把创业者作为调节其他创业要素之间关系的中枢，承担着确认机会、管理资源和带领团队实施创业活动的职能。此外，资源、机会与组织三要素之间的相互关系表现在：资本、人力和技术等资源应该用来开发和利用机会；创业者通过整合资源来创建组织，包括组织的资本结构、组织结构、程序和制度及组织文化等；组织的资产、结构、程序和文化等构成一个有机的整体，以适应要开发的机会。为此，组织必须根据机会的变化不断进行调整。

创业型组织作为学习型组织，必须通过不断学习来对机会和挑战作出及时的反应，还要根据情势变化及时总结、积累、调整，使组织的规则、结构、文化和资源等不断改进，从而实现组织的完善、发展和创业要素间的动态平衡。

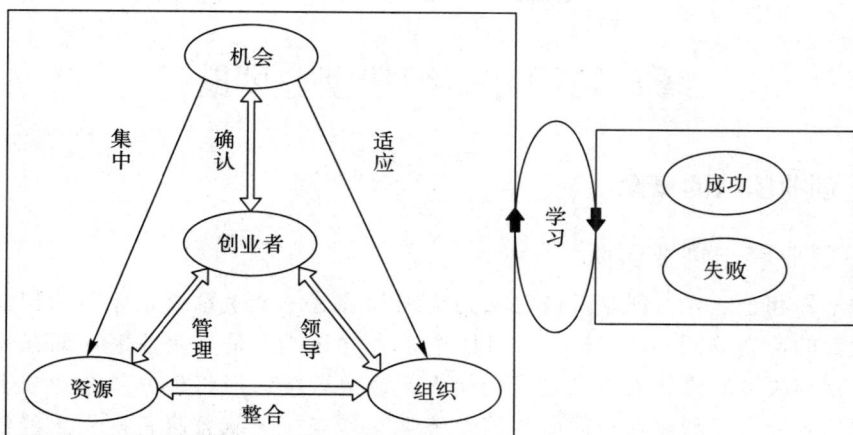

图 10-4 威克姆创业模型

(五)克里斯蒂安-朱利安创业模型

克里斯蒂安和朱利安指出创业管理应该聚焦于创业者与新事业之间的互动，并以此为核心来开展创业活动。在个人与新事业的互动下，随着时间的变迁，创业企业根据一定的流程，演进与发展。在企业发展的整个流程中，外部环境不断对企业产生影响，使创业者个人与新事业之间的关系不断复杂化，因此，创业流程管理也会日趋复杂，并在一定程度上成为创业者—新事业、时间和环境的函数(见图 10-5)。

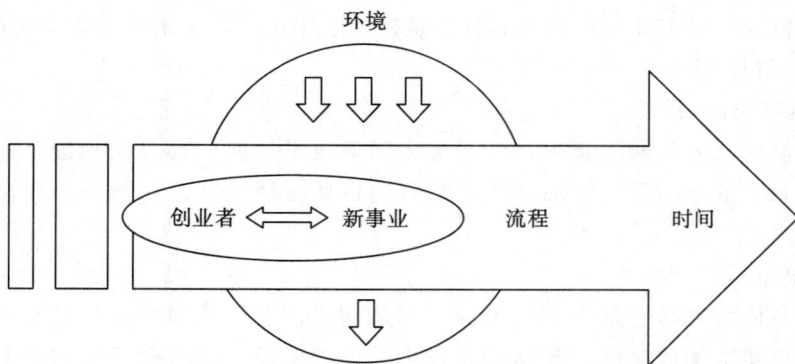

图 10-5 克里斯蒂安-朱利安创业模型

该模型与蒂蒙斯创业过程模型同样重视创业者的功能，视创业者为创业活动的灵魂与推手。发展创业者的创业才能，将是创业管理工作上的一大重点。克里斯蒂安-朱利安模型强调的"创业者与新事业互动的能力"及蒂蒙斯模型强调的"创业者随着环境变迁而动态调整创业模式的能力"，都与人格特质的关联性不高，也说明创业者的能力确实可以经过有系统的创业教育加以培育。

▶ 第四节　组建创业团队

一、创业团队的概念

(一)创业者与创业团队

在学术界和企业界，创业者被定义为组织和管理一个生意或企业并承担其风险的人。创业者的英文单词 entrepreneur 有两个基本含义：一是指企业家，即在现有企业中负责经营和决策的领导人；二是指创始人，通常理解为即将创办新企业或者是刚创办新企业的领导人。创业者一词由法国经济学家理查德·坎蒂隆首次引入经济学。法国经济学家萨伊首次提出创业者是将经济资源从生产率较低的区域转移到生产率较高区域的人，并认为创业者是经济活动过程中的代理人。著名经济学家熊彼特则认为创业者应为创新者。作为创业主体的创业者，可以是个人，也可以是团队。

创业团队有狭义和广义之分。狭义的创业团队即初始的合伙人团队，是一群有着共同目的、共享创业收益、共担创业风险的共同创建新企业的人。广义的创业团队不仅包括狭义的创业团队，还包括创业过程中的部分利益相关者，如风险投资商、律师、会计师及参与企业创建的专家顾问等。这里，我们重点讨论狭义层面的概念。

(二)创业团队的要素

创业团队对于新创企业的成功起着举足轻重的作用。创业团队通常需要具备以下5个关键要素(俗称5P)。

1. 目标(Purpose)

创业团队应该有共同的目标，该目标为团队成员导航。目标在初创企业的管理中以企业的愿景、战略的形式体现。缺乏共同的目标将使团队没有凝聚力和持续发展的动力。

2. 人(People)

创业的共同目标是通过人来实现的，人是构成创业团队最核心的力量。两个或两个以上的人就可以构成团队。在新创企业中，人力资源是所有创业资源中最活跃、最重要的资源。所以，人员的选择是创业团队建设中非常重要的内容，创业者应该充分考虑团队成员的能力、性格、经验等方面的因素。

3. 定位(Place)

创业团队的定位包含两层意思：一是团队的定位，指创业团队在企业中处于什么位置，所扮演的角色是什么，以及团队内部的决策能力和执行力怎么样；二是成员(创业者)的定位，指创业成员在团队中扮演什么角色。创业活动的成功推进，不仅需要找到合适的创业机会，同时也需要创业成员各司其职、优势互补，并且形成一种良好的合力。

4. 权限(Power)

权限是指新创企业中职、责、权的划分与管理。一般来说，团队的权限与企业的大小及正规程度有关。在新创企业的团队中，核心领导者的权力很大，但随着团队的成熟，核心领导者的权限会降低，这是一个团队成熟的表现。

5. 计划(Plan)

计划是为保证目标的实现而制订的具体实施方案。大的计划在实施过程中又会分解成许多小的计划，需要团队成员共同努力去完成。

以上是团队构成的5P要素。创业之初，创业者往往会面临很多困难，团队的建设并不像想象中的那样简单，创业者需要有充分的心理准备。由于创业活动的特殊性，创业团队不必具备每一个要素。随着企业发展的逐步成熟，团队建设也会逐步完善。创业者应当时刻记住一句俗语"三个臭皮匠，顶个诸葛亮"，这也说明了创业团队在创业过程中的重要性。

二、创业团队的组建与管理

(一)创业团队的组建

创业团队的组建没有统一的标准化规程。实际上，有多少创业团队就有多少种团队建设方式，没有一支创业团队的建设是可以复制的。创业者走到一起，多是机缘巧合。兴趣相投、技术相同，同事和朋友甚至是有相同想法的人都可以合伙创业。关于创业团队的成员，马云曾经说过"创业要找最合适的人，不要找最好的人"。创业者组建创业团队一般遵循以下三个步骤。

1. 寻找合适的合作伙伴

在准确进行自我评估的基础上，创业者在组建团队时，要考虑其他成员与自己以及各成员之间在各个方面的搭配问题。创业者首先要根据创业项目制订人力资源计划，明确自己想要哪方面的人员，希望他从事什么样的工作，能够给予对方哪些有利条件等。

创业者寻找创业伙伴，一般应遵循以下几个原则。

(1)同价值观原则

共同的价值观是组建团队的基本准则。只有价值观一致，团队才有共同的目标和努力方向，才有统一的思路和理念。价值观决定着创业的性质和宗旨，决定着创业的目标和行为准则，也指导着团队成员如何工作和如何取得成功。这其实是企业文化上的一种认同。团队成员的个人追求与企业追求一致，能增强团队的凝聚力。如果团队成员缺乏共同理念，就很容易导致个人主义盛行，创业失败。

(2)互补性原则

创业者之所以寻求团队合作，其目的就在于弥补创业目标与自身能力间的差距。只有团队成员在能力、性格或技术等方面实现互补，才能充分发挥个人资源优势，拓宽团队的资源渠道，发挥出"1+1>2"的协同效应。

大多数大学生在组建创业团队时，并不考虑队员专业能力的多样性，或者资源结构的合理性，最后导致管理、营销、财务等能力较为缺乏，不能为创业项目的正常进行提供必要的资源。因此，要使创业团队发挥最大的能量，在创建团队时，不仅仅要考虑成员之间的关系，还要考虑成员在能力或技术上的互补性，包括个人专长、管理风格、决策风格、思维方式、经验、性格等的互补，以此来达到团队的平衡。

相对来说，优秀的创业团队必须包括以下几类人：①创新意识非常强的人，可以决定创业项目未来的发展方向，相当于战略决策者；②策划能力极其强的人，能够全面、周到地分析整个项目面临的机遇与风险，考虑成本、投资、收益的来源及预期收益，甚至企业管理规范章程、长远规划设计等；③执行能力较强的成员，负责具体事务的执行，包括联系客户、接触消费者、拓展市场等；④掌握必要的财务、法律、审计等方面的专业知识的人。此外，技术类创业团队还应该有一个专家型的核心人物，负责技术研发，打造核心竞争力。在团队形成之初，并不需要以上各方面的成员全部具备。在必要时，可以是一个或多个成员去学习团队所缺乏的某种或某几种技能，从而使团队充分发挥潜能。

（3）相似性原则

相似性原则认为，人们往往喜欢那些与自己相似的人。这里所指的相似是指人们感知到的相似性，包括信念、价值观、态度和个性品质的相似性，外貌吸引力的相似性，年龄的相似性，以及社会地位的相似性等。当个体感知到其他人在不同方面与自己具有相似性时，会感到舒服，而且也趋向于喜欢那些人，这就是"相似性导致喜欢"规则。创业者也会遵循这一规则，喜欢和自己相似的人一起工作。事实上，多数创业者确实会倾向于选择那些在背景、教育、经验上与他们相似的人组成团队。这样做的好处是容易彼此了解，可以更好地促进成员之间的沟通，并有助于形成良好的人际关系，达成一致的意见。但是其缺点也非常明显，团队在知识、技能、社会关系网络等方面容易形成重叠，不利于满足初创企业对资源的广泛需求与利用，因此选择团队成员一般主张在个人特征和动机方面的相似性。此外，"合伙人，合的不是钱，而是人品与规则"，所以合作伙伴的品格也是必须考虑的因素。

2. 确立核心人物

"大海航行靠舵手"，创业带头人是组建创业团队最关键的人。成功的创业团队，都有核心人物，即团队的领导者或创业带头人。在企业初创期，主导创业者就是这个领导者，而一个团队的绩效如何，关键取决于这个领导者的胸怀和魅力。

创业教育之父蒂蒙斯认为，创业团队应由非常有能力的创业带头人建立和领导，他的业绩纪录不仅展示了成就，还展示了一个团队必须拥有的品质。作为一位领跑者和企业文化的创造者，创业带头人是团队的核心：他既是队员，也是教练；他吸引其他关键管理成员，然后建立起团队。这些能力和技巧是投资家苦苦寻找的最有价值的东西之一。作为企业的精神领袖，核心人物凭借其在团队里的威信和主导作用，能及时协调团队成员之间的分歧，平衡团队成员的利益，鼓舞团队成员的斗志，调整团队成员的创业心态，让一些重大问题较容易达成共识。核心人物的凝聚力更好地保证了紧密的组织结构和较强的向心力。

3. 签订合伙协议，设置合理的股权结构

团队合伙要想成功、愉快，必须在合伙之前签好创业合伙协议。合伙协议是创业者在找到创业伙伴时必须要思考、讨论、制订和执行的第一份契约，其中包括团队成员的股权分配制度，以及"退出机制"。

典型的合伙协议应该说明创业的具体目的，说明每个合伙人有形的资产、财产、设备、专利等和无形的服务、特有技术、关系网等的投入，把最基本的责、权、利说明白、讲透彻，股权、利益分配更要说清楚，包括增资、扩股、融资、人事安排等。有一点最重要，那就是以什么样的方式结束合伙关系，这一点一定要在协议书中写明，即制定"退出机制"。这样企业发展壮大后，才不会因利益、股权等分配分歧而产生矛盾，导致创业团队解散。

（二）创业团队的管理技巧和策略

新创企业的管理，实际上包含公司组织、生产服务、市场营销等几个方面。新创企业往往将管理重点放在生产管理、市场、服务等环节上，而忽视团队的建设与管理，这种做法是不科学的。创业团队的管理需要注意以下几点。

1. 保持沟通流畅，营造相互信任的团队氛围

沟通是有效管理团队的重要内容。前通用首席执行官杰克·韦尔奇说："竞争、竞争、再竞争，沟通、沟通、再沟通"。没有沟通，团队就无法运转。首先，沟通使信息保持畅通，实现信息共享，避免因为信息缺失而出现错误的决策与行为。其次，沟通可以化解矛盾，增强团队成员之间的信任。在长期合作共事的过程中，成员之间难免会有矛盾，缺少沟通可能导致相互猜疑、相互抱怨，矛盾会随着时间的推移越来越大，最后可能导致团队的分裂。而情感上的相互信任，是一个团队最坚实的合作基础。团队的成功与否，根本原因在于人与人的"兼容性"，相互信任就是兼容过程中的"润滑剂"。再次，沟通可以有效地解决认知性冲突，提高团队决策的质量，促进决策方案的执行。在企业经营管理过程中，团队成员对有关问题会形成不一致的意见、观点和看法，这种论事不论人的分歧被称为认知性冲突。优秀的团队并不回避不同的意见，而是进行充分的沟通和交流，鼓励创造性思维。这也有助于推动团队成员对决策方案的理解和执行，提高团队决策的质量，提高组织绩效。

2. 让合适的人做合适的事

根据"人岗匹配"的原则，让合适的人做合适的事是科学的用人原则。这样做对个人来说，可以保证团队成员得到发展，充分调动团队成员的潜能，激发工作热情，将个人的优势发挥得淋漓尽致；对团队来说，人岗匹配无疑是提高效率的最佳方式之一。

3. 制定严格的规章制度

"没有规矩、不成方圆"。一个初创团队，如果没有绩效考核制度、财务管理制度、行政管理制度等严格的规章制度作为运转保障，就会成为一盘散沙。因此，最初创业时就要把该说的话说到，该立的规矩立好，把最基本的责、权、利说明白，不要碍于情面，含含糊糊。规章制度具有明确性的特点，有助于规范团队内部各成员的行为，使每个人都能恪尽职守，各司其职，避免出现团队成员责、权、利混淆的情况，避免因责、权、利等的分歧而导致创业团队的解散。

4. 建立良好的激励机制

激励是团队管理中极为重要的内容，直接关系到初创企业的生死存亡。创业者可通过授权、股权激励、薪酬机制等手段实现激励。薪酬是实现有效激励最主要的手段。在设计薪酬制度时，应考虑到差异原则、绩效原则、灵活原则。在新创企业中，股权激励的一般做法是将公司的股份预留出 $10\%\sim20\%$，将其作为吸引新的团队成员的股份。

5. 建立合理的决策机制

要成为一个有凝聚力的团队，团队核心人物（创业带头人）必须学会在信息不全面、团队成员没有统一的意见时作出决策，并承担决策的后果。只要自己认为对的事情，不可优柔寡断，必须付诸行动。正因为完善的信息和绝对的一致非常罕见，决策能力才成为能否成功的重要因素。只有团队成员热烈地、不设防地争论，直率地说出自己的想法，团队核心人物才可能有信心作出充分集中集体智慧的决策。

6. 马上执行，对结果负责

有了决策，还需要严格地执行，团队成员必须对结果负责。"没有结果就是没做"，没有任何的理由和借口。

团队各成员应具有强烈的责任心和事业心，对于公司制订的业务计划和目标能够在理解、把握、吃透的基础上，细化、量化自己的工作，坚定不移地贯彻执行下去，将每一个项目流程落到实处，并对结果负责。

其实，决策者的角色也不是一成不变的，决策者应首先以一个执行者来要求自己，只有当自己也能完成方案时，才能将类似的方案交给其他执行者。

7. 注重团队凝聚力

团队的凝聚力是指群体成员之间为实现共同目标而实施团结协作的程度。凝聚力表现在成员的个体动机行为对联体目标任务所具有的信赖性、依从性及服从性上。团队的利益高于团队每位成员的利益，如果团队成员能够为团队的利益而舍弃自己的小利，团队的凝聚力就会极强。

"没有完美的个人，只有完美的团队"。虽然在创业团队中，每一位成员都可以独当一面，但是合作仍然是团队成员首先要学会的。成功的创业企业中，团队的成功远远高于个人的成功。创业者团队核心成员只有相互配合，共同激励，树立同舟共济的意识，才能创业成功。

第十一章 创业机会与商业模式

学习目标

学完本章后，你能够解释以下重要问题和关键概念。

重要问题

- 创业机会的识别步骤与技巧
- 创业风险的识别与管理
- 商业模式画布工具的使用
- 商业模式设计与创新的要素、目的、阶段及方法

关键概念

创业机会；商业机会；创业风险；商业模式

思考与讨论

1. 如何进行创业机会的识别？

2. 利用商业模式画布工具，尝试绘制某个现实中企业的商业模式，并判断它属于哪种商业模式的哪种类型？

▶ 第一节　创业机会识别

一、创业机会理论

(一)创业机会与商业机会

创业机会指创业者可以利用的商业机会。商业机会是指有利于某个商业活动主体(个人、企业)获得某种商业利益的条件，表现为需求的产生与满足的方式上在时间、地点、成本、数量、对象上的不平衡状态。商业机会可以分为两类，一类是一般性的商机，往往昙花一现；另一类是会持续一段时间，且不需要较多初始投入的商业机会，这才是适合创业的商业机会，即创业机会。创业机会具有会持续一段时间、市场会成长、创业者有条件利用等三个重要特征。

创业机会属于商业机会的范畴，但又不是一般意义上的商业机会。创业机会必须能够经受市场的考验，必须有明确的市场定位，能够给企业带来经济利润。利润或价

值创造潜力的差异正是创业机会和商业机会的区别。创业机会具有创造超额经济利润的潜力，而其他商业机会可能只是改善现有的利润水平。

创业机会是一种特殊的商业机会，是创建新企业或既有企业开创新事业的最佳时机，也是滋生商业机会的重要源泉。熊彼特指出，创业机会是通过把资源创造性地结合起来，满足市场的需要，创造价值的一种可能性。大多数创业者把握了创业机会成功创业，不仅会改变人们的生活方式，甚至会创造出新的产业。人们对创业价值潜力的探索会逐渐衍生出一系列新的商业机会和商业活动。

创业机会和商业机会的界限并不严格，研究者对创业机会的强调更侧重于创业机会的价值，突出创新。事实上，把握创业机会能够创业，把握有利可图的商业机会也能够创业。二者都能创造新的社会财富。

（二）创业机会的特征与类型

1. 创业机会的特征

认识创业机会的目的在于探索它的内部活动规律，从而成功地把握创业机会。事物的特征是其内在规律的反映，因此，抓住创业机会的特征，也就能够掌握它的内部规律。对创业机会特征的分析是对创业机会属性研究的深入。蒂蒙斯教授认为，创业机会"具有吸引力强、持久、适时的特性，它根植于为客户创造或增加价值的产品或服务中。"潜在性、持续性、可行性和实时性是创业机会的基本特征。

（1）潜在性

机会是一种无形的事物，人们只能凭感觉意识到它的存在。法国文学大师巴尔扎克说过："机会女神总是披着面纱，难以让人看到她的真面目。"创业机会并不是一种现实的、明确的、具有价值的产品或服务。创业机会的潜在性决定了创业机会的风险性。创业机会从潜在的需求变成现实产品或服务的过程也是创业者不断躲避风险，创造价值的过程。

（2）持续性

具有购买力和购买欲望的消费者有未被满足的需求，真实的市场需求能对创业者、消费者双方产生一定的吸引力。创业者在承担风险和投入一定资源之后，可以获取回报和收益，因而，创业项目呈现出一定的持续性。这种持续性主要表现为创业机会会持续一定的时间，从而使创业者有可能去发现、评价和开发利用。创业者把握时机，将自身所拥有的资源、战略开发方案与创业机会结合起来，可以不断提升创业机会的价值。

（3）可行性

并不是所有的创业机会都能够被挖掘出来。在实际的创业活动中，创业者必须利用整合到的资源，提出切实的战略开发方案，结合可行的创业机会，方可提升创业机会的价值。可行性主要表现为创业机会不超出创业者所具备的资源和利用资源的能力等必备条件的范围。创业机会对于创业者而言具有一定的价值。创业者可以为购买者提供产品、服务，在满足人们期望的基础之上，创业规模也可得到一定的提升。创业机会具有实现价值创造的可能性。

（4）适时性

适时性是指创业机会必须在机会窗口存续期被实施。"机会窗口"是指将商业想法推广到市场上所花的时间。创业者在"机会窗口"的哪个阶段进入市场，在很大程度上决定了创业的成败。一般来说，市场规模越大，待定机会的时间跨度越大，市场的成长性越好。但如果创业者一定要等到天时、地利、人和各种条件都具备的时候再开始创业，可能机会已经不复存在了。

(三)创业机会的类型

从不同角度看，创业机会可分成不同类型。

1. 依据环境变化分类

依据环境变化，创业机会可分为以下几种。

(1)技术变化带来的技术型创业机会

这类创业机会主要源自新的科技突破和社会科技进步。技术机会可以分为内涵的改进(即改进现有的技术规范)和外延的拓展(即将现有技术应用于其他技术系统)。新技术的出现、突破、转移或引进，为创业者提供了创业的技术来源。改进现有技术的规范、性能，或者出现新的技术和应用，都可能给创业者带来某种创业机会。

(2)市场变化会带来的市场型创业机会

市场并非总是客观地存在着机会，创业者需要充分发挥想象力，发现事物背后的机会线索，用新的观点去理解现实发生的事物，从新的角度意识到机会的存在，不断地探索和寻找。市场机会的主要来源包括市场上出现了与经济发展阶段相关的新需求、当期市场供给缺陷产生了新的商业机会、先进国家(或地区)产业转移带来的市场机会等。市场机会可以分为潜在市场机会与表面市场机会、目前市场机会与未来市场机会、全面市场机会与局部市场机会等。

(3)政策变化能带来政策型创业机会

随着我国市场经济的发展及人口的增长，劳动就业问题成为社会关注的焦点，促进创业成为政府重点关注的问题之一。国家和地方各级政府纷纷出台了相关政策，给予创业者更多的支持。政府支持和发展非正规就业，增加了创业机会。外部环境对创业者来说是可变的，也是不可控的，既包含创业发展的机遇，也包含可能面临的挑战。创业者要善于发现和把握对自身有利的环境因素，积极利用环境因素。

2. 根据创业机会的来源和发展情况等分类

根据创业机会的来源和发展情况及价值是否明确和创业者创造价值的能力等标准，可以把创业机会划分成四种类型。

如图11-1所示，以"探索到的价值"为横坐标，以"创造价值的能力"为纵坐标，建立创业机会矩阵。横坐标代表着创业机会的潜在价值是否已经较为明确；纵坐标代表创业者开发并利用人力资本的能力、财务能力及拥有各种必要的有形资产的能力等。依据这两个维度，将创业机会分成四种类型，分布在四个象限内。

	未确定	已确定	
未确定	梦想型 （第一象限）	尚待解决的问题 （第二象限）	创造价值的能力
已确定	技术转移 （第三象限）	市场形成 （第四象限）	

探索到的价值

图 11-1　创业机会矩阵

（1）梦想型

创业者自身不确定是否拥有实现这一价值的能力。

（2）尚待解决的问题

创业者对于创业机会的价值非常明确，但是不能确定是否具有实现价值的能力。

（3）技术转移

创业机会的价值尚未明确，但是创造价值的能力已经较为明确。

（4）市场形成

创业者对于创业机会的价值和创造价值的能力都已经非常明确。

3. 根据创业机会的性质分类

根据创业机会的性质可以把创业机会分为三种。

（1）问题型创业机会

问题型创业机会指针对顾客现在的需求、还没有解决的问题而产生的创业机会。

（2）趋势型创业机会

趋势型创业机会指针对环境动态变化，预测顾客潜在需求，从而产生的创业机会。

（3）组合型创业机会

组合型创业机会指通常由多项技术、产品或者服务组合形成的创业机会。

4. 根据目的到手段关系的明确程度分类

依据目的到手段关系的明确程度，创业机会可以分为以下几种。

（1）发现型机会

发现型机会指目的或手段任意一方的状况未知，等待创业者去发掘的机会。

（2）识别型机会

识别型机会指当市场中的目的—手段关系十分明显，如市场明显存在供不应求的情况，创业者可通过目的—手段关系的有效连接来辨别机会。

（3）创造型机会

创造型机会指目的和手段都不明朗时，创业者要比他人更具先见之明，才能创造出价值的市场机会。这种机会的开发难度较大，但一旦被挖掘，往往能给创业者带来巨额利润。

5. 根据创新与创业的关系分类

从创新与创业关系的角度，熊彼特把创业机会分为新产品或新服务机会、新的生产方式机会、新的市场机会、新的组织方式机会、新的原材料机会五种类型。

(四)创业机会的来源

关于创业机会的来源，学术界尚未形成统一的认识。本质上来说，创业机会来自一定的市场需求和变化。随着社会的不断进步，科学技术水平的提高，商业手段的逐步完善，出现了许许多多的创业机会，拓宽了创业的渠道。

美国凯斯西储大学谢恩教授提出产生创业机会的四种变革，分别是：技术变革、政治和制度变革、社会和人口结构变革与产业结构变革。技术变革让不可能变成可能，或者改变了做事的方式、提升了做事的效率，新技术的出现改变了企业之间的竞争模式，使得新办企业获得机会；新技术的出现改变了企业之间的竞争模式，使得创办新企业的机会大大提高。政治和制度变革改变了过去的禁区和障碍，或者让价值在各部分之间转移，或者创造更大的新价值。社会和人口变革改变人们的偏好，创造新的需求，从而带来创业机会。产业结构的变革指因其他企业或者为主体顾客提供产品或服务的企业消亡，或者企业吞并或互相合并，行业结构发生变化，从而改变了行业中的竞争状态，形成或终止了创业机会。

管理学大师彼得·德鲁克指出："能使现有资源的财富生产潜力发生改变的任何事物都足以构成创新。"他将创新机会的来源分为七种。①意外之事，意外之事包括意外的成功和意外的失败。没有哪一种来源比意外的成功能提供更多的创新机会。它所提供的创新机遇风险最小，求索的过程也最容易。但是，它几乎完全受到人们的忽视，管理人员往往积极地将其拒之门外。而意外的失败不能够被拒绝，而且几乎不可能不受注意，但是它们很少被看作是机遇的征兆。许多失败都是失误，是贪婪、愚昧、盲目追求或是执行不得力的结果。但如果经过精心设计、规划及小心执行后仍然失败，那么分析失败的原因可以发现隐藏的变化与机遇。②不协调。不协调指事物的状态与事物"应该"的状态之间，或者事物的状态与人们假想的状态之间的不一致、不合拍。不协调是创新机遇的一个征兆。就像下面有一个"断层"，这样的断层提供了创新的机遇。它产生了一种不稳定性，"四两可拨千斤"，稍做努力即可促成经济或社会形态的重构。③以程序需要为基础的创新。机会也存在于一个企业、一个产业或一个服务领域的程序之中。程序需要与其他创新并不始于环境中(无论内部还是外部)的某一件事，而是始于需要完成的某项工作。它以任务为中心，而不以状况为中心。它是完善一个业已存在的程序、替换薄弱的环节、用新知识重新设计一个旧程序等。④产业和市场结构的改变。市场和产业结构的变化同样是一个重要的创新机遇。⑤人口变化。在所有外部变化中，人口变化被定义为人口数量、人口规模、年龄结构、人口组合、就业情况、受教育情况及收入变化等。⑥认知、意义和情绪上的变化。从情理上，"杯子是半满的"和"杯子是半空的"没有任何区别，但是这两句话在意义上却完全不同，造成的结果也不一样。如果认知角度从看见杯子是"半满"的改变为杯子是"半空"的，那么这里就可能存在着重大的创新机遇。⑦新知识。基于知识的创新是创业精神的"超级巨星"。它可以得到关注、获得投资，它是人们通常所指的创新。当然，并不是所有基于知识的创新都非常重要，有些的确微不足道。但是在创造历史的创新中，基于知识的创新占有很重要的分量。然而，知识并不一定是科技方面的，基于知识的社会创新也同样甚至更重要。

此外，还有许多国内外研究者提出了自己关于创业机会来源的看法。如蒂蒙斯认为创业机会主要是来自改变混乱或是不连续的状况，具体而言有七个来源：法规的改变；技术的快速变革；价值链重组；技术创新；现有管理者或投资者管理不善；战略型企业家；市场领导者短视，忽视下一波客户需要。我国学者徐本亮（2008）提出，我国的创业机会主要源自问题、变化、创造发明、竞争和新知识、新技术的产生五个方面。

综合来看，创业机会主要来源于四个方面的变化：市场自身的变化、产业结构的变化、宏观环境的变化、知识和技术的变化。

1. 市场自身的变化

市场就像一张无形的大网，市场主体（这里主要指个体或者企业）就是网上的一个个节点。市场主体之间的交易将一个个节点联系起来，但是由于分工在带来专业优势的同时也带来了市场知识的分散，它使得很多交易在市场中难以实现，如同蜘蛛网的断点。将网上的每个断点联结起来实际上就可以形成创业机会。市场交易的断点提供了很多的创业机会，也成就了很多的企业。

2. 产业结构的变化

为顾客提供产品或服务的关键企业消亡或者合并，使行业结构发生变化，改变了行业中的竞争状态，就会形成创业机会。产业结构的变化可以为企业带来成长机会。产业中的市场机会主要受产业生命周期的五个竞争作用力的影响。哈佛大学商学院著名教授迈克尔·波特提出五个竞争作用力分别为潜在入侵者、供给方、需求方、现有的竞争者、替代品。产业的生命周期理论提出一个产业大致要经历四个阶段：导入期、成长期、成熟期、衰退期。产业在不同的阶段具有不同的市场结构、不同的市场竞争作用力，也就创造了不同的市场机会。

3. 宏观环境的变化

创业机会的来源与外部环境密不可分。宏观环境随着时间的推移不断发生着变化。创业机会也自然被打上了鲜明的时代烙印。宏观环境的变化主要包括企业所面对的政治、经济、文化等环境的变化。它意味着要革除过去的禁区和障碍，或者转移经济价值，或者创造更大的新价值。政治上对经济的调控也会给企业带来较大的市场空间。

企业所处的经济环境也影响着企业的市场机会。在经济全球化浪潮的推动下，企业可以在全球市场中寻求发展机会。

宏观环境中社会和人口结构的变化也可以为企业带来市场机会。人口结构的变化对消费品和消费者、产品质量都有巨大的影响。

4. 知识与技术的变化

新知识、新技术的出现改变了企业间的竞争手段和模式，也使得拥有新知识、新技术的创业者成功发现和利用机会的能力提高，从而使得创业机会激增。例如，互联网的出现、智能手机的研发，让人们足不出户，就可以轻松地在网上购物。

变化是创业机会的重要来源。没有变化，就没有创业机会，创业者要善于创造性地利用变化。变化可以是市场自身的变化，可以是产业结构的变化，也可以是环境的变化，还可以是技术方面的变化。在所有的变化中，技术方面的变化速度最快。在现实生活中，很多人都富有创业梦想，但能否把握真正的创业机会、成为一个成功的创业者，要受很多因素的影响。

二、创业机会的识别

(一)影响创业机会识别的因素

创业机会的识别过程是一个不断反复均衡的过程。不同的创业者可能关注不同的创业机会。即使面对同一个创业机会，不同的创业者也有可能给予不同的评价。

考虑到创业机会识别的动态性，这里将创业机会识别的影响因素分成三个部分。

1. 创业者的理性程度

创业者的理性程度是创业者对信息存量相互关系及价值的理解程度，主要表现为对隐性知识和信息之间进行联系的创造性过程。通过这一过程，创业者能深刻感受到看似无关的事物之间的联系，从而识别或分析创业机会。创业者的理性程度主要受以下几方面因素的影响。

(1)创业警觉性

创业者在机会识别过程中要有警觉性和洞察潜在商业价值的能力。创业警觉性是指对物体、事件和行为模式的信息具有敏感性，反映了对尚未发觉的机会的持续关注能力。创业机会本身是客观存在的，因为创业机会具备了某些固定的特征，才会被创业者识别。创业警觉性是三个维度的整合体，分别为：敏锐预见，指能对商业前景作出前瞻性的预测；探求挖掘，指善于分析和挖掘商业情报和信息，从中发掘出潜在的机会和隐含的利润；重构框架，指善于打破既定的范式，赋予既有资源以新的价值和用途。柯兹纳在研究中指出，警觉性是能够识别出被其他人忽略的机会的一种个人能力，而且创业者的创业警觉性与其所能识别的机会数量呈正相关。由于个人在知识上不是全能的，所以他不能够发现所有的创业机会，只有具有警觉性的企业家才可能发现机会并利用机会而获得利润。

创业者与普通人的不同在于，他总是自发地关注他人忽略的市场环境特征。警觉的创业者时刻注意着市场，对潜在的机会保持敏感，一旦发现创业机会就会采取相应行动并努力获取利润。由于认知上的偏差和可能的错误，先入市场的创业者可能会遗漏一些创业机会，后来的创业者因为知识的增加就能敏锐地发现机会。

(2)先前经验

创业者的先前经验是识别机会的认知基础，在机会识别过程中起着非常重要的作用。先前经验的积累受创业者既往的工作经历、创业经历及所接受过的教育培训等方面的影响。个体先前工作经验中所积累的市场知识(包括有关顾客的知识、服务方式的知识等)造就了创业者的"知识走廊"，使创业者在面对同样的机会信息时，能解读出与其先前知识密切关联的机会。

创业者自身的知识和经验可以为创业者识别机会提供重要参考。不少研究表明，经验丰富的创业者掌握了有关市场、产品、资源等有价值的信息，因而强化了其发现机会的能力；有创业经历的创业者则因体验过机会发现的过程，提高了洞察信息、发现机会的能力，强化了其对机会信息的警觉性，从而更容易识别新的创业机会。

（3）认知能力

机会识别的第一步，是要感知和认识机会。认知过程是产生创意、激发创造力、识别机会的基础。认知能力本身就是创业能力的重要组成部分，是个体识别创业机会的重要前提。

创业机会的发现取决于两个必要条件：第一，个体获取承载创业机会的信息；第二，个体合理解读这些信息并识别其中蕴含的价值。

创业认知能力通常由商机、资源、组织、管理、风险和利益等一系列相关因素的结构化知识组成。研究表明，良好的创业认知能力在创业中具有重要的作用，有助于创业者识别机会，构建商业模式，整合资源，制定创业计划。创业者的创业认知能力结构一旦构建，又会成为他学习创业知识和感知市场信息的基础，从而提高创业者的创业警觉性，使其能更敏锐地感知市场变化，并迅速洞察这种变化带来的商业价值。

（4）创造性思维

创造性思维是认知加工过程的重要组成部分，是通过对没有关联的信息和知识的重组、匹配、加工而产生新颖性想法的认知思维方式。从某种程度上来说，机会识别实际上是一个创造过程，创造性思维贯穿始终。创造性思维的存在增大了机会识别的可能性。

（5）社会关系

很多创意来自企业外部。要想及时获得这些创意，就必须与外部建立广泛的联系。社会关系网络不仅能提供相关信息与知识，也能提升创业者的理性程度，它是影响机会识别的关键因素。

有学者提出，创业者往往在社会交往过程中获得承载机会的信息并发现创业机会。研究人员认为，利用社会网络资源获悉创业机会的创业者，将比那些单独的创业者识别出更多的机会。

2. 创业者的信息存量

创业者的信息存量是创业者所掌握的相关市场、产品或技术信息的数量。具体而言，创业机会识别所需信息存量应包括以下几个方面。

（1）市场信息资源

市场信息是一种重要的经济信息。微观的市场信息是指有关市场商品营销的各类信息，包括商品评价、渠道评价、促销评价、产品开发情况、消费者购买状况、企业形象状况等。宏观的市场信息是在一定时间和条件下，同商品交换及与之相联系的生产与服务有关的各种信息、情报、数据、资料的总称。微观与宏观的市场信息共同构成了市场经济信息的核心部分。因此，为了识别出宝贵的商机，创业者必须要注重收集市场信息。

（2）技术信息资源

技术是变化最为剧烈的环境因素。技术的进步可以创造新的市场，产生大量新型的或改进的产品，改变新企业在产业中的相对成本及竞争地位，也可以使现有产品及服务过时。技术的变革可以减少或消除企业间的成本壁垒，缩短产品的生命周期，还可以带来更大的竞争优势。因此，创业者应当熟悉技术的变化趋势，在识别创业机会时，要搜集相关的技术信息资源。

（3）创新信息资源

创新是创业的本质，创新是企业生存和发展的重要基础。只有获得可靠的信息支持，才能生产出满足消费者需要的产品。创业者需要投入足够的时间和精力搜寻创新信息资源，才能使得企业拥有竞争力。

（4）竞争信息资源

竞争和市场是市场经济条件下配置资源的重要基础，是推动企业发展和进步的基本动力。没有竞争，市场经济和新企业也就失去了生机和活力。但是，竞争也是非常残酷的。新企业要生存与发展，就必须了解竞争对手的情况，发挥优势、抢占先机，及时将新产品或服务推向市场，从而保证新企业在竞争中始终保持良好的发展态势。

（5）政策法规和信息资源

政策和法规会影响新企业的未来，给企业发展带来不确定因素。创业者要时刻关注政府政策和相关法规的变化，更好地发现和识别创业机会。

3. 创业者理性程度和信息存量的匹配度

信息存量的多少与创业者理性程度的高低，决定了创业机会的识别程度。如果一个人的理性程度低，信息存量小，即信息与理性匹配程度低，他只能是个远离机会者，创业机会对他来说也许根本不是机会；如果一个人理性程度低，但有很大的信息存量，他能够成为信息的提供者，为创业者提供创业信息；如果一个人有较高的理性程度，但没有丰富的信息储量，他也只是潜在机会识别者；如果一个人理性程度高，信息存量也大，即信息与理性程度匹配程度高，那么他就具有敏锐的眼光，能够识别创业机会，这样的人才适合创业。

（二）识别创业机会的步骤与技巧

1. 识别创业机会的步骤

首先应判断该机会在广泛意义上是否属于有利的商业机会；其次是考察这一机会是否有价值。这一过程可以分解为三个阶段：机会搜寻、机会识别和机会评价（见图11－2）。在初始的创意形成后，创业者还需要搜集更多的信息去论证创意的可行性，从中挑选出切实可行的、能够创造价值的、在现有技术条件下可开发的创业机会。总之，识别创业机会是思考和探索反复互动，并将创意进行转变的过程。

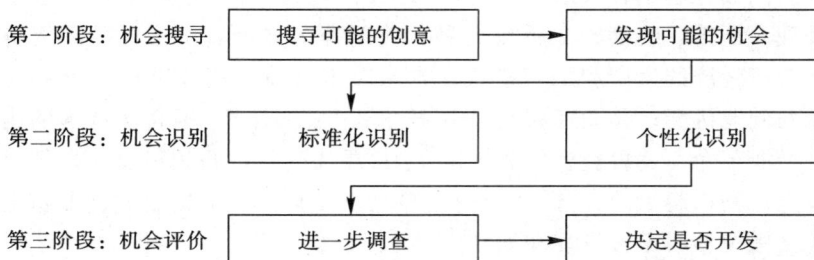

第一阶段：机会搜寻　搜寻可能的创意 → 发现可能的机会

第二阶段：机会识别　标准化识别　个性化识别

第三阶段：机会评价　进一步调查 → 决定是否开发

图 11－2　创业机会的识别过程

（1）机会发现

创业的开始可能源于创意，而创意往往来源于对市场机会、技术机会和政策变化信息的感知和分析，来源于创业者在个人先前经验基础上的创新性思考。在这一阶段，创业者对整个经济系统中可能的机会展开搜索，如果创业者意识到某一机会具有潜在的发展价值，就将进入机会识别的下一阶段。研究者认为，创业者感知创业机会的过程其实就是搜集、处理信息的过程。

（2）机会识别

一是通过对整体的市场环境及一般行业分析来判断该机会是否在广泛意义上属于有利可图的商业机会。二是考察对于特定的创业者和投资者来说，某个机会是否有价值。创业者利用各种渠道和方式，收集有关市场和需求的变化信息，从中发现未满足的需求或既有产品、原材料、组织方式等存在的差距或缺陷，就可能找到创业机会。在此基础上，创业者对可能的创业机会进行评价，分析评价结果就能识别并确认真正有价值、具有市场潜力且可行的创业机会，从而作出创业决策。

（3）机会评价

创业者自身的特征和想法固然重要，但并不是每个想法都能转化为创业机会。每个机会都存在一定的风险，因此在识别了创业机会之后，还要对创业机会进行评价。创业机会评价是机会开发决策的基础，同时它是一个持续的过程，在开发创业机会的每个阶段，都要对其进行评价。评价是机会识别的关键环节，创业者要对创业的可行性进行客观、公正的评判。

2. 识别创业机会的技巧

（1）着眼于问题识别创业机会

寻找创业机会的一个重要途径就是善于发现和体会自己和他人在需求方面的问题或生活中的难处。很多创业者都是从发现问题开始，在解决问题的过程中，找到满足消费者需求、能为消费者创造价值的方案后，捕捉到具有市场前景的商机。客户需求在没有满足之前就是问题，而设法满足需求，就是抓住了市场机会。正因为有了各种各样的问题，才有了各种创业的机会。解决了旧问题，新问题还会出现。因此，创业永远存在机会，我们需要有问题意识，善于识别创业机会。

（2）利用市场环境变化识别创业机会

变化中常常蕴藏着商机，许多创业机会产生于不断变化的市场环境。环境变化将带来产业结构的调整、消费结构的升级、思想观念的转变、政府政策的变革、市场利率的波动等。例如，居民收入水平提高，私人轿车的拥有量不断增加，这就会产生汽车销售、修理、配件、装潢、二手车交易、代驾等诸多创业机会；循环经济、绿色制造的理念将变革传统的生产和消费模式，带来节能减排、废物回收、材料更新、循环利用等领域的创业机会；移动互联网"5G"技术、"云端计算"等高新技术的出现，必将引发新一轮产业革命。德鲁克将创业者定义为"寻找变化，并积极反应，把市场环境变化作为机会充分利用起来的人"。任何变化都能引发甚至创造出新的创业机会，创业者需要凭着自己敏锐的嗅觉去发现和识别。

（3）紧跟国家经济发展政策判断商机

创业者一定要有宽阔的眼界，关注并研究国家宏观经济政策和行业发展趋势。国家鼓励发展什么、限制发展什么、行业未来发展趋势如何，都与创业机会密切相关。

（4）在市场竞争中识别创业机会

竞争对手的缺陷和不足，也将带来创业机会。如果认真研究竞争对手，就可以从中找到其产品或服务的弱点，若能有效弥补其缺陷和不足，比竞争对手更快、更可靠、更便宜地提供产品或服务，就能在激烈的竞争中胜出。因此，创业者要跟踪、分析和评价竞争对手的产品和服务，找出其现有产品的缺陷和不足，有针对性地提出改进的生产方法，形成新的创意。

（5）跟踪技术创新识别创业机会

新兴产业的形成和发展都是技术创新的结果。产业转型、技术创新、产品换代，都会带来前所未有的创业机会。如果创业者能了解最新的科技发展动态，持续跟踪技术创新的步伐，即使自己不发明新的东西，也会从其推广、应用、销售、维护、开发、咨询等服务中发现新的市场机会。例如，随着互联网的普及，电子商务、网络游戏等创业机会随之而来。任何产品或服务都有生命周期，会发展成熟，然后走向衰退，最终被新产品或新服务替代。如果创业者能通过技术创新，跟踪产品或服务，就能够不断识别出新的发展机会。

（6）通过传媒、社会关系网络等途径整合资源创造商机

个人社会关系网络的深度和广度也影响着创业机会的识别。通常，拥有很多社会关系的人比拥有少量社会关系的人更容易找到创业机会。很多成功的创业者，都是在社会关系网络的帮助下识别和确定创业项目的。创业者需要创造性地整合各方面的资源，这不仅可以创造出新的价值，还可以带来无尽的商业机会。

▶ 第二节 创业机会评估

一、创业机会评价的标准和方法

（一）创业机会的评估标准

创业活动具有综合性、多变性、复杂性的特点。创业活动的这些特点在很大程度上决定了人们难以运用简单的逻辑对创业计划进行甄别，也不能采用片面的财务或技术指标对其进行筛选。创业者的机会评估是评价原始创业机会转化为市场可接受的产品或服务的可行性。创业者需要花费大量时间修正原始创业机会。机会评价是创业者选择与修正原始创业想法的决策过程。针对创业机会面临的市场与可以产生的经济效益两个层面，可以分别从以下几个方面对创业机会进行评估。

1. 市场评估标准

（1）市场定位

创业者可以通过创业机会的市场定位，了解创业机会的目标市场和竞争优势，判断创业机会可能创造的市场价值。评估创业机会的时候，可由市场定位是否明确、顾客需求分析是否清晰、顾客接触通道是否流畅、产品是否持续衍生等，来判断创业机会可能创造的市场价值。创业带给顾客的价值越高，创业成功的机会也越大。

（2）市场结构

市场结构指创业机会所在行业内部买方和卖方的数量及其规模分布、产品差别的程度和新企业进入该行业的难易程度的综合状态。通过创业机会的市场结构分析，创

业者可以了解市场集中度、市场竞争格局、进入该行业的难易程度、初创企业未来在市场中的地位，以及竞争对手反击的程度。应放弃行业集中度较高、市场进入障碍高的创业机会。

（3）市场规模

市场规模又称为市场容量，主要研究目标产品和行业的整体规模，具体包括目标产品或行业在指定时间的产量、产值等。通过市场规模分析，创业者可以准确地描述市场的产、销、存、进出口等情况。一般而言，市场规模大，进入障碍相对较低，市场竞争激烈程度也会比较低。市场规模大小要结合市场生命周期来考虑。如果要进入的是一个十分成熟或正在衰退的市场，即使市场规模很大，由于该产业已经不再成长甚至衰退，利润空间必然很小，这个创业机会就不值得投入。反之，一个潜在的市场或正在兴起、成长中的市场，通常是一个充满商机的市场，只要进入时机正确，必然会有较大的获利空间。

（4）市场渗透力

市场渗透力是指新产品逐渐占领市场的速度，也可以理解为用户渗透率。市场渗透力的强弱意味着新产品被消费者接受速度的快慢和接受程度的深浅。选择在最佳的时机进入市场，也就是市场需求正要大幅增长之际，在这个时机，如果产品足够吸引顾客，市场渗透力一定会比较强。

（5）市场占有率

市场占有率又可称为市场份额，指一个企业的销售量（或销售额）在市场同类产品中所占的比例，它直接反映消费者和用户对企业提供的商品和劳务的满足程度，表明企业的商品在市场上所处的地位，即企业对市场的控制能力。市场份额越高，表明企业的竞争能力越强。

（6）产品的成本结构和生命周期

产品的成本结构也可称为成本构成，指成本中各项费用占总成本的比例。较低的成本会给创业企业带来较大的竞争优势，使得该创业机会的价值较高。成本结构可以反映产品的生产特点。从物料与人工成本所占总成本之比例、变动成本与固定成本的比例，以及经济规模大小，可以判断企业创造附加价值的幅度及未来可能的获利空间。低成本优势大多源于技术和工艺的改进及管理的优化。如果拥有专利技术，创业企业就拥有绝对成本优势，因为专利技术垄断了工艺技术或产业标准，专利保护的经济性壁垒限制了其他竞争者取得最新技术。与其他竞争者相比，拥有专利的创业者在市场上就有竞争优势。

产品的生命周期指产品的市场寿命。产品生命周期分为进入期、成长期、成熟期和衰退期四个阶段。创业者必须要了解自己项目的市场生命周期处在哪个阶段。如果处在进入期和成长期，这样的产品生命周期较长，有利于企业的发展。

2. 效益评估标准

（1）合理的税后净利润率

税后净利润率又称销售净利润率，是销售净利润与销售收入（或营业收入）的百分比，是创业者最关心的一项指标。税后净利润率越大，创业机会的获利空间就越大。税后净利润率的高低直接关系到利润的多少，关系到创业投资收益水平。一般而言，具有吸引力的创业机会，至少能够创造 15％以上的税后净利润率。如果创业预期的税后净利润率是在 5％以下，那么这就不是一个很好的投资机会。

（2）达到损益平衡点所需的时间

损益平衡点，又称盈亏平衡点，是指利润等于 0 时，对应的产（销）量数值。这个点是临界值。如果产销量超过损益平衡点，则为盈利，如果产销量低于损益平衡点，则发生亏损。合理的损益平衡时间应该在两年之内，如果 3 年还达不到，恐怕就不是一个值得投入的创业机会。当然，有的创业机会确实需要经过比较长的耕耘时间，通过前期投入，创造他人进入市场的障碍，保证后期的持续获利。在这种的情况下，可将前期投入视为投资。

（3）投资回报率

投资回报率指投资项目正常年利润或年均利润占投资总额的百分比。考虑到创业面临的各种风险，合理的投资回报率应该在 25％以上，而 15％以下的投资回报率是不值得考虑的创业机会。

（4）资本需求

资本需求量较低的创业机会，投资者一般会比较欢迎，资本需求过高不利于创业，甚至还会带来稀释投资回报率的负面效果。通常，知识越密集的创业机会，对资金的需求量越低，投资回报反而会越高。因此，在创业开始的时候，不要募集太多资金，最好通过盈余积累的方式来创造资金。比较低的资本额有利于提高每股盈余，并且还可以进一步提高未来上市的价格。

（5）毛利率

毛利率，又称为销售毛利率，是毛利与销售收入（或营业收入）的百分比。毛利率反映了生产环节效益的高低，被用来估算企业获利能力的大小。毛利率高的创业机会，相对风险较低，也比较容易取得损益平衡。反之，毛利率低的创业机会，风险则较高，遇到决策失误或市场产生较大变化的时候，企业很容易遭受损失。一般而言，理想的毛利率是 40％。当毛利率低于 20％时，这个创业机会就不值得考虑。

（6）策略性价值

能否创造新企业在市场上的策略性价值，也是一项重要的评价指标。一般而言，策略性价值与产业网络规模、利益机制、竞争程度密切相关，而创业机会对于产业价值链所能创造的加值效果，也与经营策略和经营模式密切相关。

（7）资本市场活力

当新企业处于一个具有高度活力的资本市场时，它的获利回收机会相对也比较高。不过资本市场的变化幅度极大，在市场高点时投入，资金成本较低，筹资相对容易；在资本市场低点时，投资新企业的诱因较少，好的创业机会也相对较少。不过，对投资者而言，市场低点的投资成本较低，有的时候投资回报会更高。一般而言，新创企业处于活跃的资本市场比较容易创造增值效果，因此，资本市场活力也是一项可以被用来评价创业机会的外部环境指标。

（8）退出机制与策略

所有投资的目的都在于回收，因此，退出机制与策略就成为评估创业机会的一项重要指标。有吸引力的创业机会应该有比较理想的获利和退出机制，便于创业者和投资者获取资金，实现收益。企业的价值一般由具有客观鉴价能力的交易市场来决定，而这种交易机制的完善程度也会影响新企业退出机制的弹性。由于退出的难度普遍高于进入的难度，所以一个具有吸引力的创业机会，应该具有合理的退出机制和退出策略规划。

(二)创业机会的评价方法

创业机会具有即时性，所以创业者发现创业机会后，必须迅速识别创业机会，评价创业机会的价值。但是创业机会的模糊特性导致创业机会很难被识别，机会价值很难被准确地评估。评价创业机会是创业者艺术才华和科学才能相结合的伟大工程。创业者需要利用自己的商业敏感作出主观判断，同时也要利用科学方法作出定量分析，将主观判断和客观分析相结合才能对创业机会作出评价。

1. 定性分析法

史蒂文森等人提出从五个方面评估创业机会：①机会的大小、存在的时间跨度和随时间成长的速度；②潜在的利润是否足够弥补资本、时间和机会成本的投入，并带来令人满意的收益；③创业机会是否开辟了额外的扩张、多样化或综合机会的选择；④在可能的障碍面前，收益是否持久；⑤产品(服务)是否真正满足了目标客户的真实需求。

朗格内克等人提出了评估创业机会的基本标准：①产品是否具有明确界定的市场需求，推出的时机是否恰当；②创业机会所形成的投资项目是否具有持久的竞争优势，以及较高的回报；③创业者和创业机会之间是否互相匹配；④是否存在致命的缺陷。

2. 定量评价法

(1)蒂蒙斯的创业机会评价框架

蒂蒙斯提出了包含 8 项一级指标、53 项二级指标(涉及行业和市场、经济因素、收获条件、竞争优势、管理团队、致命缺陷问题、个人标准、理想与现实的战略差异八个方面)的创业机会评价体系，见表 11-1。该评价指标体系是到目前为止最全面的评价体系，主要基于风险投资商的风险投资标准建立，这与创业者的标准还存在一定的差异。这些评价标准经常被风险投资商使用，创业者可以通过关注这些问题而受益。创业者可以利用这个评价体系对行业和市场问题、竞争优势、财务指标、管理团队和致命缺陷等作出判断，从而评价一个创业项目或创业企业的投资价值。蒂蒙斯创业机会评价体系主要适用于具有行业经验的投资人或资深创业者对创业企业的整体评价；该指标体系必须运用创业机会评价的定性与定量方法才能得出创业机会的可行性及不同创业机会间的优劣排序；该指标体系涉及的项目比较多，在实际运用过程中可作为参考选项库，结合使用对象、创业机会所属行业特征及机会自身属性等对其进行重新分类、梳理简化，提高使用效能；该指标体系及其项目内容比较专业，创业者在运用时要了解创业行业、企业管理和资源团队等方面的信息，并掌握这 50 多项指标内容的具体含义及评估技术。

表 11-1 蒂蒙斯的创业机会评价体系

一级指标	二级指标
行业和市场	市场容易识别，可以带来持续收入 顾客可以接受产品或服务，并愿意为此付费 产品的附加价值高 产品对市场的影响力大 产品生命长久 项目所在的行业是新兴行业，竞争不完善 市场规模大，销售潜力达到 1000 万美元到 10 亿美元 市场成长率在 30%～50%甚至更高 现有厂商的生产能力几乎完全饱和 5 年内能占据市场的领导地位，市场占有率达到 20%以上 拥有低成本的供货商，具有成本优势
经济因素	达到盈亏平衡点所需要的时间在 1.5～2 年 盈亏平衡点不会逐渐提高 投资回报率在 25%以上 项目对资金的要求不是很大，能够获得融资 销售额的年增长率高于 15% 有良好的现金流量，能占到销售额的 20%～30% 能获得持久的毛利，毛利率要达到 40%以上 能获得持久的税后利润，税后利润要超过 10% 资产集中程度低 运营资金不多，需求量逐渐增加 研究开发工作对资金的要求不高
收获条件	项目带来的附加价值具有较高的战略意义 存在现有的或可预料的退出方式 资本市场环境有利，可以实现资本的流动
竞争优势	固定成本和可变成本低 对成本、价格和销售的控制较高 已经获得或可以获得对专利所有权的保护 竞争对手尚未觉醒，竞争较弱 拥有专利或具有某种独占性 拥有发展良好的网络关系，容易获得合同 拥有杰出的关键人员和管理团队
管理团队	创业者团队是一个优秀管理者的组合 行业和技术经验达到了本行业内的最高水平 管理团队成员的正直廉洁程度能达到最高水准 管理团队成员知道自己缺乏哪方面的知识
致命缺陷问题	不存在任何致命缺陷问题

续表

一级指标	二级指标
个人标准	个人目标与创业活动相符合 创业家可以做到在有限的风险下实现成功 创业家能接受薪水减少等损失 创业家渴望进行创业这种生活方式，而不只是为了赚大钱 创业家可以承受适度的风险 创业家在压力下状态依然良好
理想与现实的 战略差异	理想与现实情况相吻合 管理团队已经是最好的 在客户服务管理方面有很好的服务理念 所创办的事业顺应时代潮流 所采取的技术具有突破性，不存在许多替代品或竞争对手 具备灵活的适应能力，能快速地进行取舍 始终在寻找新的机会 定价与市场领先者几乎持平 能够获得销售渠道或已经拥有现成的网络 能够允许失败

（2）刘常勇的创业机会评价框架

刘常勇教授认为，创业机会评价主要围绕市场和回报两个层面展开，并在此基础上提出了创业机会的评价框架（见表 11-2）。该框架比蒂蒙斯的创业机会评价框架更加简洁。

表 11-2　刘常勇的创业机会评价体系

一级指标	二级指标
市场评价	是否具有市场定位，是否专注于具体顾客要求，是否能为顾客带来新的价值 依据波特的五力模型进行创业机会的市场结构评价 分析创业机会所面临的市场规模大小 评价创业机会的市场渗透力 预测可能取得的市场占有率 分析产品成本结构
回报评价	税后利润至少高于 5% 达到盈亏平衡的时间低于 2 年 投资回报率高于 25% 资本需求量较低 毛利率应该高于 40% 能否创造新企业在市场上的战略价值 资本市场的活跃程度 退出和收获汇报的难易程度

(三)有价值的创业机会的基本特征

创业机会的评估是创业很重要的一个中间环节，是机会识别和机会开发的纽带。创业机会既有益处，又存在风险，因此创业者需要对创业机会进行科学的评估。正确客观地评估创业机会，有利于机会的开发和实现，能提高创业成功的概率。在开发创业机会前，要对初步选定的创业项目进行可行性研究，从技术、经济、财务、社会和环境等方面论证项目的可行性和合理性，编制项目可行性报告并作出是否开发创业机会的决定。有价值的创业机会具有以下基本特征。

1. 有一定的客观性和偶然性

创业机会是具有客观性的，不管创业者是否意识到，创业机会都客观地存在于市场之中。对于创业者来说，创业机会不可能随时都显露出来，发现机会存在一定的偶然性。因此，创业后要做一个有心人，提高警觉，才不至于错失良机。

2. 有一定的时效性和不稳定性

好的创业机会都具有很强的时效性。创业机会稍纵即逝，错过了是不可能复得的。创业者要懂得发现和及时捕捉机会。另外，市场瞬息万变，创业机会随着市场环境的变化而产生，同样也会随着时间的推移而消失。

3. 有一定的均等性和差异性

机会对同一类人或者同一类企业都是均等存在的，但是不同人不同企业对相同的市场机会在认识上会有一定的差异。另外，每个人和企业的能力不同，在利用市场机会时，能够获利的可能性及大小也会有所差别。

4. 对用户有价值，对创业者也有价值

好的机会能够创造价值，有价值的机会才值得去把握和利用。这里所说的价值指两个方面，一是指用户方面，二是指创业者方面。只有能够满足用户需求、能为用户解决实质性问题、能给创业者创造收益的创业机会才是有价值的。

三、创业风险的识别与管理

(一)创业风险的内涵

新创企业的规模往往较小，资金实力薄弱，各项工作均处于起步阶段，因而抗风险能力较差。如果不能对各种风险实施有效的防范和管理，将会使创业者举步维艰，甚至可能使新生企业遭受灭顶之灾。在国外有这样一句谚语："除了死亡、税收外，没有什么是确定的"。同样，在创业领域，"除了风险，没有什么是确定的"。

风险是与不确定性紧密联系的，其核心含义是未来结果的不确定或损失。创业风险是指在创业过程中，由于创业环境的不确定性、创业机会与创业企业的复杂性、创业者或创业团队的能力与实力的有限性，而导致创业活动偏离预期目标的可能性及后果。收益总是与风险相伴相随。如何判断、选择及规避创业风险，在风险中寻求机会、创造收益，对创业活动和经营活动有着重大意义。

(二)创业风险管理的重要性

创业者要善于识别各种风险并进行管理，减少各种风险可能带来的损失。管理创业风险的重要性主要体现在以下几个方面。

1. 有限的资金得到更有效的使用

创业资金有限是困扰创业者的主要问题之一。由于没有原始的资本积累，新创企业往往资金实力薄弱，现金流量不足，创业者需要通过多种渠道争取对企业的投入。在初创时期，各方面均需要大量的资金投入，如果创业者对资金使用方面的风险认识不够，就会产生资金与实际项目不匹配的现象，容易带来财务上的各种风险。因此，对创业过程进行有效的风险管理，可以使有限的资金得到更有效的使用。

2. 获取更有力的竞争地位

创业初期，企业在人才、技术、产品等方面的优势能为企业创造收入，但是创业风险可能使这些竞争优势全部丧失。消费者需求的变化会导致市场上的现有产品滞销，给企业带来目标市场选择风险。创业者在选择目标市场时，对风险估计不足，有可能导致创业失败。只有做好风险管理，才能获得有力的竞争地位。

3. 有利于管理规范化

新创企业初期规模较小，管理职责往往未得到明确的划分，企业管理的主要责任就落到创业者身上。由于创业者精力与能力方面的限制，其对各类风险的识别与管理往往不到位。只有创业者对风险管理有充分的认识，在企业具备了相应的条件后，创业者才会建立合理的风险管理体系，加快企业管理的规范化。

(三) 创业风险的来源

创业环境的不确定性，创业机会与创业企业的复杂性，创业者、创业团队与创业投资者的能力与实力的有限性，是创业风险的根本来源。

1. 融资缺口

融资缺口存在于学术支持和商业支持之间，是研究资金与投资基金之间存在的断层。其中，研究基金通常来自个人、政府机构或公司研究机构，它既能支持概念的创建，还支持概念可行性的最初证实；投资基金将概念转化为市场的产品原型。创业者可以证实其构想的可行性，但往往没有足够的资金实现这一构想，这会给创业带来一定的风险。通常，只有极少数基金愿意帮助创业者跨越融资缺口，如个人风险投资，以及政府资助计划等。

2. 研究缺口

研究缺口主要存在于仅凭个人兴趣所作的研究判断和基于市场潜力的商业判断之间。在创业者最初证明一个特定的科学突破或技术突破可能成为商业产品的基础时，他仅仅停留在自己满意的论证程度上。然而，在将预想的产品真正转化为商业化产品的过程中，需要进行大量复杂而且可能耗资巨大的研究工作，这就形成了创业风险。

3. 信息和信任缺口

信息和信任缺口存在于技术专家和管理者(投资者)之间。也就是说，在创业中，存在两种不同类型的人：一是技术专家；二是管理者(投资者)。这两种人接受不同的教育，对创业有不同的预期、信息来源和表达方式。技术专家知道哪些内容在科学上是有趣的，哪些内容在技术层面上是可行的，哪些内容根本就是无法实现的。管理者(投资者)通常比较了解将新产品引进市场的程序，但当涉及技术问题时，他们不得不依靠技术专家。如果技术专家和管理者(投资者)不能充分信任对方，或者不能够进行有效的交流，那么信息和信任缺口将会加深，带来更大的风险。

4. 资源缺口

资源与创业者之间的关系就如同颜料和画笔与艺术之间的关系。没有颜料和画笔，艺术家即使有构想也无法实现。没有所需的资源，创业者将一筹莫展，创业也就无从谈起。在大多数情况下，创业者不一定也不可能拥有所需的全部资源，这就形成了资源缺口。如果创业者没有能力弥补相应的资源缺口，创业就可能无法起步或受制于人。

5. 管理缺口

管理缺口是指创业者并不一定是出色的企业家，不一定具备出色的管理才能，因而形成管理缺口。创业者利用某一新技术进行创业，他可能是技术方面的专业人才，但却不一定具备专业的管理才能，这就会形成管理缺口；创业者往往有某种"奇思妙想"，可能具备新的商业创意，但在战略规划上不具备出色的才能，或不擅长管理具体的事务，这也会形成管理缺口。

▶ 第三节　商业模式概述

一、商业模式的概念

(一)商业模式及其元素

作为企业存在的最基本要素，商业模式已经成为创业者和风险投资者最常用的词。所有人都确信，好的商业模式是企业成功的保障。商业模式是包含了一系列要素及其关系的概念性工具，用以阐明某个特定实体的商业逻辑。

商业模式概念的核心是价值创造。综合来看，商业模式指为实现客户价值最大化，将企业运行的内外各要素整合起来而形成一个完整的、高效率的、具有独特核心竞争力的运行系统，是以最优实现形式满足客户需求、实现客户价值，同时使系统达成持续盈利目标的整体解决方案。

商业模式的要素包括以下几个。第一，价值主张，即公司通过其产品和服务，向用户提供的价值。价值主张确认公司对消费者的实用意义。第二，消费者目标群体，即公司所瞄准的消费者群体。这些群体具有某些共性，公司能够针对这些共性创造价值。第三，分销渠道，即公司用来接触消费者的各种途径，涉及公司的市场策略和分销策略。第四，客户关系，即公司与客户之间所建立的联系。第五，价值配置，即资源和活动的配置。第六，核心竞争力，即公司执行其商业模式所需的能力和资格。第七，合作伙伴网络，即公司同其他公司为有效地提供价值并实现商业化而形成的合作关系网络。这也描述了公司的商业联盟范围。第八，成本结构，即所使用的工具和方法的货币描述。第九，收入模型，即公司通过各种收入流来创造财富的途径。

(二)成功商业模式的特征

由于不同行业的差异，宏观和微观经济环境的共同影响，没有一个单一的商业模式能够保证在各种条件下都能产生优异的财务回报。尽管如此，仍然需要对商业模式的内在属性进行探索，找寻商业模式的属性框架，便于现实商业模式的分析及创新商业模式的构建。成功的商业模式具有三个较为明显的特征，即全面性、独特性、难以模仿性。这三个基本属性构成了商业模式的基本属性特征。对于成功的商业模式来说，这三个属性之间的关系类似于通常意义上的木桶效应，任何一个层面存在短板都会对商业模式造成重大危害。因此，创业者在准备创业的时候，尤其需要警惕那些在其他层面特别突出，但在某个层面上存在缺憾的商业模式。

1. 全面性

商业模式是对企业整体经营模式的归纳和总结。在企业经营层面，创业者需要制订必要的方案来引导基层员工。在企业层面，创业者必须关注企业的整体发展目标和发展方案。在各个不同的管理职能分类上，创业者也必须设想可行的经营方案。因此，商业模式的全面性反映了创业者是否对创业过程中所遇到的各类问题进行全面的思考，并做好了相应的应对策略。缺乏全面性的商业模式很可能在某一方面具有优势，但是由于创业者忽略了支持其内在盈利性的某些要素，这种商业模式可能根本无法实现。

2. 独特性

成功的商业模式要能提供独特价值。创业者通过确立自己的独特性，来保证市场占有率。这一独特价值表现为创业者能够向客户提供的额外价值，或者使得客户能用更低的价格获得同等价值，或者是用同样的价格获得更多的价值。商业模式独特价值的根本来源是创业者所拥有的独特资源和基于资源独特性所构建的发展战略，这一战略包括未来可行的公司层面发展战略和市场经营层面的竞争策略，如独特的营销方案或分销渠道等。

3. 难以复制性

成功的商业模式必须是难以被复制的。一个易于被他人复制的商业模式，即使再独特、再全面，也难以维系。迅速跟进的追随者很快就会使企业的盈利能力大大下降。因此，难以模仿的商业模式意味着企业经营模式的可持续性。要想难以被复制，企业的商业模式要充分发挥先行者的优势，让后进入者的获利可能降至最低。同时，为了实现难以模仿的商业模式，创业者也需要注重细节。只有执行到位，注重每一个细节，这一特定的商业模式才是竞争对手难以模仿的。当然，如果有可能，创业者也需要及时抓住知识产权保护的有力武器来防止他人模仿。

二、商业模式画布

(一)商业模式画布简介

商业模式描述了企业如何创造价值、传递价值和获取价值的基本原理。亚历山大·奥斯特瓦德在《商业模式新生代》一书中提出，一个完整的商业模式，应该包括4个视角，9个模块，他称之为商业模式画布(Business Model Canvas，BMC)，见图11-3。好的商业模式可以帮助创业公司明确自己要做什么，为什么做，怎么做，从而减少贸然投资的风险，降低试错成本。

商业模式画布是一种能够帮助团队催生创意、降低猜测，确定目标用户、合理解决问题的工具。商业画布以可视化的方式帮助团队成员达成共识。整个画布基于"为谁提供，提供什么，如何提供，和如何赚钱"4个视角，由"客户细分、价值主张、渠道通路、客户关系、收入来源、核心资源、关键业务、重要合作和成本机构"9大模块组成，它们之间相互关联，互相影响。制作商业模式画布需要创业团队集思广益。最好是在一块纸板或者一个大的白板墙上，用便签和马克笔标记，最后整理。这是一种可以促进理解、讨论、创意和分析的实操工具，也是产品和运营日常工作的一部分。

重要合作 有些业务要外包，有些资源需要从企业外部获得	关键业务 通过执行一些关键的业务活动，运转商业模式	价值主张 用于解决客户问题、满足用户需求	客户关系 在每一个客户细分市场建立并维护客户关系	客户细分 企业所服务的一个或多个客户分类群体
	核心资源 提供必需的重要资产		渠道通路 通过沟通、分销和销售渠道向客户传递价值主张	
成本结构 商业模式中所有环节所引发的成本构成		收入来源 收入来源产生与成功地为客户提供了价值主张		

图 11-3 商业模式画布

(二)商业模式画布的组成

1. 客户细分

客户细分指企业或机构服务的一个或多个客户群体，描绘了一个企业想要接触和服务的不同人群或组织。客户是商业模式的核心。没有客户，企业不可能长久。客户细分回答了"我们正在为谁创造价值？谁是我们最重要的客户？"等问题。

企业把客户划分成若干个类别，每个类别的客户都具有共同的需求、共同的行为、以及其他共同的属性。企业必须作出决定，为哪一个客户细分群体提供产品或服务。一旦作出决定，就可以通过客户分析，设计出相应的商业模式。

2. 价值主张

价值主张解决了客户问题，满足了客户需求。价值主张是企业提供给客户的受益集合或受益系列，主要回答了"我们要向客户传递什么样的价值？我们正在帮助我们的客户解决哪一类难题？我们正在满足客户的哪些需求？我们正在提供给客户哪些系列的产品或服务？"等问题。

价值主张可能是创新的、全新的、破坏性的，也可能只有一些细微的差异，只是提供了额外的功能或服务，可以是定量的（如价格、服务速度），也可以是定性的（如设计、客户体验）。为客户创造价值可以从以下几个方面来考虑。

（1）新颖

给客户从未感受过或体验过的全新需求。

（2）性能

对产品进行改善，让其在性能上更具优势。

（3）定制化

让客户参与产品设计，针对客户需求对产品进行个性化定制。

（4）保姆式服务

直接帮客户完成任务。

（5）设计

优秀的设计可以帮助客户脱颖而出，然而设计又是一个难以衡量的要素。

（6）品牌和身份地位

让客户因为我们所提供的价值主张而变得与众不同，帮助客户显示出不同的身份地位。

（7）价格

以更低的价格提供同质化的价值主张，或者向用户提供完全免费的价值主张。

（8）消减成本

帮助客户削减成本。

（9）风险抑制

帮助客户抵御风险，或者为可能的风险作担保。

（10）提升可达性

把产品或服务提供给以前接触不到的客户，提升服务或产品的可达性。

（11）便利性和可用性

使事情变得更加便利，更加易于使用。

3. 渠道通路

渠道通路指公司与客户进行沟通、接触并传递其价值主张的路径。沟通、分销和销售渠道构成了公司对客户的接口界面。渠道通路是客户接触点，它在客户体验中扮演着重要角色。

渠道通路涉及问题如下。通过哪些渠道可以接触我们的客户细分群体？我们现在是如何接触他们的？我们的渠道是如何整合的？哪些渠道最为有效？哪些渠道的成本效率最好？如何把我们的渠道与客户的例行程序进行整合？

渠道通路具有提升公司的价值主张在客户心中的认知，帮助客户评估公司的价值主张，协助客户购买特定的价值主张，向客户传递价值主张，为客户提供售后支持等功能。渠道可以分为自有渠道和合作伙伴渠道，也可以分为直销渠道和非直销渠道。有些渠道成本高利润也高，有些渠道成本低利润也低。企业在把价值主张推向市场的过程中，可以灵活地组合各种渠道，使收入最大化。

创业者还要明白不同渠道通路的主要目标是什么，是为了提升客户对企业服务和产品的认知，为了帮助客户评估我公司的价值主张，为了协助客户购买特定的价值主张，为了把价值主张传递给客户，还是为了给客户提供售后支持。总之，要清楚每个渠道存在的意义和目标，灵活地组合多种渠道，才能实现收入最大化。

4. 客户关系

客户关系是指公司与特定客户细分群体之间所建立的关系。

这一部分需要回答以下问题。我们的每个客户细分群体希望与我们建立并保持怎样的关系？哪些关系我们已经建立了？建立并维持这些关系的成本如何？如何把这些关系与商业模式的其他部分进行整合？

常见的客户关系类型有以下几种。

（1）个人助理

客户与客户代表直接互动，也可以通过呼叫中心、客服邮件等个人助理手段来进行互动。

（2）专用个人助理

企业为客户提供专属的客户代表，这是最为亲密的客户关系类型之一。

（3）自助服务

企业不直接与客户发生关系，而是通过自助服务为客户提供所需要的产品或服务。

（4）自动化服务

基于客户特征和差异，为客户提供更加精细的自助服务。

（5）社区

通过线下社区、在线社区等为客户提供平台，并促进客户和潜在客户互动，解决客户的相关疑问。

（6）共同创作

鼓励客户参与价值主张的创作，如亚马逊的书评服务，视频平台邀请用户创作并发布视频等。

5. 收入来源

收入来源是指公司从每个客户细分群体中获得的现金收入。客户细分是商业模式的心脏，收入来源就是动脉。一个商业模式可以包含多种不同类型的收入来源，可以是一次性的交易收入，也可以是经常性的收入。这一部分主要回答"到底什么样的价值主张才能够让客户细分群体真正愿意付款？客户现在付费买什么？客户是如何支付费用的？客户更愿意如何支付费用？每个收入来源占总收入的比例是多少？"等问题。

常见的获取收入的方式有：资产销售，销售实体产品；使用收费，通过提供特定的服务来收费，比如电信运营商，旅馆，快递等；订阅收费，销售可重复使用的服务，如视频应用按月付费，健身房按年付费等；租赁收费，如租房服务，租车服务等；授权收费，如把受保护的知识产权授权给客户使用并收取费用；经纪收费，为双方或多方之间的利益提供中介服务而收取佣金，如信用卡服务等；广告收费，为特定的产品、服务或品牌提供广告宣传服务。

6. 核心资源

核心资源指让商业模式有效运转所必需的重要因素。核心资源可以是实体资产、金融资产、知识资产、人力资源等。核心资源可以是自有的，也可以是从重要伙伴那里获得的。每个商业模式都需要核心资源，这些资源使企业能够创造并提供价值主张，接触市场，与客户细分群体建立关系并赚取收入。不同的商业模式所需要的核心资源也不尽相同，制造业需要的核心资源是生产设备，而芯片设计商需要的核心资源是技术人才。这一部分主要回答"我们的价值主张需要什么样的核心资源？我们的渠道通路需要什么样的核心资源？我们的客户关系需要什么样的核心资源？我们的收入来源又需要什么样的核心资源？"等问题。

核心资源可以分为以下几类。①实体资产，如生产设施、不动产、汽车、机器、系统、销售网点、分销网络等。例如，亚马逊的IT系统、仓库和物流体系。②知识资产，包括品牌、专有知识、专利、版权、合作关系、客户数据库等。知识资产的开发很难，一旦完成能带来巨大的价值。③人力资源。任何一家公司都需要人力资源，但对某些商业模式来讲，人力资源格外重要，如知识密集产业、创意产业、制药企业等。④金融资产。有些商业模式必须以金融财物作为担保，那么金融资产就是它的核心资源。

7. 关键业务

关键业务指为了确保商业模式可行，企业必须要做的重要事情。所有的商业模式都需要多种关键业务活动，这些业务活动是创造和提供价值主张、接触市场、维系客户关系并获取收入所必需的。不同的商业模式，其关键业务也有所差异。

这部分主要回答"我们的价值主张需要哪些关键业务？我们的渠道通路需要哪些关键业务？我们的客户关系需要哪些关键业务？我们的收入来源又需要哪些关键业务？"等问题。

关键业务可以分为如下几大类：①制造产品，即产品的设计、制造、生产和发送等；②问题解决，为客户的问题提供解决方案，如咨询公司、医院等服务机构；③平台或网络，以平台为核心资源的商业模式，其关键业务都是与平台或网络相关的。

8. 重要合作

重要合作用于描绘商业模式有效动作所需要的供应商、合作伙伴等关系网络。合作关系早已经成为许多商业模式的基石，建立合作关系可以优化商业模式、降低风险、获取资源。这一部分主要回答"谁是我们的重要伙伴？谁是我们的重要供应商？我们正在从合作伙伴那里获取哪些核心资源？合作伙伴都执行了哪些关键业务？"等问题。

常见的合作关系有以下几种：在非竞争关系下的战略联盟、在竞争关系下的战略合作、为开发新业务而构建的合资关系、为确保可靠供应的"购买方－供应商"关系。

建立合作关系的动机是为了降低风险和不确定性或获取特定资源和业务。

9. 成本结构

成本结构指运营一个商业模式所引发的所有成本。商业模式中的任何构造块都有可能引发成本。这部分主要回答"什么是我们商业模式中最重要的固定成本？哪些核心资源花费最多？哪些关键业务花费最多？"等问题。

(三)商业模式的样例

1. 非绑定式商业模式

哈格尔和辛格提出了"非绑定式公司"的概念，认为企业由具有不同经济驱动因素、竞争驱动因素和文化驱动因素等完全不同类型的业务组成。业务可拆分成基础设施管理、产品创新和客户关系三个独立但又相互联系的模块。基础设置管理模块的价值信条是卓越运营，其职责是构建和管理平台，以支持大量重复性的工作；产品创新模块的价值信条是产品领先，其职责是开发新的和有吸引力的产品或服务；客户关系模块的价值信条是亲近客户，其职责是寻找和获取客户，并与他们建立关系。多种相互冲突的企业文化和业务类型被整合到一个实体中，难免会带来权衡取舍的问题。因此，他们建议企业将三种类型的业务完全分开，并最终聚焦于其中一种。非绑定式商业模式画布见图 11－4。

重要合作	关键业务	价值主张	客户关系	客户细分
■从第三方获得产品、服务创新和基础设施	■获得和保留客户 ○利用研发为市场带来新产品和新服务 △交付基础设施服务	■高度的服务导向 ○产品和服务创新 △基础设施服务	■亲密的个人关系 ■客户的获得和保留	■客户为中心 ○通过聚焦客户关系的B2B中间商交付 △商业客户

核心资源 / 渠道通路 部分：

核心资源	渠道通路
■客户基数及长时间积累的已获得的客户信任 ○强有力的人力资本 △规模经济和范围经济	■强有力的渠道

成本结构	收入来源
■客户获取和抱有成本占了主要部分，包括品牌和营销开销 ○研发人力成本 △高固定成本	■大规模客户份额产生的收入 ○高额溢价 △大规模的低边际利润获得

注：■—客户关系业务模块　　○—产品创新模块　　△—基础设施管理模块

图 11-4　非绑定式商业模式画布

商业画布的使用是有顺序的。首先要确定目标用户群体（客户细分），然后确定目标用户的需求（价值主张），接着制定接触用户的方式和渠道（渠道通路），之后确定企业与客户保持什么样的关系（客户关系）；再确定企业的赚钱方式（收入来源）；再接着确定实现盈利的核心资源（核心资源），有了核心资源之后再制定关键业务行动（关键业务）；然后确定和评估企业的合作伙伴（重要伙伴）；最后确定以上各环节发生的成本开支（成本结构）。

按照商业画布的使用顺序，进行瑞士私人银行的非绑定式商业模式分析。

案例：瑞士私人银行的业务绑定与业务拆分

位于日内瓦的百达银行是瑞士最大的私人银行。它是有着 200 年历史的金融机构，拥有良好的客户关系，处理大量客户的交易。它坚持将三种有着根本差异的业务进行绑定。"绑定"的商业模式取得了成功，也引发了很多冲突和权衡妥协。银行用两种不同的逻辑为咨询业务和销售金融产品这两个不同的市场服务。咨询业务是一种长期、基于关系的业务，而销售金融产品是复杂且快速变化的业务。该银行的目标是出售其产品给竞争银行以增加收入，但是这样会产生利益冲突。银行的产品部门强迫咨询师向客户销售银行自家产品，这与客户期望有冲突。客户期望购买投资市场上最好的产品而不管这些产品来自哪家银行。以成本和效率为焦点的交易平台业务和薪酬敏感的咨询与金融产品业务相互冲突，后者需要吸引人才。交易平台业务需要一定的规模来压低成本，单独一家银行很难做到。产品创新业务由快速研发和迅速进入市场驱动，而这与需要长期维持的咨询业务相冲突。

为了解决以上冲突和问题，可以把绑定的私人银行业务拆分为三种基本业务：客户关系业务、产品创新和基础设施管理，并聚焦新业务核心，见图 11-5。

重要合作	关键业务		价值主张	客户关系	客户细分
■其他产品供应商	■咨询 ○产品研发 ■销售 △平台管理		■量身定制的资产管理服务 ○金融产品 △交易管理	■亲密的个人关系 △关键客户管理	■富有的个人与家庭 ○私人银行 △私人银行 ○独立财务咨询师
	核心资源			渠道通路	
	■品牌/信任 ○产品专利 △交易平台			■个人网络 ○销售团队 △交易平台	
成本结构			收入来源		
△平台管理 ○研发人力成本 ■私人银行经理人力成本			■管理与咨询费 ○产品与绩效收费 △交易费用		

注：■—客户关系业务模块　　○—产品创新模块　　△—基础设施管理模块

图 11-5　私人银行商业模式画布

以其中的客户关系业务入手，私人银行的目标客户是富有的个人和家庭。这类客户的价值主张是量身定制资产管理服务。基于此，私人银行以个人网络为解决方案，实现同客户的渠道通路接触和服务。银行从管理和咨询上获得收益，这些收益基于客户对品牌的认同与信任。私人银行提供的关键性业务包括咨询和销售。当然，这些活动离不开与其他产品供应商的合作。活动中的成本主要是私人银行经理的人力成本。同理，可以对产品创新和基础设施管理业务进行分析。

2. 长尾式商业模式

由安德森提出的长尾式商业模式（见图 11-6），关注为利基市场（即在较大的细分市场中具有相似兴趣或需求的一小群顾客所占有的市场空间）提供大量的产品，而每种利基产品都只产生小额销售量。利基产品的销售总额可以与凭借少量畅销产品产生绝大多数销售额的传统模式相媲美。长尾式模式需要低库存成本和强大的平台，并使得利基产品更容易被兴趣买家获得。

重要合作	关键业务	价值主张	客户关系	客户细分
利基内容供应商（专业的或用户自生成的）	平台开发和维护 利基内容的获取和生产	提供宽泛的非拳头产品 这些产品可以和拳头产品共存 促进用户自生成内容	互联网	利基客户
	核心资源 平台		渠道通路 互联网	
成本结构		收入来源		
平台开发与维护		大量产品带来小额收入的集合 广告、销售或订阅		

图 11-6　长尾式商业模式画布

案例：传统图书出版行业和新图书出版行业

传统图书出版模式建立在选择的基础上，出版商审查众多稿件，然后选择那些最可能达到销售目标的。传统图书出版商最感兴趣的是那些可以热卖的图书。传统图书出版行业商业模式画布见图 11-7。

重要合作	关键业务	价值主张	客户关系	客户细分
	内容购买 出版 销售	品牌内容（理想的热点图书）		广泛读者
	核心资源 出版知识 内容		**渠道通路** 零售网络	
成本结构 出版/销售			**收入来源** 批发收入	

图 11-7 传统图书出版行业商业模式画布

Lulu.com 将传统以畅销书为中心的出版模式转变成为每个人提供出版服务的商业模式。它的商业模式是基于帮助利基和业余作者在市场上推出作品，通过为作者提供清样、出版和在线商场分销，消除了传统模式的高进入门槛，这与传统模式形成强烈的对比。成千上万的作者通过自主服务出版和销售自己的书籍（只根据实际订单来印刷书籍），特定主体的作品销售失败也不会给 Lulu.com 带来任何损失（见图 11-8）。

重要合作	关键业务	价值主张	客户关系	客户细分
	平台开发物流	自助出版服务 利基内容市场	兴趣社区 在线资料	利基作者 利基读者
	核心资源 平台 按需印刷 基础设施		**渠道通路**	
成本结构 平台管理与开发			**收入来源** 销售提成（低） 发行服务收费	

图 11-8 新图书出版行业商业模式画布

3. 多边平台商业模式

多边平台，也称为多边市场，是一种重要的商业现象。多边平台把两个或多个有着明显区别但又相互依赖的客户群体集合在一起，它作为平台中介可连接这些客户群体并创造价值。例如，Visa 信用卡连接了商家和持卡人；计算机操作系统连接了硬件生产商、软件开发商和用户。多边平台必须有能力同时吸引和服务所有的客户群体，并以此来创造价值。对多边平台来讲，选择哪个客户群体、以及以什么价格来吸引他们，是需要研究的重要课题。其最主要的成本是运营费用。多边平台商业模式画布见

图 11 - 9。

重要合作	关键业务	价值主张	客户关系	客户细分
平台管理 服务提供和平台推广	**关键业务** 平台管理 服务 提供和平台推广	**价值主张** 吸引用户群组作为客户细分群里的媒介 在平台上通过渠道化的交易降低成本	**客户关系**	**客户细分** 多个客户细分群体
	核心资源 平台		**渠道通路**	

成本结构	收入来源
平台开发和维护	一个或多个客户细分群体会享受免费提供物或通过来自其他客户群体的收入补贴来降低价格。选择从哪边来补贴是关键的定价决策

图 11 - 9 多边平台商业模式画布

案例：百度的多边平台

百度拥有"超链分析"技术专利，这使中国成为全球仅有的 4 个拥有搜索引擎核心技术的国家之一。百度每天响应来自 100 余个国家和地区的数十亿次搜索请求，是网民获取中文信息和服务的最主要入口，服务 10 亿互联网用户。基于搜索引擎，百度演化出语音、图像、知识图谱、自然语言处理等人工智能技术。最近 10 年，百度在深度学习、对话式人工智能操作系统、自动驾驶、人工智能、芯片等前沿领域投资，成为一个拥有强大互联网基础的领先 AI 公司。

作为全球最大的中文搜索引擎，百度以免费的搜索功能将搜索用户和广告商通过关键词连接在一起，并从广告商身上赚取利润，同时免费为搜索用户提供服务。百度作为搜索平台，价值主张是"能从内容（流量）中挣钱"，三个关键业务是建设和维护搜索基础设施，管理三个主要客户细分群体（新用户、内容创作者、广告商），向新用户、内容拥有者和广告商推广其搜索平台。

在人工智能、互联网融合发展的大趋势下，百度以"简单可依赖"的核心价值观，形成了移动生态、百度智能云、智能交通、智能驾驶及更多人工智能领域前沿布局的多引擎增长新格局，积蓄起支撑未来发展的强大势能。百度连接人与服务，成为人们的互联网生活助手。百度的商业服务板块整合了搜索、资讯、视频、线下场景屏、联盟流量等资源，形成全场景全用户覆盖的媒体矩阵，并依托人工智能技术和大数据能力提供消费者洞察、自动化创意、商家小程序等一整套智能营销解决方案，为企业提供品牌建设、效果推广及消费者运营的全方位商业服务。

4. 免费式商业模式

在免费式商业模式中，至少有一个庞大的客户细分群体可以享受持续的免费服务。免费服务可以有多种模式。企业通过该商业模式的其他部分或其他客户细分群体，为非付费客户细分群体提供财务支持。免费模式式样与日益增长的互联网数字化产品和服务同步盛行。每种免费模式都有不同的潜在经济特征，但是它们都有一个共同的特点，即至少有一个客户细分群体能够持续地从免费产品或服务中受益。

常见的免费模式式样包括以下几种。（1）基于多边平台模式的免费产品或服务。

(2)免费增收模式，即提供的免费基本服务，基础免费、增值收费。（3）诱钓模式，即使用免费或廉价的初始产品或服务，吸引客户重复购买。

案例：

（1）基于多边平台模式——免费报纸 Metro

Metro 是一份在斯德哥尔摩创办的免费报纸。它对传统日报模式的改变在于，首先，报纸本身是免费的；其次，报纸集中在人流量大的通勤区和公共交通网络通过人工和自助服务架分发。Metro 的商业模式画布见图 11 - 10(1)。

重要合作	关键业务	价值主张	客户关系	客户细分
公共交通场所分销协议	日报的编写和印刷	高人流量广告位 免费报纸 免费全市通勤报纸	读者获取 读者保有	广告主 通勤乘客
	核心资源 品牌 分发网络及物流		**渠道通路** 广告销售队伍 公共交通、车站	
成本结构 日报的内容、设计及打印			**收入来源** 免费报纸 报纸上广告位收费	

图 11 - 10(1) Metro 的商业模式画布

（2）免费增收模式——流行照片共享网站 Flickr

流行照片共享网站 Flickr 的用户可以免费上传和共享照片，但免费服务有一定限制，如存储空间和每月上传照片的数量有限。付费用户可以享受无限上传和不限量空间的服务。Flickr 的商业模式画布见图 11 - 10(2)。

重要合作	关键业务	价值主张	客户关系	客户细分
雅虎	平台管理	免费基本照片共享 额外付费的照片共享	模式定制 转换成本	非正式用户 大量用户
	核心资源 Flickr 平台 品牌		**渠道通路** Flickr.com 网站	
成本结构 平台开发费用 存储成本			**收入来源** 免费的基本账号 付费的高级账号	

图 11 - 10(2) Flickr 的商业模式画布

（3）诱钓模式——吉利剃须刀

1904 年，金吉利将第一款可替换刀片的剃须刀推向市场，并决定以较低的价格销售剃须刀架，甚至将其作为赠品。今天，吉利仍然是剃须产品中的杰出品牌。企业基于便宜甚至免费的初始产品和后续重复消费产品之间的紧密联系，来赚取高额利润。相似的还有惠普、佳能、爱普生等打印机销售商。他们以很低的价格销售打印机，但通过墨盒的销售产生良好的利润。

重要合作	关键业务		价值主张	客户关系	客户细分
制造商 零售商	营销、研发、物流		剃须刀架 刀片	内荐"锁定"	客户
	核心资源 品牌 专利			**渠道通路** 零售	
成本结构 营销、制造、物流、研发			**收入来源** 刀架购买 频繁更换刀片		

图 11-10(3)　金吉利的商业模式画布

5. 开放式商业模式

开放创新之父亨利·切萨布鲁夫提出开放式创新和开放式商业模式。他将公司内部的研究流程向外部伙伴开放。在一个知识分散的世界里，企业可以通过对外部知识、智力资产和产品的整合创造更多价值，并能更好地发挥自己的优势。把闲置于企业内部的产品、技术、知识和智力资产，通过授权、合资或分拆的方式向外部伙伴开放并变现，即"由内到外"的创新模式。把企业外部的创意、技术和智力资产引入到企业内部的开发和商业化流程中，即"由外到内"的创新模式。

通过与外部伙伴系统性合作来创造和捕捉价值的企业，可以采取开放式商业模式。这种模式可以"由外到内"，即把外部的创意引入到公司内部，也可以"由内到外"，即把企业内部闲置的创意和资产提供给外部伙伴。开放式商业模式画布见图 11-11。

重要合作	关键业务		价值主张	客户关系	客户细分
★创新伙伴 ★研究社区	★扫描 ★管理网络 ★开发二级市场		☆研究与开发 ☆未使用的智力资产		☆二级市场 ☆被授权者 ☆创新客户
	核心资源 ★扫描 ★获得 ★接入创新网络			**渠道通路** ☆互联网平台	
成本结构 ★外部研发成本			**收入来源** ☆销售的多样化 ☆授权费用 ☆闲置的内部创意收入		

注：★—由外到内模式　　☆—由内到外模式

图 11-11　开放式商业模式画布

▶ 第四节 商业模式的设计与创新

一、商业模式设计与创新的目标

(一)有效商业模式的要素

著名商学教授加里·哈默尔认为,有效的商业模式包括以下要素(如图 11-12)。第一,四个构面,核心战略、战略资源、价值网络和顾客界面。只有充分掌握这些要素的重点及彼此间的整合和搭配关系,才能设计出独特的商业模式。第二,三大桥梁,即构面连接因素,包括资源配置、顾客利益、企业边界。这三大桥梁连接四大构面,检验构面间是否充分连接,从而发挥绩效。第三,四大支撑因素,即效率、独特性、一致性、利润推进器。这四大支撑因素用于衡量商业模式是否具有利润潜力与竞争优势。

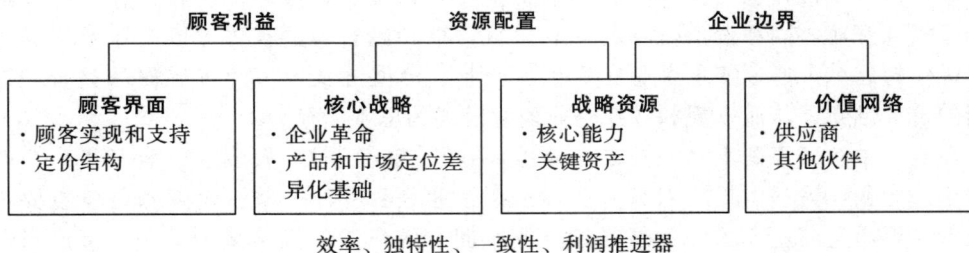

```
         顾客利益              资源配置              企业边界
    ┌──────────────┐      ┌──────────────┐      ┌──────────────┐
┌───┴────┐  ┌──────┴───┐  ┌┴─────────┐  ┌─┴────────┐  ┌────────┴───┐
│ 顾客界面 │  │ 核心战略  │  │ 战略资源  │  │ 价值网络  │
│·顾客实现和支持│ │·企业革命   │  │·核心能力  │  │·供应商    │
│·定价结构 │  │·产品和市场定位差│ │·关键资产  │  │·其他伙伴  │
│        │  │ 异化基础   │  │         │  │         │
└────────┘  └──────────┘  └─────────┘  └──────────┘
```

效率、独特性、一致性、利润推进器

图 11-12 商业模式的设计框架图

1. 核心战略

核心战略是商业模式设计需要考虑的第一要素。核心战略描述了企业如何与竞争对手进行竞争,主要包括企业使命、产品、市场定位、差异化基础等基本要素。企业使命表达了企业优先考虑的事项及衡量企业绩效的标准,描述了企业存在的原因及其商业模式预期实现的目标。

独特的价值诉求是指企业做的事情和其他竞争者相比有很大差异,能构成自己的核心竞争力。价值诉求主要体现在以下几个方面。一是市场细分。企业需要从消费差异、个性差异、实力优势差异等几个方面考虑,寻找自己的客户群。二是选择切入点。企业应思考满足这些客户的哪些需求。三是建立自己的成本优势。

产品和市场范围的选择直接影响企业赚钱的方式。产品和市场定位是否明确,是判断一个商业模式成功与否的重要因素之一。

差异化基础可以通过以下两条途径来实现。一是对现有价值活动的优化。这种优化越多,竞争对手的模仿能力越低。增加差异化优势可给企业带来显著、持久的市场和利益。此外,新创企业还可以通过改变规则来创造差异。创业者必须时刻关注消费者的消费心理和消费倾向,拥有超凡的预见力,先于竞争对手提供符合消费者需求的产品,创造差异性。二是以全新的方式重构独特的价值链。新创企业可以通过重构一种全新的价值链来获得差异化竞争优势。

2. 战略资源

战略资源指企业拥有的核心竞争力和关键资产。战略资源既是企业实现目标的后盾，也是差异化竞争优势建立的基础。

核心竞争力是新创企业创造产品或市场的独特技术能力，是企业战胜竞争对手的优势来源。核心竞争力具有如下特征：独特、具有顾客价值、难以模仿、可向新机会转移。核心竞争力能帮助企业实现差异化，创造价值，同时获得成长并建立优势地位。大量的事实表明，企业做好一个或两个业务，比在许多业务上保持平均水平要好得多。因此，新创企业应着力发展核心竞争力，将精力集中于核心业务，集中于产品或服务价值链中更小的环节，并成为所服务市场的专家。

关键资产是企业拥有的稀缺、有价值的事物，包括工厂和设备、位置、品牌、专利、顾客数据信息、高素质员工和独特的合作关系。新企业应该注重创新性地构建这些资产，为顾客创造更高的价值。

3. 价值网络

企业的合作伙伴包括供应商和其他为企业提供产品或服务的合作伙伴。价值网络整合是指从开放协同和价值分享的理念出发，以超越自身的视野、以产业效率提升和价值优化的思维，通过实现企业在资源、产业、价值链及价值网等层面的整合，进行全面的价值创新，从而发现和寻找企业商业模式的思维路径。

在实践中，不管是大企业还是小企业，在投资立项时，大多数企业以某一个产业里的单一业务作为基本投资对象。实际上，企业是否专注于某一个业务并不重要，关键在于能否通过商业模式的创新，将企业所拥有的资源发挥出最大效用。反过来，任何一个企业都有着不同的资源，他们要想将这部分资源的价值最大化，常常需要考虑以下两个方面。首先，要突破产业边界，让不同的业务组合，因为资源只有在各自特定的业务领域才能发挥更大的价值和作用。其次，要构建不同业务之间相辅相成的逻辑机理，创造不平凡的业绩。

商业模式要兼顾产业链上下游的盈利模式，只有产业链的上下游都能盈利，这才是一个好的商业模式。如果下游企业不能盈利，或者运营商的投资回报周期太长，或者运营商采用企业的产品没有提高其在市场上的竞争力，那么即使企业自身能够盈利，其盈利时间也不会长久。

4. 顾客界面

顾客界面是影响商业模式的重要因素。顾客界面是指企业如何适当地与顾客相互作用，以提供良好的顾客服务和支持，主要涉及顾客实现和支持与定价结构两个方面。

顾客实现和支持描述的是企业产品或服务进入市场的方式或送达顾客的方法，也指企业利用的渠道和提供的顾客支持水平。所有这些都会影响企业商业模式的形式与特征。有些企业会将自己的产品和服务差异化，通过高水平的服务和支持向顾客提供附加价值。顾客服务包括送货和安装、财务安排、顾客培训、担保和维修、商品保留计划、便利的经营时间、方便停车、通过免费电话和网站提供信息服务等。

价格往往是顾客接受产品的首要因素之一，创业者对产品或服务的定价直接影响顾客对产品的评价。因此，创业者必须采取合理的定价方法，制订有效的价格。新企业可以通过市场定位、品牌及其他营销要素影响顾客的价值认知。

5. 顾客利益

顾客利益是连接核心战略与顾客界面的桥梁，代表着企业实际能够为顾客创造的利益。首先，企业的核心战略要充分显示为顾客服务的意图。企业的产品和市场定位必须聚焦于未得到充分满足的顾客需求，企业使命必须是在特定市场提供与众不同的产品和服务。其次，在构建顾客服务与支持系统及进行产品定价时，也需要考虑这些是否与企业核心战略一致。一味追求低价的恶性竞争策略，显然没有真正从顾客收益的角度考虑问题，因而不具有长期的战略意义；相反，如果企业提供了切实满足顾客需要的产品和服务，定价远远高于产品生产成本，这也是正确的竞争策略。因此，顾客利益是企业制定核心战略及购买顾客服务体系时必须遵守的原则，它涉及企业存在的根本。

6. 资源配置

资源配置是连接核心战略与战略资源的界面要素，主要涉及两者间的有效搭配关系。首先，战略资源是核心战略的基础，企业缺乏资源就难以制定和实施战略目标。其次，核心战略要充分挖掘企业战略资源的优势，创造更多的企业价值，同时有效构建竞争障碍。

7. 企业边界

企业边界是连接企业战略资源与价值网络的界面，指企业要根据所掌握的核心能力和关键资源来确定自身在整个价值链中的角色。企业的核心能力与关键资源决定了企业应该做什么。企业只有围绕其核心能力与关键资源开展业务才能建立竞争优势。新创企业在创建之初往往面临较大的资源与能力的约束，集中于自己所长是竞争成功的关键。

(二)商业模式创新的目的

商业模式的创新有四大目标。

1. 满足市场

满足未被响应的市场需求，解决当前商业模式的危机（有些情况下甚至是"濒死"的经历），用更好的商业模式来改进、颠覆现有市场或者推动其转型。

2. 投放市场

将新技术、产品或服务推向市场，或者开发现有的知识资产。

3. 改进市场

改进或者颠覆当前的市场，调整、改进或者捍卫当前的商业模式。

4. 创造市场

打造一种全新的业务，创造一个全新的市场，为未来做准备，开发和验证最终可能取代当前商业模式的全新商业模式。

为了实现商业模式设计和创新的目标，需要完成以下任务：找出合适的模式；进行测试模拟；推动市场接受的新模式；结合市场反馈，持续不断地调整模式；管理不确定因素。

对商业模式创新进行管理和流程固化，有利于挖掘企业的创造潜力。弗雷德·科洛皮和理查德·博兰针对商业模式创新提出了一种被称为"设计理念"的方法。与传统商业管理领域流行的"决定理念"不同，"决定理念"只关注分析、决策和优化，认为找出替代方案较容易，但是在不同的方案之中作出选择较难。然而在充满着复杂性和不确定性的商业世界中有目的性地探索全新的、有竞争力的成长模型，需要的是设计理念。设计理念假设设计一种替代方案较难，但是一旦设计出来，选择哪个方案就变得很容易了。因此，设计理念非常有可能带来全新的商业模式。

二、商业模式设计与创新的阶段及方法

(一)建构商业模式

商业模式设计的流程包括 5 个阶段：动员、理解、设计、实施、管理(见表 11 - 3)。

表 11 - 3　商业模式设计的 5 个阶段

阶段	目标	焦点	描述
动员	为组织成功的商业模式设计项目做准备	前期准备	为成功的商业模式设计活动做充分的准备，营造出一个亟需新商业模式的环境，说明创新项目的动机，建立一种统一的语言来描述、设计和分析讨论商业模式(如商业模式画布)
理解	研究和分析商业模式设计所需的元素	深入钻研	进行客户研究、环境分析，收集信息，与专家进行访谈
设计	构建和测试可行的商业模式，并作出选择	调研探究	将前一阶段的创意转化为可被开发和验证的商业模式模型，在深度探究商业模式后，选择最满意的商业模式设计
实施	实施该商业模式	实际执行	实施所选的商业模式设计
管理	结合市场反馈来调整和修改商业模式	演进发展	建立管理组织架构来持续地监控、评价和调整商业模式

1. 动员

第一阶段的主要活动是制定项目目标框架，验证最初的商业创意，做项目计划和组织团队。项目目标的结构框架因项目而异，但通常都会涵盖基本原理、项目范围和主要目标。组织项目团队时，要聚合各种管理背景和行业经验的人才，建立良好的人际网络，并确保各成员对商业模式创新的深度投入。

动员阶段最可能遇到的问题是因过于高估商业模式设计的潜力和初始想法的价值而导致思维封闭，限制了探索其他想法的可能性。成功的关键是要找到具备相关知识和经验的团队成员，共同合作，尽可能减少风险。

2. 理解

第二个阶段需要对商业模式即将演进的背景环境建立良好的认知，研究和分析商业模式设计活动所需的元素。认识商业模式环境涉及很多活动，包括环境分析、研究客户并与之互动、访谈相关领域的专家、描绘竞争对手的商业模式等。这一阶段成功的关键因素就是要敢于质疑行业假设和成熟的商业模式。

3. 设计

设计阶段面临的主要挑战，是要大胆地创造新的商业模式。发散性思维是这一步取得成功的关键。为了能够产生突破性的创意，团队成员必须舍弃现有商业模式，花时间探索多种创意。头脑风暴、制作原型、测试、选择是这一阶段的主要活动。

在这一阶段，要避免低估任何大胆的想法，避免过早青睐某些创意，应仔细斟酌备选方案；要尝试不同的商业模式，为每一种模式设计故事情节，并寻求反馈意见。

4. 实施

一旦确定了商业模式，就要开始着手实施，确定所有相关项目，制定各阶段进程，制定法规条文，准备预算清单和项目路线图等。这一阶段主要的活动是交流、参与、执行。

5. 管理

在管理阶段，要不断地评估商业模式和外部环境，从而了解外部因素对商业模式的长期影响。企业可以通过定期的跨部门研讨会来评估商业模式，判断是否需要对商业模式进行微调或者彻底改造。

这一步的关键是要目光长远、积极主动，对商业模式进行管理。应保持初学者的空杯心态，让改进和思考公司的商业模式成为每个成员的义务。

(二)商业模式设计与创新的方法

1. 奥斯特瓦德的商业模式设计的方法和工具

(1)客户洞察

良好的商业模式设计需要依靠对客户的深入了解，包括环境、日常事务、客户关心的焦点及愿望。这并不意味着要完全按照客户的思维来设计商业模式，但是在评估商业模式时，要把客户的思维融入进来。

(客户)移情图，也称"超简客户分析器"，是 Xplane 公司开发设计的一个可视思考工具，可以帮助企业超越客户的人口学特征，更好地理解客户的环境、行为、关注点和愿望。移情图有很多种形式，但共同的核心元素包括以下几个。

我们在共情谁：目标用户在项目中扮演什么角色？他们的职责是什么？他们的经验如何？

他们需要做什么：目标用户试图达到什么目的？可以使用哪些指标来衡量这些目标能否实现？

他们在看什么：目标用户周围的环境是什么样的？他们还有哪些其他选择来解决遇到的问题？

他们在说什么：目标用户对这个主题表达了什么意见？

他们在做什么：目标用户如何在公共场合行事？他们参加什么会议/活动？他们有什么技能？

他们听到什么：周围环境如何影响目标用户？他们的同事和伙伴怎么说？

思考和感受：思考和感受可以一分为三。①痛苦。他们担心什么？他们怕什么？他们拒绝你的理由是什么？②收获。有什么可以帮助他们解决问题？什么能让他们相信你是正确的选择？③其他想法。其他影响目标用户的想法和感受。

（2）创意构思

创建新的商业模式需要大量创意。收集和筛选创意的过程被称作创意构思。

创意构思有两个主要阶段：创意生成和创意合成。可以使用商业模式画布来分析商业模式创新的核心问题，也可以使用"假如"的提问方式。

"假如"式的提问挑战传统思维，有助于发现能够使假设成立的商业模式。有些提问可能得不到答案，因为它们太具有挑战性了，而有些可能仅仅需要正确的商业模式就可以实现。

（3）可视思考

可视思考指使用图片、草图、图表和便利贴等视觉化工具来构思和讨论事情。因为商业模式是由各种构造块组成的复杂概念，所以不把它描绘出来很难理解。

有三种方便实用的视觉化思考方法。①便利贴和商业模式画布。便利贴的功能就像创意的容器，你可以增加、减少或在商业模式构造块之间进行调整和移动。②绘图。这甚至比便利贴更加有效，可用于阐明某一商业模式。③讲视觉化的故事。使用PPT或者事先绘制好元素的便利贴，一张一张呈现，让观众跟随商业模式的建构过程，对解释有视觉上的补充认知。

（4）原型制作

原型制作来自设计和工程领域。在这些领域中，原型制作被广泛地用于产品设计、架构和交互设计。原型是一个思维工具，可以帮助我们探索不同的方向找出哪些商业模式是可以选择的。

原型作为探索新可能性的思考辅助工具，可以帮助获得对商业模式本质更好的理解。商业模式的原型既可以是画在餐桌上的草图，也可以是具体到细节的商业模式画布，还可以是一种可以实地测试的成型商业模式。原型制作不仅与勾勒绘制商业模式想法有关，也与真正实现这个构想有关。制作通过添加或移除每个相关元素，来探索新的、可能是荒谬的、甚至不可能的构想。

（5）故事讲述

讲故事的目的是要把一种新的商业模式以形象具体的方式呈现出来。故事的内容一定要简单易懂，主人公也只需要一位，可以从公司、客户两种视角出发，可以采用谈话和图画、视频片段、角色扮演、文本和图画、连环图画等方法展示。

（6）情景推测

在新商业模式的设计和原有模式的创新上，情景推测能起到很好的作用。情景推测把抽象的概念变成具体的模型。它的主要作用就是通过细化设计环境，帮助我们熟悉商业模型的设计流程。两种常见的情景推测是：描述不同的客户背景；描述新商业模式可能会参与竞争的未来场景。客户情景推测可以在商业模式设计中引导我们作出正确的选择，一般比头脑风暴更为方便和有效。

2. 商业模式创新的循环模型

奥斯特瓦德还提出了商业模式创新的循环模型，模型包含四个阶段：环境分析、商业模式创新、组织设计、商业模式执行，如图11-13所示。

第一阶段：环境分析

首先，需要建立一个包含不同知识结构的商业模式创新团队，这个团队的成员应

建立一个包含不同
知识结构的创新团队

分析商业环境规
划商业模式框架

收集各种商业模式
并挑选最好的一个

环境分析 → 商业模式创新创新

重新评估商业
模式组合

选择一个或多个商
业模式进行测试

商业模式执行 ← 组织设计

建立完善的财务保障，
执行商业模式

选择适合的
执行者

设计组织商业
流程的技术支持

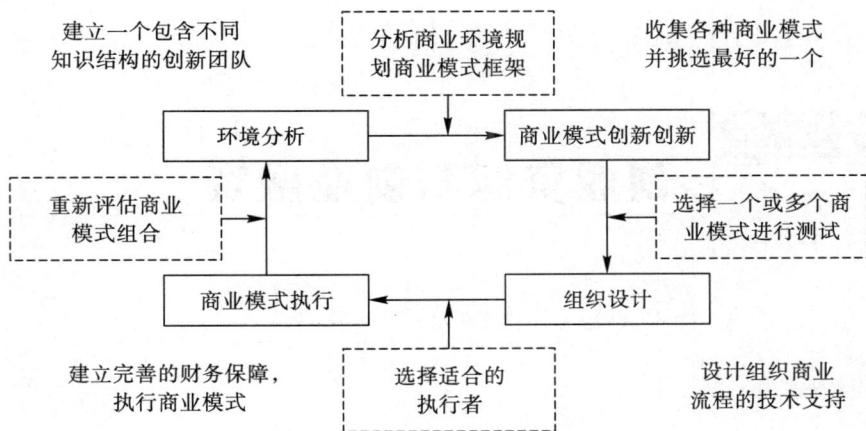

图 11 - 13　商业模式创新循环模式

该来自业务、流程、技术、客户关系、设计、研发、人力资源等部门。通过讨论，团队成员可对商业模式环境（社会、法律、竞争、技术水平等）达成共识，然后规划商业模式的框架。

第二阶段：商业模式创新

在既定的商业模式框架下，设计团队开始设计商业模式的原型。在这个过程中，可以借鉴其他领域的成功模式，或者将某些成功模式移植到自己所在的产业领域，甚至尝试发明或创造全新的商业模式。

第三阶段：组织设计

在确定合适的商业模式组合的基础上，企业应该思考怎样才能将商业模式分解为业务单元和具体流程，即完成组织设计的工作，规划用于支持商业模式执行的基础信息系统，然后选择合适的人来执行。

第四阶段：商业模式执行

在有了外部和内部保证之后，就可以实施商业模式了。实施阶段是最具有挑战性的阶段，也是经常被忽视的阶段。商业模式创新是个不断循环的过程，即使这个商业模式已经取得了成功，在对商业模式进行评估以后，还需要重新对环境展开分析。

第十二章

创业资源与创业融资

学习 目标

学完本章后,你能够解释以下重要问题和关键概念。

重要问题

- 创业资源的获取与整合
- 创业资源的开发与利用
- 创业融资的测算
- 创业融资渠道类型及选择

关键概念

创业资源;创业融资

▶ 第一节　创业资源概述

一、创业资源的内涵和种类

(一)创业资源的含义

德鲁克认为"企业家就是赋予资源以生产财富能力的人"。巴尼认为,创业资源是任意一个主体,在向社会提供产品或服务的过程中,所拥有或所能支配的有助于实现自己目标的各种要素及要素的组合。我国学者林强和林篙将创业资源定义为企业成立及成长过程中所需要的各种生产要素和支撑条件。所以,创业资源可以视为创业过程中,能够帮助企业实现目标的资源的总称。

从广义上讲,创业资源包括能够支持创业者进行创业活动的一切资源,既包括可见的物质资源,如厂房、仪器设备、资金,也包括看不见的无形资源,如创业战略、创业方案、知识产权、技术、创业团队等;既包括创业者实际拥有的资源,也包括创业者间接获取的资源,如社会关系等资源;既包括体现创业者个性特征的个体性资源,也包括组织性、社会性资源。总之,广义的社会资源涵盖创业者创业活动顺利进行的一切支持性有形或无形资源。创业的过程实际上是创业者建立、整合和拓展资源的过程。

狭义的创业资源是促使创业者启动创业活动的关键优质资源,是建立企业盈利模式的业务系统所必须的和重要的资源和能力。只有和企业定位、盈利模式、整个业务系统、现金流结合相契合，并且能互相强化的资源和能力才是企业需要的创业资源。创业者是否具备业务系统所需要的关键能力资源是能否成功创业的关键。创业者对创业资源管理的原则是：必要资源要齐备适量；关键优势资源要富集并不断追求。创业者要根据关键优势资源选择创业项目，创业资源的准备就是对创业项目关键优势资源的整合。

(二)创业资源的分类

从不同的角度可以对创业资源进行分类。威尔逊认为创业资源应该分为企业内部资源和外部资源。外部资源主要来自社会的垂直网络(即家庭、朋友和供应商等)，以及水平网络(即企业的竞争者与伙伴)。希尔特等和霍尔将创业资源分为有形资源和无形资源。纽博特认为创业资源是企业在创业期间能够拥有或者控制的资源，并将其分为人力资源、财务资源、物质资源、技术资源和组织资源。

1. 人力资源

人力资源主要指经过培训，有经验、技术及社会关系的创业者和高素质员工。人力资源不仅包括创业者及创业团队的知识、训练和经验等，也包括团队成员的专业智慧、判断力、视野和愿景，甚至创业者本身的人际关系网络。

2. 财务资源

财务资源主要是指货币资源，包括资金、股票等。企业的创办从资金筹集开始，经营以资金流动为纽带，成果表现为资金的回流。创业初期以不高于市场平均水平的资本成本及时筹集到足额的财务资源，是新创企业成功创办和顺利经营的前提条件。

3. 物质资源

物质资源是创办企业和企业经营所需要的各种有形资源，如建筑物、设施、机器和办公设备、原材料等。任何一家企业从事经营活动都离不开相应的物质资源，物质资源是创业企业的基础性资源，是企业存在的基本支撑。

4. 技术资源

技术资源包括关键技术、制造流程、作业系统、专用生产设备等。对于高科技企业来说，技术资源是其存在的命脉。技术资源大多与物质资源相结合，可以通过法律的手段对其予以保护，部分技术资源会成为企业的无形资产。

5. 组织资源

组织资源一般指企业的正式管理系统，包括企业的组织结构、作业流程、工作规范、信息沟通、决策体系、质量系统，以及正式或非正式的计划活动等，有时候组织资源也可以表现为个人的技能或能力。组织资源是独特性最强的资源之一，也最难被模仿和复制。大多数经营成功的企业都与其开始时建立起的独特组织资源有关。

二、创业资源的管理

(一)创业资源的获取

1. 影响创业资源获取的因素

影响创业资源获取的因素主要有以下几个。

（1）创业导向

创业导向是一种态度或意愿，这种态度或意愿会导致一系列创业行为。创业导向能促进机会的识别和开发，进而促进对资源的获取。因此，创业者要注重创业导向，充分关注创业者特质、组织文化和组织激励等影响创业导向形成的重要因素，采取有效的方式获取资源，并在资源的动态获取、整合和利用过程中，注意区分不同资源，充分发挥知识资源的促进作用。

（2）商业创意的价值

创业的关键在于商业创意。商业创意为资源获取提供了杠杆。能被资源所有者认同的、有价值的商业创意，有助于降低创业者获取资源的难度。

（3）资源配置方式

由于资源的异质性、效用的多维性和知识的分散性，人们对于相同的资源往往具有不同的效用期望。有些期望难以通过市场交换得到满足，因此，如果通过资源配置创新，开发出新的效用，使之更好地满足资源所有者的期望，创业者就有可能从资源所有者手中获得资源使用权，从而开展生产经营活动。

（4）创业者的管理能力

创业资源获取的关键往往取决于软实力，创业者的管理能力是企业软实力的主要表现。管理能力越高，获取资源的可能性越大。创业者的管理能力包括沟通能力、激励能力、行政管理能力、学习能力和协调能力等。

（5）社会网络

社会网络是机构之间及人与人之间比较持久的、稳定的多种关系结合而成的网络关系。在社会网络中处于优势地位的创业者，具有较好的社会关系依托，可以有选择地了解不同对象的效用需求，有针对性地向不同对象传递商业创意的不同方面，有目的地取得不同资源所有者的理解和信任，最终成功地取得所需资源，为自己进行资源配置方式创新提供基础。

（6）先前的工作经验

在特定产业中，先前经验有助于创业者分析创业所需的资源类别，从而更容易识别资源、获得资源。

2. 获取创业资源的途径

获取创业资源的途径一般来说可以分为市场途径和非市场途径。

（1）通过市场途径获取资源

通过市场途径获取资源的方式包括购买、联盟和并购等。①资源购买是指利用财务资源杠杆通过市场购入的方式获取外部资源，主要包括购买厂房、装置、设备等物质资源，购买专利和技术，聘请有经验的员工及通过外部融资获取资金等。②联盟是指通过联合其他组织，对一些难以或无法由自己进行开发的资源实行共同开发。很多创业培训放在孵化园或咖啡厅，实际上就是资源联盟的一种方式。这一方面为培训方节约了场地租用金，另一方面为孵化园或咖啡厅做了宣传。很多培训机构依托高校或研究机构研发培训体系，这也是资源联盟的典型表现。借助外脑和专家合作，既可以节约培训机构的研发经费，又可以使培训体系具有前沿性和系统性，高校或科研机构的人员也可以将自己的研究成果转化成生产力，为社会创造价值。③资源并购是通过股权收购或资产收购，将企业外部资源内部化的一种交易方式。资源并购的前提是并购双方的资源具有比较高的关联度。

(2)通过非市场途径获取资源

通过非市场途径获取资源的方式包括资源吸引和资源积累。①资源吸引指发挥无形资源的杠杆作用，利用新创企业的商业计划和创业团队的声誉来获得或吸引物质资源(厂房、设备)、技术资源(专利、技术)、资金和人力资源(有经验的员工)。②资源积累指利用现有资源在企业内部通过培育形成所需的资源，主要包括自建企业的厂房、装置、设备，在企业内部开发新技术，通过培训来增加员工的技能和知识，通过企业自我积累获取资金等方式。通常来说，人力资源和技术资源的积累非常重要，可以保证企业发展需要的关键人才及核心技术。

3. 获取创业资源的方法

为了及时足额并以较低的成本获得创业所需要的资源，创业者需要掌握一定的创业资源获取技巧。

(1)重视人力资源的获取

创业者一方面应努力增强自身能力的培养，另一方面应重视创业团队的建设。知己知彼、才华各异、能力互补、目标一致、彼此信任的团队是创业资源中最为重要的资源，也是创业成功必不可少的保证。因此，在创业初期创业者需要花大量时间在人力资本的培养和获取上。

(2)以能用和够用为原则

创业者在筹集资源时应坚持能用的原则，只有满足企业需求、可以支配并使其充分发挥作用的资源，才是需要花力气筹集的资源。另外，在筹集创业资源时应该本着够用的原则，既满足企业经营所需又不会因为筹资过多而承担较高的成本。

(3)尽可能筹集多用途资源和杠杆资源

时间资源、人力资源是用途最多也是最具有杠杆性质的资源。创业者要善于进行时间管理，把有限的时间用在刀刃上，要善于通过授权，将精力集中在关键的决策上，这既能有效发挥团队成员的作用，也有利于利用团队成员的能力撬动更多其他资源。

(二)创业资源的整合

1. 创业资源整合分类

(1)市场资源的整合

新创企业在发展的过程中，要依靠企业外部上下游资源，企业外相关企业、相关业务资源的整合，增强自身竞争力。在电子商务时代，这个规律仍然不变。并购的热潮及协同商务、市场间电子商务等现象的出现，让我们看到了企业在整合资源、节约成本、实现利润最大化的过程中所做的探索和尝试。新创企业应该利用这一时机与优势，最大化地利用企业内外部的市场资源，弥补自身的不足，开拓更大、更广泛的市场，降低成本，以增强企业的竞争力。

(2)信息技术资源的整合

信息技术是大小企业之间的平衡器。有效利用信息技术资源，能帮助新创企业充分利用后发优势，尽快缩短与行业内其他企业的差距。信息技术资源的整合包括选择和应用能使企业更强大和更具竞争力的信息技术。信息技术把小企业与大客户、潜在客户和供应商紧密地联系在一起。信息技术可以帮助小企业降低费用，更好地利用固定资产，节省时间并提高员工士气。

（3）人力资源的整合

人力资源整合是新经济时代的新理念，是在人力资源开发理论的基础上提出的新命题。人力资源整合包括测试、评估、调整、配置等一系列手段，是对现存的、已开发的人力资源进行结构性的优化、重组，以释放最大能量。人力资源的整合通常具有群体性，其核心是整体规划、优化配置、有序组织、合理使用。这是一项极具科学性的系统工程，它通过制度和文化的整合、结构和体制的优化、知识和经验的共享来发挥整体合力，达到既定的目标。新创企业进行人力资源整合，应该具有新思路、新做法，从而构成一种全新的工作格局。

（4）财务资源的整合

财务资源的整合是创业资源整合的关键环节，整合财务资源要理顺创业企业内部的经济关系，加强内部财力资源的整合与共享。财务资源整合的目的是既要合理合法地辨识企业中的各项财务资源，又要快速调动企业的财务资源，实现资源整合优势和协同优势。创业者将销售预测和费用预算与关键利润和利润率的控制结合起来，将会构成整个公司强大的控制系统。

2. 创业资源整合的过程

创业资源的整合是一个复杂的过程，是创业企业对不同来源、不同层次、不同结构、不同内容的资源进行选择、汲取、配置、激活和有机融合的过程，可使之具有更强的柔性、条理性、系统性和价值性。创业资源的整合过程可以分为资源扫描、资源控制、资源利用和资源拓展四个步骤。

（1）资源扫描

创业者要知道自己的资源价值及创业企业所拥有的最初资源。创业者需将已有资源识别出来，包括自己拥有的所有有价值的有形资产和无形资产，如人才、技术、设备、品牌等，并找到资源的优势和不足，同时认清哪些属于战略性资源，哪些属于一般性资源，还要确定资源的数量、质量、使用时间及使用顺序。

在扫描自身已有资源的同时，也要对外部环境进行扫描，并及时发现创业企业所需的资源，确定所缺的创业资源可以从哪些渠道获得，以及谁拥有这些重要资源，并对各种资源渠道的获得难易程度进行排序，进而寻找利益交集，对资源所有者的利益需求进行深度分析，并与自己所拥有的资源进行比较，找到利益契合点。这通常需要创业者有行业知识和一定的社会关系网络。

（2）资源控制

资源控制的范围包括创业者自身拥有的资源、通过交易等形式获得的资源，以及通过社会网络等形式可以控制的资源。在许多情况下，创业者自身拥有的资源（教育、经验、声誉、行业知识、资金和社会网络等）存在于创业团队中。在特定的行业，创业团队中成员的社会网络资源和技术对于企业的成功至关重要。在获取资源的过程中，需要判断这种资源是否是实现企业目标的关键资源。

（3）资源利用

在获取和控制大量资源的基础上，创业企业开始对这些资源进行配置和利用。企业资源在未整合之前大多是零碎的、低效的。要发挥这些资源的最大使用价值、产生最佳效益，就必须运用科学方法对各种类型的资源进行细化、配置和激活，将有价值的资源有机地融合起来，使它们相互匹配、互为补充、互相增强。在配置资源之后，新的资源或者说竞争优势就会形成，企业必须利用这种优势来赢得市场。资源整合并转化为企业内部的独特优势之后，创业者需要协调各种资源之间的关系，匹配有用的资源，剥离无用的资源。通过协调，可使资源的联系更加紧密，更加具有匹配性，形成 $1+1>2$ 的局面，并为下一步拓展奠定基础。

4. 资源拓展

资源拓展即给以前没有建立起联系的资源建立联系，将新获取的资源与已有的资源进行融合，进一步开发潜在的资源为企业所用，这也是企业维持竞争优势的根本。开拓创新能为创业企业带来新的能力，从而使其能够更充分地发现和掌握创业机会。

(三)创业资源的开发与利用

1. 创业资源的开发

创业资源开发是指创业者开拓、发现、利用新的资源或其新的用途的活动。开发创业资源需要一个比较完善的机制，应重点开发对企业发展较为重要的人力资源、技术资源、客户资源和信息资源。

（1）人力资源的开发

创业者可以通过充实自我、拓展人脉等方式开发人力资源。①充实自我。创业者及其团队成员是创业企业最重要的资源，也是人力资源开发的核心内容。创业者及其团队成员可以提高学习能力、沟通能力、领导能力和管理能力，不断提升自我，满足企业的发展需求。②拓展人脉资源。应注意人脉资源结构的科学合理，关注性别结构、年龄结构、行业结构、学历与知识素养结构等；要平衡物质和精神方面的需要，并重视心智方面的需要；同时注意人脉的深度、广度和关联度。创业者可以利用他人介绍等方式拓展人脉资源，关注人脉资源的成长性和延伸空间。人脉资源的拓展路径主要有熟人介绍、参与社团、利用网络等。建立和维持人脉资源需要坚持互惠互利、诚实守信、善于分享和"2/8原则"。互惠互利原则指要努力做到利人利己的双赢人际关系模式；同时，应做到诚实、爽直、表里如一，将信用作为处理人际关系的必守信条；多与他人分享，分享越多，得到的就会越多；在开发人脉资源时，还要重点对影响或可能影响前途和命运的20％的人花费80％的时间、精力和资源；对于新结交的人脉资源一定要学会维持和经营，将其长期保持下去，使友谊之路保持畅通。

（2）技术资源开发

技术资源开发的方式：一是企业通过提高科研能力，自行进行技术创新；二是企业通过整合社会的技术资源，提高技术能力。①通过自主研发的方式获得创业所需资源，可能是大部分科技型创业企业采用最多的方式。在校大学生可以自主钻研，发明创造，或参与教师或学校的课题，申请专利技术，将其转变成生产力。在高技术领域，技术持有者自己创业的案例最为多见。例如，美国的戴尔电脑公司、中国的联想集团、方正集团等，都是技术持有者自己创业的典型案例。如果创业者并不掌握创业所需的专门技术，就需要吸引技术持有者加入自己的创业团队。②挖掘失效专利技术的内在商业价值或者通过外购、合作研究的方式，也可进行技术资源的开发。

（3）客户资源开发

创业企业只有成功地将产品和服务销售出去，找到自己的客户，才能够在资本市场上将投入的资源收回，并且产生更大效益。因此，客户资源开发对于创业企业而言至关重要。

首先，要主动开发新客户。争取到新客户，需要创业者或者拥有资源，或者投入更大的精力和时间成本进行"攻关"。为争取到重要客户，创业者往往需要亲自联系，用诚意获取客户信任，甚至不计成本。创业者和新创企业可以通过特殊待遇或优惠、模仿、设计、广泛搜寻、循序渐进等策略开发新客户。①创业者可向早期顾客提供免费的辅助服务、培训等，或者向那些其他企业不愿提供服务的客户提供服务，雇佣其他企业不愿意雇佣的人。用这种方式，可以筹集创业初期所需要的资源。②通过模仿成熟企业的外在形式，可使客户对新创建企业的稳定性产生信任。③通过精心设计的沟通方式，可向不同资源的拥有者展示创业者或新创企业的形象。④创业者可充分调动各方面的关系进行宣传，想方设法接触尽可能多的客户，直到找到最佳人选。⑤开始时，让资源供给者先进行小的投入，在感情上建立联系，然后争取其进一步的投入。⑥要有意识地记录潜在客户的特征，分析其需求，在适当的时候向其介绍企业的产品或服务。

其次，要精心维系老客户。企业可以通过增加客户的忠诚度、加大客户的转移成本、进行用户锁定等方式留住老客户。这就需要企业的产品或服务有一定的独特性，从而让客户产生黏性。

4. 信息资源开发

一般来说，企业信息资源的开发和利用可以通过信息分析、信息综合和信息预测三个步骤实现。提高对信息资源开发利用的效率，同样需要企业采取一定的措施。

首先，确立信息资源开发利用的目标。信息资源开发利用的目标必须与企业的战略发展目标一致。一般来说，信息资源开发利用的目的是综合利用信息资源辅助企业的高层决策，为企业管理和决策提供有效的企业内外部信息，做到快速、准确的市场应对与决策，取得整体综合效益，使企业在竞争中立于不败之地。

其次，加大对信息人才的培养和有效利用。企业信息资源开发利用成功的关键在于对信息人才和人才资源的开发。企业信息化需要善于交流、善于开发利用信息资源的优秀管理人员和技术人员。因此，企业必须投入一定的资金，通过加强人才培训、技术交流，与科研机构、高等院校等进行厂校联合、"结对子"等手段来发现、培养一批富有开拓创新意识、掌握新技术并且具有很强实践能力的高层次技术骨干；还可设立奖励基金，对信息人才的主动性和创造精神予以激励，提高全体职工的信息知识水平，提高员工的综合素质，提高开发利用信息资源的有效性。

再次，开发过程中确立自己的竞争优势。谁掌握的信息资源全面、准确、及时，谁就能在市场竞争中赢得主动，获得成功。企业为在竞争中确立优势，必须重新审视与价值链上其他相关企业的联系，掌握充分的相关信息以作出正确的分析和决策。企业可以从市场信息资源开发机构获取信息，并对企业自身信息系统不断进行改进、发展和完善，同时还要进行必要的组织机构调整，做好人员安排、计划组织、资金保证等，并突出为企业生产经营服务的理念，突出信息的层次性。

　　此外，要加大网络信息资源的开发。网络信息资源比常规的信息资源具有更加丰富、更加便利的优势。网络信息资源数量庞大、内容丰富、关联度强。不同时间（过去、现在、将来）、不同空间（企业内外、国内外）的不同信息均可在网上有效传播。企业要想获取大量的外界信息，实现信息资源共享，就要充分利用基于网络的信息服务平台，加快企业信息资源的整合，大力发展企业信息网络建设。同时，要加大网络信息资源的开发深度与广度，在对其进行整合时，要将非正式的信息交流、半正式的信息交流与正式信息交流汇集到一起，为查询提供便利。

　　2. 创业资源的利用

　　（1）创新创造用好自有资源

　　创业是一个突破资源限制、寻求机会、创造价值的过程，创业者可以采用步步为营的方式，精打细算创造性地用好每一笔资源。步步为营是指在缺乏资源的情况下，创业者分多个阶段投入资源，并在每个阶段或决策点投入最少的资源。步步为营活动包括：创业者在资源受限的情况下寻找实现理想目标的途径；最低限度降低对外部融资的需要；最大限度发挥企业内部资金的作用；实现现金流的最佳使用等。创业者还可以通过入驻创业园、外包或利用临时工或实习生的方式降低资源消耗。

　　（2）多方努力活用杠杆资源

　　由于创业者在创业时拥有的资源有限，创业者在创业过程中应尽可能利用资源的杠杆效应，形成杠杆优势。资源的杠杆效应体现在以下方面：比别人更长时间地运用资源；更充分地利用别人没有意识到的资源；利用他人或者其他企业的资源来达成自己的创业目的；用某种资源补足另一种资源，以产生更高的复合价值；利用一种资源获得其他资源等。如上所述，时间资源、人力资源是最具有杠杆性质的资源。创业者可以通过不断提高自己的平台以吸引强有力的合作者，也可以通过引进风险投资，获得其提供的经营上的帮助等。

　　（3）采用拼凑方式利用手边资源

　　创造性拼凑是指在资源束缚的情况下，创业者为了解决新问题，实现新机会，整合手边现有资源，创造出独特的服务和价值。拼凑的主要方式有：购买二手设备替代昂贵的先进设备；创业者身兼数职。通过利用手头资源，突破习惯性的思维方式，依靠自己的经验和技巧，创造性整合资源，帮助自己实现目标。创业者在进行资源拼凑时，应注意采用选择性拼凑的策略，有所为有所不为，不能进行全面拼凑。滴滴在创业之初就采用创造性拼凑的方式，先委托第三方开发出打车软件，然后在招聘到技术总监之后不断优化提高产品质量。

▶ 第二节　创业融资

一、创业融资概述

（一）创业融资的重要性

对创业者而言，能否获得资金直接决定了企业能否续存。如何在最短的时间里获得所需资本，抓住市场机会，迅速地将好的创意转化为产品和服务，是绝大多数创业者面临的难题。融资不仅能带来财务支持，也是新创企业走向成熟的重要推动力量。通过融资，市场上更多的利益相关者紧密地与企业联系起来，企业将承担更多的责任，利益相关者也带来了更加丰富的资源和经营管理经验，能提高整个企业的经营效率。绝大多数企业通过融资，优化内部组织结构，建立更加完善的管理体制，使企业获得更加丰富的资本运作手段。成功的创业融资不仅要求企业本身有过硬的实力，有好的发展前景，更要求创业者有足够的个人魅力、领导能力，能带领企业走向成功。

企业融资是一个企业筹集资金的行为和过程。融资一般是企业根据自身的生产、现有资金和未来发展状况，采用一定的方式和渠道向公司的投资者和债权人筹集资金以保证公司正常生产需要的行为。融资对新企业来说尤其重要。有调查显示，大学生创业的主要困境是资金不足，一半以上的民营企业认为融资难是企业发展的制约因素。大多数企业都遭遇过资金瓶颈，尤其是中小企业。总之，资金对企业的生存和发展都至关重要。

创业融资难的具体表现主要有三个方面。一是创业企业缺少可以抵押的资产。新创企业，由于规模较小，在寻求银行贷款时可用于抵押的资产少，使其难以获得银行等其他机构的资金支持。二是创业企业经营情况尚未体现。对于成熟企业而言，辉煌的业绩可以作为筹集资金的依据，而新创企业没有过往的业绩作为支撑，未来经营的情况具有很大的不确定性，这就增加了融资难度。三是创业企业规模相对较小，无论是对创业企业还是对成熟企业，银行办理一次业务的成本相差不大，因此，银行更愿意给大企业而不是创业企业贷款。

(二)创业资金的测算

确定资本的需求量是创业者在融资前必须明确的关键问题，具体的步骤如下。

1. 估算启动资金

启动资金主要用于购买企业运营所需的资产及支付日常开销，是创业必备的初始资金。对启动资金进行估算时，创业者需要充分了解市场行情，既要保证启动资金足够企业运营，也要在满足经营基本要求的基础上减少资金的花费。

2. 测算营收成本、营业成本和利润

对营业收入的测算是制定财务计划的第一步。一般新创企业最初几年的市场成本相当大，营业收入和成本可能不成比例。因此对第一年的全部经营费用最好按月估计，不遗漏每一笔支出。在估计第二年、第三年的营业成本时，应首先关注那些长期稳定的支出。如果对第二年、第三年的销售量的预估比较准确，则可以根据预估销售量计算折旧、库存、租金、保险费、利息等。

在完成上述项目的预估后，就可以按月估算税前利润、税后利润、净利润等，之后进入预估财务报表阶段。

3. 预估财务报表

新创企业一般可以采用营业百分比法预估财务报表。预估财务报表包括预计资产负债表和预计利润表。通过预计资产负债表，可以预测资产、负债及留用利润有关项目的数额，进而预估企业需要的外部融资数额。通过预计利润表，可预测留用利润等内部筹资的数额，同时还可以为预算外部筹资额提供依据。

4. 预计现金流量表

现金流量表是新创企业面临的主要问题之一。逐月估计现金流对新创企业来说非常重要。

蒂蒙斯认为确定风险型企业外部融资需求的核心概念是自由现金流。它有三个重要参数：预计或实际的现金消耗率、OOC 时间（企业将何时用完现金）、TTC 时间（结束融资并结清票据所需的时间）。这些参数很重要，因为它们对创业者的选择及各种股权、债务资金决策有着重要影响。如果企业现金不到 90 天就用完，那企业的处境将十分不利。即使企业现金在 6 个月后才会用完，企业的处境也不是很理想。经济学家把以下结果产生的现金流称为自由现金流：

自由现金流＝息税前利润（EBIT）－上缴的税收＋折旧、摊销和其他非现金收费－增加的营业营运资本－资本开支

该定义考虑到了投资收益、收入和投资成本，以及达到一定水平的销量和净利润所需的运营资本和工厂设备的投资量。

5. 结合企业发展规划预测融资需求量

创业者应当具备一定的财务知识，了解相关的财务指标，大致掌握预估融资需求量的方法。确定融资需求量不是一个简单的财务测算问题。在基本的财务数据的基础上，创业者应当综合考虑企业所处的经营环境、市场状况、内部资源条件及创业计划等因素。

二、创业融资渠道的类型及选择

（一）创业融资渠道的类型

任何创业都需要最基本的启动资金。个人资金有限，如何筹措到所需资金已经成为个人创业首先面临的问题。创业者能否快速、高效地筹集到资金是创业成功的重要因素。创业融资的主要融资渠道包括以下几个。

1. 私人资本融资

个人资金是创业资金的第一个来源。个人资金具有成本低，可用时间长等优势，通常是创业的大部分启动资金。创业者投入尽可能多的自有资金，这样可以使创业者在新创企业中持有较多的股份，在创业成功后获得相应回报。其他资金提供者也会考虑个人资金的投入情况，它能体现创业者对新创企业是否有信心。

亲戚朋友借款或投资是创业融资的重要来源，其优点是筹措资金速度快、风险小、成本低、方便、快捷、灵活，缺点是给亲友带来了资金风险，甚至是资金损失，如果创业失败，可能会影响双方感情。

天使投资是自由投资者或非正式机构对有创意的创业项目或小型初创企业进行的一次性前期投资，是一种非组织化的创业投资形式。天使投资的特征表现在：直接向企业进行权益投资；不仅提供现金，还提供专业知识和社会资源等支持；投资程序简单，短期内资金可以到位。典型的天使投资者曾经也是创业者，他们较少受经济利益驱动，所要求的回报往往少于风险投资家的要求。

合伙人融资不但可以有效筹集资金，还可以充分发挥合伙人的作用，有利于各种资源的整合利用，能尽快形成生产能力，降低创业风险。缺点是合伙人多了就很容易

产生意见分歧，降低办事效率，也有可能因为权利与义务的不对等而产生合伙人之间的矛盾，不利于合伙基础的稳定。合伙投资要注意以下几个问题。一是要明晰投资份额，个人在明确投资合伙经营时，应确定好每个人的投资份额。二是要加强信息沟通，合作往往基于感情和信任，但仅仅依靠感情和信任容易产生误解和分歧，不利于合伙基础的稳定。三是要事先确定章程。寻找合伙人投资要遵循"共同投资、共同经营、共担风险、共享利润"的原则。

2. 机构融资

风险投资是由职业金融家投入到新兴的、迅速发展的、具有巨大竞争潜力的企业中的一种权益资本。风险投资人分为风险资本家、风险投资公司、产业附属投资公司三类。风险投资一般对高科技、高成长潜力的企业投资，以获得潜在的高收益，投资期限较长。对早期发展阶段的中小企业进行的风险投资，可以满足其技术创新、产品研发、组织营销等各环节不同发展阶段对资金的需求。

银行或金融机构贷款是我国企业最常见的一种融资方式。银行或金融机构贷款是指银行或其他金融机构根据国家政策，以一定的利率将资金贷放给资金需要者，并约定期限归还的一种经济行为。银行或金融机构贷款有抵押贷款、信用贷款、担保贷款、贴现贷款等。银行或金融机构贷款融资的优点是方便灵活，类型较多，风险较小，不涉及企业资产所有权的转移等；缺点是申请手续比较麻烦，筹集资金的数量有限，利率较高。一旦银行因企业无力偿还而停止贷款，则可能使企业陷入困境，甚至导致企业破产。

互助机构贷款是指中小企业在向银行融资的过程中，根据合同约定，由依法设立的担保机构以保证的方式为债务人提供担保，在债务人不能依约履行债务时，由担保机构承担合同约定的偿还责任，从而保障银行债券使用的一种金融支持制度。我国已经形成了以中小企业信用担保为主体的担保业和多层次中小企业信用担保体系。经过多年的探索、规范，以及国家税收优惠政策的推动，各类担保机构资金稳步增加。

3. 政策性融资

政策性融资指根据国家政策，以政府信用为担保，政策性银行或其他银行对项目提供的金融支持。政策性融资利率低甚至无息，针对性强，发挥金融作用强。政策性融资适用于具有行业或产业优势，技术含量高，有自主知识产权或符合国家产业政策的项目，通常要求企业运行良好，且达到一定的规模，企业基础管理完善等。政策性融资成本低、风险小，缺点是适用面窄、金额小、环节众多、手续繁杂，有一定的限制。

政策性融资的融资渠道分为各政策性银行，如中国进出口银行和中国农业发展银行；各级政府投资或控股的政策性担保机构；政府有关部门投资控股的风险投资公司，该类机构主要支持当地科技含量高、成长性高的中小企业；中央和地方各级财政部门。融资方式可分为政策性贷款、政策性担保、财政贴息、专项扶持基金、政策性投资。

(二)选择创业融资渠道

创业融资的渠道有很多，但选择哪种融资渠道，应结合投资的性质、企业的资金需求、融资的成本和财务风险及投资回收期、投资收益率、举债能力等因素综合来考虑。创业者只要多动脑筋，根据不同的现实情况，设计形式各异的融资方法，就能给企业带来丰厚的利润。

创业企业的成长通常可以分为四个阶段，分别为种子期、初创期、成长期和成熟期。创业企业在不同的发展阶段具有不同的资本需求特征，创业者应该充分考虑不同融资渠道的特点，在不同阶段采用不同的融资渠道。

1. 种子期融资渠道选择原则

种子期(成立阶段)是指技术开发和试制阶段，或是商业创意的酝酿与筹备阶段。此阶段的资本需求量较少，但这时的企业却面临着技术风险、市场风险、管理风险等重要风险，此时，创业者可以采用的融资渠道主要包括自有资本筹措、亲戚借贷和政府提供的创业基金及天使资金。

2. 初创期融资渠道选择原则

初创期一般指产品开发成功到产品适销的阶段。这一阶段技术风险相对较少，但需购入生产设备、雇用人员、形成生产力和开拓市场，对资金的需求往往较大。而且企业的失败率很高，投资风险也很大，直接从银行贷款的可能性很小，创业者只能在前期融资的基础上，通过股权性质的风险资本或是用短期租赁的方式来解决这一阶段的资本需求问题。

3. 成长期融资渠道选择原则

成长期是技术发展和生产的扩大阶段。企业开始营业，随着市场占有率的提高，企业具有了一定的生产规模，技术和管理也较为成熟，建立了较稳定的市场声誉。此时，企业通常可以通过银行贷款、融资租赁等融资渠道来补充流动资本，并完善资本结构。

4. 成熟期融资渠道选择原则

此时，企业在产品营销、服务及内部管理结构等方面都已经成熟，资本需求量稳定。由于企业的市场信誉开始建立，银行贷款融资是比较有利的一种融资渠道。当然，在企业发展到一定程度，具备条件后，还可以通过发行债券或股票进行融资。

第十三章

创立新项目或创办新企业

学习目标

学完本章后,你能够解释以下重要问题和关键概念。

重要问题

- 创业计划书的撰写
- 企业登记注册的流程
- 新企业的生存管理
- 大学生创新创业重要赛事

关键概念

创业计划书;定价策略

思考与讨论

1. 如何撰写一份创业计划书?
2. 新企业的注册和经营需要考虑哪些法律问题?

▶ 第一节　创业计划的撰写

一、创业计划书概述

(一)创业计划书的内涵及功能

1. 创业计划书的内涵

创业计划,又称商业计划,是创业者根据国际惯例通用的标准文本格式,向某项创业的潜在投资者、风险投资公司、合作伙伴等全面介绍公司和项目运作情况的书面材料。

创业计划书是公司、企业或项目单位为了达到招商融资和其他发展目标,在经过前期科学地调研、分析、收集与整理有关资料的基础上,根据一定的格式和内容的具体要求而编辑整理的一份向投资者全面展示公司和项目目前状况、未来发展潜力的书面材料。商业计划书以书面形式全面描述企业所从事的业务。它详尽地介绍了一个公司的产品服务、生产工艺、市场和客户、营销策略、人力资源、组织架构、对基础设施和供给的需求、融资需求，以及资源和资金的利用情况。

编写创业计划书的直接目的是协调风险投资家、技术专家、投资者的关系。其主要阅读对象不外乎以下两类。一是创业者及其团队。对创业者及其团队来说，撰写一份具有明确愿景的创业计划书十分重要。一份有价值的计划书能让团队仔细考虑新创企业的目标、架构等方方面面的问题，并与企业愿景达成一致，增强团队的凝聚力。二是投资者或其他外部资源相关者。投资者、潜在商业伙伴、潜在客户等都是新创企业的外部利益相关者。利益相关者的加盟是新企业发展的必要条件。但他们的加盟是有条件或有共同利益驱使的。所以，在计划书中，最吸引他们的是建立在事实基础上的可行性分析结论，以及具有很强市场竞争力的独特技术及商业模式的描述。

2. 创业计划书的作用

标准的创业计划书至少具有以下三个方面的作用。

(1) 帮助创业团队进行自我评价，理清思路

在创业融资之前，创业计划书首先应该是给创业者自己看的。办企业是有风险的，创业者应该以认真的态度对自己所有的资源、已知的市场情况和初步的竞争策略进行详尽的分析，并提出一个初步的行动计划，然后通过编写创业计划书，做到心中有数。另外，创业计划书还是创业资金准备和风险分析的必要手段。通过制定创业计划书，创业者就能对某一项目有更加清晰的认识。

(2) 帮助创业者凝聚人心，有效管理

一份好的创业计划书可以增强创业者的自信，使创业者对经营更有把握，因为创业计划书展示了企业现状和未来发展方向，也为企业提供了良好的效益评价体系和管理监控指标。创业计划书使得创业者在创业实践中有章可循。创业计划书通过描绘新创企业的发展前景和成长潜力，使管理层和员工对企业及个人的未来充满信心，并明确要从事什么项目和活动，从而使大家了解将要充当什么角色，完成什么工作及自己是否胜任这些工作。因此创业计划书对创业者吸引所需要的人力资源，凝聚人心具有重要作用。

(3) 帮助创业者对外宣传，获得融资

创业计划书作为一份全方位的项目计划，会对即将展开的创业项目进行可行性分析，向风险投资商、银行、客户和供应商等宣传拟建的企业及其经营方式，包括企业的产品、营销、市场及人员、制度、管理等，在一定程度上也是拟建企业对外宣传的工具。一份好的创业计划书不但可以增强创业者的信心，也能增强风险投资家、合作伙伴、员工、供应商、分销商对创业者的信心。

(二) 创业计划书的内容

1. 计划摘要

计划摘要列在创业计划书的最前面，它是创业计划书的精华。计划摘要涵盖了计划的要点，能让读者在最短的时间内进行评审并作出判断。

计划摘要般要包括以下内容：公司介绍、主要产品和业务范围、市场分析、营销策略、销售计划、生产管理计划、管理者及其组织、财务计划、资金需求状况等。

在介绍企业时，首先，要说明创办新企业的思路、新思想的形成过程及企业的目标和发展战略。其次，要交代企业现状、背景和经营范围。在这个部分，要对企业以往的情况作客观的评述，不要回避失误。中肯的分析往往更能赢得信任。最后，还要介绍一下创业者自己的背景、经历、经验和特长等。企业家的素质对企业的成绩往往起关键性的作用。所以，企业家应尽量突出自己的优点和强烈的进取精神，给投资者留下一个好印象。

企业计划书还必须要回答下列问题：企业所处的行业，企业经营的性质和范围，企业主要产品的内容，企业的市场在哪里，谁是企业的顾客、他们有哪些需求，企业的合伙人、投资人是谁，企业的竞争对手是谁，竞争对手对企业的发展有何影响。

摘要要尽量简明生动，仅需1~2页纸。要特别说明企业的不同之处及企业获取成功的市场因素。

2. 产品（服务）介绍

在进行投资项目评估时，投资人最关心的问题是企业的产品、技术或服务能在多大程度上解决现实生活中的问题。因此产品介绍是创业计划中必不可少的一项内容。通常，产品介绍应包括以下内容：产品的概念、性能及特性；主要产品介绍；产品的市场竞争力；产品的研究和开发过程；发展新产品的计划和成本分析；产品的市场前景预测；产品的品牌和专利。在产品（服务）介绍部分，企业家要对产品（服务）进行详细的说明，说明要准确，也要通俗易懂。一般，产品介绍都要附上产品原型、照片等。

产品介绍需要回答以下问题。

顾客希望企业的产品能解决什么问题，顾客能从企业的产品中获得什么好处？

企业的产品与竞争对手的产品相比有哪些优缺点，顾客为什么会选择本企业的产品？

企业为自己的产品采取了何种保护措施，企业拥有哪些专利、许可证或与已申请专利的厂家达成了哪些协议？

为什么企业的产品定价可以使企业产生足够的利润，为什么用户会大批量地购买企业的产品？

企业采用何种方式改进产品的质量、性能？企业对发展新产品有哪些计划？

3. 市场机会和营销策略

这部分内容是要告诉投资者为什么这个项目有市场，有投资价值。首先，简述该产品或服务所面对的市场及竞争者的情况。接着把市场细分，并给出一个最适合自己的市场定位。在这一过程中，市场调查发挥着至关重要的作用。通过市场调查，可以充分了解主要竞争对手，深入了解目标市场消费者，有助于企业在下一步宣传活动中，将其独特的竞争优势准确地传达给潜在客户，并在客户心中留下深刻印象。

市场策略的书写主要以4P理论为框架，简单介绍公司的产品、定价、渠道和促销手段。4P组合策略，即产品（product）、价格（price）、渠道（place）和促销（promotion）。市场营销策略需依据以上4点，进行层层分析，根据目标消费者的特点，为其量身定做一系列营销策略。

4. 生产运营

创业计划书中的生产运营计划应包括以下内容：产品制造和技术设备现状、新产品投产计划、技术提升和设备更新的要求、质量控制和质量改进计划。

在寻求资金的过程中，为了增大企业的评估价值，创业者应尽量使生产制造计划更加详细、可靠。一般来讲，生产运营计划应回答以下问题：企业生产运营所需的厂房、设备情况如何；怎样保证新产品在进入规模生产时的稳定性和可靠性；设备的引进和安装情况；谁是供应商；生产线的设计与产品组装；供货者的前置期和资源的需求量；生产周期标准的制订及生产作业细则的编制；物料需求计划及其保证措施；质量控制方法及其他相关问题。

5.人员及组织结构

企业管理的好坏直接决定了企业经营风险的大小。高素质的管理人员和良好的组织结构是管理好企业的重要保证，因此风险投资家特别注重对管理队伍的评估。

在创业计划书中，必须对主要管理人员加以介绍，说明他们具有的能力，他们在企业中的职务和责任，他们过去的经历及背景。此外，还应对公司结构作简要介绍，包括公司的组织机构，各部门的功能与责任，各部门的负责人及主要成员，公司的报酬体系，公司的股东名单、认股权、比例和特权，公司的董事会成员及各位董事的背景资料。

6.风险管理

介绍企业可能遇到的风险类型(如环境、市场、管理、财务、技术和生产等)并进行风险分析；说明防范风险的总体思路和措施。在风险评估方面，一般采用风险因素分析图法，根据部门、过程、关键性业绩指标和主要风险类别来编制短期、中期、长期风险图。风险管理当中包括了对风险的量度、评估和应变策略。

7.财务分析

列出投资者最关心的一些财务数据来证明这个项目的可行性，包括初期资金、股本结构(创业团队和风险投资各占多少比例)、未来预计的销售量、销售收入、净利润、销售毛利和权益资本报酬率等。为表明投资结果，还应说明项目的动态回收期、财务净现值和修正的内部收益率等。

8.三年发展规划

制订企业的中长期计划、明确企业的功能定位、规划公司发展前景，对于企业的发展非常重要。创业者要建立和完善公司的规章制度，做好公司发展的整体规划。

二、创业计划书的撰写

(一)创业计划书的撰写步骤

1.准备阶段

创业计划书涉及的内容较多，撰写前必须进行周密安排，主要准备工作如下。

(1)确定创业计划书的目的与宗旨；

(2)组成创业计划书撰写小组；

(3)制定创业计划书的撰写计划；

(4)确定创业计划书的种类与总体框架；

(5)确定创业计划书撰写的日常安排与人员分工。

2. 资料收集阶段

以创业计划书总框架为指导，针对创业目的与宗旨，搜寻内部资料与外部资料，包括创业企业所在行业的发展趋势、产品市场信息、竞争对手信息、同类企业组织机构状况、同类企业财务报表等。

3. 形成阶段

创业计划书的形成需要完成以下任务：拟定创业计划纲要、草拟初步创业计划、修改完善、创业计划定稿。

(二)创业计划书的撰写原则

撰写创业计划必须坚持一些基本原则，主要包括以下几个。

1. 目的明确

创业计划书有多种用途，用途不同，读者就不同，内容和写法也就有所区别。创业者应该根据不同的目的，撰写不同风格的创业计划书，根据需要来确定哪些内容该详，哪些内容该略，哪些部分该突出，哪些部分不突出等。事实上，创业计划书不存在通用的"模板"，任何"模板"都仅仅是参考，创业者不能为"模板"所限，而要根据实际情况灵活变通。

2. 要素齐全

创业计划书中和创业有关的一些关键要素一定要齐全。如果要素不全，会给读者一种不完整的印象，使读者认为创业者准备不足、没有诚意、经验不够或不够积极。

3. 内容"新"而"实"

"新"就是要有创新性、独特性。创新是创业的本质要求。创业计划书一定要把自己新颖的、独特的地方作为重点写出来，让读者能清晰地看到企业的与众不同之处。如果读者阅读了你的创业计划书后感觉同其他人的并无什么不同，他们就会对你的企业失去兴趣和信心。

"实"就是要有实践性、可操作性。创业是一件真刀真枪的事。创业计划书一定要把项目的可操作性解释到位，要让读者强烈地感觉到这个项目非常成熟，马上就可以付诸实施，不要给人留下一种"想当然"和"空中楼阁"的感觉。

4. 语言清晰

创业计划书的目的是为了让读者全面、清晰地了解创业者的想法。所以，创业计划书的撰写一定要用词准确、逻辑清晰，力求用直观朴素的语言将创业者的想法和相关信息准确地传递出去。创业计划书不是文学创作，切忌使用文学性的语言和各种修辞手法。也就是说，创业计划书的内容应该求"实"而不求"美"。

5. 形式讲究

创业计划书虽然在内容上讲究"实"而不讲究"美"，但在形式上却要讲究"美"。形式美观指格式正确、标点符号正确、标题突出、页面排版美观大方、装帧漂亮等。整洁美观的创业计划书既方便阅读，也会给读者以愉悦的感受，让读者感到创业者是一个有职业态度和有品位的人，从而使创业计划书发挥更好的效用。

▶ 第二节　新企业的法律形式与创建条件

一、选择合适的企业法律组织形式

所有创业者都要按照国家法律规定开办和经营企业并承担相关的法律责任。创业者在开办新企业之前，应该了解和熟悉新企业设立的法律流程。

新企业创立之前，创业者应该首先确定拟创办企业的法律组织形式。新创企业可采用不同的组织形式，如创业者个人独立创办的个人独资企业，由创业者团队创办的合伙企业、以法人为主体的有限责任公司或股份有限公司等。对创业者而言，各种组织形式没有绝对的好坏之分，各有利弊，选择合适，便可趋利避害，选择不恰当，就会为将来公司的运作带来巨大的隐患。

(一)个体工商户

个体工商户是我国特有的一种公民参与生产经营活动的形式，也是个体经济的一种法律形式。个体工商户是指在法律允许的范围内，经工商行政管理机关核准登记，从事工商业经营的个体劳动者。

个体工商户业主可以是自然人或一个家庭，人数上没有过多限制，注册资本也无数量限制，开办手续比较简单。业主只需要有相应的经营资金和经营场所，到工商部办理登记手续即可。个体工商户还可以根据自己的需要起字号。在经营上，个体工商户的全部资产属于自己所有，其决策程序比较简单，不受他人制约。利润分配上，个体工商户的全部利润归自己或家庭，但同时对外要承担无限责任，风险也比较大。

(二)个人独资企业

个人独资企业是很古老也很常见的企业法律组织形式。个人独资企业又称个人业主制企业，是指依法设立，由一个自然人投资并承担无限连带责任，财产为投资者个人所有的经营实体。当个人独资企业财产不足以清偿债务时，选择这种企业形式的创业者须依法以其个人其他财产予以清偿。

个人独资企业在业主数量与注册资金上与个体工商户相似，但设立手续比个体工商户复杂，需要有合法的企业名称、有投资人申报的出资、有固定的生产经营场所和必要的生产经营条件及必要的从业人员。个人独资企业在经营决策与利润分配上与个体工商户相似，其决策程序简单，利润归出资人，同时负无限责任。

(三)合伙企业

如果两个或两个以上的人共同创业。那么可以选择合伙制作为新企业的法律组织形式。根据《中华人民共和国合伙企业法》，合伙企业是指依法在中国境内设立的由各合伙人订立合伙协议，共同出资、合伙经营、共享收益、共担风险，并对合伙企业债务承担无限连带责任的营利性组织。

合伙企业包括普通合伙企业和有限合伙企业两种形式。两者最大的区别在于有限合伙企业有两种不同的所有者：普通合伙人和有限合伙人。其中，普通合伙人对合伙企业的债务和义务负责，而有限合伙人仅以投资额为限承担有限责任，且一般不享有对组织的控制权。另外，普通合伙企业合伙人可以用货币、实物、知识产权、土地使用权或者其他财产权利出资，也可以用劳务出资，但有限合伙企业的有限合伙人不得以劳务出资。以下主要介绍普通合伙企业。

除要有合伙企业的名称、经营场所及从事合伙经营的必要条件之外，设立普通合伙企业还应当具备以下条件。

第一，合伙企业必须有两个以上合伙人，合伙人应当具备完全民事行为能力，且能够依法承担无限责任。

第二，合伙人应当遵循自愿、平等、公平、诚实信用原则订立合伙协议，合伙协议应注明合伙企业的名称、地点、经费范围、合伙人出资额和权责情况等基本内容。

第三，合伙人应当按照合伙协议拟定的出资方式，数额和缴付期限，履行出资义务。合伙人出资可以用货币、实物、土地使用权、知识产权或者其他财产权利。上述出资应当是合伙人的合法财产及财产权利。合伙人以劳务出资的，其评估办法由全体合伙人协商确定。

(四)有限责任公司和股份有限公司

公司是现代社会中最主要的企业形式。它是以营利为目的，由股东出资形成，拥有独立的财产，享有法人财产权，独立从事生产经营活动，依法享有民事权利，承担民事责任，并以其全部财产对公司的债务承担责任的企业法人。所有权与经营权分离，是公司制的重要产权基础。与传统"两权合一"的业主制、合伙制相比，创业者选择公司制作为企业组织形式的一个最大特点就是仅以其所持股份或出资额为限对公司承担有限责任；另一个特点是存在双重纳税问题，即公司盈利要上缴公司所得税，创业者作为股东还要上缴企业投资所得税或个人所得税。根据《中华人民共和国公司法》(以下简称《公司法》)，我国的公司分有限责任公司(包括一人有限责任公司)和股份有限公司两种类型。

1. 有限责任公司

有限责任公司的股东以其认缴的出资额为限对公司承担责任，公司以其全部资产对公司的债务承担责任。创业者设立有限责任公司，除了要有固定的生产经营场所和必要的生产经营条件之外，还应当具备下列条件。

(1)股东符合法定人数

根据我国《公司法》第二十四条规定：有限责任公司由 50 位以下股东出资设立。需要说明的是，一人有限责任公司是在 2005 年 10 月 27 日第十届全国人民代表大会常务委员会第十八次会议通过的《公司法》中加入的。

(2)股东出资

自 2014 年 3 月 1 日起，公司登记实行注册资本认缴制。除法律、行政法规及国务院对特定行业注册资本最低限额另有规定的外，取消有限责任公司最低注册资本 3 万元、一人有限责任公司最低注册资本 10 万元、股份有限公司最低注册资本 500 万元的限制，也就是说理论上可以一元钱办公司。不再限制公司设立时全体股东(发起人)的首次出资比例，不再限制公司全体股东(发起人)的货币出资金额占注册资本的比例，不再规定公司股东(发起人)缴足出资的期限，也就是说理论上可以"零首付"，股东可自主约定出资方式和货币出资比例。高科技、文化创意、现代服务业等创新型企业可以选择灵活的出资方式。

（3）股东共同制定公司章程

法律对有限责任公司章程有明确的要求，应当载明的事项包括公司名称和住所、公司经营范围、公司注册资本、股东的姓名或者名称、股东的权利和义务、股东的出资方式和出资额、股东转让出资的条件、公司的机构及其产生的办法、职权、议事规则、公司的法定代表人、公司的解散事由与清算办法、股东认为需要规定的其他事项。

（4）公司名称

有公司名称，建立符合有限责任公司要求的组织机构。

2. 股份有限公司

股份有限公司的全部资本分为等额股份，股东以其认购的股份为限对公司承担责任，公司以其全部资产对公司的债务承担责任。设立股份有限公司要有公司名称；要建立符合股份有限公司要求的组织机构；要有固定的生产经营场所及必要的生产经营条件；股份发行、筹办事项要符合法律规定。除此之外，根据我国《公司法》规定，设立股份有限公司还应当具备下列条件。

第一，发起人符合法定人数。设立股份有限公司，应当有 2 人以上 200 人以下的发起人，其中须有半数以上的发起人在中国境内有住所。

第二，发起人认缴和募集的股本达到法定资本最低限额。股份有限公司的注册资本为在公司登记机关登记的全体发起人认购的股本总额。自 2014 年 3 月 1 日起，不再限制公司全体股东（发起人）的货币出资金额占注册资本的比例，除法律、行政法规及国务院决定对特定行业注册资本最低限额另有规定的外，取消股份有限公司最低注册资本 500 万元的限制。

第三，股份发行、筹办事项符合法律规定。

第四，发起人制定公司章程。

二、企业登记注册流程

（一）注册登记的条件和要求

根据《中华人民共和国公司法》（中华人民共和国主席令〔2018〕第 15 号）的规定，设立公司，应当依法向公司登记机关申请设立登记。符合本法规定的设立条件的，由公司登记机关分别登记为有限责任公司或者股份有限公司；不符合本法规定的设立条件的，不得登记为有限责任公司或者股份有限公司。

根据《中华人民共和国市场主体登记管理条例》（中华人民共和国国务院令第 746 号）规定，市场主体应当依照本条例办理登记。未经登记，不得以市场主体名义从事经营活动。法律、行政法规规定无须办理登记的除外。

市场主体指在中华人民共和国境内以营利为目的从事经营活动的下列自然人、法人及非法人组织：公司、非公司企业法人及其分支机构；个人独资企业、合伙企业及其分支机构；农民专业合作社（联合社）及其分支机构；个体工商户；外国公司分支机构；法律、行政法规规定的其他市场主体。

市场主体的一般登记事项包括：名称；主体类型；经营范围；住所或者主要经营

场所；注册资本或者出资额；法定代表人、执行事务合伙人或者负责人姓名。除前款规定外，还应当根据市场主体类型登记下列事项：有限责任公司股东、股份有限公司发起人、非公司企业法人出资人的姓名或者名称；个人独资企业的投资人姓名及居所；合伙企业的合伙人名称或者姓名、住所、承担责任方式；个体工商户的经营者姓名、住所、经营场所；法律、行政法规规定的其他事项。

市场主体的下列事项应当向登记机关办理备案：章程或者合伙协议；经营期限或者合伙期限；有限责任公司股东或者股份有限公司发起人认缴的出资数额，合伙企业合伙人认缴或者实际缴付的出资数额、缴付期限和出资方式；公司董事、监事、高级管理人员；农民专业合作社（联合社）成员；参加经营的个体工商户家庭成员姓名；市场主体登记联络员、外商投资企业法律文件送达接受人；公司、合伙企业等市场主体受益所有人相关信息；法律、行政法规规定的其他事项。

市场主体实行实名登记。申请人应当配合登记机关核验身份信息。申请办理市场主体登记，应当提交下列材料：申请书；申请人资格文件、自然人身份证明；住所或主要经营场所相关文件；公司、非公司企业法人、农民专业合作社（联合社）章程或者合伙企业合伙协议；法律、行政法规和国务院市场监督管理部门规定提交的其他材料。

（二）企业办理注册登记手续的步骤

根据我国法律规定，设立公司或市场主体，应当按要求办理登记。工商登记注册的市场主体、企业共有二大类型，外资企业和内资企业。外资企业主要有中外合作企业、中外合资企业、外商独资企业。内资企业主要有国有企业（全民所有制）、集体企业、有限责任公司、股份有限公司、合伙企业、个人独资企业。另外还有农民专业合作社和个体工商户。

营业执照是企业主依照法定程序申请的、规定企业经营范围等内容的书面凭证。企业只有领取了营业执照，拥有了合法身份，才可以开展各项法定的经营业务。企业设立后，还需要进行税务登记，需要会计人员做财务，这其中涉及税法和财务知识，创业者需要了解企业的税项。企业办理注册登记手续一般包括以下几个步骤。

1. 核准企业名称

注册公司的第一步就是企业名称审核，即查名。创业者需要通过工商行政管理局进行企业名称注册申请，由工商行政管理局 3 名查名科注册官进行综合审定，给予注册核准，并发放盖有工商行政管理局名称登记专用章的"企业名称预先核准通知书"。

申办人需提供法人和股东的身份证复印件，并提供 2～10 个企业名称，写明经营范围、出资比例。企业名称要符合规范，格式如下：

行政区划＋字号（2 个字以上）＋行业＋组织形式

2. 经营项目审批

如果新创企业的经营范围涉及特种行业许可经营项目，则需要提前办理特行申请，获准后才可以继续工商注册程序。例如，要开设一家书店，就需要向辖区的文化部门申请"出版物经营许可证"。

特种许可项目涉及旅馆、印铸刻字、旧货、典当、拍卖、信托寄卖等行业，需要消防、治安、环保、科学技术委员会等行政部门审批。特种行业许可证的办理，根据行业情况及相应部门规定的不同，分为前置审批和后置审批。

3. 生产经营场所的获得

除了网上经营的个体工商户没有实体店外，其他企业组织形式都要有实际经营场所或办公场地。

4. 公司公章备案

工商注册登记过程中，需要使用图章，图章由公安部门刻制。公司用章包括公章、财务章、法人章、全体股东章等。

5. 编写公司章程

公司章程是指公司依法制订的，规定公司名称、住所、经营范围、经营管理制度等重大事项的基本文件，也是公司必备的规定公司组织及活动基本规则的书面文件。公司章程是股东共同一致的意思表示，载明了公司组织和活动的基本准则，是公司的宪章。公司章程具有法定性、真实性、自治性和公开性的基本特征。公司章程与《公司法》一样，共同肩负着调整公司活动的责任。作为公司组织与行为的基本准则，公司章程对公司的成立及运营具有十分重要的意义，它既是公司成立的基础，也是公司赖以生存的灵魂。

6. 申领营业执照

工商局对企业提交的材料进行审查，以确定其符合企业登记申请。工商行政管理局核定后，即向企业发放工商企业营业执照，并公告企业成立。

相关材料包括公司章程、名称预先核准通知书、法人和全体股东的身份证、公司住所证明复印件（房产证及租赁合同）、前置审批文件或证件、生产性企业的环境评估报告等。

7. 办理税务登记证

税务登记证应到当地国税局办理。办理税务登记证应提供的材料包括企业营业执照副本、经营场所立权证及租赁合同复印件、法人身份证、公司章程及公章。

8. 银行开户

新创企业需设立基本账户，企业可根据自己的具体情况选择开户行。银行开户应提供的材料包括营业执照正本、公司公章、法人身份证、税务登记证正本等。

▶ 第三节 新企业的生存管理

一、新企业的管理

（一）新企业管理的特殊性

新企业初创时期面临的挑战包括公司如何盈利，如何生存下去，以及如何取得自身独特的竞争优势等。基于此，新企业管理具有如下特征。

1. 以经营积累为主要资金来源

新企业初创，主要依靠自有资金创造自由现金流。企业的自由现金流是不包括融资，不包括资本支出及纳税和利息支出的经营活动净现金流。一旦自由现金流出现赤字，企业将发生偿债危机，还可能破产。自由现金流的大小反映了企业的盈利能力。

它不仅是创业初期的管理重点，也是成长阶段的管理重点。新企业，由于融资条件有限，主要依靠自由资金运作来创造自由现金流。在实际运作中，难度很大。创业者必须千方百计增收节支、加速资金周转、控制发展节奏，快速形成企业盈利的产品和服务，促进销售成功。企业要很快找到自己的顾客并及时跟进销售和服务。企业内部的工作，如生产、技术、质量、供应、销售等都要围绕客户展开。

2. 以乱中有序为主的经营管理

新企业虽然建立了真实的部门结构，但很少有按真实组织方式运作的，经常实行充分调动"所有的人做所有的事"的团队管理方式。各成员虽然有名义上的分工，但实际运作起来是哪里需要去哪里。每个人都清楚组织的目标和自己应当如何为组织目标作出贡献，没有人计较得失也没有人计较越权或越级。各成员只有角色的划分，没有职位的区别，这也正是团队精神、奉献精神和忠诚的体现。随着事业发展，组织规范化后，分工逐渐明晰，创业者要尽力使新部门成为团队。

3. 以"人治"为典型的管理模式

新企业初创，创业者要把大量时间用在具体实务上。创业者对经营全过程了如指掌，才能使生意越做越精。直到企业逐渐成熟，创业者才逐渐将各种事务性工作进行授权，慢慢从日常的推销、采购、谈判、运输、策划等环节中抽身出来，从更宏观的角度管理企业。

（二）新企业的管理原则

企业在创业初期的首要任务就是在市场中生存下来，让消费者认识和接受自己的产品。新企业成长和现有企业成长具有明显的不同。现有企业在激烈的市场竞争中已经建立了一定的竞争优势。新企业只有打破原有竞争格局才能够扭转不利局面。在核心竞争能力尚未形成时，新创企业应该采用以下管理原则争取生存机会，不断积累，加强自身的实力。

1. "生存第一"原则

企业在创业初期的首要任务就是在市场中生存下来，让消费者认识和接受自己的产品。也就是说创业之初，企业最根本的目标就是生存，企业的一切活动都应围绕生存来进行，一切危及企业生存的做法都应避免。"生存第一"原则要求创业者把满足客户的需求放在第一位，把盈利作为公司管理绩效的唯一考核指标。企业应有明确的生存理念，指导员工时刻心系企业的生存安危，不断奋斗，确保企业基业稳固，持续发展。

2. "现金为王"原则

现金流对于企业而言，如同血液对于人一样重要。资金链断裂，往往会使刚刚成立的企业遭遇挫折甚至破产。现金为王"原则要求：①创业者要周期性地评估企业的财务能力，要对当前现金流的状况做到心中有数；②创业者一定要节约用钱，要有"有多少钱、办多少事"的观念，每分钱都应该用在最需要的地方，要千方百计增收节支，加速资金周转，把握好发展节奏；③采用早收账，迟付款的方法来实现正现金流。

3. "分工协作"原则

初创企业的人员职责分工相对大企业而言比较模糊，企业员工之间处于一种"既分工、又协作"的状态。因此要做到分工不分家，补桥不拆桥。

4."事必躬亲"原则

初创期的企业由于人手少、资源缺乏，一切都处于萌芽阶段，所以创业者必须亲自去做很多事情，如直接向客户推销产品，参与商业谈判，处理财务报表，制订薪酬计划，从事广告宣传等。在这个阶段，创业者切忌把自己当成"大老板"而目空一切、眼高手低，要有事必躬亲的精神，这样才能对企业经营过程中的每一个细节做到心中有数，才能使企业平安成长，并越做越大。

二、新企业的财务和营销管理

(一)新企业的财务策略

美国经营管理大师卡耐基曾说过："如果学会了驾驭金钱，什么时候我需要市场，市场就是我的。"创业的整个过程都离不开资金。创业的目标是赚钱，创业的前提是筹钱，创业的过程是管钱。企业的所有经营活动都串在资金流转这条线上，资金流转顺畅了，企业的经营活动也就理顺了。初创企业的财务管理一般由创业者直接承担，创业者需要了解和掌握一定的财务知识，树立正确的财务观念，这样才能科学管理企业经营活动，作出正确决策。

1. 货币时间价值观念

货币是有时间价值的，时间就是金钱。撇开通货膨胀的因素，货币在不同的时间，其价值也是不一样的，今天的 1 元钱不等于一年以后的 1 元钱。在不同的时点上，即便是相同的货币，其价值也是不相等的。

2. 风险和收益均衡观念

在市场经济中，盈利和风险是并存的。要想赚取更高的利润，往往要承担更大的风险。二者之间存在着此消彼长的关系。企业理财要贯彻整体利益最大化原则，正确处理盈利与风险之间的对应关系，在风险与收益之间作出权衡。企业要想获得收益，就不能回避风险，风险和收益总是联系在一起的。很多创业者在创业过程中更多关注投资的收益状况，对可能面临的风险和损失则考虑不够充分，这将有可能导致企业破产。创业者应永远牢记风险和收益是一对孪生兄弟。要想获得较高的收益，必须冒较大的风险，低风险只能获得低收益。没有收益最高而风险最小的项目。创业者只能在风险和收益之间进行权衡，找到一个平衡点。

3. 现金为王观念

企业管理以财务管理为中心，现金流量是企业理财的核心。财务管理的实质就是最大限度地获取现金收益。众所周知，现金流就像企业的"血液"一样，只有让企业的"血液"顺畅循环，企业才能健康成长。现金流有力地支撑着企业价值，可以说，增进现金流就是创造价值。我们随处可以听到这样的说法——现金为王，这是一种卓越的财务理念。对于财务管理人员来说，要树立以现金流和价值管理为中心的现代企业财务管理理念。

4. 资金成本观念

创业者在创业初期往往对资金的筹集非常重视，为了筹集创业启动资金，创业者常常把重心放在如何筹集所需资金的问题上，而经常忽略筹集资金的成本和自己的实际资金需求。在企业进入正常的生产经营阶段以后，获得资金成本也是影响企业利润的重要因素之一。

5. 合理利用负债观念

企业在筹资过程中要适当安排自有资金比例，合理利用负债进行经营。由于借款利息可在所得税前列入成本费用，对企业净利润影响较少，因此能够提高自有资金利润率，又可缓解自有资金紧张的矛盾。但如果负债过多，则会发生较大的财务风险，甚至由于丧失偿债能力而面临破产。因此，企业既要利用负债经营的积极作用，又要避免可能产生的债务风险。借债数额要适当，要以一定的自有资金比例为条件。同时，要进行筹资结构决策，只有投资项目的投资收益率高于借款的资金成本率时，才能考虑使用负债进行筹资。对于盈利能力低的企业，应该控制负债规模；但在企业有按期还本付息能力的情况下，负债能达到借鸡生蛋的作用，使企业在自有资金较少及较短的时间内实现较快增长和规模扩张。

（二）新企业的营销策略

1. 目标市场营销策略

将市场细分之后，创业企业需要确定目标市场。创业企业可以开展三种目标市场营销策略。

（1）无差别营销策略

企业只追求需求的共性，面对所有市场，用单一的营销策略开拓市场，即只提供一种产品，采用类似的市场营销方案吸引尽可能多的消费者，如早期的可口可乐。这种营销策略的优点在于，大批量生产可以减少生产、研发成本，降低营销费用，提高利润率；缺点在于，忽视了需求的差异性，某些细分市场需求得不到满足。

（2）差异性营销策略

企业根据每个细分市场的需求特点，设计不同的产品，采取不同的市场营销方案，满足各个细分市场的不同需要。这种营销策略的优点在于满足了各种不同的需求，能扩大销售，提高市场占有率；缺点在于市场营销成本的上升。

（3）集中性营销策略

企业选择一个或少数几个子市场作为目标市场，为该市场提供产品，集中力量为之服务。其优点在于目标集中，能更深入地了解市场需要，提供市场所需要的产品，在目标市场上建立坚实的地位；同时由于实行专业化经营，可节省生产成本和营销费用，增加盈利。缺点在于市场区域过于集中，企业不仅发展容易受限，而且风险较大，一旦目标市场发生变化，如消费者需求发生改变，或强大竞争对手进入，或新的更有吸引力的替代品出现，都可能使企业陷入困境。

2. 创业企业如何制定定价策略

定价策略是指企业根据市场中不同变化因素对商品价格的影响程度，采用不同的定价方法，制定出适合市场变化的商品价格，进而实现定价目标的企业营销策略。

（1）新产品定价策略

新产品的定价是营销策略中一个十分重要的问题，它关系到新产品能否顺利地进入市场，能否站稳脚跟，能否获得较大的经济效益。目前，关于新产品的定价策略主要有三种。①取脂定价策略，又称撇油定价策略，指企业在产品寿命周期的投入期或成长期，利用消费者的求新、求奇心理，抓住激烈竞争尚未出现的有利时机，有目的地将价格定得很高，以便在短期内获取尽可能多的利润，尽快地收回投资的一种定价策略。其名称来自从鲜奶中撇取乳脂，含有提取精华之意。②渗透定价策略，又称薄利多销策略，指在产品上市初期，利用消费者求廉的消费心理，有意将价格定得很低，使新产品因物美价廉而吸引客户，占领市场，从而谋取远期的稳定利润。③满意价格策略，又称平价销售策略，是介于取脂定价和渗透定价之间的一种定价策略。取脂定价法定价过高，对消费者不利，既容易引起竞争，又可能遇到不被消费者接受的情况，具有一定的风险。渗透定价法定价过低，对消费者有利，对企业收入不利，资金的回收期也较长，若企业实力不强，将很难承受。满意价格策略采取适中价格，基本上能够做到供求双方都比较满意。

（2）差别定价策略

差别定价，也叫价格歧视，指企业按照两种或两种以上不反映成本费用的比例差异的价格销售某种产品或劳务。差别定价有四种形式。①顾客差别定价，即企业按照不同的价格把同一种产品或劳务卖给不同的顾客。例如，某汽车经销商按照价目表价格把某种型号汽车卖给顾客 A，同时又以较低价格把同一种型号的汽车卖给顾客 B。②产品形式差别定价，即企业对不同型号或形式的产品分别制定不同的价格，但是，不同型号或形式产品的价格差和成本差额并不成比例。③产品部位差别定价，即企业对于处在不同位置的产品或服务分别制定不同的价格，即使这些产品或服务的成本费用没有任何差异。例如剧院，虽然不同座位的成本费用都一样，但是不同座位的票价有所不同，这是因为人们对不同座位的偏好有所不同。④销售时间差别定价，即企业对于不同季节、不同时期甚至不同钟点的产品或服务也分别制定不同的价格。

（3）心理定价策略

心理定价策略是针对消费者的不同消费心理，制定相应的商品价格，以满足不同类型消费者需求的策略。心理营销定价策略一般包括尾数定价、整数定价、习惯性定价、声望定价、招徕定价和最小单位定价等。下面简单介绍其中的几种。①尾数定价策略。尾数定价又称零头定价，是指企业针对消费者的求廉心理，在商品定价时有意定一个与整数有一定差额的价格。这是一种具有强烈刺激作用的心理定价策略。心理学家的研究表明，价格尾数的微小差别，能够明显影响消费者的购买行为。尾数定价法会给消费者一种经过精确计算的、最低价格的心理感受；有时也可以给消费者一种原价打了折扣、商品便宜的感觉。尾数定价法在欧美及我国常以奇数为尾数，如 0.99，9.95 等，这主要是因为消费者对奇数有好感，容易对其产生一种价格低廉、价格向下的感觉。在我国，由于 8 与"发"谐音，在定价中 8 的采用率也较高。②整数定价策略。整数定价与尾数定价相反，针对的是消费者求方便的心理，将商品价格有意定为整数。由于同类型产品，生产者众多，花色品种各异，在许多交易中，消费者往往只能将价格作为判别产品质量、性能的指示器。同时，在众多尾数定价的商品中，整数能给人一种方便、简洁的印象。③习惯性定价策略。某些商品需要经常、重复地购买，因此这类商品的价格在消费者心理上已经定格，成为一种习惯性的价格。许多商品，尤其是生活日常用品，在市场上已经形成了一个习惯价格。消费者已经习惯于消费这种商品，只愿付出这么大的代价，如买一块肥皂、一瓶洗洁净等。对这些商品的定价，一般应依照习惯确定，不要随便改变价格，以免引起顾客的反感。

第四节　主要大学生创新创业赛事介绍

一、中国"互联网＋"大学生创新创业大赛介绍

中国"互联网＋"大学生创新创业大赛由教育部与有关部委共同主办，被誉为"总书记亲自回信，总理亲自倡议，副总理每年出席"的全国最高规格的学科竞赛。大赛共有校级、省级、全国级三级赛事，旨在深化高等教育综合改革，激发大学生的创造力，培养"大众创业、万众创新"的生力军；推动赛事成果转化，促进"互联网＋"新业态形成，服务经济提质增效升级；以创新引领创业、创业带动就业，推动高校毕业生更高质量创业就业。

(一)大赛目的与任务

1. 以赛促教，探索人才培养新途径

全面推进高校课程思政建设，深入推进新工科、新医科、新农科、新文科建设，不断深化创新创业教育改革，引领各类学校人才培养范式深刻变革，形成新的人才培养质量观和质量标准，切实提高学生的创新精神、创业意识和创新创业能力。

2. 以赛促学，培养创新创业生力军

服务构建新发展格局和高水平自立自强，激发学生的创造力，激励广大青年扎根中国大地了解国情民情，在创新创业中增长智慧才干，坚定执着追理想，实事求是闯新路，把激昂的青春梦融入伟大的中国梦，努力成长为德才兼备的有为人才。

3. 以赛促创，搭建产教融合新平台

把教育融入经济社会发展，推动成果转化和产学研用融合，促进教育链、人才链与产业链、创新链有机衔接，以创新引领创业、以创业带动就业，推动形成高校毕业生更高质量创业就业的新局面。

(二)参赛项目类型

参赛项目类型主要有以下几种：

"互联网＋"现代农业，包括农林牧渔等；

"互联网＋"制造业，包括先进制造、智能硬件、工业自动化、生物医药、节能环保、新材料、军工等；

"互联网＋"信息技术服务，包括人工智能技术、物联网技术、网络空间安全技术、大数据、云计算、工具软件、社交网络、媒体门户、企业服务、通信技术、区块链等；

"互联网＋"文化创意服务，包括广播影视、设计服务、文化艺术、旅游休闲、艺术品交易、广告会展、动漫娱乐、体育竞技等；

"互联网＋"社会服务，包括电子商务、消费生活、金融、财经法务、房产家居、高效物流、教育培训、医疗健康、交通、人力资源服务等。

参赛项目不只限于"互联网＋"项目，鼓励各类创新创业项目参赛。

(三)参赛方式和要求

第一，大赛以团队为单位，允许跨校组建团队，每个团队的参赛成员不少于3人，

原则上不多于 15 人（含团队负责人），须为项目的实际核心成员。参赛团队所报创业项目须为本团队策划或经营的项目，不得借用他人项目参赛。

第二，根据参赛团队负责人的学籍或学历确定参赛团队所代表的参赛学校，按照参赛学校所在的国家和地区，分为中国大陆参赛项目、中国港澳台地区参赛项目、国际参赛项目 3 类。

第三，所有参赛材料和现场答辩原则上使用中文或英文，如有其他语言需求，请联系大赛组委会。

第四，参赛项目不得含有任何违反《中华人民共和国宪法》及其他法律、法规的内容，须尊重中国文化，符合公序良俗。

（四）参赛组别与类别

主赛事根据学生类型分成三个赛道：高教主赛道、青年红色筑梦之旅赛道、职教赛道。各赛道根据项目性质或项目发展所属阶段又会分成各种组别。高教主赛道设置 6 个组，分别为本科生创意组、本科生初创组、本科生成长组，研究生创意组、研究生初创组、研究生成长组；青年红色筑梦之旅赛道设置 3 个组，分别为公益组、创意组、创业组；职教赛道设置 2 个组，分别为创意组、创业组。

（五）比赛赛制和赛程

大赛主要采用校级初赛、省级复赛、全国总决赛三级赛制，校级初赛由学生所在院校负责组织，省级复赛由各地负责组织，总决赛由各地按照大赛组委会确定的配额择优遴选推荐项目。大赛每年一届，一般分为 4 个阶段。

1. 参赛报名（每年 4 月～7 月）

通过登录"全国大学生创业服务网"（cy.ncss.cn）或微信公众号（名称为"全国大学生创业服务网"或"中国互联网＋大学生创新创业大赛"）进行报名。

2. 校级初赛（每年 6 月～7 月）

各学校自主制定校级初赛方式，择优推荐优秀项目参加省级复赛。

3. 省级复赛（每年 7 月～8 月）

参加省级复赛的团队将项目计划书等资料上传至省级复赛评审专用平台。对项目商业计划书、演示文稿和宣传视频进行线上网评后，产生进入省级学赛项目。进入省级决赛的项目需进行线下答辩及团队展示，最终产生参加全国总决赛的项目。

4. 全国总决赛（每年 10 月）

按照国赛组委会分配名额，根据省赛成绩，遴选推荐项目参加全国总决赛。

（六）历届大赛回顾

第一届以"'互联网＋'成就梦想，创新创业开辟未来"为主题，在吉林大学成功举办。参赛项目主要包括"互联网＋"传统产业、"互联网＋"新业态、"互联网＋"公共服务和"互联网＋"技术支撑平台四种类型。首届"互联网＋"大赛采用校级初赛、省级复赛、全国总决赛三级赛制。在校级初赛、省级复赛的基础上，按照组委会配额择优遴选项目进入全国决赛。全国共 300 个团队入围全国总决赛，其中创意组 100 个团队，实践组 200 个团队。大赛共吸引了 31 个省份及新疆生产建设兵团 1878 所高校的 57253 支团队报名参加，提交项目作品 36508 个，参与学生超过 20 万人，带动全国上百万大学生投入创新创业活动。

冠军项目是哈尔滨工程大学的"点触云安全系统"。

第二届中国"互联网＋"大学生创新创业大赛由教育部、中央网络安全和信息化领导小组办公室、国家发展和改革委员会、工业和信息化部、人力资源和社会保障部、国家知识产权局、中国科学院、中国工程院、共青团中央和湖北省人民政府共同主办，总决赛由华中科技大学承办。本届大赛主题为拥抱"互联网＋"时代，共筑创新创业梦想。大赛自2016年3月启动，吸引了全国2110所高校参与，占全国普通高校总数的81%，报名项目数近12万，参与学生超过55万人。

冠军项目：西北工业大学"翱翔系列微小卫星"。

2017年3月27日，教育部在西安电子科技大学举行新闻发布会宣布，第三届中国"互联网＋"大学生创新创业大赛正式启动。与往届相较，本届比赛增加了参赛项目类型，鼓励师生共创。大赛由教育部、中央网信办、发改委、工信部、人社部、知识产权局、中国科学院、中国工程院、共青团中央和陕西省人民政府共同主办，西安电子科技大学承办。本届主题为搏击"互联网＋"新时代壮大创新创业主力军。

冠军项目：浙江大学杭州光珀智能科技有限公司研发的一代固态面阵激光雷达。

第四届中国"互联网＋"大学生创新创业大赛由教育部、中央网络安全和信息化领导小组办公室、国家发展和改革委员会、工业和信息化部、人力资源社会保障部、生态环境部、农业农村部、国家知识产权局、国务院侨务办公室、中国科学院、中国工程院、国务院扶贫开发领导小组办公室、共青团中央和福建省人民政府共同主办，厦门大学承办。以"勇立时代潮头敢闯会创，扎根中国大地书写人生华章"为主题，于2018年3月29日在厦门全面启动。第四届中国"互联网＋"大学生创新创业大赛总决赛于2018年10月13日开赛。

冠军项目：北京理工大学的"中云智车——未来商用无人车行业定义者"。

2019年6月13日，第五届中国"互联网＋"大学生创新创业大赛在浙江正式启动。本届大赛由教育部、中央统战部、中央网络安全和信息化委员会办公室、国家发改委、工业和信息化部、人力资源和社会保障部、农业农村部、中国科学院、中国工程院、国家知识产权局、国务院扶贫开发领导小组办公室、共青团中央和浙江省人民政府共同主办，浙江大学和杭州市人民政府承办。第五届中国"互联网＋"大学生创新创业大赛共有来自全球五大洲124个国家和地区的457万名大学生、109万个团队报名参赛，参赛项目和学生数接近前四届大赛的总和。

冠军项目：清华大学的交叉双旋翼复合推力尾桨无人直升机。

2020年11月17日～20日，第六届中国国际"互联网＋"大学生创新创业大赛在广东华南理工大学举行，大赛以"我敢闯、我会创"为主题，积极克服新冠肺炎疫情的不利影响，打造了一场汇聚世界"双创"青年同场竞技、相互促进、人文交流的国际盛会。本届大赛报名参赛项目与报名人数再创新高，内地共有2988所学校的147万个项目、630万人报名参赛，包括内地本科院校1241所、科研院所43所、高职院校1130所、中职院校574所，较2019年，参赛项目与人数均增长25%，红旅赛道项目数增幅54%。中国港澳台地区报名参赛项目超过2019年的总数，达到256个。

冠军项目：北京理工大学的"星网测通"。

二、"大学生创新创业训练计划"介绍

大学生创新创业训练计划（以下简称"大创计划"）是教育部组织实施的"高等学校本科教学质量与教学改革工程"的重要内容之一，是培养学生创新创业能力的重要举措，是高校创新创业教育体系的重要组成部分，是深化创新创业教育改革的重要载体。

（一）大创计划总则与目标

大创计划坚持以学生为中心的理念，遵循"兴趣驱动、自主实践、重在过程"原则，旨在通过资助大学生参加项目式训练，推动高校创新创业教育教学改革，促进高校转变教育思想观念、改革人才培养模式、强化学生创新创业实践，培养大学生独立思考、善于质疑、勇于创新的探索精神和敢闯会创的意志品格，提升大学生创新创业能力，培养适应创新型国家建设需要的高水平创新创业人才。

（二）大创计划内容

大创计划围绕经济社会发展和国家战略需求，重点支持直接面向大学生的内容新颖、目标明确、具有一定创造性和探索性、技术或商业模式有所创新的训练和实践项目。国创计划实行项目式管理，分为创新训练项目、创业训练项目和创业实践项目三类。

1. 创新训练项目

创新训练项目指本科生个人或团队在导师指导下，自主完成创新性研究项目设计、研究条件准备和项目实施、研究报告撰写、成果（学术）交流等工作。

2. 创业训练项目

创业训练项目指本科生团队，在导师指导下，团队中每个学生在项目实施过程中扮演一个或多个具体角色，完成商业计划书编制、可行性研究、企业模拟运行、撰写创业报告等工作。

3. 创业实践项目

创业实践项目指学生团队，在学校导师和企业导师的共同指导下，采用创新训练项目或创新性实验等成果，提出具有市场前景的创新性产品或服务，以此为基础开展创业实践活动。

（三）大创计划申报的基本条件

第一，项目选题具有一定的学术价值、理论意义或现实意义。鼓励面向国家经济社会发展、具有一定理论和现实意义的选题，鼓励直接来源于产业一线、科技前沿的选题。

第二，选题具有创新性或明显创业效果。鼓励开展具有一定创新性的基础理论研究和有针对性的应用课题研究，鼓励新兴边缘学科研究和跨学科的交叉综合研究。

第三，选题方向正确，内容充实，论证充分，难度适中，拟突破的重点难点明确，研究思路清晰，研究方法科学、可行。

第四，项目团队成员原则上为全日制普通本科在读学生，成员基本稳定，专业、能力结构较为合理。每位学生同一学年原则上只能参与一个项目。鼓励跨学科、跨院系、跨专业的学生组成团队。

第五,"大创计划"项目申报人及成员原则上限定在全日制本科在读学生,四年制应为 2 年级学生,五年制应为 2 年级或 3 年级学生(申报创业实践项目不作年级限制)。

(四)大创计划申报主要时间节点

1. 项目申请(每年 5~6 月)
2. 项目立项(每年 9~10 月)
3. 项目预算(每年 11~12 月)
4. 项目执行(次年 1~12 月)
5. 项目中期检查(次年 4~5 月)
6. 项目结题(次年 12 月)

三、"挑战杯"全国大学生课外学术科技作品竞赛介绍

"挑战杯"全国大学生系列科技学术竞赛的简称是"挑战杯",是由共青团中央、中国科协、教育部和全国学联、举办地人民政府共同主办的全国性的大学生课外学术实践竞赛。"挑战杯"竞赛在中国共有两个并列项目,一个是"挑战杯"中国大学生创业计划竞赛;另一个是"挑战杯"全国大学生课外学术科技作品竞赛。这两个项目的全国竞赛交叉轮流开展,每个项目每两年举办一届,"挑战杯"系列竞赛被誉为中国大学生学生科技创新创业的"奥林匹克"盛会,是国内大学生最关注也最热门的全国性竞赛之一,是全国最具代表性、权威性、示范性、导向性的大学生竞赛之一,旨在鼓励大学生勇于创新、迎接挑战的精神,培养跨世纪创新人才。第一届大赛 1989 年由清华大学承办。

(一)参赛作品要求

第一,凡正式注册的全日制非成人教育的在校专科生、本科生、硕士研究生和博士研究生(均含留学生,不含在职研究生)都可申报参赛。

第二,申报参赛的作品分为自然科学类学术论文、哲学社会科学类社会调查报告和学术论文、科技发明制作三大类。自然科学类学术论文作者限本、专科生。科技发明制作类分成 A、B 两类:A 类指科技含量较高、制作投入较大的作品;B 类指投入较少,且为生产技术或社会生活带来便利的小发明、小制作。

第三,参赛的哲学社会科学类作品(包括调查报告、学术论文)限定在哲学、经济、社会、法律、教育、管理六个学科。哲学社会科学类参赛作品中可包含被党政领导部门、企事业单位所采用的各类发展规划、改革方案和咨询报告。参赛时,应附上作品原件及采用单位使用证明的复印件和相关鉴定材料。

第四,申报参赛的作品必须是距竞赛开始前两年内完成的学生课外学术科技或社会实践活动成果,毕业设计和课程设计(论文)、学年论文和学位论文、国际竞赛上获奖的作品、获国家级奖励的成果(含本竞赛主办单位参与举办的其他全国性竞赛的获奖作品等不在申报范围之内)。

第五,参赛作品可分为个人作品和集体作品。申报个人作品的,申报者必须承担申报作品 60% 以上的研究工作,作品鉴定证书、专利证书及发表的相关作品上的署名均应为第一作者,合作者必须是学生且不得超过两人;凡作者超过三人或者不超过三

人，但无法区分谁是第一作者的作品，均须申报集体作品，集体作者必须全部为学生。凡有合作者的个人作品或集体作品，均按学历最高的作者划分至本专科生、硕士研究生或博士研究生类作品进行评审。

第六，参赛作品应突出科学性、先进性，具有现实意义，从实际出发，侧重解决社会生产生活中的具体问题。

(二)大赛时间安排

1.组织发动阶段(每年1~3月)

召开全国组委会全体会议，讨论通过并下发《"挑战杯"全国大学生课外学术科技作品竞赛章程》《"挑战杯"全国大学生课外学术科技作品竞赛评审规则》《"挑战杯"全国大学生课外学术科技作品竞赛申请承办办法》《第十二届"挑战杯"全国大学生课外学术科技作品竞赛组织实施计划》等，并将这些文件作为本届竞赛的指导性文件。

2.省级初评和组织申报阶段(每年3~6月)

各校按"挑战杯"章程有关规定举办本校的竞赛活动，并择优推出本校参赛作品。5月底前，各省(区、市)组织协调完成对本地申报作品的初评。

3.全国复赛和参赛准备阶段(每年7~10月)

全国评审委员会于7月对作品进行预审，8月向各地各有关高校下达终审参展通知及作品展览、演示等有关技术性规范要求。各地各校按照组委会要求，于9~10月做好参评参展的各项物资技术准备和组团组队准备。

4.全国决赛和表彰阶段(每年10月)

举行参赛作品展览，组织作品转让洽谈活动，聘请律师和公证人员为技术转让各方提供服务。全国评审委员会对参赛作品进行终审，对参展作品作者进行问辩。

参考文献

金树人. 生涯咨询与辅导[M]. 北京：高等教育出版社，2007.

钟思嘉，金树人. 大学生职业生涯规划：自主与自助手册[M]. 北京：高等教育出版社，2017.

彭聃龄. 普通心理学(第4版)[M]. 北京：北京师范大学出版社，2012.

黄希庭，郑涌. 心理学导论(第三版)[M]. 北京：人民教育出版社，2015.

黄希庭，张进辅，李红. 中国当代青年价值观与教育[M]. 成都：四川教育出版社，1994.

陈会昌，庞丽娟，申继亮，等. 中国学前教育百科全书(心理发展卷)[M]. 沈阳：沈阳出版社，1994.

乐国安. 社会心理学[M]. 北京市：中国人民大学出版社，2009.

张大均. 教育心理学(第三版)[M]. 北京市：人民教育出版社，2015.

沈德立. 大学生心理健康[M]. 北京：高等教育出版社，2013.

卢乐山，林崇德，王德胜. 中国学前教育百科全书[M]. 沈阳：沈阳出版社，1995.

林崇德，等. 心理学大辞典(下卷)[M]. 上海：上海教育出版社，2003，

古典. 你的生命有什么可能[M]. 湖南：湖南文艺出版社，2015.

吴沙. 遇见生涯大师[M]. 北京：北京大学出版社，2017.

夏征农. 辞海[M]. 上海：上海辞书出版社，1999.

顾明远. 教育大辞典[M]. 上海：上海教育出版社，1991.

刘建中. 大学生职业生涯规划(微课版)[M]. 电子科技大学出版社，2020.

梁宝勇，等. 精神压力、应对与健康[M]. 北京：教育科学出版社，2006.

陆雄文. 管理学大辞典[M]. 上海：上海辞书出版社，2013.

张玉华，王周伟. 创业基础[M]. 北京：清华大学出版社，2014.

奚国泉. 创业基础[M]. 北京：清华大学出版社，2013.

李家华，郭朝辉. 大学生创新创业基础[M]. 北京：高等教育出版社，2020.

张云华. 创新创业基础[M]. 上海：上海交通大学出版社. 2019.

姚树桥，杨彦春. 医学心理学(第6版)[M]. 北京：人民卫生出版社，2013.

伍祥伦，何东，杨德龙. 大学生就业指导与创新创业教育[M]. 北京：清华大学出版社 2013.

孙伟，李长智. 创新创业教程[M]. 北京：清华大学出版社，2017.

亚历山大·奥斯特瓦德. 商业模式新生代[M]. 黄涛，郁婧，译. 北京：机械工业出版社，2016.

洛克. 把握你的职业发展方向第五版[M]. 钟谷兰，等译. 北京：中国轻工业出版社，2006.

杰弗里·蒂蒙斯. 战略与商业机会[M]. 周伟民，田颖枝，译. 北京：华夏出版社，2002.

埃米尼亚·伊瓦拉. 转行：发现一个未知的自己[M]. 张洪磊，汪珊珊，译. 北京：机械工业出版社，2016.

[美]唐娜 J. 叶纳. 职业生涯规划：自测、技能与路径(第四版)[M]. 刘红霞，杨伟国，译. 北京：机械工业出版社，2011.

理查德·鲍利斯. 你的降落伞是什么颜色[M]. 李春雨，译. 北京：中国华侨出版社，2014.

芭芭拉·明托. 金字塔原理[M]. 张德忠，张珣，译. 海口：南海出版公司，2002.

安托尼特·露西亚，理查兹·莱普辛格. 胜任 员工胜任能力模型应用手册[M]，郭玉广，译. 北京：北京大学出版社，2004.

理查德·拉扎勒斯. 压力：评价与应对[M]. 曲晓艳，译. 北京：中国人民大学出版社出版，2020.

拉思斯. 价值与教学[M]. 谭松贤，译. 杭州：浙江教育出版社，2003.

菲利普·津巴多，罗伯特·约翰逊，安·韦伯. 津巴多普通心理学[M]. 王佳艺，译. 北京：中国人民刚大学初步安设，2008.

罗伯特·里尔登，等. 职业生涯发展与规划第 4 版[M]. 侯志瑾等，译. 北京：中国人民大学出版社，2016.

理查德，格里格，等. 心理学与生活[M]. 王垒等，译. 北京：人民邮电出版社，2003.

埃德加·施恩. 职业的有效管理[M]. 仇海清，译. 北京：生活·读书·新知，1992.

埃德加·施恩. 职业锚—发现你的真正价值[M]. 北森测评网，译. 北京：中国财政经济出版社，2004.

戴维·艾伦. 搞定Ⅰ：无压工作的艺术[M]. 张静，译. 上海：中信出版社，2016.

姚远峰. 国外成人学习研究的进展：心理学视角[J]. 继续教育研究，2005，(04)：62-65.

金盛华，李雪. 大学生职业价值观：手段与目的[J]. 心理学报，2005，37(5)：650-657.

余华，黄希庭. 大学生与内地企业员工职业价值观的比较研究[J]. 心理科学，2000(06)：739-740.

凌文辁，方俐洛，白利刚. 我国青年学生的职业价值观研究[J]. 心理学报，1999，33(3)：342-348.

谢宝国，夏勉. 职业决策困难研究述评[J]. 心理科学进展，2013，21(06)：1112-1124.

方俐洛，白利刚，凌文辁. HOLLAND 式中国职业兴趣量表的建构[J]. 心理学报，1996(02)：113-119.

沈洁. 霍兰德职业兴趣理论及其应用述评[J]. 职业教育研究，2010(07)：9-10.

白利刚. Holland 职业兴趣理论的简介及评述[J]. 心理学动态，1996(02)：27-31.

刘海玲，王利山. 霍兰德职业兴趣理论及其价值分析[J]. 职业时空，2005(22)：5-7.

卓安妮. MBTI 职业性格测试在职场上的应用[J]. 知识经济，2009(02)：5.

陈彦宏. 霍兰德职业人格测试在大学生就业指导中的应用[J]. 中国成人教育，2016(05)：85-87.

彭永新，龙立荣. 国外职业决策理论模式的研究进展[J]. 教育研究与实验，2000

（05）：45－49.

彭永新，龙立荣. 大学生职业决策自我效能测评的研究[J]. 应用心理学，2001(02)：
　　38－43.

龙立荣. 国外三个职业兴趣测验的发展趋势[J]. 心理科学，1991(06)：61－62＋24.

龙立荣，彭永新. 国外职业决策困难研究及其启示[J]. 人类工效学，2000(04)：45－49.

龙立荣，方俐洛，凌文辁. 职业成熟度研究进展[J]. 心理科学，2000(05)：595－598.

赵小云，薛桂英. 大学生生涯适应力现状及其与生涯决策风格的关系[J]. 现代教育管
　　理，2010(10)：119－122.

胡艳曦，官志华. 国内外关于胜任力模型的研究综述[J]. 商场现代化，2008(31)：
　　248－250.

周川，专业散论[J]. 高等教育研究，1992(1)：79－83.

王沛民，研究与开发"专业学位"刍议[J]. 高等教育研究，1999(2)：43－46.

周文霞，辛迅，谢宝国，齐乾. 职业胜任力研究：综述与展望[J]. 中国人力资源开
　　发，2015(07)：17－25. DOI：10. 16471/j. cnki. 11－2822/c. 2015. 07. 006.

杨明，温忠麟，陈宇帅. 职业胜任力在工作要求—资源模型中的调节和中介作用[J].
　　心理科学，2017，40(04)：822－829.

李明斐，卢小君. 胜任力与胜任力模型构建方法研究[J]. 大连理工大学学报(社会科
　　学版)，2004(01)：28－32.

王重鸣，陈民科. 管理胜任力特征分析：结构方程模型检验[J]. 心理科学，2002
　　(05)：513－516＋637.

姚翔，王垒，陈建红. 项目管理者胜任力模型[J]. 心理科学，2004(06)：1497－1499.

范啸，顾嘉佳. 职业胜任力研究综述及其初步应用[J]. 人力资源管理，2015(04)：23－24.

邓泽民，陈庆合，刘文卿. 职业能力的概念、特征及其形成规律的研究[J]. 煤炭高等
　　教育，2002(02)：104－107.

童山东. 职业核心能力培养探索[J]. 深圳信息职业技术学院学报，2006(03)：60－68.

李怀康. 职业核心能力开发报告[J]. 高等职业教育(天津职业大学学报)，2007(01)：
　　4－8.

丘东晓，刘楚佳. 职业核心能力的内涵分析及培养[J]. 教育导刊，2011(05)：70－72.

郭志文，B. I. J. M. 范·德·赫登. 无边界职业生涯时代的就业能力：一种新的心
　　理契约[J]. 心理科学，2006(02)：485－486.

冯明，尹明鑫. 胜任力模型构建方法综述[J]. 科技管理研究，2007(09)：229－230
　　＋233.

许启贤. 职业素质及其构成[J]. 江西师范大学学报，2001(04)：13－17.

黄希庭，张志杰. 论个人的时间管理倾向[J]. 心理科学，2001(05)：516－518＋636.

葛宝山，王立志，姚梅芳，等. 经典创业模型比较研究[J]. 管理现代化，2008(01)：
　　10－12.

董保宝，葛宝山. 经典创业模型回顾与比较[J]. 外国经济与管理，2008(03)：19－28.

李兴光. 创新创业教育对大学生创业意向的影响机制与路径研究[D]. 对外经济贸易大
　　学，2020.

李静薇. 创业教育对大学生创业意向的作用机制研究[D]. 南京：南开大学，2013.

姚梅芳. 基于经典创业模型的生存型创业理论研究[D]. 吉林：吉林大学，2007.

宁维卫. 职业价值观研究综述[J]. 社会心理研究，1991，2：34 - 40.

俞文钊主编，卢荣远等. 职业心理与职业指导[M]. 北京：人民教育出版社，1996.

张大均，余林. 职业心理素质及其培训[J]. 重庆职业技术学院学报，2003(02)：1 - 7.

岳晓东，龚放. 创新思维的形成与创新人才的培养[J]. 教育研究，1999(10)：9 - 16.

林嵩，姜彦福，张帏. 创业机会识别：概念、过程、影响因素和分析架构[J]. 科学学与科学技术管理，2005(06)：128 - 132.

姜彦福，邱琼. 创业机会评价重要指标序列的实证研究[J]. 科学学研究，2004(01)：59 - 63.

张红，葛宝山. 创业机会识别研究现状述评及整合模型构建[J]. 外国经济与管理，2014，36(04)：15 - 24＋46.

陈震红，董俊武. 创业机会的识别过程研究[J]. 科技管理研究，2005(02)：133 - 136.

斯晓夫，王颂，傅颖. 创业机会从何而来：发现，构建还是发现＋构建？——创业机会的理论前沿研究[J]. 管理世界，2016(03)：115 - 127.

朱仁宏，曾楚宏，代吉林. 创业团队研究述评与展望[J]. 外国经济与管理，2012，34(11)：11 - 18.

王飞绒，陈劲，池仁勇. 团队创业研究述评[J]. 外国经济与管理，2006(07)：16 - 22.

原磊. 国外商业模式理论研究评介[J]. 外国经济与管理，2007(10)：17 - 25.

原磊. 商业模式体系重构[J]. 中国工业经济，2007(06)：70 - 79.

程愚，孙建国. 商业模式的理论模型：要素及其关系[J]. 中国工业经济，2013(01)：141 - 153.

罗珉. 商业模式的理论框架述评[J]. 当代经济管理，2009，31(11)：1 - 8.

魏江，刘洋，应瑛. 商业模式内涵与研究框架建构[J]. 科研管理，2012，33(05)：107 - 114.

林剑. 社会网络作用于创业融资的机制研究[J]. 南开管理评论，2006(04)：70 - 75.

吴开军. 大学生创业融资的困境及对策研究[J]. 技术经济与管理研究，2012(08)：25 - 28.

林嵩. 创业资源的获取与整合——创业过程的一个解读视角[J]. 经济问题探索，2007(06)：166 - 169.

任泽中，左广良. 大学生创业资源协同模式研究[J]. 高校教育管理，2017，11(02)：49 - 56.

梁强，罗英光，谢舜龙. 基于资源拼凑理论的创业资源价值实现研究与未来展望[J]. 外国经济与管理，2013，35(05)：14 - 22.

彭学兵，陈璐露，刘玥伶. 创业资源整合、组织协调与新创企业绩效的关系[J]. 科研管理，2016，37(01)：110 - 118.

祝振铎，李新春. 新创企业成长战略：资源拼凑的研究综述与展望[J]. 外国经济与管理，2016，38(11)：71 - 82.

蔡莉，柳青. 新创企业资源整合过程模型[J]. 科学学与科学技术管理，2007(02)：95 - 102.

BANDURA A. Social foundations of thought and action: a social cognitive theory[M]. Englewood Cliffs, NJ: Prentice Hall, 1986.

GATI I, KRAUSZ M, OSIPOW. A taxonomy of difficulties in career decision making[J]. Journal of counseling psychology, 1996, 43(4): 510.

SAVICKAS, M. L. . Career adaptability: An integrative construct for life-span, life-space theory [J]. The career development quarterly, 1997, (45): 247-259.

Ros M, SCHWARTZ R M, SURKIS S A, BASIC S. Individual values, work value, and the meaning of work [J]. Applied psychology: an international review, 1999, 48(1): 49-71.

SCHWARTZ SA. Theory of cultural values and some implications for work [J]. Applied psychology: an international review, 1999, 48(1): 23-47.

ROKEACH M. The nature of human values [M], New York: Free Press, 1973.

MCCLELLAND D C. Testing for competence rather than for intelligence[J]. American psychologist, 1973(28): 1-14.